JN017190

民事訴訟法
第4版

山本 弘・長谷部由起子・松下淳一［著］
林 昭一［補訂］

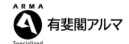

ARMA
有斐閣アルマ
Specialized

第4版はしがき

　本書の第3版を刊行してから5年が過ぎた。この間に相当な数の判例・裁判例が公表され，引用した『民事訴訟法判例百選』も，第6版が刊行された。さらに，民事訴訟のIT化等に関する令和4年民事訴訟法改正をはじめ，重要な法改正も行われた。これらを踏まえるとともに，記述をいっそう読みやすく，わかりやすいものにするために，第4版へと改訂することとした。令和4年民事訴訟法改正については，現時点ではまだ施行されていない条文が多いが，法改正がめざしたIT化の全貌を明らかにするべく，改正後の条文を基本として記述している。

　改訂にあたっては，同志社大学の林昭一教授にご協力いただくことができた。林教授は，本書の企画・刊行において中心的な役割を果たされた故山本弘教授の薫陶を受けられた方であり，山本教授の執筆箇所について，周到な検討をくわえてくださった。また，有斐閣学習書編集部の渡邉和哲さんには，第3版に引き続き，大変お世話になった。心より御礼申し上げる。

2023年12月

著者を代表して　　長谷部由起子

i

初版はしがき

　有斐閣編集部から『アルマ』シリーズへの民事訴訟法の教科書の執筆を依頼されたのは，もう 10 年前のことである。同社の看板である『アルマ』シリーズのラインナップに民事訴訟法を欠いた状態がかくも長く続いたことは，まことに申し訳なく思う。同じ研究室の出身で気心も知れている，長谷部由起子学習院大学教授，松下淳一東京大学教授（当時は学習院大学教授）に共同執筆をお願いしたものの，そこで作業は頓挫してしまった。そのころから法科大学院の設置構想が動き始め，学部段階における法学教育の将来像が見えにくくなったからである。結局，法科大学院には法学既修者コースが置かれ，従来の法学部および法学教育はほぼそのままの形で存続することとなった。却って，現在の法学部における民事訴訟法の教育は，従来以上に，法曹志向者（既修者コース進学希望者）に焦点を絞って行うことが許されるようになったといえよう。

　こうして，依頼された仕事に着手する環境が整ったが，今度は，理解が難しく消化不良を起こしがちな民事訴訟法について，全くの初歩の段階から，既修者コースの入学試験を突破してケースメソッド方式の少人数教育を受けるに耐える段階にまで，読者を導くための基本書のあり方を考えることに時間を費やしてしまった。勤め先の大学で何度か試行した結果，手続の時系列に則し，手続の主体である原告，被告および裁判所の手続の節目ごとの行動規範を明らかにする構成を採用することにした。念頭にあったのは，刑事訴訟法に関する松尾浩也先生の名著である。同書上巻の初版が刊行された学生時代にこれを読んで，難しいことでは民事訴訟法に劣らない刑事訴訟法がスッと心地よく頭に入っていったときの感動が忘れられない。もちろん，われわれの力量が松尾先生の域に到底至っていないことは自覚しており，本書の構成および叙述に対する忌憚のないご批判を期待する。また，いかなる構成をとろうとも，手続法の「円環的構造」（三ケ月章「実体法と手続法」『民事訴訟法研究第 10 巻』1 頁）それ自体を記述することは不可能であり，本書では類書に増してしつこいほど関連箇所をリファーしている。読者には，指示に従い逐一関連箇所を併せ読むことが，民事訴訟法の全体像を理解するための近道と考えて頂きたい。こうしたコンセ

プトに立脚する本書は，未修者コース1年次生が民事訴訟法を学ぶための基本書としても適していると信ずる。

　全体の構成が固まった後も，われわれ3名は，奉職する大学の管理職または学外のさまざまな役職に就いたりしたため，多忙を極め，執筆は遅々として進まなかった。本書がこうして刊行に至ったのは，担当編集者である山下訓正氏，神田裕司氏，渡邉和哲氏（現在はいずれも六法編集部勤務），吉田小百合氏の絶えざる督励のおかげである。心から4氏に御礼申し上げる。

2009年2月

著者を代表して　山本　弘

著 者 紹 介 (執筆順)

山本　弘 (第 1 章・第 3 章・第 8 章執筆)
　　1958 年　生まれ
　　1981 年　東京大学法学部卒業
　　　　　　元神戸大学教授　2018 年逝去
　　　[主要著作]『民事訴訟法・倒産法の研究』(有斐閣，2019 年)，
　　　『基礎演習民事訴訟法 [第 3 版]』(共編著，弘文堂，2018 年)，
　　　『ケースブック民事訴訟法 [第 4 版]』(共編著，弘文堂，2013
　　　年)，『破産・民事再生法概論』(共著，商事法務，2012 年)

長谷部　由起子 (第 2 章・第 5 章執筆)
　　1957 年　生まれ
　　1980 年　東京大学法学部卒業
　　現　在　学習院大学大学院法務研究科教授
　　　[主要著作]『基本判例から民事訴訟法を学ぶ』(有斐閣，2022 年)，
　　　『民事訴訟法 [第 3 版]』(岩波書店，2020 年)，『民事手続原則
　　　の限界』(有斐閣，2016 年)，『民事執行・保全法 [第 6 版]』
　　　(共著，有斐閣，2020 年)，『基礎演習民事訴訟法 [第 3 版]』
　　　(共編著，弘文堂，2018 年)，『ケースブック民事訴訟法 [第 4
　　　版]』(共編著，弘文堂，2013 年)，『破産・民事再生法概論』
　　　(共著，商事法務，2012 年)

松下　淳一（第4章・第6章・第7章執筆）

<ruby>松下<rt>まつした</rt></ruby> <ruby>淳一<rt>じゅんいち</rt></ruby>

1961年　生まれ

1986年　東京大学法学部卒業

現　在　東京大学大学院法学政治学研究科教授

　　[主要著作]『民事再生法入門［第2版］』（有斐閣，2014年），『条解破産法［第3版］』（共著，弘文堂，2020年），『基礎演習民事訴訟法［第3版］』（共著，弘文堂，2018年），『ケースブック民事訴訟法［第4版］』（共編著，弘文堂，2013年）

<ruby>林<rt>はやし</rt></ruby> <ruby>昭一<rt>しょういち</rt></ruby>（第1章・第3章・第8章補訂）

1972年　生まれ

2003年　神戸大学大学院法学研究科博士後期課程単位取得退学

現　在　同志社大学大学院司法研究科教授

　　[主要著作]『基礎演習民事訴訟法［第3版］』（共著，弘文堂，2018年），『新コンメンタール民事訴訟法［第2版］』（共著，日本評論社，2013年），『新基本法コンメンタール民事訴訟法1・2』（共著，日本評論社，2018・2017年）

本書を読む前に

1　法令名の略語について

（　）内での条文の引用にあたって，民事訴訟法は原則として条数のみを引用し，民事訴訟規則の条文は「規」と略記した。その他の関係法令については，特別なものをのぞいて，有斐閣『六法全書』巻末の「法令名略語」によった。

民事訴訟法（IT化関係）等の改正に関する法律（令和4年法律48号）第2条による民事訴訟法の改正規定のうち一部の規定は，令和8（2026）年5月24日までに施行される。本書では，すべての改正規定を織り込んで説明し，改正の前後で条文番号や条文の内容が変わる場合には条数の前に「改正前」「改正後」と示した。

2　判例の略記について

最大判昭和38・10・30民集17巻9号1266頁／百選［6版］18
＝最高裁判所大法廷昭和38年10月30日判決，最高裁判所民事判例集17巻9号1266頁／民事訴訟法判例百選［第6版］18事件

＊判例の略記

大判（決）	大審院判決（決定）
大連判（決）	大審院連合部判決（決定）
最判（決）	最高裁判所判決（決定）
最大判（決）	最高裁判所大法廷判決（決定）
高判（決）	高等裁判所判決（決定）
地判（決）	地方裁判所判決（決定）

＊判例集・文献の略記

民　録	大審院民事判決録
民　集	大審院民事判例集

3　リファーについて

別項目への参照指示は「⇨」で示した。表記例については，以下の通り。

⇨第1章 *1* ①は，第1章 *1* ①全体を参照せよ，の意。

⇨ *1. 1. 1. 1* は，窓見出し番号 *1. 1. 1. 1* を参照せよ，の意。

⇨*Column ①* は，*Column ①* を参照せよ，の意。

4　和暦と西暦の対応について

明治を西暦にする場合　和暦から33を引く
　　例　明治23年は，$23-33=-10$　西暦1890年（$1900-10$）
　　　　明治43年は，$43-33=10$　西暦1910年
大正を西暦にする場合　和暦に11を足す
　　例　大正15年は，$15+11=26$　西暦1926年
昭和を西暦にする場合　和暦に25を足す
　　例　昭和40年は，$40+25=65$　西暦1965年
平成を西暦にする場合　和暦から12を引く
　　例　平成8年は，$8-12=-4$　西暦1996年（$2000-4$）
　　　　平成31年は，$31-12=19$　西暦2019年
令和を西暦にする場合　和暦に18を足す
　　例　令和4年は，$4+18=22$　西暦2022年

目　次

第5章　第一審判決送達後の訴訟の推移　321

第7章　裁判によらない訴訟の終結　424

第1章 民事訴訟の世界

第2章 訴えの提起

第3章　民事訴訟の審理

第4章 第一審の判決

第5章 第一審判決送達後の訴訟の推移

第6章 訴訟中における手続の中断および請求・当事者の変動

第7章 裁判によらない訴訟の終結

第8章 再 審

第**1**章 | 民事訴訟の世界

SUMMARY

　本章では，民事訴訟制度がなぜ必要かについてのイメージを，刑事訴訟制度との対比において抱いてもらった後（**1**），民事訴訟制度にはいかなるサブシステムがあるか（**2**），民事紛争の解決のための制度としてほかにどのようなものがあるか（**3**），民事訴訟はそれらの制度と基本的にどこが違うか（**4**）を説明する。

　なお，民事訴訟の限界（**5**），理念（**6**）および沿革（**7**）に触れる部分は，内容的には総論であるため一般の教科書等においても最初に解説がなされるものであるが，その理解には民事訴訟の全体についての知識が必要であって，学習方法としては，本書を最後まで通読した後にここに立ち戻ることが適切である。

1 民事訴訟の役割

1. 1. -. 1
自力救済禁止の原則

　XはYからその所有自動車を買い受け，代金を前払したが，約束の引渡期限が過ぎてもYが自動車を引き渡さないという事態を想定しよう。民法によれば，Xは，売買契約中の引渡約定の効果として，自動車の引渡しを請求できるし，契約の当事者間では締結と同時に自動車の所有権が買主に移転する（民176条）から，Xは所有権に基づきYに対し自動車の引渡しを請求する権利をもつ（民事訴訟におけるこの2つの請求権の関係につき⇨*2. 2. 2. 2*）。とはいえ，Y宅の門前に駐車してあるこの自動車を，Xがレッカー車を使ってYに無断で持ち去った場合，このXの行為は自力救済または自救行為と呼ばれ，民法においても刑法においても違法と評価される。具体的には，YはXに対し，民法200条1項に

より自動車の返還を求めることができる（Xが自動車の所有者であることは，同条の定める占有回収請求権の成立を妨げない〔民202条2項〕）上，不法行為（民709条・710条）を理由として，自動車を利用した仕事ができなかったことにより生じた損害，無断で自動車の占有を奪われた精神的な損害について賠償金の支払を請求することもできる。また，Xの自動車の持ち去り行為は刑法上窃盗罪（刑235条）を構成する。窃盗罪の保護法益は占有であるというのが，判例（最判昭和35・4・26刑集14巻6号748頁，最決平成元・7・7刑集43巻7号607頁），通説だからである。

　私人による物理力の行使は，往々にして義務者の生命・身体・財産に過度の実力を加える結果を伴う。また，義務者の側が防衛のために用心棒を雇うなら，権利者の側もそれを上回る助っ人を動員することになる。その結果，反社会的集団の介入（民事介入暴力）を招き，こうした集団に資金を提供することにつながる上，社会の平穏が乱される。このように，自力救済を禁止することには正当な理由があるが，かといって，私人の権利が侵害されているときに，一方で自力救済を禁止しておいて，他方で私人の権利侵害に対する救済手段を設けないとすれば，民法が定めるXの自動車の引渡請求権は画餅に帰してしまう。したがって，民法その他の法律により私人に与えられた権利を裁判所の力を借りて強制的に実現するためのシステムが必要となる。広い意味における民事訴訟は，この要請に応えるための制度である。

Column ①　民事訴訟の目的論

　本文の説明は，民事訴訟の目的論として提唱されている「権利保護説」を想起させるかもしれない。この説は，訴えを提起する者，つまり原告の立場から民事訴訟の制度目的を捉えているが，そもそも原告が民事訴訟で常に勝訴するとは限らない。そして原告の敗訴もまた法の適用の結果である。そこで，民事訴訟の目的を私法秩序の維持に求める立場（私法秩序維持説）が，対立軸として提唱される。また，私法が体系的に整備される以前の社会においても，私人間の紛争は発生しており，これを解決するため

の制度もまた存在していたとの歴史認識に基づき，民事訴訟の目的は民事
紛争の解決であるとする立場（紛争解決説）もある。

　民事訴訟における個別問題の解釈や立法に関わる問題は，特定の目的論
から直接かつ演繹的に解決しうるほど短絡的なものではないし，こういう
論法は危険でもある。目的論の意義は，解釈や立法に携わる者が自らの日
常の営為の首尾一貫性を内在的に検証するための視座の設定という程度に
とどまることを自覚することが大切である。その上で，権利保護，私法秩
序維持，紛争解決のいずれもが民事訴訟の目的であると捉えること（多元
説）は，許されるであろう。本文の説明は，読者にとってのわかりやすさ
を考えたものにすぎず，本書が権利保護説に与しているわけではない。

---

1. 1. -. 2
刑事法との役割分担

　　さて，先に掲げた例で，Yの逸失利益や精
神的被害につき損害賠償請求権をYに認め
ることは，事実上加害者Xを制裁し，また，加害行為の発生を未然
に抑止する機能を果たす。しかし，規範の問題としては，不法行為を
理由とする損害賠償の制度は，Xに賠償金を支払わせることを通じ
てYを損害がなかった状態に復させることを目的とする。他方で，
Xに窃盗を理由に刑罰を科すことは，事実上Yの被害感情を慰撫す
る機能を果たす。しかし，規範の問題としては，刑罰の目的は，一般
予防説（他人の占有を侵害すれば刑罰が科されるという警告を事前に発する
ことにより，犯罪の発生を未然に防止する）と特別予防説（刑罰を通じて将
来二度と罪を犯さないよう加害者を矯正する）のいずれによっても，社会
の治安を乱す行為の発生の防止にある。民事の不法行為制度は被害者
の救済を目的とし，刑罰制度は社会の平穏という公益の維持を目的と
する。したがって，民事訴訟でも刑事訴訟でも，Xが訴えられるこ
とにより手続の受動的な主体となる点は共通する（Xは，民事訴訟で訴
えられたときは「被告」と呼ばれ，刑事訴訟で訴追されたときは「被告人」
と呼ばれる）が，被害者救済を目的とする損害賠償請求権を審判の対
象とする民事訴訟では，被害を受けたと主張するYが原告という能

動的な主体となるのに対し，刑事訴訟では，訴追者という能動的な主体となる者は，被害を受けたと主張するYではなく，公益の代表者たる検察官である。

Column ② **民事と刑事** ───────────

　このように，わが国の法体系の上では民事の損害賠償と刑事罰とは峻別されているが，アメリカ合衆国においてはそうではない。同国には，悪性の強い加害者に対して，被害者が被った実損害額の賠償に加え制裁的な賠償金の支払を命ずることにより，将来における同様の行為を抑止することを目的とした懲罰的損害賠償 (punitive damages) という制度があり，民事の損害賠償制度が違法行為抑止の手段として利用されている。なお，合衆国の裁判所で下された懲罰的損害賠償を命じる判決を日本国内で執行できるかについて⇨第5章2⑤。

─────────────────────────────

2 民事訴訟の諸領域

● 判決手続・民事執行・民事保全

1.2.-.1
判決手続

　自力救済が許されない以上，先に掲げた例では，自動車の買主であるXの方から，自動車の占有を確保するため，その所有権を第三者にも対抗できるよう所有名義の移転登録手続を求める（車両5条1項）ため，さらに引渡しの遅延による損害金の支払を求めるため，民事訴訟を利用するほかない。

　ただ，一口に民事訴訟といっても，その手続にはさまざまな段階がある。民事訴訟という言葉を狭い意味で使用する場合には，Xが原告となり，売主Yを被告として，Xへの自動車の所有名義移転登録手続，引渡しおよび損害賠償の支払を命ずる判決を求めて訴えを提起することにより開始される，「判決手続」を指す。この手続では，口頭弁論という，公開の法廷でのX，Y両者に立会いの機会が保障された審理期日（口頭弁論期日という。これに対し，刑事訴訟でこれに相当す

るものを公判期日と呼ぶ）において，裁判所がＸとＹの言い分を聴取
し，争いある事実を証拠に基づき認定し，認定された事実に法を適用
して，ＸがＹに対し自動車の所有名義の移転登録手続，その引渡し
および損害金の支払を求める権利を有するか否かにつき，裁判所が
「判決」という形式の裁判で応答する。この判決内容に対し，不服を
持つＸまたはＹは控訴することができ，控訴審の判決に不服がある
場合には，さらに上告をすることができるが，上告審では下級審の判
決に法律の解釈適用の誤りがあるか否かだけが審査される。

| *1. 2. -. 2* |
| **強 制 執 行** |

さて，第一審または控訴審においてＸが勝
訴しＹが控訴または上告をしなかったとき，
または，Ｘ勝訴の控訴審判決に対するＹの上告を棄却する判決が言
い渡されたときには，判決は「確定」し，これによって，ＸはＹに
対し自動車の所有名義の移転登録手続，引渡しおよび損害金の支払を
求める権利があるという，Ｘの言い分の正しさが裁判所によって確
認される（確定判決が「既判力」を有する〔114 条 1 項〕ことのもつ正確な
意味は⇨ *5. 2. 2. 4～6*）。だからといって，それ以後もＸによる自力救
済は依然として許されない。Ｙが判決で命ぜられた義務の任意履行
を怠るときは，Ｘは，確定した判決に基づき，裁判所または執行官に
対し，ＸのためにＹの義務を強制的に実現する手続を開始するよう
申し立てることができる（この場合の確定判決を「債務名義」という。た
だし，債務名義となる文書は確定判決に限定されない〔民執 22 条〕）。この
手続が「強制執行」である。

　給付義務の内容（与える債務か為す債務か為さざる債務か。与える債務
でも，金銭の支払か特定物の引渡しか，為す債務でも，建物の取壊しのよう
に債務者以外の者でも代替して行いうるものか，有名作家が小説を執筆する
義務のように債務者以外の者による履行が不可能なものか）によって，執行
の機関および方法はさまざまである。損害金の支払義務であれば，そ
の強制執行は，Ｙの不動産または動産を差し押さえて競売にかけ，

買受人が納付した代金をもってXへの弁済に充てる、または、Yの銀行預金債権を差し押さえ、Xが銀行に対し預金の払戻しを請求する、といった方法により行う（金銭執行）。自動車の引渡義務の強制執行は、裁判所の執行官がYから自動車を取り上げてXに引き渡す方法（民執169条1項）か、または、Yが自発的に自動車を引き渡すまでYに一定の金銭をXに支払うことを命ずる方法（民執173条・172条。間接強制）により行う。また、移転登録手続を求める権利のような意思表示を求める請求権については、これを命ずる判決が確定するとYは意思を表示したものと擬制される（民執177条）から、Xはこの判決とともに移転登録を申請すれば名義を得ることができるので、狭い意味での強制執行手続は存在しない。

1. 2. -. 3
民事保全

ところで、Xが訴えを提起してから自動車の引渡しや移転登録手続を命ずる判決が確定するまでには、裁判所がいくら訴訟促進に努めたとしても、相当の時間が必要である。その間にYが自動車の占有を第三者に移転してしまえば、Yにその引渡しを命ずる確定判決をXが取得しても、あらためて新占有者を相手に引渡訴訟を提起しなければならない。また、この第三者が自動車の買主で先にYから所有権移転登録を得てしまうと、不動産におけると同様、Xはこの者に対して所有権を対抗できないから、Yに対する関係で勝訴判決を得ても無意味となる。

このように、給付義務の履行を命ずる判決を得ても法律上、事実上その執行が不可能となりかねないXのリスクに対応するために用意されているのが、「民事保全」の手続である。Xが引渡しや移転登録手続を命ずる確定判決を取得するまでに、Xの強制執行の目的の実現を不可能ないし著しく困難とする行為をYが行うおそれがあること（保全の必要性〔民保23条1項・13条1項〕という）、および、XがYに対し自動車の引渡し、所有名義の移転登録手続を求める権利を有すること（被保全権利〔民保13条1項〕という）を、裁判所に対し疎明（この概念

については⇨ *3. 6. 1. 1*）すれば（民保 13 条 2 項），裁判所は，Y に対し，自動車の処分禁止の仮処分および占有移転禁止の仮処分（民保 53 条・54 条・61 条・62 条）を発令する。処分禁止の仮処分が登録されると，将来 X が Y に対する移転登録手続請求訴訟で勝訴しその判決が確定したときには，この判決に基づく移転登録と抵触する範囲において，この登録後になされた Y による所有権移転の登録は効力を失う（民保 58 条・61 条。占有移転禁止の仮処分の執行方法およびその効力については，民保 62 条参照）。民事保全による処分禁止の仮処分の登録がなければ，現実には X は第三者に対抗できる地位を取得できないから，X が Y に対し自動車の移転登録手続を求める実体法上の権利を有するといっても，それは画に描いた餅にすぎないといえる（仮処分のこの効用につき⇨第 2 章 **1** ⑥）。

　損害金の支払を求める権利の強制執行を保全するためには，仮差押えの制度がある（被保全権利と保全の必要性の疎明が必要なことは，仮処分と同様である）。金銭債権の強制執行が，差押え・換価（競売）・配当の 3 段階からなるのに対し，仮差押えはその最初の段階で止めておく。Y 所有の不動産の仮差押えであれば，登記簿に仮差押えの登記をする。この登記後に，Y が第三者に所有権を移転する登記または第三者のため抵当権を設定する登記を経由しても，仮差押債権者 X が本案訴訟（保全されるべき権利または権利関係を審判対象とする判決手続をいう。本案という言葉は，判決手続の内部において，訴えの適法性の問題と区別された，訴えによって定立される訴訟上の請求の当否についての審判を意味することもあり，非常に多義的である）で勝訴し，その判決に基づき金銭執行を行うときは，仮差押えの登記に後れる所有権の取得や抵当権の設定は X に対抗できない（民保 58 条）。

　また，将来の強制執行を保全するための民事保全（仮差押え・係争物に関する仮処分）のほかに，仮の地位を定める仮処分（民保 23 条 2 項）がある。たとえば，株主総会における取締役選任決議の取消しを株主

が請求する場合において，株主は，当該決議に取り消しうべき瑕疵が
あること（被保全権利関係），当該決議により選任された取締役による
職務執行を放置すると会社に重大な損害が生ずるおそれがあること
（保全の必要性）を疎明して，取締役の職務執行停止・職務執行代行者
選任の仮処分を求めることができる。仮の地位を定める仮処分の本案
訴訟は給付義務の履行を求めるものに限定されない（先の例における本
案訴訟は取締役選任決議取消しの訴えであり，形成訴訟である〔⇨ *2. 2. 1. 4*〕）。

　本書が対象とするのは，上に説明した3つの段階のうち最初の判決
手続であり，以下特に断わらない限り，民事訴訟という用語も判決手
続を指すものとして用いる。

3　民事訴訟と他の代替的紛争解決手続

1. 3. -. 1

代替的紛争解決制度の
許容

先にみたように，自動車の引渡義務の強制執
行の方法は，執行官が債務者からその占有を
取り上げて債権者に引き渡す方法による。債
務者による抵抗を排除する必要があるときは，執行官は，警察上の援
助を求めることができる（民執6条1項。債務者が抵抗すれば公務執行妨
害となる）。このように，強制執行は債務者の身体・財産に対する直接
の物理的介入を伴うから，こうした作用が国家機関の独占に委ねられ
ることは，自力救済禁止の根拠として述べたことから自明である。

　これに対し，民事訴訟は，証拠により認定された事実に法を適用し
て原告と被告のいずれの法的主張が正しいかを判定する作用として，
裁判官の頭の中で行われるという意味で観念的なものであり，直接に
は被告に対する物理力行使の要素をもたない（民事訴訟は「権利の観念
的形成」であり，強制執行は「権利の事実的形成」である）。したがって，
この作用を国家に独占させる必要は必ずしもない。裁判所の人的・物

的資源には限界があるから，先例となる判決がない紛争など，どうしても裁判所による法的判断を仰ぐ必要がある紛争は別として，日常茶飯事のような紛争であれば，他の紛争解決手続に委ねた方が，有限な司法資源の効率的利用という観点からは得策である。民事訴訟に代わる解決制度として，何らかの意味で裁判所が関与するものに限っても，裁判上の和解，民事および家事の調停，仲裁という３つの手続がある。

1. 3. -. 2
裁判上の和解

鋼材の売買契約の有効性をめぐって争っている買主Ｘと売主Ｙとの間において，*7. 1. 1. 1*にあるような内容の合意が成立した場合，民法695条によれば，この合意は，当事者が互いに譲歩し（「互譲」。訴訟上の和解におけるその意義につき⇨第7章*1*），その間に存する争いをやめることを内容とするものであるから，和解契約である。裁判外で行われる純然たる民法上の和解契約である限り，約定の期限までにＸに鋼材△本が引き渡されないときには，ＸはＹに対し，和解契約に基づいて，鋼材△本の引渡しを求めて訴えを提起するほかない。これに対し，動産の売買契約に基づき，ＸがＹに対し鋼材△本の引渡しを求める訴えを提起したのち，期日（口頭弁論期日である必要はなく，弁論準備期日または和解を勧試するため指定される和解期日でもよい。和解期日では，口頭弁論期日と異なり，裁判所は，当事者双方を同席させないで，和解案作成のために必要な事情を交互に聴取できると解されている〔⇨*7. 1. 3. 2*〕）において，ＸＹ間の自発的な交渉により，または，裁判所が提示した和解案をＸＹがともに受け入れる（和解の勧試〔⇨第3章*4* **2**〕）ことにより，先のような内容の合意が成立し，裁判所書記官がその内容について電子調書を作成すれば判決は不要となるから訴訟は当然に終了する（これを定めた条文の規定はないが，自明のことであり，これを「和解の訴訟終了効」〔⇨*7. 1. 4. 1*〕という）。これを訴訟上の和解という。改正後民訴法267条１項は，この調書をファイルに記録したとき，その記録が「確定判決と同一の効力」をもつと定め，民事執行法22条７号は，確定判決

と同一の効力があるものは債務名義となると定めているから，和解調書が債務名義となる（執行力をもつ）ことは，明らかである（既判力が認められるかにつき⇨*7. 1. 4. 2*）。したがって，Ｘに対し鋼材△本が引き渡されないときは，Ｘは，民事訴訟を省略して，強制執行の開始を申し立てることができる。

　訴訟上の和解は契約であり，公序良俗（民90条）と強行規定（民91条）に反しない限り，その内容は当事者が自由に決定できるから，判決におけるような証拠に基づく厳密な事実認定と法の正確な適用は必要でなく，判決のように上訴されることもない。そのため当事者にとって迅速な紛争解決が得られる。また，金銭の支払をめぐる紛争の原因は，債務者に今直ちに全額を支払う資力がないにすぎないことが多い。とはいえ，実体法上は債務者の手元不如意は支払請求を排斥する根拠（これを「抗弁」という⇨*4. 2. 2. 6*）とならないから，判決であれば直ちに全額の支払を命ずるほかないが，判決で一方的に支払を命じても「無い袖は振れない」という債務者の開き直りを招きかねない。これに対し，債権者と債務者が互いに納得して分割払いで和解した場合なら，債務者はふつう自尊心にかけて約束を自発的に守ろうとする。すなわち，訴訟上の和解なら，判決に比べ任意履行が期待できるとともに，紛争の実情に即した柔軟な解決が可能である（訴訟上の和解の意義および機能につき⇨第7章 *1* ①）。

　訴訟上の和解のほかに，訴訟係属前に簡易裁判所の面前でなされるものがある（「起訴前の和解」または「即決和解」といい〔275条〕，訴訟上の和解と併せて「裁判上の和解」という）。紛争当事者の一方は，相手方の普通裁判籍（⇨*2. 3. 2. 3*(3)(a)）所在地を管轄する簡易裁判所に対し，請求の趣旨および原因（⇨*2. 2. 1. 1*，*2. 2. 2. 1*）ならびに争いの実情を明らかにして和解を申し立てることができ，裁判所は和解期日を定め申立人と相手方を呼び出す。この期日で和解が成立すれば，その効力は訴訟上の和解と同じであるが，和解期日に出頭しなくとも何ら制裁

はなく，ただ和解不成立とみなされることがあるだけである（275条3項。この点は，訴訟上の和解のために受訴裁判所が和解期日を定めた場合も同様である）。

<table>
<tr><td>

1. 3. -. 3

調　停
</td></tr>
</table>

調停も本質的には当事者間の紛争解決を内容とする合意である。しかし，その成立過程において，裁判所内に設置された調停委員会（裁判官1名と民間から選出される調停委員2名以上により構成される〔民調5条〜7条〕）が，紛争当事者の調停の申立てに基づき，調停期日において，当事者から紛争に関する事情や希望する解決内容を聴取した上（調停期日でも当事者の交互面接が許される〔⇨ *7. 1. 3. 2*〕），当事者の互譲により条理に適い実情に即した紛争の解決のため（民調1条），自ら調停案を作成し，両当事者にこれを受諾するよう斡旋を行う点に，特色がある。調停期日に当事者が正当な理由なく出頭しないときには過料の制裁が科される（民調34条）点で，裁判上の和解と異なる。また，地代借賃増減請求（借地借家11条・32条）のように，訴え提起前に調停を申し立てることが強制される（民調24条の2第1項）紛争もある（調停前置主義）。

とはいえ，紛争当事者が調停案に合意しなければ，調停は成立しない（民調14条）。裁判所は，合意が成立しない見込みがある場合において相当と認めるときは，調停委員の意見を聴き，当事者双方のために衡平に考慮し，一切の事情をみて，職権で，事件の解決のために必要な決定をすることができ，この決定においては，金銭の支払，物の引渡しその他財産上の給付を命じることができる（民調17条）。調停に代わる決定というが，これに対しては，当事者はその告知の日から2週間以内に何ら理由を要せずして異議を申し立てることができ，それにより決定は効力を失い，当事者は民事訴訟による解決を求めることが可能となる（民調18条1項4項）。したがって，調停に代わる決定の制度は，調停が当事者間の合意を基盤とする手続であるという本質を変えるものではない（もし，調停に代わる決定に対し上訴としての抗告

のみを認め，その棄却後は，同一紛争について民事訴訟の提起を許さないという制度〔「強制調停」〕を構築したとしたら，憲法32条・82条との関係で問題を生ずる〔最大決昭和35・7・6民集14巻9号1657頁／憲百選Ⅱ〔7版〕124〕）。調停が成立したとき，または，調停に代わる決定に対し当事者のいずれからも異議の申立てがないときは，調停調書または調停に代わる決定は裁判上の和解と同一の効力を有する（民調16条・18条5項）。

Column ③ わが国の調停制度の沿革とその評価

民事調停法には，事件の性質に応じた特則が置かれているが，その起源は，大衆の権利意識の高揚とともに労使争議，小作争議が頻発し，また関東大震災後の住宅不足を背景に借地借家紛争が深刻化した大正時代に，このような当事者間の紛争の解決にとって民事訴訟は必ずしも適切でないとの認識に基づき，合意による円満な解決を斡旋するために制定された単行法（借地借家調停法〔大11法41〕，小作調停法〔大13法18〕，労働争議調停法〔大15法57〕）に遡る。第二次大戦後，労働委員会制度の導入によりその職掌とされた労使調停を除き，小作調停，借地借家調停は民事調停法に一本化された。こうした経緯に照らし，調停の制度は，地主と小作人，家主と店子，使用者と労働者の生活関係を親子関係になぞらえ，これらの関係を法に基づく権利義務の関係として規律することは日本の伝統社会の醇風美俗を損なうという発想から導入されたもので，結果として，日本人の近代的法意識の発展を阻害し，こうした生活関係に恩恵と従属を内容とする封建的要素を温存させた，という否定的評価が調停制度に対して加えられた時代があった。しかし，労使関係，地主小作人関係，後に説明する家事調停（これも，身分関係を法に基づく権利義務関係として規律することに対する伝統的家族観からの反感を背景として，昭和14〔1929〕年に制定された旧人事調停法により導入されたものである）の規律対象である身分関係（⇨*Column* ⑪）のように，将来も継続する社会関係にとって，民事訴訟による紛争解決（過去に生起した一回的事実に法を適用して，権利義務があるか否かを決する「悉無律的解決」）が，本質的に馴染むものなのかについては疑問があり，調停制度をみる目も最近では好意的なものとなりつつある（⇨*Column* ⑤）。

| **1. 3. -. 4** |
| **仲　裁** |

仲裁とは，国家機関である裁判所の裁判官の判断に代えて，民間人である1名または数名の仲裁人（判断機関としては仲裁廷と呼ばれる〔仲裁2条2項〕）に争いの判断をさせる旨の当事者間の合意（仲裁合意〔仲裁2条1項〕）に基づく紛争解決手続である。仲裁手続を利用するには当事者の合意が必要である点で，紛争当事者の一方の申立てがあればとにかく手続が開始される起訴前の和解や調停と異なる。他方で，有効な仲裁合意（たとえば，和解できない紛争についての仲裁契約は無効である〔仲裁13条1項〕）がある限り，仲裁契約の当事者の一方がこれを無視して仲裁に付すべき紛争につき裁判所に訴えを提起したときには，被告とされた相手方は，裁判所に対し仲裁契約の存在を主張し提起された訴えを却下するよう申し立てることができる（「仲裁の抗弁」〔仲裁14条1項〕）。

　そして，いったん開始された仲裁手続において仲裁廷が下した紛争解決のための判断（仲裁判断）には，調停委員会の調停案や受訴裁判所の和解案などと異なり，当事者に拒否権がなく，内容に不満がある当事者もこれに拘束される。すなわち，仲裁法45条1項は「仲裁判断……は，確定判決と同一の効力を有する」と規定するが，そこにいう「確定判決と同一の効力」とは既判力を意味する。したがって，XY間の土地の所有権の帰属をめぐる紛争において，仲裁廷が当該土地の所有者はYであると判断したときには，Xは，Yとの間で将来行われる他の仲裁手続や民事訴訟において，自分が当該土地の所有者であると主張することはできず，仲裁廷や裁判所もまたこれらの手続において先の仲裁判断と矛盾する判断をすることができない（⇨ *5. 2. 2. 4〜6*。ただし，確定判決の既判力を覆すには再審の訴え〔338条〕が必要であるが，仲裁判断では，Xは，仲裁判断取消しの訴え〔仲裁44条〕を必ず経由する必要はなく，Yとの間で将来行われる仲裁または民事訴訟において仲裁判断の効力承認障害事由を主張立証することにより，仲裁判断の仲裁廷または裁判所に対する拘束力を否定できる〔仲裁45条2項〕。同事由

が存在すれば仲裁判断は当然無効であることを意味するから，仲裁判断の既判力は，確定判決のそれとは異なり，訴訟上の和解や請求の放棄・認諾について制限的既判力説〔⇨ *7.1.4.2*, *7.2.4.2*〕がいう効力に相当する）。

　仲裁手続は，調停や裁判上の和解のように無方式ではなく，必要最小限の手続的な適正さが法律上要請されており，この規定に違反したときは，当事者は裁判所に対し仲裁判断の取消しを求めることができる（仲裁44条1項3号～6号）。仲裁廷または当事者は，事実認定のため必要と認めるときは，民事訴訟法の規定する証拠調べ（証人尋問，鑑定，書証または検証。ただし当事者が書証，検証目的物を提出する場合を除く）の実施を裁判所に申し立てることができる（仲裁35条）が，これは，当事者が仲裁判断に対し拒否権を持たないことに照らし，民事訴訟におけるほどではないが，真実の発見（⇨ *1.6.-.3*）が要請されることの現れである。また，紛争解決のために仲裁廷が適用すべき法は，仲裁合意に明示の指定があればそれにより，明示の合意がなければ紛争に最も密接な関係のある国の法によるが，当事者双方の明示の求めがあれば，衡平と善（aequo et bono）という条理を法源とすることができ（仲裁36条3項），これにより，制定法の拘束を受ける民事訴訟に比べ，より紛争の実態に即した解決が可能となる。なお，和解調書，調停調書と異なり，仲裁判断それ自体には執行力がない。仲裁判断において給付請求権を認められた当事者が強制執行をするには，裁判所に対し執行決定を求める必要があり（仲裁45条1項但書），仲裁判断の効力承認障害事由が認められるときは，裁判所は執行決定を下すことができない（仲裁46条7項・45条2項）。

Column ④　仲裁のメリット

　原則として三審級が保障される訴訟と異なり，仲裁の判断手続は1回限りであるから，紛争解決のための時間的，金銭的コストの節減という見地から，企業間紛争の解決に向いている。手続が非公開であるため，秘密保護という見地から知的所有権紛争の解決に向いている。また，特定の分野

について裁判官より実務知識の豊富な専門家を仲裁人に選任できる点で，海運，建築請負等の取引紛争の解決に向いている。さらに，国際的な商取引の分野においては，民事訴訟には，ある国で訴えを提起できるか（⇨ *1.5.2.2*），ある国で得られた判決に基づいて別の国に所在する財産に対し強制執行ができるか（外国判決に基づく強制執行〔民執 24 条〕）という点について，各国の国内法が異なることに由来するリスクがあるが，「外国仲裁判断の承認及び執行に関する条約」（昭 36 条約 10）を批准している国相互間ではルールが統一されているから，仲裁は法的安定性に秀でている（仲裁法 45 条 1 項は仲裁判断の承認・執行に関して仲裁地が日本か外国かを区別しない）。わが国でもこうした分野での利用は盛んだが，和解，調停に比べると，訴訟に並ぶほどにまで一般的な民事紛争解決制度であるとは意識されていない点で，先進国の中でやや特異な状況にある。しかし，先に記した長所に照らせば仲裁手続はもっと利用されてよく，国際的動向を踏まえた仲裁法制の整備を求める「司法制度改革審議会意見書」（平成 13〔2001〕年 6 月 12日）の提言を受けて，仲裁法（平 15 法 138）が制定され，平成 16（2004）年3 月 1 日から施行されている。

Column ⑤ ADR の現状とその評価

ADR とは Alternative Dispute Resolution の略語であり，民事裁判（訴訟，非訟の双方〔⇨ *1.5.4.1*〕）に代替する民事紛争解決制度という意味である。その担い手に着目して，司法型（民事および家事の調停，起訴前の和解），行政型（公害等調整委員会，国民生活センター等），民間型（弁護士会仲裁センター，日本商事仲裁協会等）の分類が，手続の性質に着目して，仲裁を典型とする裁断型と調停を典型とする調整型（実際にはその両者の折衷が多い）の分類がある。司法型および行政型の ADR の利用が活発であるのと対照的に，民間型 ADR はその数の多さの割に利用が低調であることが，わが国の特徴といえる。ADR の評価については，調停と同様に，かつては，非法的紛争解決の愛好は日本人の前近代的法意識の現れであり，ADR は権利意識の近代化を妨げているという否定的評価が主流であった。この評価は後に，仮に日本人の権利意識が近代化されたとしても，わが国の「小さな司法」（弁護士数の少なさとその地域偏在，貧弱な法律扶助）の現状に照らせば，ADR の存在意義もそれなりに認められるとの立場にとって代わられた。この立場も，問題解決の正道は司法の容量の拡大であり，ADR への依存は邪道であるとの発想を前提とする点で，先の否定的評価と通底している

が，最近では，アメリカ合衆国において ADR が隆盛しそれに対する肯定
的評価が高まっていることの影響もあり，司法運営の効率化（いかに司法
の容量が拡大しても，この世に生起するすべての民事紛争を引き受けることは不可
能であり，司法は新たな判例の形成を要する事件等の処理に専心し，司法が確立し
た規範の適用により容易に解決できる事件は可能な限り ADR に誘導することが，
希少な司法資源の有効活用につながる），正義へのアクセスの拡大（立法者が裁
判手続の一層の迅速化，廉価化に努めることは当然としても，裁判手続の性質上不
可避的に伴う時間と費用のゆえにそこから漏れる紛争を ADR に担わせれば，実現
されるべき正義の総量が増大する），紛争解決の質的向上（法曹主導の近代法に
よる悉無律的解決は，必ずしも理想的な紛争解決とはいえず，専門的知見の導入，
共同体的価値の尊重，当事者の自律的紛争解決能力の向上等は，ADR によってのみ
実現可能である）等，ADR の積極的な存在意義を承認する見解が優勢とな
りつつある。

　紛争解決のための魅力的な選択肢としての ADR の拡充，活性化を図る
ため，関係諸機関の連携強化と共通の制度基盤の整備を提言する「司法制
度改革審議会意見書」は，ここに記した ADR 積極論に依拠している。こ
れを受けて制定された「裁判外紛争解決手続の利用の促進に関する法律」
（平 16 法 151）は，特に民間型 ADR の利用の活性化を図るため，国による
認証制度を導入して，民間型 ADR に正統性を与えた。

4 民事訴訟の特徴

1. 4. -. 1
法による紛争解決

　裁判上の和解，調停，仲裁という 3 種の代替
的紛争解決制度と比較して，民事訴訟では，
原告だけの意思で訴えを提起し手続を開始させることができ，被告が，
事前に原告の請求を棄却することを求める旨を記載した答弁書その他
の準備書面（規 79 条・80 条）を裁判所に提出しないで，最初の口頭弁
論期日を欠席したときには，原告がその請求を理由付けるに足りる事
実を期日において主張すれば，被告はこれをすべて認めたものとみな

される（158条・159条）結果，それ以上証拠調べを要しないで（179条），原告の請求を認容する判決が言い渡される（254条）。この判決に対し，被告は控訴できることはもちろんだが，自己に不利な第一審判決の言渡しを避けるためには，とにかく原告の提起した訴えにおいて積極的に争うしかない。この意味で，民事訴訟は手続の開始において強行的な紛争解決方式である。

また，判決内容に不服のある当事者には，原則として控訴，上告の2度の上訴の機会が保障されるが，上告審でも敗訴した場合には，この判決の言渡しにより判決は確定し，この判決は既判力を有する（114条）から，その内容にいくら不満があっても，敗訴当事者はこれを覆すことができない。すなわち，受訴裁判所の和解案や調停委員会の調停案に対して当事者は拒否権を有するのに比べ，民事訴訟の判決にはこれがないという点で，手続の終結においても強行的な紛争解決方式である。民事訴訟のもつこうした強行的性格は，国家が，自力救済を禁止する代償として，被告に対しわが国の国家主権が及ぶ限り（⇨ *1. 5. 2. 1*），原告の一方的申立てであっても，紛争の終局的解決のため，国家主権の一分肢である司法権を発動すべき必要性に由来する。敗訴当事者に対する確定判決の拘束力と，確定給付判決においてはそれが被告（債務者）の財産に対する強制力の行使の基礎となること（執行力）とに照らし，民事訴訟は，公権力発動の一形態にほかならないため，究極的にはその利用が紛争当事者の合意に委ねられる他の紛争解決手続と異なり，法治国家においては法に覊束されたものであることが必要である。

<u>*1. 4. -. 2*
実体法と訴訟法</u>　ここでいう法には，紛争解決のための判断において裁判官が準拠すべき規範と，この判断を下すまでの過程において裁判官を拘束する規範とがある。前者が実体法，後者が訴訟法である（実体法は通常，民法，商法等の私法であるが，再審の訴えにおいて，確定判決の取消要求に理由があるかの基準という意味

における実体法規範は，民訴法338条という訴訟法である）。私法の，特に契約自由の原則が妥当する取引紛争においては，契約が任意規定に優先する（民91条）から，有効な契約が存在する限り，契約が実体法規範となる。つまり，契約当事者は裁判所を拘束する規範を自ら形成することができる。これに対し，訴訟法は，私人に対し司法権という公権力が発動される過程を規律する規範という意味で，公法であり，訴訟当事者が訴訟法規と異なる手続規範を合意により形成する自由は認められない（任意訴訟の禁止〔⇨ *Column ⑦⑤*〕）。この点，その利用が当事者の合意に係る仲裁手続では，仲裁合意において手続規範を合意することもできる（仲裁26条1項）のと異なる。自力救済が禁止される以上，他の紛争解決手続が自発的に利用されない限り，紛争は否応なく裁判所に集中する。この多数の事件を効率的に処理するには手続規定の一定の規格化が必要であり，訴訟当事者にいわば自分達の事件のためオーダーメードの手続規定を形成する自由を認め，裁判官にこれを尊重させることは，有限な司法資源の無益な消耗をもたらす点で公益に反する。もっとも，仲裁合意が典型であるが，訴訟法上の効果を発生させる合意がすべて無効であるわけではなく，また，その意義が私法のそれとは異なるが，訴訟法にも任意規定と強行規定の区別はある（⇨ *3.3.3.1~2*）。

5 民事訴訟の限界

① 司法権に内在する限界

裁判所法3条は，裁判所は日本国憲法に特別の定めがある場合を除いて，一切の法律上の争訟を裁判する権限を有すると定めている。法律上の争訟とは，判例により，具体的な権利義務または法律関係の存否について当事者間に

存する紛争であって，法令の適用により終局的に解決されうるもの，と定義されている（最判昭和29・2・11民集8巻2号419頁）。法令それ自体の違憲無効の確認，たとえば，警察予備隊令（現行自衛隊法の前身）が憲法9条の規定に違反し無効であることの確認を求める訴えが許されない（最大判昭和27・10・8民集6巻9号783頁）のも，それが法律上の争訟でないからである（ただし，憲法81条が定める最高裁判所の違憲審査が付随的違憲審査であり，法令の抽象的な違憲審査を求める訴えが不適法とされるのは，憲法が定める司法権の本質から直接に由来する効果であって，裁判所法3条の効果ではない）。また，地方自治体が，その制定に係るパチンコ店等建築規制条例に基づき発令した建築中止命令（当該条例には命令違反に対する履行確保手段の定めがない）の不遵守を理由に，業者に対し建築続行の差止めを求めて提起した訴えは，財産権の主体として自己の権利利益の侵害からの救済を求めるものではなく，専ら行政権の主体として国民に対し行政上の義務の履行を求めるもので，法令の適正な適用ないし公益の保護を目的とするから，法律に特別の規定がある場合は格別，そうでない限り，当然に裁判所の審判の対象となる法律上の争訟に該当するとはいえない（最判平成14・7・9民集56巻6号1134頁）。

Column ⑥　宗教団体の内部紛争と法律上の争訟

　(1)　Aという寺院が宗教法人法により法人格を取得する場合，会社の定款にあたる規則において，宗教法人A寺の代表役員はA寺の現在の住職をもってあてる旨の規定が置かれることが多く，かつ，A寺がB宗の末寺である場合，A寺住職の任免権限はB宗本山（本山が法人格を取得している場合，これを包括宗教法人Bという）が有することが多い。そこで，B宗本山からA寺住職を罷免された原告が罷免処分の無効を主張して「原告がなおA寺の住職たる地位を有することの確認を求める」旨の訴えを提起することがある。これについて，判例は，B宗における住職は，寺院の葬儀，法要その他の仏事の執行，教義の宣布など宗教活動の主宰者たる地位にとどまり，A寺の住職たる地位に基づき宗教活動の主宰者たる地位

以外に独自に財産的活動をする権限を有することにつき原告の主張，立証がないから，原告の請求は宗教上の地位の存否確認を求めるものにすぎず，法律上の争訟にあたらないとしている（最判昭和 55・1・11 民集 34 巻 1 号 1 頁／百選［6 版］2）。これに対し，「原告が宗教法人 A 寺の代表役員たる地位を有することの確認を求める」旨の訴えは，具体的な法律関係の存否をめぐる当事者間の紛争であり（だれを被告として確認を求めるかにつき⇨ *Column* ㉓），この請求の当否を判断する前提問題として，特定人につき住職たる地位の存否を判断する必要がある場合においては，宗教法人が憲法上国の干渉からの自由を保障されており，その団体の自治により決すべき事項，特に宗教上の教義にわたる事項について，国の機関である裁判所が審理判断をすることは許されないが，そうでない限り，すなわち，裁判所の判断事項が，A 寺における住職の選任，解任に関する手続上の準則に従って原告が選任，解任されたか，その手続上の準則が何であるかに関し，かつ，上記事項に関する判断が代表役員たる地位の前提をなす住職たる地位の存否の判断に必要不可欠なものである限り，裁判所がこれを審理判断することは妨げられず，このことと住職たる地位の存否確認が許されないこととは，何ら矛盾しない（前掲最判昭和 55・1・11 および最判昭和 55・4・10 判時 973 号 85 頁／重判昭 55 民訴 3）。

　(2)　ところが，判例（最判平成元・9・8 判時 1329 号 25 頁）は，原告が被告宗教法人 A の代表役員たる地位を有することの確認訴訟において，裁判所がその前提問題として原告の住職たる地位の存否を審理判断しなければならない場合，その宗教団体内部における住職解任に必要な手続準則が何であり，当該解任処分がそれを遵守してなされたかを審理判断するだけでは足らず，宗教上の教義，信仰に関わる事項（この事案では，任免権を有する B 宗本山は，原告を住職から罷免する理由として，原告の言説が B 宗の教義および信仰を否定する異説であることを挙げ，原告は，自己の言説は異説ではないと争っている）をも審理判断しなければならないときは，裁判所は，国の干渉からの自由が保障されているこれらの事項につき，一切の審判権を有せず，こうした事項につき厳に中立を維持しなければならない以上，住職たる地位の存否についても審理判断することができない，宗教法人 A の代表役員たる地位の確認の訴えは，当事者間の具体的な権利義務ないし法律関係の存否に関するものではあるが，宗教団体内部でなされた懲戒処分の効力が請求の当否を決する前提問題となっており，その効力の有無が当事者間

の紛争の本質的争点をなすとともに，それが宗教上の教義，信仰の内容と深く関わっているため，教義，信仰の内容に立ち入ることなくしてその効力の有無を判断することができず，しかも，その判断が訴訟の帰趨を左右する必要不可欠なものである場合には，上記確認の訴えは，その実質において，法令の適用による終局的解決に適さず，法律上の争訟にあたらない，と判示した（B宗の僧侶が原告となり，B宗の僧侶の懲戒権を有する包括宗教法人Bを被告として，その管長〔代表役員〕が管長たる地位を有しないことの確認を請求し，その理由として，当該管長はB宗における管長の継承に必要とされる宗教上の秘儀を経ていないと主張した場合に，同様の理由により訴えを却下した例として，最判平成5・9・7民集47巻7号4667頁）。

(3) この判例理論によれば，宗教法人A寺が原告となり寺院本堂を占拠している僧侶に対し所有権に基づきその明渡しを請求する訴訟は，寺院本堂明渡請求権という具体的権利の存否をめぐる当事者間の紛争であることは明らかであるが，そこで，A寺の住職・宗教法人A寺の代表役員として寺院本堂を占有する権限を有するとの抗弁を被告が提出し，これに対抗して，包括宗教法人Bによる被告の住職解任処分の事実を再抗弁として原告が提出した場合に（抗弁，再抗弁の意義につき⇨ *4.2.2.6*），B宗が解任の理由とした被告の言説はB宗の教義上異説ではない（最判平成元・9・8民集43巻8号889頁／重判平元民訴1），B宗の管長はB宗の教義上必要な秘儀を経た正統な管長ではなく，被告を処分する権限がない（最判平成14・2・22判時1779号22頁／百選［3版］2）などと被告が主張して処分の効力を争えば，その途端に寺院本堂明渡請求は法律上の争訟でなくなり，この請求の当否についての判決（本案判決〔⇨第4章3**③**〕）はなされないまま訴えは不適法却下（訴訟判決〔⇨第4章3**②**〕）され，結果として被告が寺院本堂を占有する状態が継続する。これは，憲法上保障された所有権を侵害されたと主張する宗教法人A寺から訴訟による救済を受ける権利を奪うものであり，裁判所の職責を放棄するものといわざるをえない。裁判所としては，このような被告の主張を端的に不適法として排斥した上，処分に際しての手続上の準則の履践の有無という裁判所の審判権の範囲内に属する事項につき，主張・証明責任の分配の原則（⇨ *3.2.3.3*, *4.2.2.3*）に従い審理判断した上で，明渡請求の理由の有無につき本案判決を下すべきである（この解決策は，最判昭和56・4・7民集35巻3号443頁〔板まんだら訴訟事

件〕／百選〔2版〕1の少数意見が示唆するものである）。

---

② 民事裁判権の対外的限界

民事訴訟が被告との関係において強行的紛争解決手段であるのは，国家主権の一分肢である司法権の発動たることに由来する。そして，国際公法上各国の主権は平等であり，外国国家はその意思に反して他国の主権の下に置かれることはないから，外国国家ならびに国際公法上わが国においてその外国を代表するものとされる外国の大使，公使およびその随員，家族は，その意思に反してわが国における民事訴訟の被告とされない。これを主権免除または裁判権免除という（条約その他国際公法により，国際機関に国家同様の裁判権免除が与えられているときは，国際機関も同様に扱われる。国際連合の裁判権免除を定めた条約の趣旨は，国連がその目的達成のために設立した国連大学にも及ぶ〔東京地決昭和52・9・21判時884号77頁〕）。

外国国家の裁判権免除については，平成16（2004）年12月に国連総会において「国及びその財産の裁判権からの免除に関する国際連合条約」が採択され，平成19（2007）年1月にわが国がこの条約に署名したことに伴い，平成21（2009）年4月に「外国等に対する我が国の民事裁判権に関する法律」（対外国民事裁判権法）（平21法24）が制定され，翌22（2010）年4月1日から施行されている。

同法4条は，外国等（同法2条）は，この法律に別段の定めがある場合を除き，わが国の裁判権から免除されるとして，外国等の裁判権免除の原則を宣言する。しかし，同条にいう「別段の定め」として，同法8条1項は，外国等は，商業的取引（民事または商事に係る物品の売買，役務の調達，金銭の貸借その他の事項についての契約または取引〔労働契約を除く〕）のうち，当該外国等と当該外国等以外の国の国民また

は当該外国等以外の国もしくはこれに所属する国等の法令に基づき設立された法人その他の団体との間のものに関する裁判手続について，わが国の裁判権から免除されないと定めている（労働契約については，同法9条1項が，当該外国等と個人との間の労働契約であって，日本国内において労務の全部または一部が提供されまたは提供されるべきものである限り，裁判権から免除されないと定めているが，同条2項は，労働者の採用契約または再雇用契約の成否に関する訴え等〔損害賠償の請求を除く〕の場合〔3号〕，解雇その他の労働契約の終了の効力に関する訴え等〔損害賠償の請求を除く〕であって，当該外国等の元首等により，当該訴え等に係る裁判手続が当該外国等の安全保障上の利益を害するおそれがあるとされた場合〔4号〕などに，例外を認めている）。裁判権免除については，事件の内容にかかわらず外国等を被告など受動的な当事者とする事件であれば当然に裁判権免除を認める「絶対免除主義」と，外国等が私人と同じ資格において締結した契約等から生じる紛争については裁判権免除を否定する「制限免除主義」とがあり，20世紀以降の諸外国の国内法，多国間条約および二国間条約は後者を採用していたが，わが国では，前者を採用する判例（大決昭和3・12・28民集7巻1128頁／百選［初版］1）が長い間命脈を保ち，最近（最判平成18・7・21民集60巻6号2542頁／重判平18国1）になってようやく後者に移行したばかりであった。先の国連条約に準拠した対外国民事裁判権法が制限免除主義に立脚することは，同法8条から明らかとなる（ちなみに，最判平成14・4・12〔民集56巻4号729頁／重判平14国1〕は，在日米軍基地における航空機の夜間離発着による騒音被害を主張する近隣住民が，アメリカ合衆国に対し，航空機の夜間離発着の差止めと損害賠償を求めた事案につき，外国国家の主権的行為を裁判権免除の対象とする国際慣習法の存在はなお確認できるとして，訴えを却下した。同法の下でこの事案がどう処理されるかであるが，同法に明文の規定はないものの，国連条約の起草の経緯に照らすと，同条約が外国等の軍事的活動を適用対象としないことについて関係国の一般的な了解が成

立しているので，訴え却下となることに変わりはないと考えられる。これに対し，軍事的活動以外の外国等の主権的行為についてはなおこの判例によるが，たとえば外国の大使が外交交渉の必要上その公用車でわが国の外務省に向かう〔主権的行為であると考えられる〕際，外国等に雇用された運転手の過失により，人身事故を起こしたと主張して提起された損害賠償請求であれば，同法10条により外国等の裁判権免除は否定される）。

　なお，外国等は，条約その他の国際約束のみならず，書面による契約，わが国の裁判手続における陳述または裁判所もしくは相手方に対する書面による通知によって，特定の事項または事件につきわが国の民事裁判権に服する旨の同意を明示的にしたときには，当該特定の事項または事件につきわが国の民事裁判権から免除されない（同法5条）。また，外国等が，わが国の裁判所に対し裁判手続の開始申立て，わが国の裁判手続への参加，または，わが国の裁判手続において異議を述べないで本案について弁論または申述をしたときは，わが国の民事裁判権に服する旨の明示の同意をしたものとみなされる（同法6条）。

1. 5. 2. 2
国際裁判管轄

　国際公法によりわが国の民事裁判権に課された制約は，以上に尽きており，たとえ外国人や外国法人を被告とする訴訟であっても，わが国の裁判所が本案判決をすることに国際公法上の制約はない。しかし，日本国内に住所を有する自然人相互の間の訴訟であっても，民事訴訟の受動的な主体である被告の応訴の便宜に配慮して，訴えは被告の住所地を管轄する裁判所に提起すべきものとされている（4条1項2項。土地管轄については⇨*2. 3. 2. 3*(3)）から，日本に住所を有しない者に対し日本での応訴を強いることには一層慎重であるべきである。また，日本企業のニューヨーク支店とニューヨークに住む日本人との間の取引から派生した紛争につき，原告の本店所在地（5条1号）を原因としてわが国で裁判することは，証拠がニューヨークほかアメリカ合衆国に集中していれば，これを日本の裁判所が取り調べるには不相当な時間と費用がかか

り，結局不十分な証拠調べに基づく裁判につながりかねない。

　したがって，当事者の生活または事業の拠点，紛争の発生原因たる行為など事案を構成する要素が複数国にまたがる紛争（「渉外（的）事件」）について，何らかの基準により，わが国が裁判権を行使すべきものとそうでないものを振り分ける作業が必要である。これが国際裁判管轄の問題であり，国際裁判管轄のない事件につきわが国で提訴されたときは，訴えは不適法却下される。

1. 5. 2. 3
財産関係訴訟の
国際裁判管轄

　財産関係訴訟の国際裁判管轄については，「民事訴訟法及び民事保全法の一部を改正する法律」（平23法36）により，民訴法3条の2から3条の12までの明文規定が置かれている（改正法は「管轄権」と呼んでいるので，以下条文に言及する際はこの語を用いる）。

　それによれば，被告が自然人であるときはその住所が，被告が法人その他の社団または財団であるときはその主たる事務所または営業所が日本国内にあれば日本に管轄権が生じるのが原則である（3条の2第1項3項）。その一方で，民訴法3条の3は，契約上の債務の履行請求および契約上の債務に関して行われた事務管理もしくは生じた不当利得に係る請求，契約上の債務の不履行による損害賠償の請求等については，これらの義務の履行地が日本に存在するとき，財産権上の訴えについては，請求の目的または差し押さえることのできる財産（ただし，当該財産の価額が著しく低いときを除く）が日本に存在するとき，日本に被告の事務所または営業所が存在する場合であって，訴えが当該事務所または営業所の業務に関するものであるときは，日本に管轄権が生じる（3条の3第1号3号4号）。また，「不法行為に関する訴え」（3条の3第8号）には，違法行為により権利利益を侵害され，または侵害されるおそれがある者が提起する差止請求に関する訴えも含まれ，この訴えが提起されたときの「不法行為があった地」とは，違法行為が行われるおそれのある地や権利利益を侵害されるおそれのある地が

含まれる（最判平成 26・4・24 民集 68 巻 4 号 329 頁／国私百選［3 版］92）。他方で，裁判所は，訴えについて日本の裁判所が管轄権を有することとなる場合（日本の裁判所にのみ訴えを提起することができる旨の合意に基づき訴えが提起された場合を除く）においても，事案の性質，応訴による被告の負担の程度，証拠の所在地その他の事情を考慮して，日本の裁判所が審理および裁判をすることが当事者間の衡平を害しまたは適正かつ迅速な審理の実現を妨げることとなる特別の事情があると認めるときは，訴えの全部または一部を却下することができる（3 条の 9）。

Column ⑦ **平成 23 年改正前の財産関係訴訟の国際裁判管轄に関する判例・学説の立場**

　　平成 23 年改正前においては，国際裁判管轄については，これを直接規定する法規は存在せず，よるべき条約も一般に承認された国際慣習法上の準則も存在しないというのが学説の立場であり，判例（最判昭和 56・10・16 民集 35 巻 7 号 1224 頁／国私百選［3 版］76）も，これを前提として「当事者間の公平，裁判の適正・迅速を期するという条理」により決するべきであるとし，わが民訴法の国内の土地管轄に関する規定が定める裁判籍（⇨ *2.3.2.3*(3)）のいずれかが国内に存すればわが国の国際裁判管轄を認めることが，この条理に適うとしていた。この立場の問題点は，わが国に住所をもたない被告であっても，同人に対する財産権上の訴えの義務履行地がわが国内にあれば，わが国に国際裁判管轄が生じる（5 条 1 号。民法 484 条が定める持参債務原則に照らし，不法行為，不当利得等の法定債務の履行を求める原告の住所がわが国内にあれば，同債務の準拠法が日本法である限り，わが国に国際裁判管轄が生じる），同人がわが国内に差し押さえることのできる財産をわずかでも有していれば，同人に対する財産権上の訴えについてわが国に国際裁判管轄が生じる（5 条 4 号），外国の社団・財団がわが国内に事務所または営業所を有していれば，事案と国内の事務所または営業所の業務との関連性を問わず，同人に対する財産権上の訴えにつきわが国に国際裁判管轄が生ずる（4 条 5 項）など，わが国とのわずかな関連性を根拠にわが国に過剰に国際裁判管轄を生じさせ，被告の防御の便宜を損なう点にある。そこで，その後判例（最判平成 9・11・11 民集 51 巻 10 号 4055 頁／国私百選［3 版］83）は，国内民訴法の土地管轄の規定が定める裁判籍の所在によ

りわが国に国際裁判管轄を認めることが，当事者間の公平，裁判の適正・迅速を期するという理念に反することとなる「特段の事情」があれば，わが国の国際裁判管轄は否定されるとした。これにより具体的妥当性は図られるものの，こうした不確定概念による修正は当事者の予測可能性を損なうことになる。

　管轄を明文規定で規律することの意義が紛争当事者の予測可能性を確保することにあるとすれば，3条の9が従来の判例の「特段の事情」法理に相当する規律を温存したことには，批判があろう。近時，判例（最判平成28・3・10民集70巻3号846頁／国私百選［3版］84）は，インターネット上の名誉毀損を理由とする不法行為に基づく損害賠償請求訴訟についてわが国の裁判所に国際裁判管轄（3条の3第8号）があることを前提として，外国における関連訴訟がすでに係属していること，主要な証拠が外国にあること，そして，当事者は関連訴訟も含め外国での紛争解決の期待を有していることなどの事情により，3条の9にいう「特別の事情」を認めている。

| *1. 5. 2. 4* |
| 身分関係訴訟の |
| 国際裁判管轄 |

離婚訴訟の国際裁判管轄についての判例は，財産関係訴訟についてのかつての判例とは対照的に，旧人訴法1条（現行人訴法4条1項参照）の管轄規定に言及することなく，被告の住所が国内に存在することがわが国の国際裁判管轄を認める上での原則であることを強調する。その一方で，判例は，原告が被告により遺棄された場合にまでこの原則に固執することは，日本法によっても離婚請求権を認められるべき在日外国人たる原告の身分関係上の保護に欠けるとして，一度も国内に住所を有したことのない者を被告とする訴訟の国際裁判管轄を認めたり（最大判昭和39・3・25民集18巻3号486頁／国私百選［3版］86)，日本に住所を有しない者を被告とする離婚訴訟の国際裁判管轄は，応訴を余儀なくされる被告の不利益と原告に外国での提訴を要求することの法律上，事実上の困難の程度とを勘案して決すべきである（最判平成8・6・24民集50巻7号1451頁／国私百選［3版］87。ドイツに居住するYが，別居後日本に帰国したXを被告として，ドイツで離婚の訴えを提起

し，Ｙの勝訴が確定している事案。当該訴訟の訴状の送達が公示送達であり，この判決の効力を日本で承認できない〔118条2号〕ため，国内では婚姻は未だ解消されておらず，他方で，Ｘにドイツでの離婚訴訟の提起を求めても既に婚姻が終了していることを理由として訴えが不適法とされる可能性が高いとして，わが国の国際裁判管轄を認めた）などとしたりしている。なお，人事訴訟および家事事件の国際裁判管轄については「人事訴訟法等の一部を改正する法律」（平30法20）で明文規定が設けられた。

③　民事訴訟の行政訴訟に対する限界

1.5.3.1
民事訴訟と行政訴訟

　国（国土交通大臣）が管理する一級河川の河川敷にグラウンドが設置されていたとする。このグラウンドの使用関係は，法律に別段の規定がなければ，使用申込みに対する承諾という私法上の契約の方式により規律されるが，河川法24条は河川区域内の土地の占用につき申請に対する許可という行政処分の形式を採用しているから，申請に対する国土交通大臣による不許可，許可の取消し・撤回といった行政処分に対する不服は，行政事件訴訟法3条1項にいう公権力の行使に関する不服の訴訟，すなわち抗告訴訟として，主に処分の取消訴訟の形式で裁判されることになる。他方で，当該河川敷を含む河川の流域地の所有権が国に帰属する場合，国の所有地であるこの河川敷に隣接する土地の所有者と国との関係は，民法等の私法により規律される。このグラウンドで硬式野球が行われ，飛来する打球により隣接地上の建物のガラスが破損する被害が発生し，将来もそれが継続するおそれがあるときに，隣地所有者は，所有権に基づき，国に対し，当該グラウンドを硬式野球に使用させてはならないとの差止請求を民事訴訟によってすることができ，この請求の認容判決の結果，国土交通大臣が将来的に硬式野球を使用目的とする申請を不許可とすることを事実上余儀なくされ，その限りで国土交通大臣の行政上の規制権限の行使に制約が生じるとしても，

民事訴訟としての差止請求の適法性は左右されることはない。

　以上は，従来疑われることのなかった原則であるが，判例は，一定の限度でこの原則に制約を加えている。すなわち，国が設置，管理する第1種国営空港（大阪伊丹空港。現在では第1種～第3種の区分は存在しない）の近隣住民が，当該空港への航空機の深夜早朝の離発着により騒音，振動被害を被っていると主張して，人格権・環境権に基づき，夜9時から翌朝7時までの空港供用の禁止（夜間飛行の差止め）を求めた訴えにつき，航空会社に対する定期航空路線の免許の付与等の航空行政権は国土交通大臣に与えられているが，国際線および主要な国内幹線の航空機の離発着に供用される空港については，空港整備法（現行空港法の前身）はこの管理権限を民間または地方自治体ではなく，第1種国営空港として国土交通大臣にその管理権限を付与しているから，同空港の管理に関する事項のうち，航空機の離発着等空港の本来的機能の達成に直接関わる事項については，空港管理権に基づく管理と航空行政権に基づく規制とが相互に矛盾することのないよう，総合的判断に基づき国土交通大臣において不即不離，不可分一体のものとして行使されているとみるべきであり，空港管理権者である国に対する原告らの請求は，事理の当然として，不可避的に航空行政権の行使の取消し・変更ないしその発動を求める請求を包含することになるので，行政訴訟の方法により何らかの請求ができるかどうかはともかくとして，民事訴訟の手続によるこうした差止めの請求は不適法である（最大判昭和56・12・16民集35巻10号1369頁／百選［6版］20。自衛隊機の離発着の差止めを基地周辺の住民が請求した事案につき，最判平成5・2・25民集47巻2号643頁も同旨）。

④　訴訟事件と非訟事件の区別

1. 5. 4. 1
訴訟と非訟

民事の争いであれば，常に訴訟手続により解決されるわけではない。借地契約をめぐる紛

争であっても，その解除を原因とする建物収去土地明渡請求は訴訟手続によるが，建築建物を木造に限るとの借地契約につき，鉄筋コンクリートを可能にする契約条件の変更をめぐり地主と借地人との間で合意が成立しないとき，借地人は裁判所に借地条件の変更の申立てをすることができる（借地借家17条）が，この申立てに基づく裁判は非訟事件手続法による（借地借家42条）。夫婦の一方が協議離婚に応じないときには，他方配偶者は離婚の訴え（民770条）を提起するほかない。これは訴訟事件（人事訴訟）だが，両者とも離婚することに異存はなく，ただ子の監護権の帰属について協議が成立しない場合には，裁判所に監護者を決めてもらうしかない（民766条2項）。監護者の指定は，家庭裁判所が家事事件手続法に基づき審判という形式の裁判でこれを行う（家事別表第2・3の項）。この家事審判も非訟手続である。同じ共有物の分割であっても，通常の共有であれば民事訴訟である共有物分割の訴え（民258条）による（⇨*Column* ⑱）が，共同相続人間の共有関係の解消であれば家庭裁判所が管轄する遺産分割審判事件である（民907条2項，家事別表第2・12の項）。

1. 5. 4. 2
真正争訟事件

非訟事件には2つの類型がある。成年後見の開始・後見人の選任（民7条・843条，家事別表第1・1の項3の項），不在者の財産管理人の選任（民25条，家事別表第1・55の項）などには，私人間で利害が対立する紛争につき中立の第三者に裁定を求めるという要素はなく，警察官が運び込まれた泥酔者を介護し，届出のあった落とし物を保管するのと本質的に類似した，保護を必要とする人または財産に対する国家の後見的な保護作用である。これに対し，借地条件の変更（借地借家17条），子の監護者の指定（民766条2項，家事別表第2・3の項）は，地主・借地人間，配偶者相互間に存在する深刻な利害対立の解決を国家に対し要求するものであるから，「非訟」という表現は本来これにふさわしいとはいえず（真正争訟事件），これを非訟手続で裁判することには，憲法上の疑義が生じる。

　なぜなら，憲法 32 条は裁判を受ける権利を国民に保障し，同 82 条
1 項は裁判の対審および判決は公開法廷で行うと規定している。ここ
で対審とは，紛争の両当事者が互いに相手方の裁判所に対する主張・
立証を直接に聴取し，必要に応じてそれに反駁する機会が保障された
手続，すなわち審理期日に対席する権利が保障された手続を指す。訴
訟手続において判決は必ず口頭弁論という審理方式を経てすることが
要請される（必要的口頭弁論〔87 条 1 項〕）。口頭弁論では，当事者双方
に対席の機会が保障され（双方審尋主義〔⇨ *3. 1. 3. 1*〕），当事者が裁判
所に対し口頭で陳述した事項のみが裁判の基礎資料とされる（口頭主
義〔⇨ *3. 1. 3. 4*〕）ので，相手方当事者の裁判所に対する主張内容は当
事者にとって了解可能である上，一般第三者の傍聴も可能である（公
開主義〔⇨ *3. 1. 3. 2*〕）から，訴訟手続が憲法の前記条項の要請を充た
していることは疑いがない。これに対し，非訟事件手続では，裁判は
決定の方式でなされる（非訟 54 条。家事審判手続では「審判」〔家事 73
条〕と呼ばれているが，審判も性質上は決定である）。非訟事件手続におけ
る決定にあっては，裁判所が当事者の意見，意向，認識等を聴取する
方法として，審問と陳述の聴取とがあり，前者は期日において裁判官
が当事者から直接口頭により聴取するものであるが，後者では，口頭
による聴取に限らず，書面による聴取も可能であり，民事訴訟におけ
る準備書面のように，期日に先立ち当事者相互でこうした書面を交換
しあう（規 83 条）ことも要求されていない（書面〔審理〕主義。つまり，
こうした書面審理では，相手方が何を裁判所に主張しているかを当事者が知
りうる地位は保障されない）。また，非訟事件手続においては，法律が
特に審問によることを要求している場合（借地借家 51 条 1 項，会社 870
条 2 項等）を除き，裁判所は審問と陳述の聴取のいずれを選択しても
よいし，陳述の聴取を行うか否かも，法律が特に要求していない限り
（会社 870 条 1 項等），手続指揮裁量の問題である。審問される当事者の
相手方の審問期日への立会権は保障されておらず（立会権を定めた規定

〔借地借家 51 条 2 項等〕が存在することは，原則は対席でないことの現れである），手続は非公開である（非訟 30 条）。他方，家事審判手続では，審問と陳述の聴取のいずれも可能であることは同じであるが，家事事件手続法別表第 2 に掲げる事項（家事調停の対象。旧家事審判法 9 条 1 項乙類審判事項にほぼ相当する）についての家事審判手続では，原則として陳述の聴取が必要とされ，かつ，当事者の申出があるときは審問の方式による陳述の聴取が必要とされる（家事 68 条）。この審問期日に他の当事者は立ち会うことができるが，当該他の当事者が審問の期日に立ち会うことにより事実の調査に支障が生ずるおそれがあると認められるときは，この限りでない（家事 69 条）。家事審判手続も非公開である（家事 33 条）。

このように，非公開で，かつ，対席が保障されないか（会社非訟事件手続），保障されるとしても例外が認められる手続（家事別表第 2 の家事審判手続）によって，譲渡制限株式の売買価格の決定（会社 870 条 2 項 3 号）や子の監護者の指定（民 766 条 2 項）といった真正争訟事件の裁判を行うことが，憲法 82 条の要請に適合するのかが問題となる。

Column ⑧　家事事件手続法別表第 1 と第 2 の事件の振り分けの基準

旧家事審判法 9 条 1 項甲類と乙類の各審判事項の振り分けの基準は争訟性の有無であったが，家事事件手続法別表第 2 に列挙されているのは，争訟性の存在を前提とした上で，家事調停による解決が可能な事件である。そのため，相続権の有無をめぐる相続人間の紛争であるにもかかわらず，当事者間の合意によるその解決が予定されていない推定相続人の廃除に関する審判事件は別表第 1 に振り分けられている（別表第 1・86 の項）。しかし，廃除を求められた者に対する手続保障の観点から，別表第 2 所掲の審判事件に関する特則である家事事件手続法 67 条・69 条から 72 条までの規定を準用するとともに，廃除を求められた者の陳述の聴取は審問の期日で行うとされている（家事 188 条 3 項 4 項）。

旧家審法9条1項乙類の合憲性につき，判例は次のような理論を展開してきた。すなわち，法律上の実体的権利義務の存否自体を終局的に確定することは司法権固有の作用であり，これを公開・対審でない手続で裁判することは，憲法32条・82条を潜脱するものであり，立法をもってしても許されないが，実体的権利義務が存在することを前提として，たとえば夫婦の同居（旧家審9条1項乙類1号・家事別表第2・1の項）では，民法は同居の場所，時期，態様等につき一定の基準を示していないから，家庭裁判所が，後見的立場から，合目的の見地に立って裁量権を行使し，その具体的内容を形成する必要があり，この作用は本質的に非訟事件であって，これを公開・対審によらない手続で裁判しても，そこで前提とされた同居義務自体の存否について後に公開・対審の訴訟手続による終局的確定を求める可能性が留保されている以上，憲法の前記法条に違反しない（最大決昭和40・6・30民集19巻4号1089頁／百選［6版］1。婚姻費用の分担〔旧家審9条1項乙類3号［現在の家事別表第2・2の項〕。最大決昭和40・6・30民集19巻4号1114頁／続百選85］，遺産分割〔旧家審9条1項乙類10号［現在の家事別表第2・12の項〕。最大決昭和41・3・2民集20巻3号360頁］，推定相続人の廃除〔旧家審9条1項乙類9号［現在の家事別表1・86の項］（⇨*Column* ⑧）。最決昭和59・3・22家月36巻10号79頁〕などにおいて，同趣旨の判示が繰り返されている）。この基準により非訟事件と位置づけられる争いにつき，判決を求め訴えが提起されたときは，それは不適法として却下される（なお，最判平成12・2・24〔民集54巻2号523頁／百選［6版］23〕は，民法903条1項の定める具体的相続分は，それ自体実体法上の権利ではなく，遺産分割手続において遺留分の確定等のため前提問題として審判される事項であるから，その割合自体を独立の確認の対象とした訴えは不適法であるとする。確認の利益〔⇨*2. 2. 1. 8*〕とも関連する）。

Column ⑨ 　判例による訴訟・非訟の区別の問題点 ⎯⎯⎯⎯⎯⎯⎯⎯

　判例の訴訟・非訟の区別論は，遺産分割を例にとると，家事審判におい
て遺産分割を行う前提として，戸籍の記載上相続権の認められる非嫡出子
については，審判手続では，その相続人たる資格が存在するとの判断を一
応前提とした上で，相続人間でどのように被相続人の遺産を分配するかを，
家庭裁判所の合目的的な裁量権の行使により形成することは家事審判手続
によってよく，この非嫡出子の相続権の有無自体を既判力により終局的に
確定することは，認知無効の訴え等の人事訴訟（訴訟手続）に委ねられて
おり，先に記したような，それが存在するとの家庭裁判所の一応の判断に
既判力は生じない以上，遺産分割を家事審判事項とする旧家審 9 条 1 項乙
類 10 号（現在の家事別表第 2・12 の項）は憲法 32 条・82 条に違反しないと
いう形で，比較的スムーズにあてはまる（前掲最大決昭和 41・3・2。もっと
も，このような場合には，家庭裁判所は，利害関係人に認知無効の訴え等の提起を
促し，家事審判手続を事実上中止しておいて，人事訴訟による相続権の有無の終局
的確定を待った上で，分割の審判を行うことが望ましい）。しかし，夫婦同居の
義務の場合は，夫婦であることに当事者間に争いがない限り，抽象的な同
居義務があることは法律上自明であり（民 752 条），こうした抽象的な同居
義務を確認する判決を求めることは必要でもなければ適切でもなく，後の
訴訟手続においてその存否が終局的に判断される同居義務として，家事審
判により形成される具体的同居義務以外のものを想定することは不可能で
ある。そうだとすれば，家庭裁判所による具体的な同居義務の審判手続と，
そうして形成された具体的な同居義務の不存在確認という訴訟手続とが，
反復するという無駄を生ずる（こういう事態は「訴訟経済」に反する）。また，
プライバシーの保護と倫理的判断が必要な夫婦関係をめぐる争いにつき，
家庭裁判所を設置し，非公開の手続において，家裁調査官による十分な調
査を通じて，事案の実情に即した解決を図ろうとした家事審判法の趣旨が
没却されるとする批判があった。

　また，最高裁の示した一般論自体に対しては，次のような批判が可能で
ある。第 1 に，判例の発想によれば，実体法自体が，権利の発生要件を，
裁判所による合目的的裁量判断が可能なように抽象的に規定すれば，その
判断手続が公開・対審の手続でなくとも憲法違反でないこととなるが，憲
法上の基本権保障の有無を法律の条文の書き方次第でいかようにも左右で
きるというのは，背理である。第 2 に，裁量権の適正な行使には裁判所へ

の正確な情報の提供が必要であり，対審の手続は裁判所に提供される情報の正確性を当事者相互の反駁を通じて検証するための適切な手段であるから，判断の裁量性は対審を保障しないことを正当化するものではない。

Column ⑩ 決定手続における手続保障 ---------------------------------

　本文に記した訴訟・非訟の区別に関する判例理論には，別の問題がある。すなわち，判例は，憲法82条は，実体的権利義務関係を終局的に確定するには公開・対審の手続によることを要請しており，憲法32条は，公開・対審の手続により実体的権利義務関係を終局的に確定する判決を受ける権利を国民の基本的人権として保障するものであると捉えている。そうすると，実体的権利義務の終局的確定を目的としない決定手続（決定手続は，非訟事件のみならず，訴訟手続においても，文書提出命令の申立てについての裁判〔223条1項〕など，手続の過程で派生する付随的な問題についての裁判に，広く採用されている）において当事者にいかなる手続保障（⇨ *1. 6. -. 4*）を与えるかは，憲法32条が全く関知しない問題となってしまう。たとえば，本質的な非訟事件とされる婚姻費用分担事件（旧家審9条1項乙類3号〔現在の家事別表第2・2の項〕）において，婚姻費用の分担を命ずる審判に対して申立人が抗告（⇨ *5. 1. 1. 2*）した場合に，相手方に抗告状および抗告理由書の副本が送達されず，相手方に反論の機会が与えられないまま，抗告審が原決定を相手方に不利益に変更した場合，この抗告審の措置が憲法32条違反であるとして特別抗告（336条⇨ *5. 1. 1. 1*）をしても，理由がないことになる（最決平成20・5・8家月60巻8号51頁／百選〔4版〕A1）。

　この判例の立場に対しては，憲法32条は，判決手続に限らず，広く裁判手続において，裁判所に対し自己の主張を述べ相手方の主張に反駁する機会が適時に付与されることを，当事者の基本的人権（審問請求権または審尋請求権）として保障するものであるとする，学説からの批判がある。

　ただ，判例（最決平成21・12・1家月62巻3号47頁）は，抗告状の副本を送達またはその写しを送付して反論の機会を抗告の相手方に与えることをしないで原審判を相手方に不利益に変更する措置には，事案によっては，裁判に影響を及ぼす違法があるとされる余地があることを認めていると解される。すなわち，最決平成23・4・13（民集65巻3号1290頁／百選〔5版〕A40）は，決定手続における当事者に対する手続保障を裁判手続における裁判長の裁量権（訴訟指揮権〔148条⇨ *3. 4. 1. 1*〕または手続指揮権〔非訟45条，家事52条〕）の問題と捉え，原告が被告の所持する文書の提出命令を申し

立て，被告が所持の事実を争ったものの，第一審が文書提出命令を発したため，被告が即時抗告したところ，抗告審が，即時抗告申立書（原決定に対する詳細な反論と抗告審で新たに提出された書証が添付されている）の写しを原告に送付するなどして反論する機会を与えないまま，所持の事実は認められないとして，原々決定を取り消し，文書提出命令の申立てを却下した措置には，裁量権の逸脱の違法があるとした（高等裁判所である抗告審の措置に裁量権の濫用・逸脱の違法があれば，最高裁への許可抗告〔337条⇨*Column* ⑩⑧〕が認められる）。

　なお，新たに制定された家事事件手続法は，審判に対する即時抗告があった場合における抗告状の当事者に対する原則的送付（家事88条1項），抗告審における当事者等の陳述の聴取（家事89条）の義務付けを規定するなど，当事者に対する手続保障に配慮しているが，判例の立場からは，これらは立法者の裁量であって，こうした規定を置かないことが憲法32条の要請に反する立法不作為として違憲とされる余地はないこととなる。

Column ⑪　身分関係をめぐる紛争解決手続の概観 ----------------------

　現行法の下での身分関係をめぐる紛争解決手続は，複雑な構造となっている。まず，夫婦関係や親子関係の発生，消滅をめぐる紛争（婚姻の無効・取消し，離婚または協議離婚の無効・取消し，認知および認知の無効・取消し，嫡出否認等）は，訴えの提起に基づき判決手続で処理される訴訟事件である。ただ，身分関係の特質，特に当事者本人の意思の尊重および客観的真実に基づく身分関係の確定の必要性から，人訴法の中に，通常の民事訴訟の審理原則を修正する規定（訴訟能力に関する規定の適用を排除する人訴13条1項，職権探知主義を採用する人訴19条1項・20条，人証の取調べの公開制限を定める人訴22条，確定判決の対世効を定める人訴24条等）が置かれている。これに対し，身分関係が存在することまたはこれを解消することについて争いはないが，その具体的なありかた（共働きの夫婦間において婚姻費用をどう分担するか，離婚することには異存がないが，子の監護権をいずれがもつか）について当事者間で協議が調わないときには，裁判所に非訟手続である家事審判による解決を申し立てる（もっとも，人事訴訟において離婚を認める場合には，当事者の申立てにより，判決主文において，本来非訟事件であり家事審判手続で決定されるべき子の監護・財産分与に関する処分〔家事別表第2・3の項4の項〕等を命ずることができる〔人訴32条〕）。ただし，身分関係の性質上，人事訴訟事件はできるだけ当事者間の合意による解決が望ましいので，紛争当事者は，

人事訴訟の提起に先立ち，家庭裁判所に家事調停を申し立てなければならない（調停前置主義〔家事 257 条 1 項⇨ *1. 3. -. 3*〕）。また，家事事件手続法別表第 2 に規定される真正争訟事件も，合意による解決が望ましい点では人事訴訟と同じであり，家庭裁判所はこれらの事件についても調停を行うことができる（家事 244 条）。なお，現在では，人事訴訟および家事審判ともにその第一審は家庭裁判所の職分管轄に属している（裁 31 条の 3 第 1 項 1 号 2 号）。

6 民事訴訟法の理念

1. 6. -. 1
裁判の適正・迅速および当事者間の公平

先に触れた国際裁判管轄に関する最高裁判例が示すように，民事訴訟の基本理念は，裁判の適正・迅速および当事者間の公平を期することにある。民事訴訟のいたるところでこの理念が追求されていることは，本書に詳しく述べる。ここでは，読者に裁判の適正・迅速および当事者間の公平の具体的なイメージを与えるため，いくつかのエピソードを示す。

　まず，裁判の適正の要請には，裁判の内容が正しいものでなければならないということと，裁判に至るまでの手続が適正なものでなければならないということの，2 つの側面がある。

1. 6. -. 2
裁判の内容的適正

たとえば，裁判には一般に上訴が認められている。判決手続でいえば，第一審の判決に対して，控訴と上告の 2 つの上訴が一般的に可能である。上訴制度の目的として，とりわけ上告に関しては，最高裁判所の判例統一機能を重視し，法令解釈の統一を掲げる見解もあるが，第一審判決を事実認定と法の解釈・適用の両面から見直す控訴はもちろん，法の解釈・適用の面に限って控訴審判決（それを介して第一審判決）を見直す上告につ

いても，控訴審判決の内容に不服（その具体的内容は⇨ *5. 1. 3. 2*）を持つ当事者からの申立てがない限り上告審の手続は開始されない以上，上訴制度の目的は，第一次的には，誤った判決からの敗訴当事者の救済である。もっとも，民事紛争の終局的解決手続としての民事訴訟の実効性の確保という要請との調和が必要であり，三審級を経た上告審の判決に対しては，一般的には不服申立ての余地はなく，上告審の判決言渡しとともに判決は確定する。したがって，内容的に誤った判決でも既判力という通用力を与えられるのであるが，しかし，刑事訴訟で偽証による有罪が確定した証人の証言が証拠とされている場合には，確定判決に対してすら，再審という非常の不服申立てが認められている（338条1項7号）。このように，上訴，再審の制度は，裁判の内容的適正を確保するための手続的な仕組みである（もっとも，312条2項・338条1項1号〜3号・9号が示すように，上訴，再審は裁判の手続的な適正さを確保する仕組みでもある）。

1. 6. –. 3
真実発見の要請

裁判に内容的な適正さが要請されることの一環として，裁判は可能な限り客観的または実体的真実に即したものでなければならない。一般の民事訴訟では，弁論主義（⇨ *3. 2. 3. 1*，*3. 2. 4. 1*）が採用されており，証拠調べの結果裁判に必要な事実が明らかとなっても，当事者がその事実を裁判の基礎とすることを求めないときには，裁判所はその事実を裁判の基礎にすることができないし，当事者が一致して争わない事実は，たとえ真実と合致していなくとも真実であるとして裁判の基礎にしなければならない。しかし，この弁論主義を根拠として，当事者間に事実について争いがある場合に，裁判所が可能な限り真実を追求する責務を負い，当事者が事案の解明に協力すべき責務を負うことを，否定すべきではない。

　たとえば，証拠から認定できる一方当事者に有利な事実を裁判の基礎とすることをその当事者が求めないのは，不注意に基づく可能性が

ある。この場合に，できる限り判決内容を真実に即したものとするため，裁判長が，証拠からその事実を認定できる旨を示唆し，それを裁判の基礎とする意思の有無をその当事者に問いただすことは，弁論主義の下でも適法として認められるし，裁判所にそうする義務が生ずる場合もある（釈明権・釈明義務〔⇨ *3. 4. 1. 4*〕）。

　また，民事訴訟の提起の前後を通じて，一方の当事者は相手方に対し訴訟の追行に必要な情報の提供を求める権能を有している（訴え提起前における提訴予告通知に基づく照会〔132条の2〕，提訴後の当事者照会〔163条〕）。この情報提供を怠ることに対し，法律上具体的な制裁は規定されていないが，建前としては相手方は照会に応ずる義務がある。もちろん，照会に係る情報がその当事者の私生活の秘密や営業秘密に属するなど，その者に秘匿権限が認められる場合には，これに応ずる義務はない（132条の2第1項1号〜3号・163条6号）が，その情報がその訴訟において相手方に有利に作用する（「敵に塩を送る」結果となる）ことは，情報開示の拒否を正当化する理由にならない。

　特定の事実の存在（または，まれではあるが不存在）を裁判所に証拠を示して確信させることができないことに起因する敗訴のリスクは，必ず当事者のいずれか一方に帰せられている（証明責任〔⇨ *4. 2. 2. 1*〕）。そして，弁論主義を採用する訴訟では，証明責任が観念される事実が証拠調べの結果認定できる場合においても，いずれの当事者からもそれが主張されない限りは，これを裁判の基礎とすることができない。この建前により生ずる敗訴のリスク（主張責任〔⇨ *3. 2. 3. 3*〕）の分配は，通説によれば，証明責任の分配と一致する。だからといって，主張・証明責任を負わない当事者は，裁判所による真実発見に非協力的であってよいわけではない。たとえば，相手方が証明責任を負う事実を争う場合にも，当事者はただ単に「争う」と陳述するのでは足りず，どういう理由からそれを争うかを明らかにしなければならない（単純否認の禁止〔規79条3項⇨ *3. 3. 1. 4*〕）し，明文の規定はないが，相手

方が証明責任を負う事実が当事者の過去の行為または認識の対象に関する場合に，当事者が単に「知らない」と陳述することは許されないとする立場が有力である（完全陳述義務〔⇨ *3. 3. 2. 4*〕）。さらに，原子炉の設置を許可する国の行政処分の適法性が近隣住民により争われる場合，原子炉の安全性に関する証明責任は住民側が負うが，まず国の側が，原子炉の安全性審査の過程に不合理な点がなかったことを相当の根拠をもって示す義務がある（最判平成 4・10・29 民集 46 巻 7 号 1174 頁〔伊方原発訴訟〕／百選〔6 版〕59。主張・証明責任を負わない当事者の事案解明義務〔⇨ *3. 3. 2. 5*〕）。

---
1. 6. –. 4
裁判の手続的適正

裁判の手続的適正はいくつかの角度から分析できる。その基本は，手続に関与する機会を保障されなかった者に手続の結果，とりわけ裁判の不利な効果を帰するべきではない（デュー・プロセスの保障。手続保障ともいう）ということである。

　たとえば，確定判決は既判力を有するが，既判力は原則として前訴の当事者相互の間でしか生じない（115 条 1 項 1 号）。弁論主義が採用される通常の民事訴訟では，当事者が提出した事実と証拠のみが裁判の基礎資料となる。そして，当事者以外の者には事実と証拠の提出権能が保障されない（もっとも，第三者が前訴に参加し一定限度で事実と証拠の提出を行ったときは，それ相応の判決効を受けることがある〔42 条・45 条・46 条⇨ *6. 3. 1. 6*〕）から，にもかかわらずその判決の不利な既判力を第三者に及ぼすとすれば，第三者から裁判を受ける権利（憲 32 条）を奪うに等しい。もっとも，既判力を前訴当事者以外の者に及ぼすことが法律上認められる場合もある（115 条 1 項 2 号〜4 号）が，これは，民事訴訟の紛争解決制度としての実効性とその訴訟で紛争が一件落着したという（特に勝訴）当事者の信頼とを確保する要請と，第三者に対する手続保障の要請とを，慎重かつ微妙に調整した結果である（⇨ *5. 2. 2. 13*）。また，人事訴訟では，係争法律関係の性質上判決効を

すべての第三者に拡張しなければならない（人訴24条。対世効〔⇨ **5. 2. 2. 17**〕）が，他面で，そうしても第三者の利益を害さないような仕組みを構築する必要がある（たとえば，職権探知主義の採用〔人訴19条1項・20条〕，利害関係人に対する訴訟参加の機会の保障〔人訴28条〕，参加した利害関係人が裁判の基礎資料を提出する機会の保障〔人訴15条3項4項〕等）。

　また，前訴の当事者であっても，判決が成立する過程で訴訟手続に関与する機会を実質的に奪われていた場合にまで，既判力により拘束することが許されるかという問題がある（当事者の確定〔⇨ **2. 2. 3. 3**〕は，この問題と深い関わりがある）。被告に対し手続関与の機会を具体的に保障する仕組みは，訴状および第一回口頭弁論期日の呼出状の送達である。訴状等の送達は実施されたが，その過程における原告の有責行為等が原因となり，被告が実際には訴訟係属の事実を知りえなかった場合が，特に問題となる。

Column ⑫　手続保障が欠ける場合の救済方法

　最判平成10・9・10（判時1661号81頁／百選〔6版〕37②）の事案は，次のようなものであった。Xの妻がX名義のクレジットカードを利用したことによる貸金，立替金につき，カード発行会社YがXにその支払を求めた（前訴）。前訴の提起当時，Xは釧路市内の勤務先から東京に長期出張しており，Xの自宅への訴状等の送達がXの不在により実施できなかったので，担当書記官はYにXの就業場所（103条2項）を照会した。これに先立ち，Xは，Yの担当者とのやり取りの中で，Xは自分宛の郵便物は自宅ではなく釧路市内の勤務先に送付して欲しいと要望していたが，Yの担当者は，裁判所からの照会にいう就業場所とは，この勤務先ではなく，Xが現実に仕事に従事する場所を指すとの理解の下に，先の勤務先にこの場所を問い合わせることをせず，単に就業場所不明と回答した。そこで，担当書記官は，Xの住所宛に訴状等の郵便に付する送達（⇨*Column* ㊾）を実施し，書留郵便の発送により送達の効果が生じた（107条3項）。この書留郵便は，留置期間満了により裁判所に還付された。第一回口頭弁論にX欠席のまま，Xの擬制自白（159条3項）により，Xに

28万円余の支払を命ずる判決が言い渡された。この判決正本（改正後は電子判決書の記録事項を記載した書面）は，Xの住所において妻に補充送達（106条1項）されたが，妻はこれをXに渡さなかったので，控訴期間が経過し，前訴判決は確定した。Yは，この判決に基づきXの給料債権を差し押さえたが，まもなくこれを取り下げ，その後Xから任意弁済を受けた。Xは，前訴判決に対し再審の訴えを提起したが，前訴裁判所は，控訴期間の追完（97条）による控訴が可能であったから，再審の補充性（338条1項但書）によりこの再審の訴えは不適法であるとして却下した（この措置の当否につき⇨ *8.-.2.3*）。そこで，Xは，前訴における訴状等の送達はYの担当者の重過失による誤回答に基づくもので，これにより開始された前訴手続で成立した確定判決による強制執行を避けるためその支払を余儀なくされた28万円余は，誤回答と相当因果関係にある損害であると主張し，その賠償を求めて訴えを提起した（本訴）。

　XがYに対し28万円余の支払義務を負うことは，前訴判決の既判力により確定されている。Xが因果関係につき本訴においてする主張は，仮に誤回答がなされずにXが実際に前訴に関与していれば請求棄却の判決が得られたはずだというものであり，これは前訴確定判決の既判力と矛盾する。この点につき判例は，一方の当事者が，相手方の権利を害する意図で，相手方から訴訟に関与する機会を奪ったため判決が確定した場合において，同判決に基づく強制執行を避けるため余儀なくされた任意弁済額につき，相手方が不法行為を理由に損害賠償請求をすることは，確定判決の既判力を考慮しても許されるとしており（⇨ *Column* ⑬），原審は，この判例を踏襲して，Xの主張は前訴判決の既判力にかかわらず許されるとしたが，最高裁は，本件におけるYの担当者の行為はXの権利行使を害する意図の下にされたものではないから，Xの主張は前訴確定判決の既判力の潜脱であり許されないとした。その一方で，最高裁は，Yの担当者の重過失により被った精神的損害について，Xが慰謝料を請求することは前訴確定判決の既判力と矛盾しないとして，財産的損害の賠償請求が認められるから慰謝料請求を認める必要はないとした原判決を破棄した。争われている権利と離れて手続に関与する権利自体に独自の価値はない，とする少数意見を排してなされた判断であり，注目に値する。もし，手続関与権侵害による精神的損害をYが前訴判決で支払を命じられた金額を基準として算定できるならば，実質的には，手続保障の要請が法的安定性の

確保の要請（既判力）を超えることを認めるに等しい。

| *1. 6. -. 5*
不意打ち防止 |

裁判の手続的適正を確保するためには，当事者に対する不意打ちを防止することが重要である。民訴法は，原則として口頭弁論期日において当事者が裁判所に対し口頭で陳述した事項だけが裁判の基礎資料となるという建前を採用する一方で，当事者に対し書面による期日の準備を求め，それに記載した事項につき相手方が準備をするのに必要な期間を置いて，相手方にこの準備書面を直送するよう求めている（161条，規83条）。そうすると，準備書面を直送された相手方は，当該書面に争うべき事実が記載されていないので次回期日に欠席しても大丈夫だと判断することがある。もし，この期日に出席した当事者が当該書面に記載のない事実を主張できるとすると，欠席した当事者はその事実を争わないものとみなされ（159条3項），場合によっては，それにより裁判に熟したとして口頭弁論が終結されてしまい（243条1項），不意打ちとなる。そこで，改正後161条3項は，相手方が在廷しない口頭弁論においては，相手方に送達されたもの（同項1号），相手方からそれを受領した旨の書面が提出されているもの（同項2号），または，改正後91条の2の電磁的訴訟記録として閲覧・複写された準備書面（同項3号）に記載されていない事実を主張することができないとしている。

　裁判所が法律により付与された権限を行使する場合にも，その措置がこのような意味で不意打ちにならないよう配慮が求められる。たとえば，口頭弁論期日に当事者の双方が欠席した場合，1か月以内に当事者から期日指定の申立てがなければ，訴えの取下げが擬制される（休止満了〔263条⇨ *3. 5. 1. 2*(2), *3. 5. 3. 3*(1)〕）。双方欠席の背景には，訴訟外で和解交渉が進行中で，近い将来の合意の成立が期待できるので，その期日は欠席し，和解が成立したらあらためて期日指定を申し立て和解の電子調書の作成・記録を求めようという了解が双方にある

ことが多い。ところで，続行期日における当事者双方欠席の場合に，裁判所には，休止満了を待つ選択肢のほかに，審理の現状および当事者の訴訟追行の状況を考慮して相当と認めるときは，その期日で口頭弁論を終結し終局判決（審理の現状に基づく判決）の言渡期日を告知するという選択肢があり（244条），いずれを選択するかは，裁判所の裁量に委ねられている（⇨ *3. 5. 3. 3*(1)）。しかし，先のような事情がある可能性を無視して，双方欠席の場合に 244 条によって直ちに弁論を終結する措置は，当事者の不意打ちをきたすおそれがある。なぜなら，判例（最判昭和 56・3・20 民集 35 巻 2 号 219 頁）は，双方欠席期日において弁論を終結する際，判決言渡期日を決定しこれを告知すれば，判決言渡期日の呼出状をあらためて欠席当事者に送達する必要はない（122 条・251 条 2 項）としている（⇨ *4. 3. 5. 3*）から，判決正本（改正後は電子判決書の記録事項を記載した書面）の送達によって当事者ははじめて弁論終結と判決言渡しの事実を知ることになりかねないからである。

1. 6. -. 6
手続の透明性の確保

　裁判が公正（フェア）なものとして当事者に受け入れられるためには，両当事者にとってその過程の透明性が確保されていることが重要である。民事訴訟が，口頭弁論期日につき当事者双方に立会権を認め（双方審尋主義〔⇨ *3. 1. 3. 1*〕），かつ，期日において口頭で陳述された事項のみが裁判の基礎資料となるとの建前（口頭主義〔⇨ *3. 1. 3. 4*〕）を採用していることは，手続の透明性の確保を目的とするものである。また，裁判長は，内容に不明瞭ないし不足がある弁論をする当事者に対し釈明を求めて問いを発することができる。これを釈明権の行使（149 条 1 項）という。現行法は，期日においてだけでなく，期日外で釈明権を行使することも認めているが，攻撃または防御の方法に重大な変更を生じうる求釈明を期日外でしたときは，その内容を相手方に通知しなければならない（149 条 4 項）。当事者の攻撃または防御の方法の変更が求釈明を受けてのことならば，それは相手方が裁判所の心証のありかを推測する資

料となるから，この通知は相手方にさらに防御を尽くす機会を与える
ものとして手続の適正確保に資する（⇨ *3. 4. 1. 4*(5)）が，それ以前に，
相手方に立会権が保障されない状況で当事者と裁判所との間にこの種
のやり取りがあったことを相手方に開示すること自体が，手続の透明
性の確保に資する。

　このように，手続の透明性確保という角度からは，対席の保障のあ
る口頭弁論期日とその保障のない和解期日を交雑させる訴訟指揮の当
否は，検証が必要である（⇨ *3. 4. 2. 1*, *7. 1. 3. 2*）。

| *1. 6. -. 7* |
| 裁判の迅速 |

「裁判の遅延は裁判の拒絶に等しい（justice
delayed, justice denied）」という法格言がある。
適正な手続にはある程度の時間が必要であるが，現行民訴法施行前の
実務では，貸金の返還請求や賃貸家屋の明渡請求といった，さして複
雑な争点を含まない一般市民間の民事訴訟についてすら，訴えの提起
から第一審判決の言渡しまで 2 年近い期間を要しており，一般市民を
して民事訴訟から逃避させる結果を生じていた。民訴法は，訴訟遅延
対策として，充実した争点・証拠の整理手続とその終結後の人証の集
中的な取調べの実施を，第一審訴訟手続の理念型として想定している
（⇨ *3. 5. 2. 2*, *3. 6. 2. 1*）。

　また，クリーニングに出した衣類が損傷したなど，訴額（⇨ *2. 1. 1.*
2）にして 10 万円にも満たない紛争について，通常の訴訟手続と同じ
ように，何回も期日を費やした上，判決に不服がある者には 2 度の上
訴の機会を与えていたのでは，たとえ勝訴してもモトが取れない。本
書では詳しい説明を省略するが，民訴法 368 条以下が定める少額訴訟
の手続は，こうした紛争に対する手当てである。すなわち，訴額 60
万円以下の金銭の支払請求を目的とする訴え（368 条 1 項）について，
少額訴訟による審判を求める原告の申述があったときは，期日は 1 回
（一期日審理。370 条）に限り，証拠調べは即時に取り調べることがで
きる証拠に限定され（371 条），口頭弁論終結後直ちに終局判決を言い

渡す（374条）ことを原則とし，終局判決に対する控訴は許されない
（377条）。

　このように，少額訴訟の裁判は，その内容および成立手続の適正さ
の程度において通常の手続における裁判と同じであるとはいい難い
（「ラフ・ジャスティス」と呼ばれる）。すなわち，裁判の適正と迅速とい
う2つの要請は少額紛争においては背反する契機がある。ただ，原告
だけの選択により適正の要請が副次的なものとされるのでは，当事者
間の公平の観点からみて問題が残るので，被告の側に訴訟を通常手続
に移行させる旨の申述権を与えている（373条）。

1. 6. -. 8
当事者間の公平

　　　　　訴えの提起は，原則として，被告が住所を有
する地を管轄する裁判所に対してしなければ
ならない（4条1項2項）。これは一見，原告にとって不公平のようで
あるが，訴えの提起およびその時期の選択は原告のイニシアティブに
委ねられていて，原告は訴え提起に先立ち十分な時間をかけて準備す
ることができる。これに対して，被告は受け身の立場に置かれている
ため，被告にとって防御に便利な地で裁判をすることが，訴え提起段
階において存する当事者間の不公平の是正につながる。

　このように，当事者間の公平は，民事訴訟手続の全体を貫く理念で
ある。たとえば，口頭主義の原則（⇨ *3. 1. 3. 4*）を徹底するならば，
第一回口頭弁論期日に原告が欠席したときは，訴状の請求の趣旨およ
び原因の口頭による陳述がなされず，審判の対象が裁判所に対し呈示
されないから，その期日は終えざるをえない。これでは，訴訟経済に
反するし，出席した被告に無駄足を踏ませることになるので，158条
は欠席した原告による訴状陳述を擬制している。では，第一回口頭弁
論期日に被告が欠席したときにどう規律すべきか。この場合には，出
頭した原告が陳述した請求原因事実をすべて認めたものとして扱う解
決も可能である。しかし，原告の欠席につき口頭主義の原則を後退さ
せておきながら，被告欠席の場合には，口頭弁論期日前に原告主張の

請求原因事実を争う旨を記載した答弁書が提出されていても，それを陳述した効果を認めないというのは，当事者間の公平という観点から問題がある。そこで，158条は第一回口頭弁論期日に欠席したのが原告か被告かを区別せず，欠席した当事者が提出した訴状，答弁書その他の準備書面の陳述擬制の効果を認めている。

また，当事者の地位につくことにより法律上与えられる諸権能（当事者権〔⇨*Column* ㉖〕）は，原告，被告ともに平等に与えられる（武器平等の原則）。しかし，当事者間の形式的平等だけでは十分でない場合がある。当事者の一方にだけ訴訟代理人として弁護士が付いている場合に，裁判長が，釈明権（⇨ *3. 4. 1. 4*）の行使（149条1項）により，本人訴訟の当事者に的確な弁論を促すのは，一方当事者に対する不公平な肩入れではなく，むしろ，当事者間の実質的平等を実現するものとして正当化される措置である。

7　日本民事訴訟法の沿革

1. 7. -. 1
民事訴訟の法源

民事訴訟に関する法源は，民事訴訟法（平8法109）と手続の細則を定める民事訴訟規則（平8規則5）である。本書では単に民訴法，民訴規則と呼ぶ。

日本の近代的な民事訴訟法の起源は，明治23（1890）年に制定された民事訴訟法である（本書においてこれを「明治23年旧々民訴法」と呼ぶ）。この法律は，判決手続のみならず，強制執行，仮差押え・仮処分，仲裁および公示催告を含む包括的な民事手続法典であったが，その判決手続の部分について大正15（1926）年に全面改正が施された（本書においてこれを「大正15年旧民訴法」と呼ぶ）。現行民訴法はこの大正15年旧民訴法の全面改正であり，平成10（1998）年1月1日から施行されている（ちなみに，明治23年旧々民訴法の判決手続以外の部分の

うち，強制執行は民事執行法〔昭54法4〕により，仮差押え・仮処分は民事保全法〔平元法91〕により，仲裁は仲裁法〔平15法138〕により，それぞれ全面改正が施され，公示催告は現在では非訟事件手続法第4編に規定されている）。

なお，身分関係訴訟については，明治23年に「婚姻事件養子縁組事件及び禁治産事件に関する訴訟規則」が制定されたが，明治31（1898）年に現行民法の制定に伴い，人事訴訟手続法が制定された（本書においてこれを「旧人訴法」と呼ぶ）。現行人事訴訟法（平15法109。本書においてこれを「人訴法」と呼ぶ）は，この全面改正として平成15（2003）年に制定され，平成16（2004）年4月1日から施行されている（細目の定めとして，人事訴訟規則〔平15規則24〕がある）。

1.7.-.2
令和4年民訴法改正

平成10年の施行後も，現行民訴法には数次の改正がなされてきた。主要な改正として，平成15（2003）年には，司法制度改革審議会の意見書を受け，審理の迅速化・専門化への対応という観点から，計画審理の法制化，専門委員制度の整備，提訴前証拠収集制度の拡充が図られ，平成23（2011）年には，国際裁判管轄に関する規定が新設された。

そして，令和4（2022）年5月，民事裁判の一層の効率化と迅速化をはかり，民事裁判を国民がより利用しやすいものにするという観点から，民事訴訟制度のIT化等を実現するための「民事訴訟法等の一部を改正する法律」が成立し，公布された（令4法48号。本書においては「令和4年改正」と呼ぶ）。

令和4年改正では，改正項目ごとに段階的に施行されることとなっており，令和5（2023）年2月には，当事者等の住所・氏名等の秘匿制度（133条～133条の4）を創設する改正が，同年3月には，当事者双方がウェブ会議を利用した和解の期日（89条2項）や弁論準備手続の期日（170条3項）への参加を可能にする改正が施行された。

そして，改正法の公布後2年以内には，当事者の一方または双方が

ウェブ会議を利用して口頭弁論期日に参加することを可能とする改正（改正後87条の2）の施行が予定されている。さらに公布後4年以内には，インターネットを利用した訴えの提起や主張書面の提出ができるようになり（改正後132条の10等），当事者への送達も従来の書類の送達に加えて，インターネットを利用して電磁的記録を送達することができるようになる（改正後109条の2）。口頭弁論調書は，電子調書として作成され，裁判所のサーバ上のファイルに記録されることになり（改正後160条），訴訟記録は，原則として電子データで保管されることになり（改正後132条の12等），訴訟記録の閲覧等は，インターネットを通じて，裁判所のサーバにアクセスする方法によって行うことができるようになる（改正後91条の2）。証拠調べについても，電磁的記録に記録された情報の内容についての証拠調べの規定（改正後231条の2）が設けられるなどの改正が予定されている。判決書は電子判決書となり（改正後252条），これに基づいて判決の言渡しがなされることになる（改正後253条1項）。そして，当事者双方の申出・同意があれば，一定の事件について手続開始から6か月以内に審理を終結し，そこから1か月以内に判決をする法定審理期間訴訟手続（改正後381条の2〜381条の8）が創設されることになる。

　令和4年改正では，人訴法・家事事件手続法についても改正がなされ，人事訴訟・家事調停におけるウェブ会議を利用した離婚・離縁の和解・調停の成立等ができるようになり（公布後3年以内の施行），インターネットを利用した申立て等の改正も行われる（公布後4年以内の施行）。

　令和5（2023）年6月には，民事執行・保全手続，破産・民事再生手続，家事事件手続など，民事訴訟手続以外の民事関係手続のデジタル化を図るための規定の整備等を行う法律（民事関係手続等における情報通信技術の活用等の推進を図るための関係法律の整備に関する法律〔令5法53〕）が成立し，公布された。これらの諸手続においても，民事訴

訟手続と同様にインターネットを利用した申立てと送達が行われるようになり，期日におけるウェブ会議を利用した手続参加が可能となり，そのほかにも，事件記録の電子化や電子判決書への対応などの改正がなされている。

第**2**章　訴えの提起

SUMMARY

　本章では，訴えの提起に関連するさまざまな問題を扱う。

　まず，訴えを提起する前に検討しておくべき問題として，弁護士への事件の依頼，訴えに要する費用の調達，事実や証拠の収集などを検討する（**1**）。

　実際に訴えを提起する場合には，どのような事項について審判を求めるのか（訴訟上の請求），だれがだれに対して訴えを提起するのか（当事者）を明らかにしなければならない。どのような事項・者であれば，訴えが適法なものと認められるかという問題（訴えの利益・当事者適格）もあり，また，1つの訴えが複数の事項・者を含んでいるときにはどのような規律がされるのかという問題（複数の請求をもつ訴え・複数の当事者をもつ訴え）もある（**2**）。

　訴えの提起はどこの裁判所にすればよいのか，訴え提起によってどのような効果が生じるのか（**3**），訴えの提起後，裁判所および訴訟の相手方（被告）はどのような準備をするのか（**4・5**）も，本章において検討する。

1　訴えの提起とその準備

① 訴えなければ裁判なし──処分権主義（その1）

2. 1. 1. 1
　　民事訴訟の開始

　第一審の訴訟手続は，訴えの提起によって開始される。

　ここでいう「訴え」とは，原告が裁判所に対して，被告に対する関係での権利主張（訴訟上の請求〔⇨ *2. 2. 1. 1*〕）について審理・判決を求める訴訟行為（申立て）のことである。紛争を解決するために民事訴訟を利用するかどうかは，当該紛争の当事者が決定すべきことであ

る。「訴えなければ裁判なし」という法諺に現れているように，裁判所が職権で民事訴訟を開始することはできない。これは，訴訟開始の局面における処分権主義の現れである（申立ての拘束力の局面での処分権主義については⇨ *4. 3. 3. 1*，訴訟終了の局面での処分権主義については⇨第7章）。

　訴えの提起は，訴状と呼ばれる書面を裁判所に提出してする（134条1項）。ただし，簡易裁判所においては，簡易な手続による迅速な紛争の解決という趣旨から（270条），書面によらず口頭で訴えを提起することが認められている（271条・273条）。口頭で訴えを提起する場合には，当事者が裁判所書記官の面前で陳述し，裁判所書記官がそれを調書に記載する（規1条2項）。以後は，この調書が訴状に代わるものとなる。

　訴状の提出に際しては，訴状を被告に送達するために被告の数だけの副本を添付し（規58条1項参照），送達費用の概算額を予納しなければならない（民訴費11条1項1号・12条。郵便料の予納は，現金または郵便切手による。同法13条）。訴状の提出は，郵便によってすることができる（ファクシミリによる提出は，手数料の納付が必要であることとの関係で，することができない。規3条1項1号）。

Column ⑬　民事訴訟手続のIT化（訴状等のオンライン提出）

　令和4（2022）年に，民事訴訟手続におけるITの利用を目的とする民事訴訟法および関連する法律の改正が行われた。これにより，訴状の提出については，書面で裁判所に提出する方法に代えて，訴状に記載すべき事項（⇨ *2. 1. 1. 2*）をインターネットを通じて裁判所のサーバのファイルに記録する方法で行うこともできるようになった（改正後132条の10。委任を受けた訴訟代理人等，改正後132条の11第1項各号に掲げる者は，この方法による訴状の提出を義務付けられる）。その場合の手数料の納付（⇨ *2. 1. 1. 2*）は，現金によって行うものとされた（改正後民訴費8条1項）。これらの法改正の施行日は，令和8（2026）年5月24日までの政令で定める日である。

訴状には，当事者・法定代理人および請求の趣旨・原因（必要的記載事項。134条2項）とその他の事項（任意的記載事項。規53条・54条）を記載して，作成者である原告またはその代理人が記名押印し（規2条1項），必要な額の手数料を納付するために，原則として収入印紙を貼らなければならない（民訴費3条1項・8条。訴状をオンラインで提出する場合の手数料の納付については，⇨*Column* ⑬）。

　令和4年改正によって新設された当事者に対する住所，氏名等の秘匿の制度（133条から133条の4）の下では，原告またはその法定代理人の住所等（住所，居所その他その通常所在する場所）の全部または一部が被告に知られることによって原告またはその法定代理人が社会生活を営むのに著しい支障を生ずるおそれがあることにつき疎明があった場合には，裁判所は，申立てにより，決定（⇨第4章*1*）で，住所等の全部または一部を秘匿する旨の裁判をすることができる。原告またはその法定代理人の氏名等（氏名その他その者を特定するに足りる事項）について同様の疎明があった場合にも，裁判所は，氏名等の全部または一部を秘匿する旨の裁判をすることができる（133条1項）。裁判所は，以上の裁判（秘匿決定）をする場合には，当該秘匿決定において，秘匿対象者である原告またはその法定代理人の住所または氏名に代わる事項を定めなければならず，その事項を当該事件および関連する手続において記載し，または記録したときは，秘匿対象者の住所または氏名を訴状に記載し，または記録したものとみなされる（同条5項）。すなわち，訴状に秘匿対象者である原告またはその法定代理人の住所または氏名が記載または記録されていなくても，これらに代わるものとして裁判所が定めた事項が記載または記録されていれば，訴状の必要的記載事項としての当事者および法定代理人の表示はされていることになる。この制度が想定する典型的な例は，性犯罪やドメスティック・バイオレンスの被害者が加害者に対して訴えを提起する場合であ

る（秘匿決定があった場合における訴訟記録の閲覧等の制限については，
⇨ *3. 1. 3. 2*(4)）。

　手数料の額は，訴額に応じて定まる（民訴費4条1項）。「訴額」と
は，訴訟の目的の価額をいい，原告が訴えで主張する利益を金銭的に
評価して算定される（8条1項）。たとえば，原告が1000万円の売買
代金の支払を求めていれば，訴額は1000万円であり，対応する手数
料額は5万円となる（民訴費別表第1・1の項）。この場合に，違約金が
附帯して請求されていたとしても，それは訴額に算入されない（9条
2項）。原告が売買の目的物の引渡しを求めている場合には，訴額はそ
の物の評価額により算定される。離婚請求，会社の株主総会決議取消
しの請求のような非財産権上の請求については，経済的利益は問題と
ならず，訴額を算定することができないため，訴額は160万円とみな
される。財産権上の請求について訴額の算定が極めて困難な場合（住
民訴訟〔自治242条の2〕など）においても同様である（民訴費4条2項。
ただし，裁判所が裁量によって算定することも否定されない。最判昭和49・
2・5民集28巻1号27頁／百選［5版］A1。訴額の算定方法については
⇨*Column* ㊸）。

② 　本人訴訟・弁護士訴訟

わが国においては，民事訴訟を追行するため
には必ず弁護士を選任しなければならないと
いう考え方（弁護士強制主義）は採用されていない。当事者本人が自ら
訴訟を追行することも認められている。これを本人訴訟と呼んでいる。

　本人訴訟をするか，弁護士に訴訟委任をするかは，当事者が，自ら
の法律知識，訴訟に費やすことのできる時間・労力，訴訟の結果にか
かっている利益の大きさ，弁護士に訴訟追行を委ねることのコストな
どを考慮して，決定すればよい。また，訴訟委任をする時期に制限が
あるわけでもないので，原告本人が訴えを提起し，被告が争うようで

あれば弁護士に訴訟委任をするということも可能である。ただし，本人訴訟の当事者に，相手方の主張・陳述を理解し，自らも主張・陳述をする能力（弁論能力）がないとみられれば，裁判所は，当事者の陳述を禁止し（155条1項），必要がある場合には，弁護士の付添いを命ずる権限を有している（155条2項。弁護士の付添命令は，当事者本人に通知される。規65条。当事者本人が弁護士を訴訟代理人に選任するなどの措置をとることができるようにするためである）。これは，法律知識の不十分な本人に訴訟追行をさせていては，訴訟手続の円滑な進行が図られないことによるものである。

弁論能力に問題のない原告も，本人訴訟をするためには，訴え提起前に弁護士その他の法律専門職に法律相談をし，訴訟追行に必要な知識を得ておくことが望ましい。

Column ⑭　日本司法支援センター（総合法律支援法13条以下）　-------

　日本司法支援センター（愛称「法テラス」）は，総合法律支援法（以下「法」という）に基づいて設立された。その目的は，裁判その他の法による紛争の解決のための制度の利用をより容易にし，国民が弁護士，司法書士その他の隣接法律専門職者のサービスをより身近に受けられるようにするための総合的な支援（総合法律支援）に関する事業を迅速かつ適切に行うことにある（法14条）。この目的を達成するため，裁判の有効な利用に資する情報や弁護士の活動に関する情報を収集し，一般の利用に供し，個別の依頼に応じて提供することを業務の1つとしている（法30条1項1号）。そうした情報の提供は，電話や電子メール，法テラス地方事務所における面談などの方法で行われており，必要に応じて弁護士会や司法書士会等の関係機関を紹介することも行われている。

----

2. 1. 2. 2
弁護士訴訟における
当事者の地位

弁護士を訴訟代理人に選任した場合でも，当事者本人が訴訟行為をすることができなくなるわけではない。本人が訴訟代理人に同行して期日に出頭することもできるし，裁判所の釈明処分により，本人に出頭が命じられることもある（151条1項1号）。

期日に出頭した当事者は，訴訟代理人が行った事実に関する陳述を取り消し，または更正することができる（57条）。これを更正権という。

③　弁護士へのアクセス

2. 1. 3. 1
訴訟代理人の選任
──弁護士代理の原則

原告に訴訟追行に必要な時間や知識がなく，本人訴訟をすることが実際的でない場合には，訴訟代理人となるべき者を選任し，訴訟委任をする必要がある。地方裁判所以上の裁判所においては，訴訟委任に基づく訴訟代理人は原則として弁護士でなければならない（54条1項本文）。これを弁護士代理の原則という。弁護士代理の原則は，弁護士資格のない者（いわゆる三百代言）による訴訟追行を認めれば，当事者の利益が害されるとともに，司法の適正かつ円滑な運営という公益を確保できなくなることを理由としている（なお，弁理士も，審決に対する訴えにおいて訴訟代理人となることができるほか，特許権等侵害訴訟に関して訴訟代理人となることができる場合がある。弁理士6条・6条の2）。

簡易裁判所の訴訟手続には弁護士代理の原則は適用されず，裁判所の許可を得て，弁護士でない者を訴訟代理人とすることができる（54条1項但書）。また，司法書士は，司法書士法の規定により，簡易裁判所の訴訟手続について訴訟代理をすることができる（司書3条1項6号イ・同条6項）。

2. 1. 3. 2
弁護士代理の原則違反
の効果

弁護士代理の原則に違反して弁護士資格のない者に訴訟委任をしても，その者に訴訟追行をさせることはできない。弁護士資格のない者が訴訟委任に基づく訴訟代理人として訴訟行為をしようとした場合には，裁判所は，その者を訴訟手続から排除しなければならない。その者によってすでになされた訴訟行為の効力については，有効だとする見解，無効だが本人の追認があれば有効なものになるとする見解，

無効であり追認の余地もないとする見解が対立している。

　判例は，弁護士会の懲戒処分によって弁護士登録を抹消された者の訴訟行為について，追認を認めている（最判昭和 43・6・21 民集 22 巻 6 号 1297 頁）。弁護士代理の原則の公益性を重視すれば，これに違反した訴訟行為は絶対に無効だとの評価も成り立ちうるが，それでは手続の安定を欠き，訴訟経済に反するとともに，本人や相手方に不測の損害を及ぼす。他方で，弁護士によって代理されることについての本人の利益は保護されなければならない。そこで，弁護士資格のない者であったことについての本人の知・不知で区別し，弁護士資格のないことを知らなかった場合には，本人は無効の主張ができ，追認も可能であるが，弁護士資格のないことを知りながら訴訟委任をしていた場合には，本人は無効の主張ができないとする見解も主張されている。

2. 1. 3. 3
法令上の訴訟代理人

　訴訟代理人の中には，訴訟委任に基づく訴訟代理人のほか，法令上の訴訟代理人という概念がある。具体的には，支配人（商 21 条 1 項），船舶管理人（商 698 条 1 項），船長（商 708 条 1 項）がそれにあたる。これらの者は，本人の意思に基づいてその地位を得ている点で，法定代理人と異なり，また，訴訟代理権自体は，本人の授権ではなく法律の規定を根拠としている点で，訴訟委任に基づく訴訟代理人と異なる。

　法令上の訴訟代理人は，弁護士である必要はない（54 条 1 項本文）。しかし，専ら訴訟追行をさせる目的で弁護士でない者を支配人に選任する場合には，弁護士代理の原則との抵触が問題となる。

　たとえば，会社が債権取立てのための訴訟追行をさせることのみを目的として，弁護士でない者を支配人に選任することがある。こうした場合は弁護士代理の原則の潜脱にあたるとして，その者のした訴訟行為は絶対的に無効であり，会社による追認の余地はないとする見解がある（下級審裁判例として，札幌高判昭和 40・3・4 高民 18 巻 2 号 174 頁，東京高判昭和 46・5・21 高民 24 巻 2 号 195 頁，仙台高判昭和 59・1・20 下民

35巻1〜4号7頁／百選［3版］24／[6版] A5)。これに対して，会社は
経済合理性を考えて弁護士でない者にあえて訴訟追行をさせたのであ
るから，弁護士でない者の訴訟行為も有効であるとする見解もある。
無効説は，会社の意思によるとはいっても，事件屋と呼ばれる者の訴
訟追行を許すことは公益に反することを考慮する。もっとも，有効説
も，事件屋による訴訟追行を無効とする点は無効説と共通である。有
効説の趣旨は，債権回収の知識・経験を有する従業員が名目上，支配
人となって訴訟を追行している場合には，その訴訟行為を無効として
まで会社や相手方を保護する理由はないというものである。

2.1.3.4 弁護士法違反の効果

弁護士資格を有する者も，弁護士法の規律に
よって受任をすることができない場合がある。
それは，依頼された事件について弁護士法25条所定の事由がある場
合，および弁護士が弁護士会の懲戒処分によって業務を停止されてい
る場合である。弁護士がこれらの規律に違反して事件を受任し，訴訟行
為をした場合の当該訴訟行為の効力についても，見解が分かれている。

弁護士法25条の違反については，有効説，絶対無効説，追認説，
異議説が主張されている。弁護士法25条は，事件の依頼者とその相
手方の利益相反行為を禁じたものであり，これに違反する例としては，
すでに相手方から事件について相談を受け，その信頼を得ている弁護
士が，対立当事者である依頼者からその事件を受任することが挙げら
れる（同条1号2号）。有効説では，相手方の利益保護が十分ではない。
無効であって追認の余地もないとする絶対無効説では，依頼者が不測
の損害を被る場合がある。追認説については，追認権者はだれか，相
手方のみか，当事者双方か，といった問題がある。異議説は，相手方
からの異議があれば，訴訟行為は無効であるが，弁護士法25条違反
の事実を知りながら遅滞なく異議を述べなかった場合には，相手方は
もはや無効の主張はできないとする。異議説が多数説であり，判例の
見解でもある（最大判昭和38・10・30民集17巻9号1266頁／百選［6版]

18, 最決平成 29・10・5 民集 71 巻 8 号 1441 頁／百選［6 版］A7)。

業務停止中の弁護士がした訴訟行為については，判例は，業務停止は弁護士資格を剥奪するものではないこと，訴訟経済・裁判の安定に配慮する必要があることを理由として，有効説をとる（最大判昭和42・9・27 民集 21 巻 7 号 1955 頁／百選［6 版］A6。ただし，奥野裁判官の意見は追認説）。学説は，有効説，絶対無効説，追認説，異議説に分かれている。

2. 1. 3. 5
訴訟委任・訴訟代理権の発生

当事者本人と訴訟委任に基づく訴訟代理人の間には民法上の委任契約が存在し，対象となる事件および報酬は，委任契約の定めるところによる。日本弁護士連合会の内規により，弁護士は，受任に際して報酬その他の費用について説明し，報酬に関する事項を含む委任契約書を作成することを義務付けられている（弁護士の報酬に関する規程 5 条）。

以上の実体法上の関係とは別に，当事者本人が訴訟委任をすることによって特定の事件について訴訟代理権が授与され，訴訟代理人は本人のために訴訟行為をなしうる。このような訴訟上の効果を生ずるという点で，訴訟委任は訴訟行為の 1 つであり，本人の訴訟能力（⇨ 2. 2. 3. 6）の存在を必要とする。

訴訟代理権は，本人の代理権授与の意思表示により発生し，委任状の作成を要件としない。しかし，訴訟代理権の存否についての紛争を防ぐために，代理権の証明には書面が必要とされていることから（規23 条 1 項），通常は訴訟代理人に委任状が交付される。

当事者本人が数人の訴訟代理人を選任した場合には，各代理人が単独で本人を代理する権限を有する（56 条 1 項。なお，数人の訴訟代理人の中から連絡担当訴訟代理人が選任されることもある。規 23 条の 2）。本人がこれと異なる定め（例，共同代理）をしても，裁判所および相手方に対しては効力を生じない（56 条 2 項）。これを個別代理の原則とい

い，訴訟の迅速・円滑な進行を図るために認められている。

| *2. 1. 3. 6* |
| 訴訟代理権の範囲 |

訴訟代理権の範囲は，訴訟委任の目的を達するために必要な行為全般に及ぶ包括的なものとされている。たとえば，訴訟代理人は，解除権，相殺権，取消権などの形成権や時効の援用などの実体法上の権利を行使することができる。このほか，相手方からの反訴，第三者の参加，強制執行，仮差押え・仮処分に関する訴訟行為をすることや弁済を受領することも，訴訟代理権の範囲に含まれる（55条1項）。

弁護士である訴訟代理人については，当事者本人の意思によって訴訟代理権を制限することができない（55条3項）。これは，訴訟手続の円滑な進行を図るためには，訴訟代理人による訴訟行為の効力を安定させる必要があることと，弁護士に対する信頼とに基づくものである。

訴訟代理権の対象の中には，当然には訴訟代理権の範囲に含まれず，本人の特別の授権を必要とする事項もある。すなわち，反訴の提起，訴えの取下げ，訴訟上の和解，請求の放棄・認諾，訴訟脱退，上訴，上訴の取下げ，異議の取下げ，復代理人の選任については，本人の意思を尊重すべきであるとの理由から，特別な委任が要求されている（55条2項）。なお，訴訟上の和解においては，当該事件の訴訟物になっていない権利を処分することもできるため，本人の特別の授権があっても訴訟代理人の権限を制限すべきかが問題となる。訴訟代理人の和解権限は訴訟物の範囲に限定されるとする見解，それでは和解による紛争の解決が促進されないとして，和解権限に制限はないとする見解，両者の中間として，一定の基準を設けて訴訟物以外の権利についての和解権限を認める見解が主張されている。判例は，和解権限が訴訟物を超えて一定の範囲に及ぶことを認めている（最判昭和38・2・21民集17巻1号182頁／百選［6版］17，最判平成12・3・24民集54巻3号1126頁／重判平12民訴5〔⇨第7章 *1* ②③〕）。

2. 1. 3. 7
訴訟代理権の消滅

訴訟代理権の消滅事由は，民法上の代理権のそれよりも限定されている。たとえば，当事者本人が死亡しても，訴訟代理権は消滅しない（58条1項1号。民法111条1項1号と比較せよ）。弁護士に対する信頼と訴訟手続を迅速かつ円滑に進行させる必要からである。このほか，当事者の訴訟能力の喪失，当事者である法人の合併による消滅，当事者である受託者の信託の任務終了，法定代理人の死亡，訴訟能力の喪失または代理権の消滅・変更も，訴訟代理権の消滅事由ではない（58条1項）。当事者が訴訟担当を行っている場合における訴訟担当資格の喪失についても同様である（58条2項3項）。これらの事由がある場合には，訴訟手続は中断するのが原則であるが（124条1項），訴訟代理人が選任されているときには手続は中断しない（124条2項〔⇨ *6. 1. 1. 3*〕）。

訴訟代理権が消滅する場合（訴訟代理人の死亡，破産，後見開始，委任の終了〔民111条1項2号・2項〕）においても，相手方に通知しなければ，訴訟代理権の消滅の効力を生じない（59条・36条1項）。したがって，通知を受けない相手方が，訴訟代理人に対してした訴訟行為は有効である。なお，訴訟代理人の死亡，破産，後見開始の場合に通知が必要であるかについては，見解の対立がある。通知がなくても代理権消滅の効力を生ずるとの見解は，この場合に通知をすることは無理であるとするのに対し，通知を必要とする見解は，本人が通知をすることは可能であるとする。通知を必要とすれば，相手方の利益は保護されるが，本人が不利益を受ける場合はありえよう。

④ 訴訟のコスト

2. 1. 4. 1
訴訟費用

民事訴訟には費用がかかるといわれる。その場合の「費用」については，2種類のものを区別するべきである。

第1は，原則として敗訴当事者が負担することとなる費用であり，

訴訟費用という（61条）。これには，*2. 1. 1. 2*で述べた訴え提起に必要な手数料（提訴手数料）のほか，証拠調べに必要な費用，当事者または代理人が裁判所に出頭するための旅費・日当・宿泊料，書類の作成・提出の費用などが含まれる（民訴費2条。訴訟費用を勝訴当事者にも負担させるかどうか，負担させるとして，どの程度の割合を負担させるか，一部敗訴の場合には，各当事者にどのように負担させるか，などの問題については⇨*4. 3. 4. 2*）。

　第2は，弁護士費用である。弁護士費用は，裁判所が弁護士の付添いを命じた場合（例，155条2項）のほかは訴訟費用に含まれないため（民訴費2条10号参照），訴訟の結果にかかわらず，当事者が各自で負担しなければならない。

2. 1. 4. 2
弁護士費用の負担　諸外国では，弁護士費用を敗訴者の負担としている例が多い。わが国において弁護士費用が各自の負担とされているのは，わが国では弁護士強制主義が採用されておらず，弁護士費用が訴訟に必要な費用であるとは考えられてこなかったこと，弁護士の数が少なく，大都市に集中している状況の下で弁護士費用を敗訴者の負担とすることは，不公平であると考えられたこと，敗訴した場合の費用負担が大きくなれば，正当な訴訟追行が抑制されるという懸念があったことなどの理由によるものである。

　他方で，勝訴しても弁護士費用が相手方の負担にならないとすると，権利の価値が目減りするという問題もある。その解決策として，判例は，不法行為に基づく損害賠償請求訴訟において加害行為と相当因果関係のある弁護士費用を損害と認め，加害者に支払を命じている（最判昭和44・2・27民集23巻2号441頁）。しかし，金銭債務の不履行に基づく損害賠償請求訴訟においては，弁護士費用の請求を認めておらず（最判昭和48・10・11判時723号44頁／百選［3版］122），弁護士費用を敗訴者の負担とした場合と同様の効果が得られるわけではない。

Column ⑮　弁護士費用の敗訴者負担 --------------------------------

　　弁護士費用を訴訟費用とし，敗訴者に負担させるべきであるとの提言は，古くからなされていた。司法制度改革審議会の意見書も，勝訴しても弁護士報酬を相手方から回収できないため訴訟を回避せざるをえない当事者もいることを考慮し，一定の要件の下に弁護士報酬の一部を敗訴者に負担させる制度を導入すべきである，としていた。ただし，敗訴者負担制度が不当に訴えの提起を萎縮させるおそれのある場合には，適用を除外すべきであるとし，敗訴者負担を導入しない訴訟の範囲およびその取扱いのありかた，敗訴者に負担させる場合に負担させるべき額の定め方等について検討すべきであるとしていた。この提言に基づき，司法アクセス検討会において敗訴者負担制度の導入が検討され，当事者間の合意に基づく敗訴者負担を認める法改正も提案されたが，立法化は見送られた。

----

2. 1. 4. 3
訴訟救助・法律扶助　　　訴訟費用および弁護士費用を負担する資力がないために民事訴訟を利用することのできない人を援助する制度を設けることは，裁判を受ける権利の憲法上の保障（憲32条）を実効的なものにするためにも重要である。そうした制度としては，訴訟上の救助（訴訟救助）と法律扶助の2種類がある。

　　訴訟上の救助は，主として裁判所に納める訴訟費用（これを「裁判費用」といい，その他の訴訟費用を「当事者費用」という）について，裁判所がその支払を猶予する制度である（82条以下）。訴訟上の救助の要件は，訴訟の準備および追行に必要な費用を支払う資力がないか，またはその支払により生活に著しい支障を生ずること，ならびに勝訴の見込みがないとはいえないことである（82条1項）。救助を認める裁判所の決定がなされると，たとえば，提訴手数料を支払わなくても訴状が受理され，手続が進められるという効果を生ずる。救助の決定を受けた者が勝訴して，相手方が訴訟費用を負担することとなった場合には，提訴手数料は，国が，相手方から直接，取り立てることができる（83条1項・85条）。

　　法律扶助は，弁護士費用のほか，訴状などの書類の作成を司法書士

に依頼した場合の費用（これは，当事者費用である）などを立て替える裁判援助と法律相談を内容とする（法律支援30条1項2号）。

Column ⑯　わが国の法律扶助制度の歴史と現状 ------------------------------

法律扶助に相当する諸外国の制度は，国が予算を投入して運営している。法律扶助制度が充実していることで知られるのはイギリスであり，1949年には法律扶助の根拠法律が制定されている。

わが国の法律扶助制度は，財団法人法律扶助協会を運営主体として1952年に発足した。国はこれに補助金を交付してきたが，その額は諸外国に比べると少なく，法律扶助の根拠法律もない状態が長く続いた。

法律扶助制度の実施に国が責任をもつことが明確になったのは，2000年に制定された民事法律扶助法（総合法律支援法により廃止）においてである。現在では，総合法律支援法の下で，日本司法支援センターが民事法律扶助事業を行っている。

民事法律扶助法の制定と前後して法律扶助の予算は増額されるようになったが，立替払いが原則であることは制度の発足時から変わっていない。法律扶助の受給者は，たとえ訴訟によって経済的利益を得られなかったとしても，立替払いされた費用を償還しなければならず，それが訴訟の利用を断念する原因となる可能性も否定できない。

----

⑤　訴え提起前の情報収集

訴え提起後，どのような事実を主張するか，その事実を証明することのできる証拠はあるか，証拠があるとして，それを法廷に提出することは可能かといった問題は，訴え提起前に，原告自身でまたは訴訟代理人と相談しながら，検討しておく必要がある。そうでないと，相手方（被告）から主張の弱点をつかれて対応に苦慮したり，予定していた証人の出頭を確保することができず，証明が困難になったりするおそれがある。また，訴え提起前に十分な情報収集を行っておかないと，訴状の記載（⇨ *2. 1. 1. 2*，第2章 *2*）や争点および証拠の整理（⇨ *3. 5. 2. 2*）を充実させることができず，審理の遅延を招くおそれも

ある。

　被告となるべき者または第三者から訴え提起前に情報を収集するため，原告が利用することのできる法律上の制度としては，証拠保全（234条以下），弁護士会照会（弁護23条の2），提訴予告通知に基づく照会・証拠収集（132条の2以下）がある。

2. 1. 5. 1
証 拠 保 全

証拠保全は，提訴後に行われる本格的な証拠調べの手続を待っていたのでは，証拠調べをすることが不能または困難になるおそれがある場合に，あらかじめ証拠調べをしてその結果（証拠資料）を保全しておく手続である。余命いくばくもない者を証人として尋問する必要がある場合，まもなく廃棄される予定の文書の内容を調べておく必要がある場合などに用いられる。

　証拠保全の要件としては，あらかじめ証拠調べをしておかなければその証拠を使用することが困難となる事情（234条。証拠保全の事由または保全事由と呼ばれる）の存在が要求されている。証拠保全の申立てをするためには，申立書に保全事由を記載し，その存在を疎明しなければならない（規153条）。ここでいう疎明とは，裁判官が事実の存在について一応確からしいという程度の心証を得た状態をいう（⇨ *3. 6. 1. 1*）。申立人は，裁判官にこの程度の心証を抱かせるように証拠（手元にある文書など，裁判所が即時に取り調べることのできるものに限定されている。188条）を提出する必要がある。

　保全事由の主張および疎明をどの程度具体的にしなければならないかは，診療録（カルテ）の証拠保全において特に問題となる。医師に診療上の過誤があったとして，医師の責任を追及しようとする患者またはその遺族が，訴えを提起する前に診療録の証拠保全を申し立てる場合に，当該医師が診療録を改ざんする具体的なおそれのあることを疎明すべきか，抽象的な改ざんのおそれでも足りるかが，ここでの問題である。裁判例には，抽象的な改ざんのおそれでは足りず，医師に

改ざんの前歴があるとか，患者からの説明の要求に不誠実に対応した
などといった，具体的な改ざんのおそれを一応推認させるに足りる事
実の疎明を要するとしたものがあり（広島地決昭和61・11・21判時1224
号76頁／百選［5版］72），学説にも，この程度の疎明は必要であると
する見解が多い。

　これに対して，証拠保全の証拠開示機能を強調し，保全事由を緩やか
に解することを主張する見解もある。すなわち，医療過誤訴訟のよ
うに，提訴に必要な情報や証拠が被告側に偏在している事件類型にお
いて証拠保全を利用することができれば，原告は提訴前に相手方の手
持ちの証拠の内容を知ることができる。その結果，根拠のない訴えの
提起が防止されたり，当事者間に和解が促進されたりするなどの効用
があるという。この見解に対しては，証拠保全の証拠開示機能は副次
的なものであり，証拠開示を目的として保全事由を緩やかに解するべ
きではない，証拠開示の目的は，後述する提訴前予告通知に基づく証
拠収集によって実現されるべきであるといった反論がなされている
（証拠保全の手続については⇨*3. 6. 2. 11*）。

2. 1. 5. 2
弁護士会照会
弁護士会照会は，訴訟代理人である弁護士が，
所属弁護士会を介して，公務所または公私の
団体から必要な事項の報告を求めることのできる制度である（弁護23
条の2）。弁護士からの申出を受けた弁護士会は，照会が適当であるか
の審査を行い，適当でないと判断されるときは，申出を拒絶すること
ができる。また，弁護士会から照会を受けた相手方も，必ず報告をし
なければならないわけではなく，自己の判断で，報告をするか否かを
決定すべきだとされている。たとえば，当事者の前科についての照会
を受けた市町村長が漫然と照会に応じた場合には，公権力の違法な行
使にあたるとした判例がある（最判昭和56・4・14民集35巻3号620頁
／百選［5版］73）。

　判例は，報告を拒絶すべき正当な理由がない場合には，相手方は照

会を行った弁護士会に対して報告をする義務を負うと解した上で，弁護士会は報告を受けることについて法律上保護される利益を有するものではないので，相手方の報告を拒絶する行為が弁護士会に対する不法行為を構成することはないとしている（最判平成 28・10・18 民集 70 巻 7 号 1725 頁／重判平 28 民 8）。弁護士会が相手方に対して提起した報告義務の確認を求める訴えについても，判例は，相手方の報告拒絶について制裁の定めがなく，相手方に報告義務があることを確認する判決が確定しても，弁護士会は相手方による任意の履行を期待するほかはないため，当該判決の効力は報告義務の存否をめぐる紛争の解決に資するものとはいえないという理由により，確認の利益を否定している（最判平成 30・12・21 民集 72 巻 6 号 1368 頁／百選 [6 版] 27。確認の利益については⇨ *2. 2. 1. 8*）。

2. 1. 5. 3 提訴予告通知に基づく当事者照会等

提訴予告通知は，訴えを提起しようとする者が訴えの被告となるべき者に対し，書面（予告通知書）により訴えの提起を予告する制度である。提訴予告通知をした者（予告通知者）は，訴えの提起前であっても，一定の要件の下で相手方（被予告通知者）に対して照会をしたり，裁判所の証拠収集処分を求めたりすることができる。適正かつ迅速な裁判を実現するためには，訴え提起前の段階から，当事者が事件について情報収集を行えるようにする必要があるとの考え方に基づいて，平成 15 年の民事訴訟法改正によって導入されたものである（令和 4 年改正後 132 条の 2 第 4 項の施行後は，被予告通知者の承諾が得られれば，書面に代えて，電磁的方法により予告通知をすることができる）。

予告通知者となりうる者に制限はない。また，弁護士会照会と異なり，弁護士が予告通知をしなければならないというわけでもない。本人訴訟の原告となるべき者も，提訴予告通知を利用することができる。

予告通知書に記載すべき事項は，予告通知者が提起しようとする訴えに係る請求の要旨および紛争の要点である（132 条の 2 第 3 項）。後

述する訴状と異なり、「請求の趣旨及び原因」（134条2項）の記載は必要でない。

　予告通知者は、提訴予告通知をした日から4か月以内に限り、被予告通知者に対し書面による回答（令和4年改正後132条の2第1項の施行後は、書面または電磁的方法による回答）を求めて、書面で照会をすることができる。裁判所を介さず当事者間で行われる照会は、訴え提起後にもすることができるが（163条。これを当事者照会という〔⇨ *3. 5. 2. 1* (2)〕）、提訴前であるために、照会の対象は、訴えを提起した場合の主張または立証を準備するために必要であることが明らかな事項に限定される（132条の2第1項本文）。また、制度の濫用を防ぐための除外事由も、訴え提起後の当事者照会よりも拡大されている。すなわち、当事者照会における除外事由に加えて、相手方または第三者の私生活についての秘密に関する事項についての照会であって、これに回答することによって、その相手方または第三者が社会生活を営むのに支障を生じるおそれがある場合（132条の2第1項但書2号）および相手方または第三者の営業秘密に関する事項についての照会である場合（132条の2第1項但書3号）が除外事由となっている（ただし、相手方がこれに回答することをその第三者が承諾した場合には、除外事由とはならない。132条の2第2項）。すでにした予告通知と重複する予告通知に基づく照会をすることもできない（改正前132条の2第4項、改正後同条第7項）。なお、被予告通知者が、予告通知に対する返答を書面でしたときは、予告通知者と同じ要件で、予告通知者に対し照会をすることができる（132条の3）。

　予告通知者または予告通知に対する返答を書面でした被予告通知者は、裁判所に対し、証拠収集の処分を申し立てることができる。処分の内容は、文書の送付嘱託（132条の4第1項1号〔令和4年改正後同号の施行後は、電磁的記録の送付嘱託を含む〕）、調査の嘱託（同項2号）、専門的な知見に基づく意見陳述の嘱託（同項3号）、および執行官による

現況調査（同項4号）である。いずれも関係者の任意の協力を求める
ものであり，たとえば，建物の所有者が現況調査に応じなかったとして
も，それに対する直接の制裁はない。

　証拠収集の対象は，訴えが提起された場合の立証に必要であること
が明らかな証拠となるべきものであり，要件は，申立人がそれを自ら
収集することが困難であると認められることである（132条の4第1項
本文）。ただし，収集に要すべき時間または嘱託を受けるべき者の負
担が不相当なものとなることその他の事情により，相当でないと認め
られるときは，証拠収集の処分は認められない（132条の4第1項但書）。

⑥　民事保全の利用

　原告が訴え提起前から十分な情報収集をするなどして準備し，訴え
提起後も，原告・被告・裁判所の間で円滑な意思疎通が行われれば，
審理が不相当に遅延することはないであろう。それでも，訴えを提起
してから判決が確定するまでにはある程度の時間がかかる。その間の
事情の変化によって，最終的には原告勝訴の判決が得られても意味が
なくなってしまうことがある。そうしたリスクに備えるために，訴え
提起前または訴え提起後の早い段階で，仮差押えや仮処分（民事保全）
が利用される。

　仮処分が利用される1つの例は，不動産の買主（X）が売主（Y）に
対して不動産の引渡しと移転登記を求める訴えを提起する場合である。
判決が得られるまでの間にYがその不動産を第三者（Z）に売却し，
引渡しと移転登記手続を済ませてしまった場合には，Xがたとえ勝
訴したとしても，その判決の効力はZには及ばない（115条1項参照）。
Xは，あらためてZに対して不動産の引渡しと移転登記の抹消を求
める訴えを提起しなければならない。Zがいわゆる背信的悪意者であ
る場合を除き，XはZに所有権を対抗することができないから（民
177条），XがYに対して勝訴したことは無意味になってしまう。こ

れを防ぐためには，Yを相手方として，当該不動産に関する処分禁止の仮処分および占有移転禁止の仮処分を得ておくことが有効である。これらの仮処分が執行された場合には，その後YがZに移転登記をしたとしても，XがYに対して勝訴し，その判決に基づいて登記をすれば，ZはXに所有権を対抗することができない（民保58条1項）。Xは，Zに対してあらためて訴えを提起するまでもなく，Zの移転登記を抹消し，Zに対して不動産の引渡しの強制執行をすることができる（民保58条2項・62条）。これらの仮処分は，Yが訴訟の目的たる不動産を第三者に譲渡しても，Xが引き続きYを被告として訴訟追行をすることを可能にするという意味で，当事者恒定のための仮処分といわれている。

Column ⑰　訴訟承継主義と当事者恒定主義

上記の例は，訴訟の間（訴訟係属中）に係争物の譲渡があった場合に，それを訴訟上どのように扱うかという理論上の問題に関わるものである。係争物の譲渡とは，訴えの提起後，原告または被告が，訴訟において争われている権利義務または目的物を第三者に譲渡することをいう。この場合の第三者は，承継人と呼ばれる。

係争物の譲渡の訴訟上の扱いについて，ドイツ法は，当事者恒定主義と呼ばれる考え方を採用している。これは，係争物の譲渡があっても従前の当事者が引き続き訴訟追行をすることを認め，この当事者の受けた判決の効力を承継人にも及ぼすというものである。当事者恒定主義の下では，係争物について新たに利害関係人となった承継人の利益の保護が十分ではないという問題がある。そのため，わが国は，当事者恒定主義ではなく，訴訟承継主義を採用している。訴訟承継主義の下では，承継人が当事者として訴訟に関与しない限り，従前の当事者の受けた判決の効力は承継人に及ばない。承継人が当事者となるには，承継人自ら訴訟に参加する参加承継（49条・51条）または相手方が承継人を訴訟に引き入れる引受承継（50条・51条）の手続を経る必要がある（訴訟承継主義については⇨ *6. 3. 2. 3*）。係争物の譲渡後，直ちにこれらの手続がとられなかった場合には，その間に行われた訴訟行為は無駄になってしまい，相手方の利益が害される。当事者恒定のための仮処分は，訴訟承継主義のこうした問題への対応策の1つで

ある。これ以外には，従前の当事者が承継人からの授権の下に訴訟追行をしている（任意的訴訟担当〔⇨ *2. 2. 4. 3*(2)〕）とみられる場合があるという解釈論も提唱されている。

2 訴状の記載事項

① 請求の趣旨

2. 2. 1. 1
請求の趣旨の意義
——訴訟上の請求

請求の趣旨とは，原告が訴えによって求める判決の内容である。通常は，原告の請求を認容する判決の主文を表示する形式で記載される（後述する具体例を参照）。ここでいう「請求」は，訴訟上の請求または訴訟物とも呼ばれ，原告の被告に対する一定の権利義務の主張であり，訴訟における審判の対象である。処分権主義の下で，裁判所は，請求の内容・範囲を超えて裁判をすることができず（246条⇨ *4. 3. 3. 1*），被告が防御をすべき範囲も，請求によって画される。したがって，原告は，裁判所の審理および被告の防御活動に支障のないように，請求を特定しなければならない。

請求の特定は，まず請求の趣旨の記載によってする。請求の趣旨によっては請求を特定することができない場合には，後述する請求の原因（請求原因）の記載が必要となる。請求原因の記載が必要かどうか，また，請求の趣旨についてどの程度，具体的な記載が要求されるかは，訴えが給付の訴え・確認の訴え・形成の訴え（これらは，訴えの基本的な類型であり，訴えの三類型と呼ばれる）のいずれであるかによって異なる。

2. 2. 1. 2
給付の訴え

給付の訴えとは，原告が被告に対する特定の給付請求権を主張し，裁判所に対して，被告

に給付義務の履行を命ずる判決（給付判決）を求める訴えである。給付の訴えの例としては，金銭の支払を求める訴えのほか，物の引渡し・明渡しを求める訴え，移転登記・抹消登記などの申請の意思表示を求める訴え，建物収去請求などの作為を求める訴え，騒音の差止めなどの不作為を求める訴えなどがある。通常は，履行期がすでに到来している給付請求権を主張する訴え（現在の給付の訴え）であるが，履行期が将来到来する場合であっても，一定の要件の下で給付の訴えが認められる（将来の給付の訴え。135条）。

(1) **金銭の支払を求める訴えの請求の趣旨**　たとえば「被告は原告に対し金1000万円を支払え，との判決を求める」といった形式で記載される。通常はこれだけでは金銭債権が特定されないため，請求の原因において，金銭債権の発生原因などを記載する必要がある。請求の趣旨において具体的な金額を記載する必要があるかについては，請求原因の記載（例，○年○月○日に成立した売買契約の代金）によって金銭債権が特定されるのであれば，金額を記載する必要はないとする見解もあるが，通説・判例（最判昭和27・12・25民集6巻12号1282頁／百選[2版]43）は，被告の防御権の保障などの理由から，具体的な金額を明示する必要があるとしている。総額1000万円の債権のうちの100万円を求めるというように，原告が数量的に可分な債権の一部を請求した場合に，請求（審判の対象）がその一部に限定されるのか，それとも債権全体が審判の対象となるのかについても，見解が分かれる。どちらの見解をとるかは，訴えの提起による時効の完成猶予の効力がどの範囲に及ぶか（⇨*2.3.3.5*），残部について再度の訴えを提起することができるか（⇨*5.2.2.9*）などの問題と関連する。判例は，債権の一部であることを明示していた場合には，その一部のみが審判の対象となるとする（最判昭和34・2・20民集13巻2号209頁／百選[初版]36，最判昭和37・8・10民集16巻8号1720頁／百選[4版]81①）。これに対して，学説においては，明示の有無にかかわらず，債権全体が審

判の対象となるとする見解も有力である。

(2) **特定物の引渡し・明渡しを求める訴えの請求の趣旨**　　たとえば「被告は原告に対し別紙目録記載の建物を明け渡せ，との判決を求める」といった形式で記載される。これで原告の求める給付の内容は特定されるが，請求の範囲は実体法上の請求権に対応するという考え方（旧訴訟物理論と呼ばれる）によれば，原告の求める建物の明渡しが，所有権に基づく明渡請求権（物権的請求権）と賃貸借契約の終了を理由とする明渡請求権（債権的請求権）のいずれを根拠としているかを請求原因の記載で特定しなければならない。これに対して，原告の給付請求権を根拠づける実体法上の請求権は，攻撃防御方法にすぎないとみる考え方もある（新訴訟物理論と呼ばれる）。この見解によれば，請求を特定するためにさらに請求原因を記載する必要はない（⇨ *2.2.2.2*）。

(3) **不作為を求める訴えの請求の趣旨**　　たとえば「被告は原告の居宅内に〇〇デシベルを超える騒音を侵入させてはならない，との判決を求める」といった形式で記載される。こうした記載では，騒音の侵入を回避するために被告が具体的にどのような措置をとるべきかが明らかでないため，請求が特定されているといえるかどうかが問題となる（抽象的不作為請求の問題として論じられる）。原告が被告に対して実体法上，請求することができるのは，一定量を超える騒音を侵入させないという結果の実現であり，そのための具体的な措置が複数ある場合にどれをとるかは，被告が選択すればよいことであるから，このような請求の趣旨の記載で請求は特定されているというべきである（名古屋高判昭和60・4・12下民34巻1〜4号461頁／百選［6版］30，最判平成5・2・25判時1456号53頁／百選［3版］39）。仮に，原告が具体的な措置（例，防音壁を設置する）を訴状に記載したとしても，審判の対象はそれに限定されるものではないから，同様の効果を挙げることのできる別の方法を被告が提案したならば，裁判所がそれを判決において命

じても処分権主義違反にはならない。

2. 2. 1. 3
確認の訴え

確認の訴えとは，原告が特定の権利関係の存在または不存在を主張し，裁判所に対して，それを確認する判決（確認判決）を求める訴えである。権利関係の存在の確認を求める訴えを積極的確認の訴え，権利関係の不存在の確認を求める訴えを消極的確認の訴えという。消極的確認の訴えの例として，債務不存在確認の訴えがある。これは，債権者が給付の訴えを提起する前に，債務者が債務は存在しないことを主張して，その確認を求める訴えである（債務不存在確認の訴えについては，*Column* ㉒，*106* を参照）。

確認の訴えの請求の趣旨は，たとえば，①「別紙目録記載の建物は原告の所有に属することを確認する，との判決を求める」（積極的確認の訴えの例），②「原告被告間で〇年〇月〇日に締結された消費貸借契約に基づく原告の債務は金 10 万円を超えて存在しないことを確認する，との判決を求める」（消極的確認の訴えの例）といった形式で記載される。

確認の訴えの請求は，確認の対象となる具体的な権利または法律関係（例外的に，事実が確認の対象となることもある）の存否の主張である。この点は，旧訴訟物理論をとるか否かによって影響を受けない。①のような所有権の確認については，所有権の取得原因として，売買・相続・時効取得などが考えられるが，旧訴訟物理論によっても，取得原因ごとに請求が異なるわけではないから，請求の趣旨だけで請求は特定されていることになる。

②の例のように，金銭債務不存在確認の訴えにおいて債務の金額（総額）を明示しない場合に，請求が特定されているといえるかが問題となる。債務不存在確認の訴えが債権者からの給付の訴えに対応するものであり，金額が特定されないと訴額の算定もできないことから，請求の趣旨において債務の金額を特定すべきだという考え方がある。

しかし多数説は，金額が特定されていなくても，債務の発生原因が記載されていれば請求は特定されるとしている。なお，②の例では，原告は 10 万円については自認しているものとみられるが，この部分が審判の対象から除外されるか否かについては，給付の訴えにおける一部請求と同様の議論がある（⇨ *5. 2. 2. 9*）。

2. 2. 1. 4
形成の訴え

形成の訴えとは，原告が一定の法律要件に基づく権利関係の変動（権利の発生・消滅・変更）を主張し，裁判所に対して，その変動を宣言する判決（形成判決）を求める訴えである。形成の訴えの例としては，婚姻の取消しの訴え（民 743 条～745 条・747 条，人訴 2 条 1 号），離婚の訴え（民 770 条，人訴 2 条 1 号），養子縁組の取消しの訴え（民 803 条～808 条，人訴 2 条 3 号），離縁の訴え（民 814 条・815 条，人訴 2 条 3 号），嫡出否認の訴え（民 775 条，人訴 2 条 2 号），認知の訴え（民 787 条，人訴 2 条 2 号）などの人事訴訟，および会社の設立無効の訴え（会社 828 条 1 項 1 号），新株発行の無効の訴え（会社 828 条 1 項 2 号），株主総会決議取消しの訴え（会社 831 条），株式会社の役員の解任の訴え（会社 854 条）などの会社関係訴訟がある。これらの訴えの対象とされる権利関係については，訴えをもって権利関係の変動の要件（形成原因）が主張され，裁判所がその存在を確定して権利関係の変動を宣言する判決をし，それが確定しない限り，権利関係の変動は生じない。身分関係や社団関係においては，権利関係の変動を多数の利害関係人の間で画一的に生じさせる必要があるためである。したがって，たとえば会社の設立を無効とする判決が確定していない段階で，別の権利関係に関する訴えを提起し，その前提問題として設立の無効を主張することはできない。この点は，確認の訴えの対象となる権利関係または法律関係の存否については，他の権利関係を対象とする訴えにおいて前提問題として主張することができるのと異なる（なお，形成の訴えであるかどうかについて争いのあるものもある。たとえば，婚姻・縁組の無効の訴え〔人訴 2 条 1 号 3 号〕お

よび株主総会決議不存在確認・無効確認の訴え〔会社830条〕については，多数説は形成の訴えであるとするが，形成の訴えではなく，別訴の前提問題として無効を主張することが許されるとする見解も有力である。判例は，新株発行不存在確認の訴えについて，新株発行の不存在はこれを前提とする訴訟においていつでも主張することができるとの解釈をとっている。最判平成15・3・27民集57巻3号312頁）。

形成の訴えの請求の趣旨は，たとえば，①「原告と被告とを離婚する，との判決を求める」，②「〇年〇月〇日に開催された被告会社の株主総会における〜の決議を取り消す，との判決を求める」といった形式で記載される。これらの記載によって請求が特定されているか，さらに請求原因の記載によって請求を特定する必要があるかは，形成の訴えの請求をどのようなものと考えるかによって異なる（⇨ *2. 2. 2. 2*）。

Column ⑱ 形式的形成訴訟

共有物分割の訴え（民258条）および父を定める訴え（民773条，人訴2条2号・45条）は，訴えに基づく判決がなければ法律関係は変動しないという点では上記の形成の訴えと同様であるが，具体的な形成原因を定めた法律の規定がない。どのような基準に基づいて判決を行うかは裁判所の裁量に委ねられており，裁判所が請求棄却判決をすることはできない。このような訴えは，訴訟の形式はとっているが，本質的には非訟事件（⇨ *1. 5. 4. 1*）であるとして，形式的形成訴訟と呼ばれている。

Column ⑲ 境界確定の訴え

通説・判例によれば，境界確定の訴え（隣接する土地の境界について争いがある場合に，裁判所の判決による境界線の確定を求める訴え）も，形式的形成訴訟であり，処分権主義・弁論主義の適用はないといわれている。たとえば，原告は，請求の趣旨において特定の境界線を掲げる必要がない（最判昭和41・5・20集民83号579頁）。当事者が特定の境界線を主張したとしても裁判所はこれに拘束されず，当事者の主張しない境界線を確定することができる（大連判大正12・6・2民集2巻345頁／百選ⅠA20）。当事者の境界線についての自白は裁判所を拘束せず，訴訟上の和解や請求の認諾（⇨第7章

1, 2）の余地もない。控訴審において不利益変更禁止の原則（304条⇨***5. 1. 4. 7***）は適用されない（最判昭和38・10・15民集17巻9号1220頁／百選〔2版〕117）。裁判所は，境界線が不明であるとして請求を棄却することはできず，自らの判断で境界線を確定しなければならない（大判昭和11・3・10民集15巻695頁）。さらに，土地についての取得時効の成否は境界確定とは無関係であり（最判昭和43・2・22民集22巻2号270頁／百選〔6版〕33），当事者適格も取得時効の成否とは独立に定められる（最判昭和58・10・18民集37巻8号1121頁／百選〔3版〕42，最判平成7・3・7民集49巻3号919頁／重判平7民訴3／百選ⅠA21）。なお，土地の共有者の提起する境界確定の訴えは固有必要的共同訴訟とされるが（⇨*Column* ㊲），判例は，共有者の全員が原告となる必要はなく，原告または被告のいずれかの立場で当事者として関与していれば足りると解している（最判平成11・11・9民集53巻8号1421頁／百選〔3版〕102）。その理由とされたのも，境界確定の訴えにおいては，当事者の主張しない境界線を裁判所が確定しても，民訴法246条違反にはならないことであった。

以上は，境界確定の訴えを公法上の境界を確定するものとみる考え方と親和的である。これに対しては，境界確定の訴えを所有権の範囲の確認を求める訴えとみて，処分権主義の適用を認めるべきであるとする見解もある。

なお，平成17年の不動産登記法改正により，隣接する土地の境界を登記官が特定する制度（筆界特定制度）が設けられた（同法123条以下）。登記官によって筆界特定がされた場合でも，境界確定の訴えを提起することはでき，その判決が確定したときは，当該筆界特定は確定判決と抵触する範囲で効力を失う（同法148条）。

2. 2. 1. 5 訴えの利益――意義

訴えの利益は，訴訟制度を利用する利益ないし必要のある事件を選別することを目的としてたてられた概念である。審判の対象とされた請求について本案判決をすることが，紛争の解決にとって必要かつ有効・適切である場合に，訴えの利益が認められる。訴えの利益が存在することは，本案判決をするための要件（訴訟要件）の1つであり，これを欠く場合には，訴

え却下の判決（訴訟判決）がされる（ただし，訴えの利益などの訴訟要件の存否が明らかになる前に請求に理由のないことが判明した場合には，請求棄却判決をすることができるという議論もある〔⇨*Column* ⑯〕）。

　訴えの利益には，2つの内容があるとされている。第1は，請求の内容が本案判決を受けるのに適すること（請求適格または権利保護の資格と呼ばれる）であり，第2は，原告がその請求について本案判決を求める現実の必要性を有すること（権利保護の利益と呼ばれる）である。しかし，この2つの限界は必ずしも明確ではなく，いずれに属するかを論ずる意義は大きくない（ただし，請求適格の問題として論じられる場合もある〔⇨*2. 2. 1. 6*①，*Column* ㉑〕）。

Column ⑳　**訴えの利益の現代的意義** ---------------------------------

　　訴えの利益は，沿革的には「確認の利益」としてまず論じられた。給付の訴えと異なり，確認の訴えの対象は無限定であることから，裁判所が取り上げるに値する訴えのみを選別する必要が生じたからである。その後，給付の訴えや形成の訴えについても，無益な訴えを排除する必要のあることが自覚されるようになり，訴えの類型を問わず，訴えの利益が論じられるようになった。その場合の無益な訴えとは何かは，従来は専ら裁判所ないし国家の立場から論じられていたが，近時は，訴えの利益の判断の中でそうした公益だけでなく，被告の利益や原告の利益にも配慮し，それぞれの利害の調整を図るべきであるとの主張もされている。

----

2. 2. 1. 6
訴えの利益の判断基準
——各種の訴えに共通
の要件

　給付・確認・形成という訴えの三類型のいずれにも共通する訴えの利益の要件としては，以下のものが挙げられてきた（ただし，それぞれの箇所で説明するように，訴えの利益とは別の訴訟要件とされるべき要件もある）。

　①　請求が具体的な権利関係その他の法律関係の存否の主張であること　　民事訴訟は，当事者間の具体的な紛争の解決を法律的な判断によって図ろうとするものである。それゆえ，原告の被告に対する請

求は，その当否を法律的に判断することの可能なものでなければならない。たとえば，単なる事実の存否に関する争いを請求とすることは，原則としてできない（例外については⇨*2. 2. 1. 8*(イ)①）。法律上，訴求できない自然債務も，請求適格を欠くとされている（ただし，不法原因給付については請求棄却の本案判決をすべきだとする見解もある）。

このほかにも，請求が民事訴訟の対象としてふさわしくないとされてきた訴えとしては，具体的な紛争と関わりなく，抽象的に法令の解釈の当否に関する判断を求める訴え（最大判昭和27・10・8民集6巻9号783頁），いわゆる統治行為に関する訴え（最大判昭和35・6・8民集14巻7号1206頁），宗教上の教義をめぐる争いから派生した訴え（最判昭和56・4・7民集35巻3号443頁〔板まんだら訴訟事件〕／百選［2版］1，最判平成元・9・8民集43巻8号889頁／重判平元民訴1）などがある。しかし，これらは憲法上の司法権の限界にも関わっているため，訴えの利益よりも，民事審判権の限界の問題として論じるのが適切である（⇨*1. 5. 1. 1*）。

②　起訴が禁止されていないこと　　たとえば，二重起訴の禁止（142条），訴え取下げ後の再訴の禁止（262条2項），人事訴訟における別訴禁止（人訴25条）のように，法律上，起訴が禁止されている場合には，訴えの利益が否定される（ただし，有力説は，これらはそれぞれ特別な理由から起訴を禁じるものであるとして，訴えの利益とは別の訴訟要件と解している）。

③　当事者間に訴訟を利用しないという特約のないこと　　不起訴の合意や仲裁合意があるときに，被告がその事実を主張・立証すれば，訴えは却下される（仲裁14条参照）。これを訴えの利益の問題とする見解もあるが，訴訟を利用しないという当事者の合意の効力の問題とする見解も有力である（⇨*Column* ⑦⑤）。

④　その他，訴訟による解決を抑制すべき事由がないこと　　原告が同一請求についてすでに勝訴の確定判決を得ている場合には，訴え

の利益はない（ただし，例外的に訴えの利益が肯定される場合もある。⇨
2. 2. 1. 7(1)）。また，訴え以外に法律上の手段が用意されており，し
かもこれのみによらせる趣旨である場合にも，訴えの利益は否定され
る（例，訴訟費用額の確定手続〔71条〕，遺産分割〔民907条2項，家事別表
第2・12の項〕）。このほか，訴えの提起が訴権の濫用にあたる場合に
は，訴えの利益がないとする見解も有力である（ただし，いかなる場合
が訴権の濫用にあたるかの基準は必ずしも明確ではない。濫用と認められた
例としては，最判昭和53・7・10民集32巻5号888頁／百選［6版］29，最
判平成18・7・7民集60巻6号2307頁がある）。

2. 2. 1. 7
　給付の訴えの利益

給付の訴えについては，現在の給付の訴えで
あるか，将来の給付の訴えであるかによって，
訴えの利益の判断基準が異なる。

(1)　**現在の給付の訴え**　これは，すでに弁済期の到来した給付請求
権を主張する訴えであるから，特別な事情のない限り，原則として訴
えの利益が認められる。給付請求権に対して差押えや仮差押えがされ
ていても，訴えの利益は否定されない（最判昭和48・3・13民集27巻2
号344頁／執保百選［3版］53）。債権者が債務名義となる執行証書（民
執22条5号）を有していても，給付請求権の存在を既判力をもって確
定する必要はあるので，訴えの利益は否定されない（大判大正7・1・
28民録24輯67頁。ただし，この場合には給付の訴えの利益はなく，確認の
訴えのみが許されるとする見解もある）。これに対して，確定した給付判
決があるときには，債権者に給付の訴えを提起する利益はないが，判
決原本が滅失して執行正本が得られない場合や時効の完成猶予の必要
がある場合には，例外的に訴えの利益が認められる（ただし，時効の完
成猶予に関しては，確認の訴えでも足りるとも考えられる）。執行文付与の
訴え（民執33条）や執行判決を求める訴え（民執24条）を提起できる
場合にも，給付の訴えの利益は認められる。

(2)　**将来の給付の訴え**　これは，口頭弁論終結時までに履行すべき

状態にない給付請求権を主張する訴えであるから，あらかじめその請求をして給付判決を得ておく必要のある場合に限り，認められる（135条）。あらかじめ請求をなす必要のある場合は，2つの類型に分けられる。

第1は，履行が遅れると債務の本旨に適った給付にならない定期行為の場合（民542条1項4号）や履行遅滞による損害が重大である場合（例，扶養料の請求）である。

第2は，履行期が到来し，あるいは条件が成就しても，そのときに任意の履行が期待できないと判断されるような事情がある場合である。たとえば，義務者が現在すでに義務の存在または内容を争っている場合がこれにあたる（最判平成3・9・13判時1405号51頁）。賃料債務のような反復的・継続的給付義務について，すでに履行期にある部分の不履行があれば，将来，履行期が到来する部分についても履行は期待できないものとして，あらかじめ請求することができる。

Column ㉑　口頭弁論終結後に発生すべき損害賠償請求権の請求適格 ----------------------------------

継続的不法行為に基づき将来発生すべき損害賠償請求権について将来の給付の訴えが許容される要件をめぐっては，争いがある。判例は，たとえば，不動産の不法占有者に対して明渡義務の履行完了までの賃料相当額の損害金の支払を訴求する場合のように，①損害賠償請求権の基礎となるべき事実関係および法律関係がすでに存在し，その継続が予想されるとともに，②損害賠償請求権の成否およびその内容につき債務者に有利な影響を生ずるような将来における事情の変動があらかじめ明確に予測しうる事由に限られ，③その事由について請求異議の訴え（民執35条）によりその発生を証明してのみ執行を阻止しうるという負担を債務者に課しても格別不当とはいえない場合に，例外的に将来の給付の訴えの請求適格が認められるとした。そして，航空機騒音に基づく将来の損害賠償請求権については，同一態様の行為が将来も継続されることが予測される場合であっても，損害賠償請求権の成否およびその額をあらかじめ一義的に明確に認定することができず，また，事情の変動の立証を債務者の負担とすることが不当で

あると考えられるとして，将来の給付の訴えにおける請求権としての適格を欠くとした（最大判昭和56・12・16民集35巻10号1369頁／百選［6版］20）。この判例に対しては，原告と被告との，訴訟に投入可能な資源の格差を考えると疑問であるとの批判があり，将来の一定の期間に限定した給付の訴えであれば，これを許容してよいという提案もされていた。しかし，最判平成19・5・29（判時1978号7頁）は，上記判例に従い，航空機騒音による将来の損害賠償請求のうち事実審の口頭弁論終結の日の翌日以降の分については，その性質上，将来の給付の訴えの請求適格を欠くと述べ，事実審の口頭弁論終結後，判決言渡しまでの8か月ないし1年の期間に限って，口頭弁論終結時に認められる損害賠償請求権と同内容の損害賠償請求権を認めた原判決を取り消した。

　この問題は，将来生じる事情の変更の立証・起訴責任を原告と被告のどちらに負担させるべきかの判断に関わっており，判例理論の変更の可能性を含め，今後の議論の発展が待たれる（この点については，前掲最判平成19・5・29の田原裁判官の反対意見を参照）。

---

2. 2. 1. 8
確認の訴えの利益
（確認の利益）

確認の訴えは，その対象が無限定であり，また，給付の訴えのように執行力ある判決が得られるわけではない。そのため，訴えの利益によって，確認の訴えが許容される場合を限定する必要が大きいといわれてきた。

　確認の利益は，原告の権利または法律的地位に危険・不安が現存し，かつ，その危険・不安を除去する方法として原告・被告間で訴訟物たる権利または法律関係の存否の判決をすることが有効・適切である場合に認められる。確認の利益の判断にあたっては，⑺紛争解決方法として確認の訴えを選択することが適切かどうか，⑷確認対象として選択された訴訟物が適切かどうか，⑺解決すべき紛争が確認判決を必要とするほど現実的なものかどうか（即時確定の必要性または紛争の成熟性），という3つの観点を設定することが適切である。

　⑺　**確認訴訟によることの適否**　紛争解決方法として確認訴訟を選

択したことが適切な場合でなければ，確認の利益は認められない。確認訴訟以外の法的手段が用意されている場合には，原則として確認の利益はない。

① 給付の訴えができるときは，その請求権の確認を求める利益は原則として認められない。ただし，たとえば所有権に基づく明渡請求権について給付の訴えが可能な場合に，所有権の確認を求めるように，給付請求権の基本となる権利の確認を求める利益は肯定される（最判昭和29・12・16民集8巻12号2158頁／百選［初版］24，最判昭和33・3・25民集12巻4号589頁）。

形成訴訟が認められるときにも，それによるべきである。その形成権の確認を求める利益はない。

② 本案の判断の前提をなす手続問題（例，訴訟代理権の存否）は，当該訴訟手続内で確認すれば足りるから，別訴で確認する利益はない。別の訴訟事件における訴訟代理人の代理権の不存在の確認を求める訴え（最判昭和28・12・24民集7巻13号1644頁）や，訴訟代理権を証する書面の証書真否確認の訴え（最判昭和30・5・20民集9巻6号718頁／百選［3版］35）は，認められない。

家事審判事件における前提問題（例，遺産分割審判の前提問題である相続権の存否）については，家事審判手続においてこれを争っても既判力ある判断がなされるわけではないから，その前提問題について確認の訴えを提起する利益は認められる（相続権の存否につき，最大決昭和41・3・2民集20巻3号360頁，財産の遺産帰属性につき，最判昭和61・3・13民集40巻2号389頁／百選［6版］22など⇨ *1. 5. 4. 3*）。ただし，たとえば具体的相続分の確認のように，別個独立に判決によって確認する必要はないとされるものもある（最判平成12・2・24民集54巻2号523頁／百選［6版］23）。

(イ) **対象選択の適否** ① 確認の対象は，原則として，現在の権利または法律関係でなければならない。過去の事実や過去の法律関係の

確認を求めることは多くの場合，迂遠であり，現在の紛争の解決には役立たない。それゆえ，過去の法律行為の効力の確認を求める訴えは，原則として訴えの利益を欠く（たとえば，売買無効確認請求につき訴えの利益を否定した判例として，最判昭和41・4・12民集20巻4号560頁がある）。ただし，過去の事実や法律関係の確認であっても，例外的に確認の利益が肯定される場合もある。

ⓐ　民事訴訟法は，証書真否確認の訴えを認めている（134条の2）。これは，法律関係を証する書面（契約書，遺言書など）が，作成者と主張される者の意思に基づいて作成されたか否かの確認を求める訴えである。確認の対象は過去の事実であるが，原告の法的地位の危険・不安定が専ら書面の真否にかかっており，書面の真否が確認されれば紛争が解決する場合を想定して，確認の利益を認めたものである（書面でされた法律行為の効力そのものに争いがある場合は，その権利関係自体の確認を求めるべきである。最判昭和42・12・21判時510号45頁／続百選34）。

ⓑ　過去の事実や法律関係であっても，それを確認することが，現存する紛争の直接かつ抜本的な解決のために適切かつ必要であって，他に適切な方法がない場合には，訴えの利益が認められる。たとえば，子の死亡後に親子関係の確認を求める訴えは，親子関係が身分関係の基本となる法律関係であり，その確認を求めることが現存する法律上の紛争を解決するために必要であることから，確認の利益が認められた例である（最大判昭和45・7・15民集24巻7号861頁／百選I65／[6版]A8）。遺言無効確認の訴えも，現在の個別的法律関係を確認するよりも，それらの権利関係の基礎にある過去の基本的な法律関係を確定した方が，紛争の直接かつ抜本的な解決のために適切かつ必要であることから，確認の利益が肯定される（最判昭和47・2・15民集26巻1号30頁／百選[6版]21。なお，特殊な事例に関するものではあるが，原告が，現在有する日本国籍は出生により取得したものであることの確認を求めた訴え〔いわゆる国籍訴訟〕について確認の利益を認めた最大判昭和32・7・20〔民

集 11 巻 7 号 1314 頁／百選 I 60）も，原告の権利を保護する上で，過去の事実
または法律関係の存否を確認すること以外に有効適切な手段がないという理
由によるものと考えられる）。このほかにも，過去の事実または法律関
係について確認の利益が認められた例としては，学校法人の理事会の
決議無効確認（最判昭和 47・11・9 民集 26 巻 9 号 1513 頁／百選［6 版］
A9），ある財産が被相続人の遺産に属することの確認（前掲最判昭和
61・3・13，最判平成元・3・28 民集 43 巻 3 号 167 頁／百選［6 版］95）があ
る。

　②　原則として，相手方の権利の消極的確認を求めるよりも，自己
の権利の積極的確認を求めるべきである。たとえば，相手には所有権
がないことの確認ではなく，自分には所有権があることの確認を求め
るべきである。そうすることが紛争の有効な解決をもたらすからであ
るが，紛争の解決のためには消極的確認の訴えの方がより適切である
場合もあるから，消極的確認であるという理由だけで確認の利益を否
定すべきではない。その点で，登記簿上は二番抵当権者とされている
原告が，被告の一番抵当の不存在確認を求めたのに対し，自己が一番
抵当を有していることの確認を求めるべきだとした大審院判決（大判
昭和 8・11・7 民集 12 巻 2691 頁）には疑問がある（当該事案では，被告が
抵当権に基づく競売を申し立てていたため，原告は，被告の抵当権の不存在
を確認して競売手続を阻止する必要があった。民執 183 条 1 項 1 号参照）。な
お，原告が，自己の商標権の積極的確認ではなく，被告の商標権の不
存在の確認を求めた訴えにつき，最高裁は確認の訴えの利益を肯定し
ている（最判昭和 39・11・26 民集 18 巻 9 号 1992 頁／百選 I 62）。

　Column ㉒　金銭債務の不存在確認の訴え ------------------------------

　消極的確認の訴えの中でも，金銭債務の不存在確認の訴えは当該債務に
ついての給付の訴えに対応するものである。相手がすでに給付の訴えを提
起している場合に同一債務の不存在確認を求めることは，反訴としてであ
っても確認の利益を欠く。これとは逆に，債務不存在確認訴訟の係属中に

同一債務についての給付の訴えが反訴として提起された場合にも，本訴の確認の利益は失われる（最判平成16・3・25民集58巻3号753頁／百選［6版］26）。

交通事故の加害者が被害者に対して提起する損害賠償債務不存在確認の訴えについては，証拠がそろわない段階で応訴しなければならない被告の立場に配慮して，確認の訴えの利益を否定すべきかが問題となる。被害者の症状が固定せず損害がさらに拡大する余地がある場合，あるいは，加害者側と誠実に交渉を継続しているため被害者が訴え提起を差し控えている場合には，即時確定の必要性（後述㈦）がないとして，訴えの利益を否定する見解も有力である（東京高判平成4・7・29判時1433号56頁／百選［3版］A13，東京地判平成9・7・24判時1621号117頁等参照）。

③ 確認の対象となる権利または法律関係は，原告の権利または原告と被告の間の法律関係には限られない。当事者の一方と第三者の間の法律関係であっても，その存否を確認することが原告の権利に現に生じている危険または不安を除去する上で適切な場合には，確認の利益が認められる。たとえば，抵当権設定登記のある不動産を買い受けた者が当該抵当権者を被告として，当該不動産の元の所有者は被告に対して被担保債務を負っていないことを確認する場合がこれにあたる。

㈦ **即時確定の現実的必要（紛争の成熟性）** 確認の利益が認められるためには，原告の法的地位に危険・不安が存しなければならない。①この危険・不安が現実的なものであること，および，②原告の法的地位が法的保護に値するほど現実的なものであることが必要である。

① 被告が原告の法的地位を争っている場合（原告の法的地位を否定する場合のほか，これと抵触する自己または第三者の法的地位を主張する場合を含む）には，原告の法的地位に現実的な危険・不安が生じているといえる。また，時効の完成猶予の必要や戸籍などの公簿を訂正する必要のある場合には，被告が原告の法的地位を争っていなくても，確認の利益が認められる。

② 原告の法的地位が法的保護に値するかどうかが問題となるものとして，条件または期限の付いた権利および将来発生すべき権利がある。

通説・判例は，原告が条件付きまたは期限付きの権利を主張する場合には確認の利益を肯定する一方（たとえば，最判平成11・1・21〔民集53巻1号1頁／百選[6版]25〕は，建物賃貸借契約終了前に敷金返還請求権の存在の確認を求める訴えは，条件付きの権利を確認の対象とするものであり，現在の権利または法律関係の確認を求める訴えであって即時確定の利益があるとした），原告の法的地位が将来発生すべきものである場合には，確認の利益は認められないとする（被相続人の生存中に推定相続人が被相続人と第三者の間の土地売買契約の無効確認を求めた訴えにつき，最判昭和30・12・26民集9巻14号2082頁／百選 I 63，特別縁故者と主張する者が相続財産分与の審判〔民958条の2〕前に提起した遺言無効確認の訴えにつき，最判平成6・10・13家月47巻9号52頁／百選 I A14，遺言者の生存中に遺言者自らが提起した遺言無効確認の訴えにつき，最判昭和31・10・4民集10巻10号1229頁，同じく遺言者の生存中に遺言者の唯一の推定相続人が提起した遺言無効確認の訴えにつき，最判平成11・6・11家月52巻1号81頁／百選[6版]24）。

前掲最判平成11・6・11のように，遺言者の生存中に推定相続人が遺言無効確認の訴えを提起した場合については，遺言者の生存中は，原告はその財産につき実体的権利を有するものではないという理由から，即時確定の利益を否定する見解が有力である。これ以外の場合には，原告の主張する法的地位が将来発生すべきものであっても，即時確定の利益が認められることもありうる（肯定例としては，将来の時点における労働者としての地位の確認に関する東京地判平成19・3・26判時1965号3頁／百選[6版]A10がある）。

Column ㉓ 法人の内部紛争と被告適格 ――――――――――
確認判決の効力が原告・被告間のみならず，第三者にも及ぶ場合（確認

判決が対世効〔⇨ *5.2.2.17*〕をもつ場合）には，(ｱ)から(ｳ)までの観点のほか，原告が選択した被告が適切かどうか（被告適格の存否）も問題となる。たとえば，法人の内部紛争をめぐる確認の訴えにおいて，法人を被告とすべきかが議論されている。判例は，原告が法人を被告とせずにその代表者たる地位の確認を求めた訴えにつき，たとえ請求認容判決が得られても，その効力は法人に及ばず，何人も法人との間で当該判決に反する法律関係を主張することを妨げられないから，代表者の地位をめぐる関係当事者間の紛争を根本的に解決することはできないとして，このような訴えは即時確定の利益を欠くとした（最判昭和44・7・10民集23巻8号1423頁／百選〔6版〕14）。法人を被告とすれば，請求認容判決の効力は自称代表者を含む第三者にも及ぶと解している。学説上は異論もあるが，会社法の下でも，株主総会による役員選任決議の効力を争う訴えについては会社のみが被告適格を有するとされている（会社834条16号17号）。

2.2.1.9
形成の訴えの利益

形成の訴えは，訴えによって，特定の権利または法律関係の変動を生ぜしめるものであり，いかなる場合に法律関係の変動を形成の訴えにかからしめるかは，実体法の中で法定されているのが原則である。それゆえ，法定の要件を備えた訴えであれば，原則として形成の訴えの利益はある。ただし，訴訟前または訴訟中の事情の変化によって，訴えの目的である法律関係の変動をもたらすことが無意味になることがある。この場合には，例外的に訴えの利益がなくなる。具体例としては，メーデーのための皇居前広場使用を不許可とする行政処分の取消しを求める訴えの係属中に，5月1日が経過してしまった場合（最大判昭和28・12・23民集7巻13号1561頁／百選〔3版〕37），株主以外の者に新株引受権を与える旨の株主総会決議の取消訴訟の係属中に，新株が発行されてしまった場合（最判昭和37・1・19民集16巻1号76頁），ある役員に退職慰労金を与える旨の株主総会決議の取消訴訟の係属中に，同一内容の議案の再決議がされた場合（最判平成4・10・29民集46巻7号2580頁），重婚を理由とする後婚の取消訴訟の係属中に，後婚が離婚によって解消さ

れた場合（最判昭和 57・9・28 民集 36 巻 8 号 1642 頁）などがある。また，株式会社の取締役および監査役を選任した株主総会決議の取消訴訟の係属中に，当該決議に基づいて選任された取締役・監査役の全員が任期満了によって退任した場合にも，特別の事情のない限り，訴えの利益を欠くとされた（最判昭和 45・4・2 民集 24 巻 4 号 223 頁／百選［6 版］28。この判決については，「特別の事情」が何を意味するかをめぐって議論があるほか，株主には決議を適法に行わせることを求める利益があるから，実質的利益の有無を問題にせずに訴えの利益を肯定すべきだとする見解もある）。

　これに対して，訴えの利益は消滅しないとされた例もある。ある決算期の計算書類等を承認した株主総会決議の取消訴訟の係属中に，その後の各期の計算書類等が適法に承認された場合がそれである（最判昭和 58・6・7 民集 37 巻 5 号 517 頁）。

<u>*2. 2. 1. 10*</u>
複数の請求をもつ訴え
　(1) **訴えの客観的併合**　同一の訴訟手続において，複数の請求が審判される状態になっていることを請求の併合という（136 条）。請求の併合は，(a) 1 人の原告が 1 人の被告に対して訴えを提起し，その訴訟手続において当初から複数の請求の審判を求める場合，(b)当初は 1 つの請求の審判を求めていた原告が，訴えの変更により新請求を追加した場合，(c)原告の提起した訴え（本訴）の係属中に，被告が反訴を提起した場合，(d)中間確認の訴えが提起された場合，(e)裁判所が複数の訴えの弁論の併合を命じた場合などに生じる。このうち，(a)を特に固有の訴えの客観的併合という（(b)から(d)については，第 6 章 **2** **1** において，(e)については，第 6 章 **2** **3** において扱う）。

　請求の併合が許されるためには，以下の要件を満たしていることが必要である。

　① 　複数の請求が同種の訴訟手続によって審判されるものであること（136 条）　　民事通常訴訟と同種の訴訟手続ではないとされるものとしては，手形・小切手訴訟，少額訴訟，人事訴訟，行政訴訟がある。

これらの手続で裁判されるべき請求を併合することは原則として許されない（ただし，人訴17条1項，行訴16条）。

②　各請求について，受訴裁判所が管轄権を有すること　　7条により，1つの請求について管轄権を有する裁判所は他の請求についても管轄権を有するから，この要件は満たされる。ただし，専属管轄が定められている請求については，7条は原則として適用されないため（13条1項。例外，同条2項），受訴裁判所がその請求についても管轄権を有していることが必要となる。

③　併合が禁止されていないこと　　旧人事訴訟手続法の下では，婚姻事件に養子縁組事件または親子関係事件を併合することは禁止されていた（旧人訴7条2項・26条・32条1項）。現行人事訴訟法には併合禁止を定めた規定がなく，これらの事件の間でも，民訴法136条に従って請求の併合をすることができる。

(2)　**併合の態様**　　併合された複数の請求のすべてについて原告が無条件に審判を求めているか否かによって，単純併合と予備的併合または選択的併合が区別される。

①　単純併合　　併合された他の請求が認容されるか否かと無関係に，すべての請求について審判を求める併合形態をいう。売買代金請求と貸金請求の併合のように，請求相互に関連性のない場合のほか，土地の明渡請求と明渡しまでの賃料相当額の損害金の請求の併合のように，関連性のある場合を含む。また，物の引渡請求とその執行不能の場合に備えての代償請求の併合も，単純併合（現在の給付請求と将来の給付請求の併合）にあたる（大連判昭和15・3・13民集19巻530頁／百選［初版］26）。

②　予備的併合　　法律上両立しえない2つの請求に順位を付け，第1次請求（主位請求という）が認容されれば第2次請求（副位請求または予備的請求という）についての審判は必要でないが，主位請求が認容されない場合には副位請求についての審判を求めるという併合形態

である。主位請求が認容されることを解除条件として，副位請求について審判を求める請求の併合と表現される。たとえば，売買契約の有効を前提として売主が代金請求を主位請求とし，売買契約が無効とされることを考慮して目的物の返還請求を副位請求とする場合がこれにあたる。この場合に単純併合しか認められないとすると，原告は売買契約の有効と無効を同時に主張することになり，主張として意味をなさない。そうかといって，別訴で請求すれば審理が重複する上に，両訴で矛盾した判断がされて原告はどちらも敗訴するおそれもある（このような場合には，別訴は二重起訴の禁止〔⇨ *2. 3. 3. 2*〕に抵触するとみる見解もある）。そのため，原告が両請求に順位を付けることを条件として両請求の併合審理を認めたのが，この併合形態である（なお，実務上は，手形債権と原因債権のように両立しうる数個の請求を併合する場合にも予備的併合が認められている。最判昭和39・4・7民集18巻4号520頁。学説にも，予備的併合を両立しえない請求に限定する必要はないとする見解がある）。

　③　選択的併合　　数個の請求のうちのいずれか1つが認容されることを解除条件として，他の請求について審判が申し立てられている併合形態である。訴訟物について旧訴訟物理論をとった場合に，競合する複数の請求権・形成原因があっても判決主文は1つであることを説明するために考案された概念であり，新訴訟物理論（⇨ *2. 2. 2. 2*(2)）の下ではこれを認める必要がない。

② 請求の原因

　請求の原因（請求原因）とは，原告の請求を特定するのに必要な事実をいう（規53条1項。請求原因をこのように捉える考え方を識別説という）。たとえば，原告が被告に対して金1000万円の支払を求める訴えを提起した場合に，それが○月○日に成立した不動産の売買契約に基づく代金の支払を求めて

いるのか，×月×日に成立した消費貸借契約に基づく貸金の返済を求めているのかによって，審理の内容は大きく異なるから，権利の発生原因としてどちらを主張するのかを請求原因の記載において明らかにしなければならない。これに対して，請求を理由付ける具体的な事実（例，貸金の弁済期が到来していること。こうした事実も，請求原因事実と呼ばれている）は，訴状に必ず記載しなければならないものではなく，口頭弁論期日において攻撃方法として提出することもできる。

2.2.2.2
請求の原因による訴訟上の請求特定の必要性　　請求の趣旨だけで請求が特定される場合には，請求原因を記載する必要はない（請求原因を記載していない訴状であっても，訴状の審査〔⇨ **2.4.2.1**〕の際に必要的記載事項を欠く不備なものとされることはない）。たとえば，確認の訴えにおいては，請求の趣旨が「別紙目録記載の建物は原告の所有に属することを確認する，との判決を求める」というように，確認の対象（特定物の所有権）とその主体とを表示するものであれば，それで請求は特定されるので，請求原因（例，売買，取得時効）の記載は必要ではない（⇨ **2.2.1.3**）。

　給付の訴えまたは形成の訴えにおいて訴状に請求原因を記載する必要があるか，また，請求原因に実体法上の請求権を特定して記載する必要があるかは，訴訟上の請求（訴訟物）について旧訴訟物理論と新訴訟物理論のいずれをとるかによって異なる。

　(1) **旧訴訟物理論**　　旧訴訟物理論とは，訴訟物の識別基準を実体法上の請求権（権利）に求める考え方である。たとえば，同一の建物の明渡しを求める訴えでも，所有権に基づく明渡請求権を主張するか，賃貸借終了に基づく明渡請求権を主張するかによって，訴訟物は異なる。同様のことは，所有権に基づく返還請求権と占有権に基づく返還請求権（民200条），不法行為に基づく損害賠償請求権と債務不履行に基づく損害賠償請求権についてもあてはまる。訴訟物を特定するには，これらのいずれの請求権を主張するかを請求原因の記載において明ら

かにしなければならない。形成の訴えにおいても，たとえば「原告と被告とを離婚する，との判決を求める」という請求の趣旨だけでは訴訟物は特定されず，請求原因として形成原因（民770条1項各号の離婚事由）を記載する必要がある（ただし，旧訴訟物理論の論者の中にも，離婚事由は民法770条1項5号の「婚姻を継続し難い重大な事由があるとき」に包括され，1号から4号まではその例示であるとする者もある。この見解によれば，離婚訴訟の訴訟物に関しては，以下に述べる新訴訟物理論と同一の結論になる）。

現在の裁判実務は，旧訴訟物理論をとっているといわれている。

(2)　**新訴訟物理論**　　新訴訟物理論とは，競合する実体法上の請求権・形成原因を包括する上位概念としての，給付を求める法的地位（受給権）・法律関係の変動を求める法的地位によって，訴訟物を画する見解である。

この見解によれば，たとえば，建物明渡請求訴訟の訴訟物は「特定の建物の明渡しを求める法的地位」であり，所有権に基づく明渡請求権や賃貸借終了に基づく明渡請求権は，訴訟物を基礎付ける法的観点ないしは攻撃方法にすぎない。請求の趣旨において建物を特定し，「被告は原告に対し別紙目録記載の建物を明け渡せ，との判決を求める」と記載すれば，訴訟物は特定される。さらに請求原因として，所有権に基づく明渡請求権または賃貸借終了に基づく明渡請求権を記載する必要はない。金銭の支払を求める訴えにおいては，どのような金銭債権であるかを請求原因の記載によって特定する必要があるが，その場合でも，請求原因として債務不履行に基づく損害賠償請求と不法行為に基づく損害賠償請求のいずれを主張するかによって訴訟物が異なるわけではない。請求原因としては，「○年○月○日に行われた被告の診療行為により原告は△△の損害を被った」などと損害賠償請求権の発生原因を記載すれば足りる（なお，請求原因として手形債権と原因債権が競合する場合についても，多数説はいずれを主張しても訴訟物は1つ

であると解するが，一方のみが主張されたときは，その債権のみが訴訟物となり，他方については別訴が可能であるとする見解もある）。離婚訴訟の訴訟物も「原告と被告とを離婚する，との判決を求める」という請求の趣旨だけで特定され，請求原因として個々の離婚事由を記載する必要はない。

Column ㉔　訴訟物論をめぐる4つの試金石（訴えの併合・訴えの変更・二重起訴・既判力の客観的範囲）

　新旧訴訟物理論は，訴えの併合・訴えの変更・二重起訴の禁止の範囲，および既判力の客観的範囲に関して結論を異にするといわれてきた。たとえば，建物明渡請求訴訟において，原告が所有権に基づく明渡請求権（物権的請求権）と賃貸借終了に基づく明渡請求権（債権的請求権）を同時に主張したとしよう。旧訴訟物理論によれば，これは訴えの併合（選択的併合）となるが，新訴訟物理論によれば，請求は1つであって2つの攻撃方法が主張されているにすぎない。原告が当初は一方のみを主張し，後に他方の主張を追加した場合には，旧訴訟物理論によれば訴えの変更（追加的変更）となるが，新訴訟物理論によれば攻撃方法が変更されたにとどまる。一方の主張に基づく訴えの係属中に他方の主張に基づく訴えが提起されても，旧訴訟物理論によれば二重起訴にはあたらないが，新訴訟物理論によれば両訴の訴訟物は同一であり，二重起訴にあたる。一方のみを主張した訴えにおいて請求棄却判決がされて確定した後に，他方に基づく訴えを提起することは，旧訴訟物理論によれば前訴判決の既判力に抵触しないが，新訴訟物理論によれば既判力に抵触する。

　もっとも，これらの問題（「4つの試金石」と呼ばれる）を論ずる上で，訴訟物の異同は必ずしも決定的ではない。たとえば，既判力の客観的範囲をめぐって新旧訴訟物理論は鋭く対立したが，信義則を用いて訴訟物の範囲を超えて失権効を認めた判例（最判昭和51・9・30民集30巻8号799頁／百選[6版]74）の出現により，旧訴訟物理論をとりながら，新訴訟物理論と同様の範囲で後訴を遮断することも不可能ではなくなった。二重起訴の禁止の判断基準となる「事件の同一性」についても，訴訟物が同一である場合のみに限定しない見解が有力である（判例も，別訴の訴訟物たる債権とそれを自働債権とする相殺の抗弁の間に二重起訴の禁止の趣旨を及ぼしている〔⇨*Column*㊽〕）。訴えの変更の可否を決する基準は，訴訟物ではなく「請求の基礎」

の同一性であり（143条），訴えの併合の可否についても，「同種の訴訟手続」（136条）であるかどうかを論じれば足りる。訴えの併合であるか，攻撃方法が同時に複数主張されているかによって，顕著な差異が生ずるわけでもない。

　以上のように，「4つの試金石」との関係では新旧訴訟物理論の対立の意義は薄れているといえる。両説の相違はむしろ，訴訟物を基礎付ける法的観点は当事者が特定しなければならないか，当事者の主張していない法的観点に基づいて裁判所が判決をするためには，当事者による訴えの変更を必要とするか，それをしないと，処分権主義違反（246条⇨ *4. 3. 3. 1*）を問われるか，といった論点をめぐるものであったように思われる。

---

③ 当 事 者

2.2.3.1
意　義　当事者とは，訴訟手続に関与して，請求（訴訟物）について利益主張をする地位と機会を与えられ，判決の名宛人として判決の効力に服する者をいう。訴訟物たる実体法上の権利義務の帰属主体であるか否かは問わない。このような考え方を形式的当事者概念という。

Column ㉕　当事者概念の変遷

　本文で述べたように，現在では形式的当事者概念が一般的であるが，かつては，訴訟物たる権利関係の主体が当事者であるとする考え方がとられていたこともある。これを実体的当事者概念という。

　実体的当事者概念の下では，権利者として訴訟を追行した者が実は無権利であった場合には，その者は当事者ではないとして，訴え却下の判決がされる。その場合でも，訴え却下判決の名宛人としての当事者は当該無権利者であるから，2通りの当事者概念を観念せざるをえない。また，実体的当事者概念をとる限り，権利義務の帰属主体以外の者が当事者となること（第三者の訴訟担当〔⇨ *2. 2. 4. 3*〕）を許容できないという問題もあった。これらの理由から，19世紀の終わり頃のドイツで形式的当事者概念が支配的となり，それがわが国の通説となっている。

　形式的当事者概念は，だれが当事者であるかに関するものであり，だれ

が適切な当事者であるかという判断を含まない。そうした判断は，当事者適格（⇨本章4）においてされることになる。形式的当事者概念の下で，当事者概念は無内容なものとなったが，それは，当事者適格の概念によって補われることを予定している。しかし，それで問題がすべて解決されたわけではない。

　たとえば，前訴の当事者Aと後訴の当事者BがBは親会社，Aはその子会社という関係にあり，前訴においてBがAのために訴訟代理人を選任し，指示をするなど，訴訟に深く関与していた場合にも，判決の効力の及ぶ当事者（115条1項1号）について形式的当事者概念を徹底すれば，前訴の当事者ではないBには前訴判決の効力は及ばないことになる。これは妥当であろうか。前訴と後訴で形式的当事者は異なっても，前訴判決の効力を後訴の当事者に及ぼしてよい場合があるのではないだろうか。そのような問題意識を示すものとして，大阪高判昭和46・4・8（判時633号73頁／百選Ⅱ153／[6版] A26）がある（⇨*5.2.2.16*）。

2.2.3.2
二当事者対立構造　　訴訟手続においては，2つの当事者の地位が対立する構造がとられる（非訟手続においては，二当事者対立構造がとられるとは限らない）。対立する当事者は，第一審では原告・被告，控訴審では控訴人・被控訴人，上告審では上告人・被上告人と呼ばれる。なお，例外的に原告・被告のいずれでもない第三の当事者が認められる場合もある（⇨*6.3.1.1*）。

Column ㉖ 当 事 者 権

　当事者の地位についた者は，訴訟手続においてさまざまな権利を保障される。そうした権利を「当事者権」と呼んでいる。当事者権の例としては，移送申立権（16条・17条），除斥申立権・忌避権（23条2項・24条1項・27条），訴訟代理人選任権（54条），訴状・判決の送達を受ける権利（138条1項・255条），期日指定申立権（93条1項），期日の呼出しを受ける権利（94条），求問権（149条3項），責問権（90条），訴訟記録閲覧権（91条・91条の2），上訴権（281条・311条など）がある。また，処分権主義の下で，審判の対象を決定する権利（246条）や訴えの取下げ，請求の放棄・認諾，訴訟上の和解によって訴訟を終結させる権利（261条・267条）を有し，弁論主義の下で，判決の基礎となる資料を限定する権利（例，179条）を有して

いる。このほか，事件について事実または法律問題に関する意見を述べ，資料を提出する機会を与えられるとともに，そうした機会のなかった資料に基づく裁判をされない権利（弁論権）も，重要な当事者権である。

(1) **当事者の確定の必要**　当事者がだれであるかは，訴訟のさまざまな局面において問題となる。たとえば，訴状の送達（138条1項）や期日への呼出し（94条）をだれに対してするかは，当事者がだれであるかによって定まる。被告の普通裁判籍による管轄（4条），裁判官の除斥原因（23条），証人能力，手続の中断（124条）・中止（131条），二重起訴の禁止（142条）の判断にあたっても，当事者がだれかが問題となる。当事者がだれであるかが明らかでなければ，当事者能力，訴訟能力，当事者適格の判断をすることもできない。さらに，判決の名宛人や判決の効力の主観的範囲（115条）も，当事者がだれかを基準として決定される。

　これらの種々の事項の判断に際して，裁判所は，当事者がだれであるかを明らかにしなければならない。これを「当事者の確定」と呼んでいる。

(2) **当事者の確定が問題になる場面**　当事者がだれであるかが明確でない場合は，必ずしも多くはない。当事者の確定が必要とされる例外的な場面としてこれまで論じられてきたのは，氏名冒用訴訟，死者名義訴訟，および原告が被告とすべき者を誤って訴えを提起してしまった場合である。

　(a)　氏名冒用訴訟とは，①XがYに対して訴えを提起したが，訴状には原告をAと表示していた場合や，②Xが，訴状には被告をAと表示して訴えを提起したが，実際に訴訟を追行しているのは，Xと通謀しているYであった場合のように，他人になりすまして訴訟行為をすることをいう。Aは，訴状に当事者として表示されただけ

で，訴訟が係属していることを知らず，当事者として手続に関与する機会もない。この状態のまま，裁判所がAを当事者とする判決を言い渡し，その判決が確定した場合に，Aに判決の効力が及ぶかが問題となる。

　(b)　死者名義訴訟とは，訴状に当事者と表示されている者が死亡していることに気づかないまま，訴訟が進行してしまった場合をいう。たとえば，Yはすでに死亡しているにもかかわらず，XがYを被告と表示して訴えを提起したが，訴状はYの相続人Zが受領し，Zから訴訟委任を受けた弁護士が訴訟を追行したため，裁判所はYが死亡していることを看過して，X勝訴の判決を言い渡してしまった場合がこれにあたる。この訴訟の被告がYだとすると，当該判決は，実在しない者を名宛人とする無効な判決ということになりそうであるが，それでよいかが問題となる。

　(c)　原告が，被告とすべき者とは別人を誤って訴えてしまう場合については，次のような例がある。A会社は，Xに対する債務を免れるため，自らの商号を変更するとともに，新たにY会社を設立し，これにAのかつての商号を使用させていた。この事情を知らないXは，訴状の被告欄にはAのかつての商号（Yの現在の商号）を表示して，訴えを提起した。手続が進行したのちに，Aの代表者でありYの代表者でもあるBが，Aの商号変更と新会社設立の事実を主張した場合，この訴訟の当事者はAとYのいずれであるかが問題となる（最判昭和48・10・26民集27巻9号1240頁／百選［6版］6）。

2. 2. 3. 4	(1)　**当事者確定の基準**　　当事者を確定する基
当事者確定の基準とその適用	準については，意思説，行動説，表示説，規範分類説，確定機能縮小説などの見解が主張

されている。

　意思説は，原告の意思を基準とすべきとする。行動説は，当事者らしく振る舞い，当事者として扱われた者を当事者とする。表示説は，

訴状の記載から当事者を確定するが，考慮すべき訴状の記載に関しては，当事者欄の記載に限定する見解（形式的表示説）と，請求の趣旨および原因を含む訴状の全趣旨をしん酌する見解（実質的表示説）がある。

　意思説に対しては，原告の内心の意思を把握するのは困難である，原告を確定することができないなどの批判が加えられている。また，行動説に対しても，当事者らしく行動したといっても，訴訟代理人が選任されている場合などを考えると，どのような行動がそれにあたるかが明確でないとの批判があてはまる。これらの見解に比べると，表示説は基準として明快であり，また，実質的表示説によれば，ある程度弾力的な解決を導くことができる。そのため，表示説が通説の地位を占めてきた。

　以上の３つの見解は，訴え提起の段階での判断資料をもとに当事者が確定され，その後に当事者の変動がない限り，当事者であり続けることを前提とするものであった。これに対して規範分類説は，訴え提起時においてだれを当事者として扱うかについての判断基準（行為規範としての当事者確定）とすでに進行した手続の効果をだれに帰属させるかについての判断基準（評価規範としての当事者確定）とを区別する。すなわち，これから手続を始める段階においては，単純明快な基準を提供する表示説（形式的表示説）に従い，訴状の記載を基準として当事者を確定すべきである。しかし，すでに手続が進行した段階では，手続の安定や訴訟経済の要請が強く働くため，当事者確定の判断資料を訴状の記載のみに求めるべきではない。それまでの手続において当事者としての訴訟追行の地位と機会が現実に与えられていた者はだれか，という観点を加えて，当事者を確定することになる。

　規範分類説が登場してからは，学説は，手続の段階と当事者確定とを関連付けて論じるようになった。その結果，当事者確定論の機能する場面を第一回口頭弁論期日までに限定する見解（確定機能縮小説）も

有力になっている。この見解によれば，当事者の確定とは，訴状における当事者の特定が明確でない場合に裁判所がこれを判定することをいう。すでに進行した手続の効力をだれに及ぼすべきかという問題は，当事者確定論の守備範囲ではない。むしろ，当事者変更，判決効の拡張，信義則などによって処理されるべき問題だということになる。

(2) **具体例の検討**

(a) 氏名冒用訴訟の場合，表示説によれば，当事者は訴状に原告または被告として記載されたＡであるから，Ａに確定判決の効力が及ぶ。しかし，Ａの意思によらずにＡの名で訴訟行為がされた点では無権代理と同様であるから，Ａは再審の訴えを提起することができる（338条1項3号参照）。行動説によれば，当事者はＡではないから，Ａに判決の効力は及ばない。Ａが再審の訴えを提起する必要はないことになる。

判例は，原告側の氏名冒用訴訟において，行動説とみられる見解をとったが（大判大正4・6・30民録21輯1165頁，大判昭和2・2・3民集6巻13頁），被告側の氏名冒用訴訟において訴訟代理人が選任され，被冒用者名義で訴訟行為をしていた場合については，判決の効力は被冒用者に及ぶとして，再審の訴えを許容した（大判昭和10・10・28民集14巻1785頁／百選［6版］4〔⇨*Column* ⑫⑨〕）。学説においても，訴訟追行の機会が全く与えられなかった被冒用者には判決の効力が及ばないが，被冒用者名義の判決が存在する以上，上訴または再審の訴えによってその判決の取消しを求めることもできるとする見解が有力である。

(b) 死者を当事者と表示して開始された訴えは，表示説によれば，当事者の実在という訴訟要件を欠く不適法な訴えとして，却下される。実際には相続人が訴訟を追行していたとしても，相続人が当然に当事者となるわけではなく，死者名義の判決が確定しても，その効力は相続人には及ばない。これに対して，行動説や規範分類説によれば，相

続人の訴訟への関与のありかたによっては，相続人が当事者であるとして，この者に判決の効力を及ぼすことが可能である。

　判例は，死者を被告と表示した訴状が送達され，相続人の親権者が受領したが，被告欠席のまま原告勝訴の第一審判決がされた場合において，実質上の被告は相続人であり，ただその表示を誤ったにすぎないと判示し，訴状の表示を訂正するために事件を第一審に差し戻した（大判昭和 11・3・11 民集 15 巻 977 頁／百選［6 版］5）。この事件で，相続人が当事者として行動したといえるか，あるいは相続人に対する手続保障があったといえるかは微妙であり，行動説や規範分類説によっても，相続人が被告とはいえない可能性がある。しかし，訴えを却下した原判決を破棄して第一審に差し戻した結論自体は，訴え提起行為の効力は認めた上で，相続人の手続保障も図ろうとする妥当な処置であったと評価しうる。このほか，死者を被告と表示する訴状が送達されたのちに，相続人が自ら訴訟を承継する手続をとり，第一審，控訴審を通じて進んで訴訟行為をしながら，控訴審で敗訴判決を受けたのちになって，本件訴訟の被告は死者であったとして自らの訴訟行為の無効を主張した場合に，この主張は信義則に反し許されないとした例もある（最判昭和 41・7・14 民集 20 巻 6 号 1173 頁／百選 I 13）。

　(c)　会社の代表者が会社の債務を免れるために新会社を設立した前述の事例における被告はだれか。表示説によれば，旧会社（A 会社）が被告になりそうであるが，それでは，原告（X）が請求認容判決を得ても，判決の名宛人となっていない新会社（Y 会社）の財産に対して強制執行をすることができないおそれがある。判例は，X から訴えられた A 会社の代表者 B が自白をした後で，自分は Y の代表であり，Y と A とは別法人であるから，自白は事実に反するとして，自白の撤回を主張した場合には，Y は X に対し，信義則上 A とは別法人であることを主張しえないとした（前掲最判昭 48・10・26）。Y を被告とみているように思われるが，学説においては，A と Y とは一

体であり，ともに被告であるとする見解や，当初は A のみが被告であったが，途中から Y も被告として加わったとする見解が主張されている。

Column ㉗ 任意的当事者変更と表示の訂正 ‑‑‑‑‑‑‑‑‑‑‑‑‑‑‑‑‑‑‑‑‑‑‑

　原告が，被告とすべき者を訴えていなかったことに訴訟の途中で気づいた場合には，訴えを取り下げて，あらためて本来の被告に対して訴えを提起することが考えられる。その場合には，訴えの提起による時効の完成猶予の期間は，訴えの取下げの時から 6 か月を経過するまでとされ（民 147 条 1 項柱書括弧書），また，新訴の訴状には，再度，手数料相当額の印紙を貼用しなければならない。それでは非効率であることから，旧訴の効力を維持したまま，当事者を別人に変更する任意的当事者変更の方法をとることができないかが問題となる（控訴審においても任意的当事者変更が認められるか，時効の完成猶予の効果の維持および印紙の流用のほか，従前の弁論や証拠調べの結果も引き継がれるかについては⇨ *6. 3. 2. 6*(2)）。任意的当事者変更が認められる場合には，訴訟の当事者の表示を変更する必要があるが，変更の前後で当事者が同一とみられる場合には，任意的当事者変更ではなく，単なる表示の訂正とされる。表示の訂正は，訴訟の係属中であればいつでもすることができ，変更前の訴訟状態がそのまま引き継がれる。

　訴状の補正が表示の訂正にとどまるか，任意的当事者変更を伴うかは，従前の当事者をどのような基準で確定するかによって異なる。たとえば，死者名義訴訟において被告の表示を相続人に変更することは，表示説によれば任意的当事者変更にあたるが，当初から相続人が当事者であったとみれば，表示の訂正である。判例は，振出人として「株式会社栗田商店代表取締役栗田末太郎」の記名押印のある約束手形の所持人が提起した手形金請求訴訟において，訴状の被告の表示を「株式会社栗田商店こと栗田末太郎」から「栗江興業株式会社右代表取締役栗田末太郎」と変更することは，表示の訂正にあたるとした（大阪地判昭和 29・6・26 下民 5 巻 6 号 949 頁／百選[3 版] 12／[5 版] A3）。個人名を法人名に変更した点を捉えれば，任意的当事者変更に該当するようにみえるが，本件では，「株式会社栗田商店」が本店を移転し，かつ商号変更をしていた事実を知らない原告が，「株式会社栗田商店」は存在しないものと判断して，やむなく代表者個人を被告と表示したという事情があった。そのことを踏まえて判旨は，訂正によっ

ても被告の同一性が維持されていることを実質的表示説の立場から説明している。他方，被告の表示を「豊商事株式会社」から「株式会社豊商事」に訂正する場合であっても，旧被告と新被告がともに実在する別法人であって，相互に何の関係もないときは，表示の訂正は許されないが，任意的当事者変更としては許容しうるとされている（大阪高判昭和29・10・26下民5巻10号1787頁）。

---

2. 2. 3. 5
当事者能力

(1) **意義** 民事訴訟において当事者となることのできる一般的な資格を当事者能力という。具体的な事件の内容と関係なく，当事者の属性によって一般的に判定される点で，後述する当事者適格（⇨*2. 2. 4. 1*）と異なる。

当事者能力の存在は，訴訟要件の1つである。当事者能力を欠いている者を当事者とする訴えは，不適法なものとして却下される（訴訟費用の負担については，被告が当事者能力を欠く場合は，61条の原則に従い原告の負担となるが，原告が当事者能力を欠く社団または財団である場合は，70条を類推適用して，原告の代表者または管理人として訴えを提起した者〔後述(2)(b)参照〕が負担すべきだとされている）。当事者能力がないことを看過して言い渡された本案判決に対しては上訴を提起することができるが，再審事由（338条）にはあたらないので，判決の確定後は取り消すことができない（その場合に，当該事件に限って当事者能力があるものと扱われるとする見解と，確定した判決は内容上の効力を生じない無効の判決だとする見解とがある）。

(2) **当事者能力を有する者**

(a) 民法上，権利能力を有する者は，当事者能力を有する（28条）。したがって，自然人および法人は当事者能力を有する（民3条1項・34条）。外国人および外国法人も，権利能力を有する限度で当事者能力を有する（民3条2項・35条2項）。胎児は，不法行為に基づく損害賠償請求権，相続，受遺贈についてはすでに生まれたものとみなされるから（民721条・886条1項・965条），これらに関する訴訟において

は当事者能力を有する（胎児のままで当事者となることができるが，死産の場合は，当初から当事者能力がなかったものとして，訴えが却下される）。

　国も，私法上の権利義務の主体となるから，当事者能力を有する（4条6項参照）。地方公共団体は，法人として当事者能力を有する（自治2条1項）。行政庁には，民事訴訟における当事者能力はない（行政訴訟では，国または公共団体に所属しない行政庁に当事者能力が認められる場合がある。行訴11条2項・38条1項）。

　(b)　法人でない社団または財団で代表者または管理人の定めのあるものについて権利能力を認めた規定は民法にはないが，民事訴訟法は，このような社団・財団に当事者能力を認めている（29条）。法人格を取得していなくても，法人と同様に社会活動を営み，取引行為をする団体や財産の集合体は存在する（設立中の法人，町内会，同窓会，学会，未登記の労働組合などがこれにあたる）。これらのものに当事者能力が認められなければ，相手方はだれを訴えたらよいかわからないし，構成員全員が原告または被告となる必要があるとすれば，手続が煩雑となり，訴えの提起が困難になるおそれもある。以上の理由から，法人でない社団・財団で一定の要件を満たすものについては，当事者能力が認められている。

> *Column* ㉘　法人でない社団が当事者能力を認められるための要件 ------
>
> 　いかなる団体が29条にいう「法人でない社団」にあたるかの基準として，①対外的独立性（他の団体から独立した存在であること），②内部組織性（管理・運営方法，意思決定の手続，代表者などの団体としての組織が整っていること），③対内的独立性（構成員の変動にかかわらず，団体としての同一性が維持されていること），④財産的独立性（構成員の財産から独立した団体の財産が存在すること）が挙げられている。もっとも，これらの要件をすべて備えた団体でなければ，当事者能力が認められないというわけではない。また，個々の要件の判断にあたり，緩やかな解釈が必要とされる場合もある。たとえば，最判平成14・6・7（民集56巻5号899頁／百選［3版］13）は，財産的独立性について，団体としての固定資産ないし基本的財産を有することは

不可欠の要件ではないとして，預託金会員制のゴルフクラブに当事者能力を認めた。団体に当事者能力を否定した場合には，訴訟物たる権利（ゴルフ場を経営する会社に対する書類閲覧請求権）を行使することが不可能になってしまう事案であり，妥当な結論であったといえる。このほか，特定の紛争を契機として結成された住民団体や消費者団体についても，永続性を欠き，財政的基盤が弱いからといって当事者能力を否定すべきではない場合があろう。

Column ㉙ 　民法上の組合の当事者能力 ------------------------------

　　民法上の組合に 29 条が適用されるかについては，古くから議論がある。否定説の論拠としては，組合は契約であり，社団とは社会的実体として区別されるべきであることが挙げられている。これに対して肯定説からは，組合と社団とは，社会的実体としても区別がつきにくく，組合なのか社団なのかを相手方が確認した上でなければ訴えを提起できないとすれば，29条を設けた意義が損なわれるという反論が提起されている。

　　判例は古くから肯定説をとっている（大判昭和 10・5・28 民集 14 巻 1191 頁，大判昭和 15・7・20 民集 19 巻 1210 頁，最判昭和 37・12・18 民集 16 巻 12 号 2422頁／百選［6 版］8）。他方で判例は，民法上の組合の業務執行組合員が組合員全員のために任意的訴訟担当者となることも認めている（最大判昭和45・11・11 民集 24 巻 12 号 1854 頁／百選［6 版］12。この判決については，*2. 2. 4. 3*(2) 122 頁も参照）。このほか，業務執行組合員を法令上の訴訟代理人とみる解釈も考えられる。

----

(3)　**法人でない団体に当事者能力が認められることの効果**

(a)　29 条により当事者能力を認められた団体は，判決の名宛人となることができる。その限りで，団体には実体法上の権利能力が認められるとする見解が，学説上は有力である。しかし判例は，法人でない団体に当事者能力が認められるからといって権利能力まで認められるわけではないとし，団体に属する財産は，構成員全員に総有的に帰属すると解している（最判昭和 47・6・2 民集 26 巻 5 号 957 頁／百選［4版］9）。したがって，団体がその財産について所有権確認の訴えを提起しても，請求認容判決は得られない（最判昭和 55・2・8 判時 961 号 69

頁）。団体は，当該財産が構成員全員の総有に属することの確認請求
をせざるをえないが，その場合には，団体が当該請求についてなぜ当
事者適格を有するかの説明が必要となる（最判平成 6・5・31〔民集 48
巻 4 号 1065 頁／百選［6 版］10〕は，入会権の確認請求について，入会権者
によって構成される入会団体に当事者適格を肯定するが，この判決が，団体
に固有の当事者適格を認めたものか，それとも団体に構成員のための訴訟担
当を認めたものかについては，争いがある）。

　(b)　法人でない団体に属する不動産について，団体名義の登記や団
体の代表者である旨の肩書を付した代表者名義の登記をすることがで
きるか。この問題について，登記実務は消極に解しており，判例も，
法人でない団体には登記請求権がないことを理由に，団体に属する不
動産については，代表者が構成員全員の受託者としての地位において，
代表者個人の名義で登記をすることができるのみであるとしている
（前掲最判昭和 47・6・2。なお，前掲最判平成 6・5・31 は，代表者以外の構
成員が構成員全員のために登記名義人となることも認めている）。そうだと
すると，登記名義人とされた代表者その他の構成員の債権者が当該不
動産を差し押さえる事態も予想されるが，その場合には，団体は第三
者異議の訴え（民執 38 条）を提起することができる（東京地判昭和 59・
1・19 判時 1125 号 129 頁）。

　(c)　たとえば，法人でない団体の代表者が交代した後も，団体に属
する不動産の登記名義人は旧代表者となっている場合のように，登記
名義人となるべき代表者その他の構成員ではない者が登記名義人にな
っていることもある。この場合に，登記名義人となるべき構成員への
移転登記手続請求訴訟を開始するとして，その原告となりうる者（原
告適格を有する者）はだれか。

　判例によれば，登記名義人となるべき構成員は，上記訴訟の原告と
なることができる（前掲最判昭和 47・6・2 は，構成員全員の総有に属する
不動産について，団体の代表者は，信託における受託者たる地位において自

己の名義をもって登記をすることができるのだから，団体の代表者が交代し，旧代表者が受託者たる地位を失ったときは，新代表者が旧代表者に代わって受託者たる地位を取得し，その地位に基づいて，旧代表者に対して当該不動産につき自己の個人名義への所有権移転登記手続を訴求することができる，とする。これに対して前掲最判平成6・5・31は，団体の規約等に定められた手続により，構成員全員の総有に属する不動産につき代表者以外の構成員を登記名義人とすることとされた場合には，当該構成員は，団体から登記名義人になることを委ねられるとともに，登記手続請求訴訟を追行する権限を授与されたとみるべきであり，このように解したとしても，弁護士代理の原則〔⇨ *2. 1. 3. 1*〕および訴訟信託の禁止〔⇨ *2. 2. 4. 3*(2)〕の趣旨を潜脱するものではない，とする）。このほか，団体が自ら原告となることもできる（最判平成26・2・27民集68巻2号192頁／百選〔6版〕9）。団体に原告適格が認められる法律構成については，判例は明らかにしておらず，学説上も見解が分かれているが，有力な見解は，団体は構成員全員のための訴訟担当者（⇨ *2. 2. 4. 3*）として原告適格を認められると解している。

Column ㉚ 代表者等の個人名義で登記された不動産を団体の債権者が差し押さえる方法

　執行法上，確定判決を債務名義とする強制執行は，当該判決に表示された被告に対して行われるべきものとされており（民執23条1項1号），被告に対する金銭給付判決に基づいて不動産に対する強制執行を申し立てる場合には，確定判決の正本のほか，被告所有名義の登記事項証明書の添付が必要とされている（民執規23条1号）。すでに述べたように，法人でない団体に属する不動産は代表者等の個人名義で登記されており，団体所有名義の登記事項証明書を提出することはできない。団体に対する金銭給付判決を得た債権者がそうした不動産を差し押さえるためには，どのような方法をとる必要があるか。

　この問題について，有力な見解は，団体に対する確定判決を得た上で，登記名義人たる代表者等を「請求の目的物を所持する者」（115条1項4号，民執23条3項）として，承継執行文の付与（民執27条2項）を求めるべきで

あるとしていた。しかし判例は，最判平成22・6・29（民集64巻4号1235頁／執保百選［3版］7）において，承継執行文の付与の方法を否定し，団体を債務者とする執行文の付された債務名義の正本のほか，当該不動産が団体の構成員全員の総有に属することを確認する旨の債権者と団体および登記名義人との間の確定判決その他これに準ずる文書を添付して，強制執行の申立てをすべきであるとした。その理由としては，①団体の構成員の総有不動産につき，当該団体のために第三者がその登記名義人とされているときは，登記記録の表題部に債務名義上の債権者以外の者が所有者として記録されている不動産に対する強制執行をする場合（民執規23条1号）に準じて，強制執行の申立てをすることができると解すべきであること，②民事執行法23条3項の規定は，特定物の引渡請求権等についての強制執行を予定しているものであり，同法27条2項に規定する執行文付与の手続および執行文付与の訴えにおいて，強制執行の対象となる財産が債務名義上の債務者に帰属するか否かを審理することも予定されていないことから，同法23条3項の規定を金銭債権についての強制執行の場合にまで拡張解釈することは許されないことが挙げられている。なお，判例によれば，団体の債権者が団体の構成員全員の総有に属する不動産に対して仮差押えをする場合には，添付文書として確定判決等は要しない（最決平成23・2・9民集65巻2号665頁／重判平23民訴7）。

2.2.3.6 訴訟能力

(1) 意義　当事者（または補助参加人）が，自ら訴訟行為をなし，また相手方や裁判所の訴訟行為を受けるために必要な能力を訴訟能力という。民法上の行為能力と同様に，単独では自己の利益を十分に主張することのできない者を保護するために設けられた概念である。

　訴訟能力は個々の訴訟行為の有効要件であり，訴訟能力を欠く者が単独でした訴訟行為またはこの者に対してされた訴訟行為は，無効である。行為能力を欠く者がした法律行為のように，取り消されるまでは有効なものと扱われるわけではない。仮に取り消されるまでは訴訟行為は有効だとすると，それを前提としてさらに訴訟行為を重ねていかざるをえず，あとで取り消された場合には，その後の訴訟行為の効

力もすべて否定されることになって，手続の安定を欠くためである。もっとも，訴訟能力のないことを看過して訴訟行為がされ，あとでそのことが判明した場合には，その後の手続の効力が否定されることになるが，訴訟無能力者を保護するためにはそれもやむをえない（なお，訴訟能力を欠く訴訟行為も追認により遡って有効となることにつき，後述(3)参照）。

(2) **訴訟能力者・訴訟無能力者・制限訴訟能力者**　　訴訟能力の有無は，原則として行為能力を基準として決定される（28条）。ただし，行為能力を有しない者または行為能力を制限された者でも，例外的に完全な訴訟能力を認められる場合もある（後述(c)参照）。

(a) 民法上の行為能力者はすべて，訴訟能力を有する（ただし，行為能力者であっても意思能力を欠く場合には，その者のした訴訟行為は無効である。最判昭和29・6・11〔民集8巻6号1055頁／百選〔5版〕16・百選〔6版〕A4〕は，成年者でも12〜13歳程度の精神能力しかない者のした控訴の取下げを，意思無能力者の訴訟行為にあたり無効だとした）。

外国人については，行為能力の準拠法が本国法であることから（法適用4条1項），日本法によれば行為能力者であり，訴訟能力が認められるが，本国法によれば行為能力がなく，したがって訴訟能力を欠く場合がありうる。しかし，外国人を日本人以上に保護する必要はないことから，この場合にも訴訟能力者とみなされる（33条）。

(b) 未成年者および成年被後見人は，法定代理人によらなければ訴訟行為をすることができない（31条本文）。法文上，訴訟無能力者というときは，この両者を指す（令和4年改正後99条1項）。

被保佐人は，自ら訴訟行為をすることができるが，そのためには保佐人の同意が必要である（民13条1項4号）。被補助人も，家庭裁判所の審判により，訴訟行為をするには補助人の同意が必要とされることがある（民17条1項）。これらの者（以下，「被保佐人・被補助人」という）は，訴訟能力を制限されている者として，制限訴訟能力者と呼ば

れる。

　被保佐人・被補助人が訴えまたは上訴の取下げ，裁判上の和解，請求の放棄・認諾などをするには，保佐人・補助人の特別の授権が必要である（32条2項）。これらの訴訟行為が訴訟の終了という重大な結果をもたらすためである。

　(c)　未成年者も，独立して法律行為をすることができる場合には，その関係の訴訟に関する限りで訴訟能力を有する（31条但書）。一種または数種の営業を許された場合（民6条1項），持分会社の無限責任社員となることを許された場合（会社584条），独立して賃金を請求する場合（労基59条）などがこれにあたる。労働契約に関する訴訟についても，法定代理人の同意を得て労働契約を締結した以上，訴訟能力を認めてよい。これに対して，法定代理人から特定の財産の処分を許されたにすぎない場合には（民5条3項），その財産に関する訴訟における訴訟能力を未成年者に認めるべきではない。

　被保佐人・被補助人が相手方の提起した訴えまたは上訴について訴訟行為をするには，保佐人・補助人の同意を要しない（32条1項）。同意を必要とすると，相手方が被保佐人・被補助人に対して訴えまたは上訴を提起することに支障をきたすからである。

　人事訴訟においては，訴訟無能力者も制限訴訟能力者も，意思能力がある限り完全な訴訟能力を有する（人訴13条1項）。これは，身分上の行為については，本人の意思に従って行わせるべきであるとの民法の原則を人事訴訟に反映させたものである。

Column ㉛　人事訴訟における成年被後見人の訴訟能力

　旧人事訴訟手続法の下では，意思能力の判定が必ずしも容易でなく，手続の安定を図る必要があることを理由に，成年被後見人について訴訟能力を否定する見解が有力であった。しかし現行人事訴訟法は，成年被後見人の残存能力を活用すべきとの趣旨から民訴法31条の適用を排除しており（人訴13条1項），旧法下の有力説のような見解をとることは困難になった。それゆえ，成年被後見人も，意思能力を有する限り，単独で有効な訴訟行

為をなしうることになるが，手続の安定の要請と本人の利益保護の必要から，裁判長は，弁護士を成年被後見人の訴訟代理人に選任することができる（人訴13条2項3項）。また，成年被後見人のために，成年後見人・成年後見監督人が職務上の当事者（⇨ *2. 2. 4. 3*(1)(b)）として訴訟を追行することもできる（人訴14条）。なお，成年被後見人の訴訟行為と職務上の当事者の訴訟行為とが矛盾する場合にいずれが優先するかについては，争いがある。

(3) 訴訟能力がない場合の裁判所の措置

(a) (1)で述べたように，訴訟能力を欠く者がした訴訟行為またはこの者に対してされた訴訟行為は無効であるが，法定代理人または訴訟能力を取得・回復した本人の追認により，行為のときに遡って有効となる（34条2項）。追認の可能性がある以上，訴訟能力を欠く者による訴訟行為またはこれに対する訴訟行為がされても，裁判所は直ちにこれを排斥するのではなく，一定の期間を定めて補正を命じなければならない（34条1項前段）。この場合の「補正」とは，過去の行為の追認と将来の訴訟行為が有効に行われるようにする措置をいう。たとえば，未成年者が単独で訴えを提起した場合には，法定代理人の追認と法定代理人の記載を訴状に追加するための訂正状の提出が必要である。なお，補正を待っていたのでは遅滞のため損害を生ずるおそれがあるときは，裁判所は，追認されることを予定して必要な訴訟行為をさせることができる（34条1項後段。たとえば，証拠保全の申立てがされた場合に証拠調べを実施することがこれにあたる）。

Column ㉜ 訴訟行為の追認

訴訟能力または訴訟行為をするのに必要な代理権を欠く者のした訴訟行為の追認は，個々の訴訟行為についてするのではなく，それまでの訴訟行為を一体として不可分に行わなければならない（無権代理人の訴訟行為の追認につき，最判昭和55・9・26判時985号76頁）。追認する訴訟行為を選択できるとすれば，手続の安定を欠き，相手方に対しても不公平だからである。追認は，上告審においてもすることができ（大判昭和16・5・3判決全集8輯

18号617頁，最判昭和47・9・1民集26巻7号1289頁），判決確定後，再審の訴えの係属中であってもできる（大判昭和13・3・19判決全集5輯8号362頁）。上級審や再審で追認が行われた場合には，原判決が訴訟能力または代理権のないことを看過してされたことを上訴・再審の理由とすることはできない（312条2項但書）。

　追認は，裁判所または相手方に対する意思表示によってする。ただし，明示の意思表示はなくても，その後の行為を評価して黙示の追認があったとされる場合もある（最判昭和34・8・27民集13巻10号1293頁）。

　(b)　裁判所が補正を命じたにもかかわらず，補正がされなかった場合には，それまでにされた訴訟行為は無効となる。この場合に裁判所のとるべき措置は，訴訟能力の欠缺が生じたのがどの段階であるかによって異なる。(ア)訴え提起・訴状の受領の段階から訴訟能力を欠いていた場合には，訴訟係属は適法でなかったことになり，訴え却下の判決がされる。(イ)訴え提起・訴状の受領の段階では訴訟能力を備えていたが，その後に訴訟能力が失われた場合には，訴訟係属自体は適法であり，その後の訴訟行為のみが無効となる。訴訟係属中の訴訟能力の喪失は訴訟手続の中断事由であり（124条1項3号⇨ *6. 1. 1. 2*），法定代理人に手続を受継させて，訴訟行為をやり直すことになる。

　(4)　**訴訟能力の存否を争う方法**　　裁判所は，訴訟能力の存在を職権で調査しなければならない。訴訟能力の存否についての裁判所の判断に誤りがある場合には，当事者は，上訴その他の方法で争うことができる。

　①　訴訟能力の欠缺を理由とする訴え却下の判決に対しては，訴訟能力がないとされた当事者も，単独で控訴を提起することができる。この場合の控訴が不適法だとすると，訴え却下の判決が確定してしまい，第一審裁判所の訴訟能力の判断を控訴審で争うことができなくなるからである。

　②　訴訟能力の欠缺を理由として訴え却下の判決がされるべきであ

ったにもかかわらず，そのことを看過してされた本案判決に対しては，敗訴した訴訟能力欠缺者の側から，上訴・再審を提起することができる（312条2項4号・338条1項3号）。当該判決が確定しても，訴訟能力を欠く者は既判力その他の効力を受けないが，事実上強制執行を受けるなどの不利益を被る可能性はあるので，上訴・再審により当該判決を取り消す利益はある（控訴審が原判決を取り消す場合は，事件を第一審に差し戻して，補正の機会を与えるべきである）。上訴・再審は，法定代理人のほか，訴訟能力を欠く当事者自身も提起することができる。この者のした上訴を訴訟能力がないことを理由に却下した場合には，原判決が確定してしまい，訴訟能力を欠く者の保護に欠ける結果となるからである。訴訟能力を欠く者による上訴を認めることとの関係で，この者に対してされた敗訴の本案判決の送達も，有効と解すべきである（反対，大決昭和8・7・4民集12巻1745頁）。送達の時から上訴期間が進行し，その経過によって当該判決は確定する。

④ 当事者適格

2. 2. 4. 1
意 義 訴訟物たる特定の権利または法律関係について，当事者として訴訟を追行し，本案判決を求めることのできる資格を当事者適格という。当事者適格を有する者は，「正当な当事者」と呼ばれる。また，正当な当事者として訴訟を追行する権能という意味で，当事者適格を「訴訟追行権」ということもある。

　当事者適格は，当事者能力や訴えの利益と同様に，訴訟要件の1つである。ただし，当事者能力の存否は，当事者の属性によって定まり，どのような権利または法律関係が訴訟物となっているかを問わないのに対し，当事者適格の存否は，特定の訴訟物との関係で判定され，訴えの利益と密接な関係にある（たとえば，確認の訴えにおいては，確認の利益を有する者が当事者適格も有する。もっとも，訴えの利益のうち，権利

保護の資格〔請求適格〕〔⇨ *2. 2. 1. 5*〕は，当事者適格とは関連していない。権利保護の利益も，特定の訴訟物が本案判決をするのにふさわしいかどうかを問題とする点で，当事者適格とは区別される）。

当事者適格を欠く者を当事者とする訴えは，不適法なものとして却下される。当事者適格の欠缺を看過して本案判決がされた場合に，敗訴当事者は，上訴を提起して取消しを求めることができる。ただし，確定後に再審によって取り消すことはできない（338条参照）。

訴訟の係属中に当事者が当事者適格を喪失したときは，その当事者間で本案判決をする意味はなくなる。この場合に，従来の訴訟追行の結果を承継すべき第三者がいるときは，この者に訴訟を承継させることができる（⇨ *6. 3. 2. 1*）。なお，訴訟係属中の当事者適格の喪失により，中断・受継の問題を生ずる場合もある（124条1項4号〜6号⇨ *6. 1. 1. 2*(3)〜(5)）。

Column ㉝ 拡散的利益と当事者適格

当事者適格が訴訟要件であることは，当事者適格の概念が，本案判決をすることが無意味な者を当事者とする訴えを排除するために導入されたことに基づいている。適切でない当事者を選別する目的で当事者適格が用いられるという意味で，当事者適格の消極的作用と呼ばれる。これに対して，環境や消費者問題など，不特定多数人によって共有されているために個々人の訴訟追行は困難であるような利益（拡散的利益）をめぐる紛争において当事者適格の判断が問題になるときには，利害関係者の中から最も適切な訴訟追行を期待できる者を選び出すという作業が必要となる。これを当事者適格の積極的作用という。この関係では，訴え提起前の段階から相手方と交渉するなどして紛争解決のための行動を起こしている者（人・団体）には適切な訴訟追行が期待できるとして，この者に当事者適格を肯定する紛争管理権の考え方が注目される。しかし判例は，紛争管理権を否定している（最判昭和60・12・20判時1181号77頁／百選［3版］18）。

なお，消費者契約法は，内閣総理大臣の認定を受けた消費者団体（適格消費者団体）が不特定多数の消費者の利益のために事業者等に対して差止請求権を行使することを認めている（消費者団体訴訟制度。消費契約2条4

項・12条以下)。また，消費者の財産的被害等の集団的な回復のための民事の裁判手続の特例に関する法律（消費者裁判手続特例法）は，適格消費者団体の中から内閣総理大臣により特定適格消費者団体としての認定を受けた消費者団体が，消費者契約に関して相当多数の消費者に生じた財産的被害等について，事業者等が被害を受けた消費者に対して負う金銭支払義務を確認する訴え（共通義務確認の訴え）を提起することを認めている（同法2条10号・3条)。

---

2. 2. 4. 2
当事者適格の判断基準（その1）——一般の場合

正当な当事者と認められるためには，一般には，訴訟物たる権利または法律関係についての訴訟の結果（勝訴・敗訴）に法的利益を有していることが必要である。この利益は，独立の訴訟を許容してでも保護すべき程度に重大な利益であることを要し，補助参加の利益（42条。⇨*6. 3. 1. 4*）では足りない。このような法的利益を有する者に当事者適格を認めるならば，通常は充実した訴訟追行がされるであろうし，また，訴訟の結果に重大な利益を有しているだけに，この者には当事者としての地位（当事者権。⇨*Column ㉖*）を保障する必要があるためである。

① 給付の訴えにおいては，訴訟物たる給付請求権の主体であると主張する者に原告となる適格があり，原告によってその義務者であると主張される者に被告となる適格がある（最判平成23・2・15〔判時2110号40頁／重判平23民訴2〕は，マンション管理組合が自己に訴訟物たる給付請求権が帰属すると主張して提起した給付の訴えにつき，上記の論拠に基づいて当該マンション管理組合に原告適格を認めた)。もっとも，原告の主張のみに基づいて被告適格を肯定してよいかについては，争いがある。たとえば，原告が実体法上およそ義務者になりえない者を義務者と主張して訴えを提起した場合には，被告適格は肯定した上で，請求棄却の本案判決をするというのが通説であるが（同旨の判例として，最判昭和61・7・10判時1213号83頁がある)，被告適格を欠くとして訴

えを却下すべきとの見解も主張されている。

② 確認の訴えにおいては，確認の利益を有する原告と被告に当事者適格がある。確認の利益の有無は，原告・被告間の紛争を確認判決によって解決する必要があるか，また有効適切に解決することができるかという観点から判断されるから，確認の利益が認められる場合には，通常は当事者適格も肯定される。その意味で，確認の訴えでは，当事者適格の問題は確認の利益の問題に吸収されるといわれている（ただし，確認の利益の判断において，原告の選択した被告が紛争解決のために適切な当事者といえるかが問題とされることもある〔⇨*Column* ㉓〕。この場合には，当事者適格の問題が独自の意義を有していることになる）。

③ 形成の訴えにおいては，原告または被告となるべき者が法律の規定によって定められているのが通常である（例，民744条・770条1項・774条・775条・787条，人訴12条・41条・43条〜45条，会社828条2項・831条1項・832条〜834条・854条・855条）。ただし，当事者適格の定めが抽象的であるために解釈が必要となる場合もある（例，行政事件訴訟法9条の「処分又は裁決の取消しを求めるにつき法律上の利益を有する者」）。

2.2.4.3　当事者適格の判断基準（その2）——第三者の訴訟担当

前述のように，当事者適格が認められる者は，訴訟物たる権利または法律関係について実質的利益を有する者であるのが通常であるが，これ以外の第三者が，実質的利益の帰属主体に代わり，またはこれと並んで，当事者適格をもつことがある。これを第三者の訴訟担当という。この第三者（担当者）が当事者となって受けた判決の効力は，実質的利益の帰属主体（本人または被担当者）に対しても及ぶ（115条1項2号）。代理とまぎらわしい場合もあるが（たとえば，破産管財人や遺言執行者が訴訟担当者か法定代理人かについては，議論の余地がある〔⇨*Column* ㉟〕），本人は当事者となっていないから，代理とは異なる（代理の場合に判決の効力を受けるのは，当事者としての本

人であって代理人ではないが，訴訟担当の場合には，担当者は当事者として
判決の効力を受ける）。

　第三者の訴訟担当には，法律上当然に行われ，本人の意思に基づか
ない場合（法定訴訟担当）と本人の意思（授権）に基づいて行われる場
合（任意的訴訟担当）の区別がある。

　(1)　法定訴訟担当は，訴訟担当を許容する根拠が第三者の利益保護
にあるか否かによって，「担当者のための法定訴訟担当」と「職務上
の当事者」の2種類に分かれる。

　(a)　**担当者のための法定訴訟担当**　　第三者が，自己の権利の実現ま
たは保全を図るために，訴訟物たる権利義務について訴訟追行権を認
められる場合である。債権者が債権者代位権に基づいて債務者の権利
を代位行使する訴訟（民423条），差押債権者の提起する取立訴訟（民
執155条・157条），債権質の質権者が質入債権について提起する取立
訴訟（民366条），株主の提起する役員の責任追及の訴え（会社847条
～853条）がこれにあたる（ただし，差押債権者による取立訴訟については，
訴訟担当ではなく，115条1項2号は適用されないとする見解がある。また，
責任追及の訴えについても，訴訟担当ではないとする見解がある）。これら
の場合には，第三者と本人の利益が対立することもあり，本人の利益
をいかにして保護するかが問題となる。

Column ㉞　担当者のための法定訴訟担当における本人の利益保護
　　　　　　の方法 --

　たとえば，債権者が訴訟担当者として提起した債権者代位訴訟において，
被代位権利は不存在であるとの被告（第三債務者）の主張が認められ，請
求棄却判決がされて確定したとしよう。通説・判例（大判昭和15・3・15民
集19巻586頁／百選［初版］74）によれば，担当者の受けた判決の効力は，
有利・不利を問わず，債務者に及ぶとされているので，債務者はもはや第
三債務者に対して被代位権利の存在を主張することができない。平成29
年改正後の民法423条の6は，債権者代位訴訟を提起した債権者に債務者
に対する訴訟告知を義務付けているが，改正前の民法はそのような規定を

欠いていたため，債権者代位訴訟が提起されたことを債務者が知らないま
ま，請求棄却判決が確定することもあった。加えて，債権者と債務者は，
訴訟物たる被代位権利をめぐって利害が対立することもある。それにもか
かわらず，債権者の受けた不利な判決に債務者が服さなければならないと
いうのは不当である。そこで，債権者が受けた請求棄却判決の効力は債務
者（および債権者代位訴訟を提起していない他の債権者）に及ばないとする見解
（有利な判決効の拡張のみを認めるという意味で，片面的効力拡張説という）が主
張された。この見解によれば，債務者の利益は保護される一方で，第三債
務者は債権者に対して勝訴しても債務者から再び訴えられることになり，
公平でない。そのため，有力な学説は，不利な判決の効力も債務者に及ぶ
ものとし，その前提として，債務者に訴訟告知をし，債権者代位訴訟に債
務者が訴訟参加をする道を開いておくことを提案してきた。

　債務者による訴訟参加の形態は，債務者が債権者の当事者適格（被保全
債権の存在）を争うときには，独立当事者参加（⇨ *6. 3. 1. 1*）である（最判
昭和48・4・24民集27巻3号596頁／百選［6版］103。ただし，平成29年民法改
正後にも独立当事者参加をなしうるかについては議論がある）。債務者が債権者
の当事者適格を争わないときには，平成29年改正後の民法423条の5に
より債務者にも当事者適格が認められると解されることから，共同訴訟参
加（⇨ *6. 3. 1. 2*）をなしうるものと考えられる。

　債権者代位訴訟において，原告が被保全債権を有していないことが判明
した場合には，訴訟担当者としての適格を欠くものとして，訴え却下判決
がされるべきである。この点を看過して請求棄却判決がされた場合には，
その効力は債務者には及ばない。債務者は，第三債務者に対する別訴にお
いて，判決の効力は自己に及ばない旨の主張をすることができる。なお，
平成29年民法改正後は，原告から訴訟告知を受けた債務者が独立当事者
参加をしなかった場合にも同様に解してよいかという問題があり，参加し
なかった債務者が第三債務者に対して別訴を提起し，原告の当事者適格を
争うことは，信義則に反するという見解もある。しかし，原告の当事者適
格を争う第三債務者が債務者に対して訴訟告知をしたならばともかく，債
権者と称する原告が訴訟告知をしたことによって，債務者には原告の当事
者適格を争うために債権者代位訴訟に参加する義務が生じ，これを放置し
ていた場合には，第三債務者との関係で原告の当事者適格を争うことがで
きなくなるというべきかは疑問である。債務者は，請求棄却判決の効力は

自己に及ばない旨の主張を第三債務者に対してなしうるものというべきである。

(b) **職務上の当事者**　第三者が，本人その他の者の利益を保護すべき職務上の地位にあるために，訴訟物たる権利義務について訴訟追行権を認められる場合である。人事に関する訴えにおいて，本来の適格者の死亡後にも訴訟を可能にするために当事者とされる検察官（人訴12条3項），成年被後見人のために訴えまたは訴えられる成年後見人または成年後見監督人（人訴14条），海難救助料債務者（荷主・船主）のために海難救助料債権者からの請求を受ける船長（商803条2項）は，訴訟物たる権利義務について本人が訴訟追行をすることが不可能，困難または不適当である場合に，本人の利益を保護すべき職務上の地位にある第三者に訴訟追行権が認められる例である。また，破産管財人の提起する破産財団に関する訴訟（破80条）は，破産手続中は訴えを提起することのできない破産債権者に代わって，その利益を保護すべき職務上の地位にある破産管財人に，訴訟担当を認めたものである（なお，破産管財人は破産者に代わってその管理処分権を行使しているとみれば，債権者代位権を行使する債権者などと同様に，担当者のための法定訴訟担当に分類される）。このほか，遺言執行者も，すでに死亡している遺言者の意思を実現する職務上の地位にある者として，相続人の提起した遺言無効確認の訴えや受遺者の提起した遺贈義務の履行を求める訴えにおいて被告適格を有する（最判昭和31・9・18民集10巻9号1160頁，最判昭和43・5・31民集22巻5号1137頁）。

Column ㉟　**財産管理人の訴訟上の地位と権限**

学説の中には，「担当者のための法定訴訟担当」とも「職務上の当事者」とも異なる第3の類型として「他人の財産につき包括的な管理処分権を与えられた財産管理人」を設け，破産管財人，再生手続・更生手続の管財人や遺言執行者・相続財産管理人をここに分類する見解もある。この分類法は，これらの財産管理人が訴訟担当者であることを前提とするが，訴訟担

当者ではないとする見解もある（たとえば，破産管財人については，破産者の法定代理人とみる見解，破産債権者の法定代理人とみる見解，破産財団の代表者とみる見解などが主張されている。遺言執行者についても同様に，被相続人代理説，相続人代理説，目的財産代表説などが唱えられている）。判例は，遺言執行者は訴訟担当者だとするが（前掲最判昭和 31・9・18，同昭和 43・5・31），相続財産管理人は相続人の法定代理人だとしている（最判昭和 47・11・9 民集 26 巻 9 号 1566 頁／百選［5 版］A5）。

　ある者に当事者適格が認められる根拠を，その者が訴訟物たる権利または法律関係について実質的利益を有していることに求めるならば，そうした利益をもたない財産管理人が，訴訟担当者ではないという結論が自然に導かれよう。しかし，海難救助料債務について当事者適格を有する船長がそうであるように，訴訟物たる権利義務の存否について直接の利害関係をもたず，中立的立場にある第三者であっても，訴訟物たる権利の発生に係る事情をよく知っており，適切な訴訟追行をなしうるがゆえに，当事者適格が認められる場合もある。財産管理人も，そうした者として，当事者適格を肯定すべきであろう。

　財産管理人が当事者適格を認められる訴訟の範囲も問題となる。判例は，破産管財人は，破産会社の組織変更に関する訴え（例，設立無効の訴え）については被告適格を有しないとする（大判昭和 14・4・20 民集 18 巻 495 頁／倒産百選［4 版］19）。また，遺言執行者の被告適格が否定される場合として，遺贈の目的不動産につき受遺者宛てに移転登記をした後に相続人から提起された当該登記の抹消を求める訴え（最判昭和 51・7・19 民集 30 巻 7 号 706 頁／百選［6 版］11）や「相続させる」旨の遺言の対象不動産についての賃借権確認請求訴訟（最判平成 10・2・27 民集 52 巻 1 号 299 頁）があるとしている。

----

(2)　任意的訴訟担当は，訴訟物たる権利または法律関係について実質的利益を有する者（本人）の授権に基づいて第三者が当事者適格を有する場合である。法律により任意的訴訟担当が認められている例としては，選定当事者（30 条），手形の取立委任裏書（手 18 条。ただし，被裏書人を裏書人の法令上の訴訟代理人とみる見解もある），建物の区分所有等に関する法律にいう管理者（建物区分 26 条 4 項など），サービサー

（債権管理回収業に関する特別措置法 11 条 1 項）などがある。

Column ㊱　選定当事者

　共同訴訟人となるべき者が多数あり，その多数者が共同の利益を有する場合に，その中から 1 人または数人を選定して，全員のために当事者として訴訟を追行させることができる（30 条 1 項）。選定されて全員を代表して当事者となる者を選定当事者，選定当事者を選定した後，自らは当事者とならず，選定当事者の受けた判決の効力に服する者を選定者という。

　選定当事者の制度は，現在係属中の，または将来係属する予定の共同訴訟の手続を単純化する趣旨で設けられたものであるが，現行民訴法が追加的選定を創設したことにより，多数の請求について訴訟による救済を容易にする目的で用いることもできるようになった。追加的選定とは，すでに係属中の訴訟の当事者と共同の利益を有する第三者が，その当事者を選定当事者として選定し，自己の請求について訴訟追行してもらう制度である（30 条 3 項）。たとえば，同一の原因から多数人に少額の損害が生じており，一部の被害者が訴えを提起したという場合に，他の被害者が追加的選定をし，選定当事者たる被害者が 144 条に基づき請求の追加をすれば，選定者たる被害者はその請求について自ら訴えを提起することなしに裁判所の判断を求めることができる（⇨第 6 章 **2** ②）。

　選定当事者制度の要件である「共同の利益を有する多数の者」については，多数者相互間に共同訴訟人となる関係があり，かつ，各人のまたはこれに対する相手方の請求が主要な攻撃防御方法を共通にすることで足りるとするのが判例であり（大判昭和 15・4・9 民集 19 巻 695 頁，最判昭和 33・4・17 民集 12 巻 6 号 873 頁／百選［3 版］16），学説の多くも，これとほぼ同様に解している（民訴法 38 条後段の場合を含めるかどうかについては見解が分かれるが，民訴法 38 条後段の場合であっても主要な攻撃防御方法を共通にする場合があるならば，選定当事者制度の利用を否定する必要はないと考えられる）。選定当事者は，こうした「共同の利益を有する」者でなければならない。そのような者であれば，選定者の請求についても，「他人事」ではないものとして適切な訴訟追行をすることが期待できるからである。

　任意的訴訟担当を無制限に認めることは，弁護士代理の原則（54 条）や訴訟信託の禁止（信託 10 条）を回避・潜脱することにつながる。

そのため，法律に明文の規定がある場合以外に，いかなる要件の下で任意的訴訟担当が認められるかが問題とされてきた。

判例は，無尽講の債権債務に関する訴訟において，講元による任意的訴訟担当を認めていたが（大判昭和11・1・14民集15巻1頁，最判昭和35・6・28民集14巻8号1558頁），民法上の組合の清算人については，組合財産に関する訴訟を自己の名で追行することは認めないという態度をとっていた（最判昭和37・7・13民集16巻8号1516頁）。しかしその後，民法上の組合の組合規約において，業務執行組合員に自己の名で組合財産に関する訴訟を追行する権限が授与されていた場合につき，弁護士代理の原則や訴訟信託の禁止を回避・潜脱するおそれがなく，かつ，任意的訴訟担当を認める合理的必要がある場合には，これを許容してよいとの一般的基準の下に，任意的訴訟担当を認めるに至った（最大判昭和45・11・11民集24巻12号1854頁／百選［6版］12。この一般的基準に基づいて任意的訴訟担当を認めた最高裁判決として，最判平成28・6・2民集70巻5号1157頁／百選［6版］13がある。これは，外国国家が発行した円建て債券の管理会社が，当該債券を保有する債権者から訴訟追行権を授与された訴訟担当者であると主張して提起した，当該債券に係る償還等請求訴訟に関する判断である）。

学説も，かつては，任意的訴訟担当を許容する場合を限定していた（古くは，法律上認められた場合以外には許容しない見解〔法定説〕が提唱され，その後，「正当な業務上の必要」がある場合には許容されるとする見解〔正当業務説〕が有力になったが，この見解が挙げる例は，講関係の訴訟における講元と労働組合の組合員たる労働者の労働契約上の権利について訴訟を追行する労働組合のみであった）。しかし，前述の最大判昭和45・11・11とほぼ時期を同じくして，任意的訴訟担当を合理的な範囲で認めようとする見解が現れた。この見解（実質関係説）によれば，①第三者が訴訟物たる権利関係について補助参加の利益（訴訟の結果についての利害関係）を有している場合，および，②第三者が訴訟物たる権利

関係の発生や管理につき現実に密接に関与しており，本人と同じ程度にその権利関係について知識を有している場合には，任意的訴訟担当を認めてよい。①の例としては，不動産の買主が第三者から当該不動産についての権利を主張された場合に債務不履行責任を負う売主が，②の例としては，講金の取立訴訟における講元，労働組合員の労働契約上の権利関係につき担当者となる労働組合，本人所有の不動産に関する訴訟における当該不動産の管理者が挙げられる。

　実質関係説は学説の一般的な支持を得ているが，第三者が訴訟の結果について固有の利益を有しない場合にまで任意的訴訟担当を認めることに対しては，反対する見解もある。反対説は，労働組合の任意的訴訟担当に疑問を提起するとともに，当事者概念には裁判官の除斥・忌避，訴訟費用の負担，訴訟手続の中断・中止などさまざまな効果が結びつけられていることを指摘し，任意的訴訟担当を広く認めると，本来の当事者に代えて第三者が当事者となることにより，訴訟の相手方が不当な不利益を被る結果となるとする。これに対して実質関係説からは，たとえば訴訟費用については，本来の当事者である被担当者にも負担義務を認めるという解釈は可能である，などの反論が提起されている。

⑤　複数の当事者をもつ訴え

<u>*2. 2. 5. 1*</u>
　　共同訴訟

複数の当事者が，原告または被告として，1つの訴訟手続に関与する場合がある。これを「共同訴訟」と呼んでいる。共同訴訟において，同一の側に立つ複数の原告または被告を「共同訴訟人」（「共同原告」または「共同被告」）という。

　共同訴訟の発生原因としては，(1)原告の意思により訴訟の初めから発生する場合（訴えの主観的併合）のほか，(2)係属中の訴訟に第三者が当事者として加わることにより発生する場合（共同訴訟参加，訴えの主

観的追加的併合など)，および，(3)裁判所が弁論を併合した結果，共同訴訟となる場合がある。以下では(1)について解説する ((2)については ⇨ *6.3.1.2*，*6.3.1.9*，(3)については⇨第6章 **2 ③**)。

<table>
<tr><td>**2.2.5.2**
共同訴訟の要件</td></tr>
</table>

共同訴訟は，各共同訴訟人の請求または各共同訴訟人に対する請求が相互に関連しており，それらを併合して審理する合理性・必要性がある場合に認められる。共同訴訟が認められるための要件を主観的併合要件といい，民事訴訟法38条は以下の3つの場合を規定している。

① 訴訟の目的である権利または義務が数人について共通であるとき (38条前段)

数人の連帯債務者に対する金銭の支払請求，数人に対する同一物の所有権確認請求，数人の共同所有者が第三者に対してする共有物の明渡請求などがこれにあたる。

② 訴訟の目的である権利または義務が同一の事実上および法律上の原因に基づくとき (38条前段)

同一事故に基づく数人の被害者の損害賠償請求，土地の所有者 X が当該土地上に建物を所有する Y_1 に対してする建物収去土地明渡請求と建物の占有者 Y_2 に対してする建物退去土地明渡請求，主債務者に対する主債務の請求と保証人に対する保証債務の請求などがこれにあたる。

③ 訴訟の目的である権利または義務が同種であって，事実上および法律上同種の原因に基づくとき (38条後段)

数通の手形の各振出人に対する手形金の請求，家主が数軒の借家人に対してする家賃の請求などがこれにあたる。

③の場合は，①②の場合に比べて請求相互の関連性が希薄である。そのため，共同訴訟人の1人について管轄権を有する裁判所に他の共同訴訟人に関する訴えを提起することを認める併合請求の裁判籍は，①②については認められるが，③については認められない (7条但書。

なお，7条但書によっても，③に対する9条の適用は排除されず，原則として数個の請求の訴額が合算される〔⇨*Column* ㊸〕。各共同訴訟人に対する請求については，訴額が140万円を超えず簡易裁判所の事物管轄に属する場合でも，訴えが38条後段の共同訴訟として提起されたために合算した訴額が140万円を超え，地方裁判所の事物管轄に属することがありうる〔最決平成23・5・18民集65巻4号1755頁／重判平23民訴1〕）。

主観的併合要件は，関連性のない請求が併合されることによる被告の不利益を避けるためのものであり，職権調査事項ではない。被告に異議がなければ，①から③のいずれの要件も満たしてない場合でも，共同訴訟とすることが認められる（大判大正6・12・25民録23輯2220頁）。

2.2.5.3
共同訴訟の種類　　　　共同訴訟には，「通常共同訴訟」と「必要的共同訴訟」の区別がある。

(1) **通常共同訴訟**　　通常共同訴訟とは，各共同訴訟人について審理・判決の統一が必要とされない場合である。各共同訴訟人は本来，個別に訴えまたは訴えられることができるが，各人の請求または各人に対する請求に関連性があるため，同一の訴訟手続で審理をすることが認められているという形態の共同訴訟である。

通常共同訴訟においては，弁論の分離も一部判決も許容されると解されている。ただし，通常共同訴訟の中でも，各共同訴訟人に対する請求が法律上両立しえない場合であって，原告の申出があったときは，弁論および裁判を分離しないで行うことが要求されている（同時審判申出共同訴訟〔41条〕。通常共同訴訟・同時審判申出共同訴訟の審判については⇨*2.2.5.5*）。

(2) **必要的共同訴訟**　　必要的共同訴訟は，各共同訴訟人について訴訟の結果が一律に決せられなければならない（合一確定が要請される）場合である。合一確定の要請から，弁論の分離および共同訴訟人の一部についての一部判決は許されない（必要的共同訴訟の審判については

⇨*2. 2. 5. 6*)。必要的共同訴訟はさらに，固有必要的共同訴訟と類似
必要的共同訴訟に区分される。

　固有必要的共同訴訟は，各共同訴訟人が共同で訴えまたは訴えられ
なければ，訴えが不適法とされる（訴訟共同の必要がある）必要的共同
訴訟である。必要的共同訴訟といえばもともと，共同訴訟形態をとる
ことが必要とされるものを指していたが，今日では，次に述べる類似
必要的共同訴訟のように，個別に訴えまたは訴えられることが許され
る場合も包含する概念となっている。「固有」必要的共同訴訟という
名称は，本来の必要的共同訴訟という意味で用いられている。

　類似必要的共同訴訟は，共同で訴えまたは訴えられることは必要で
はないが，共同で訴えまたは訴えられた以上，合一確定が要請され，
判決が共同訴訟人間で区々になることが許されないという類型の必要
的共同訴訟である（⇨*Column ⑱*）。

(3)　**通常共同訴訟と必要的共同訴訟の比較**　　共同訴訟として提起され
る訴えの多くは，通常共同訴訟である。すでに述べたように，通常共
同訴訟は本来，個別の訴えが可能である複数の請求について共同訴訟
とすることを認めたものであり，同時審判申出共同訴訟のような特例
を除き，裁判所の裁量で弁論を分離し，共同訴訟形態を解消すること
ができる。38条の要件の下で通常共同訴訟は広く認められることに
なっているが，共同訴訟となったために審理の遅延や複雑化が生じる
場合には，個別の訴えに分解することが可能である。

　これに対して必要的共同訴訟は，紛争解決のために合一確定が要請
される場合であるから，手続が複雑になるとしても，共同訴訟人全員
について統一的な裁判をしなければならない（ただし，類似必要的共同
訴訟については，上訴審においても共同訴訟人全員が当事者となる必要があ
るかにつき，議論がある〔⇨*Column ㊴*〕）。各共同訴訟人が単独でなしう
る訴訟行為も制限されている。

　必要的共同訴訟の中でも特に固有必要的共同訴訟においては，一部

の共同訴訟人を欠く訴えは不適法となるから，原告は，訴えの提起前に共同原告または共同被告がだれかを調査し，訴状の当事者欄の記載に漏れのないようにしなければならない（ただし，訴え提起後に共同訴訟人を追加することにより，訴えが適法とされる場合もある）。共同原告が多数に及び，訴えの提起について全員の同意を得ることができない場合には，どのようにして訴えを提起すればよいかも問題となる。ある訴えが固有必要的共同訴訟とされると，以上のような問題を生ずることから，固有必要的共同訴訟の範囲をいかに画するかが議論されている。

2. 2. 5. 4
固有必要的共同訴訟の範囲

固有必要的共同訴訟とされる訴訟類型としては，以下の3つの場合があるといわれている。

(1) **他人間の権利関係の形成ないし変動をもたらす訴訟**　たとえば，第三者が提起する婚姻無効または取消しの訴えは，夫婦を共同被告としなければならない（人訴12条2項）。取締役解任の訴えにおいても，会社と当該取締役とが共同被告となる（会社855条）。これらの場合に，共同被告とされる者は訴訟の判決によってその地位に重大な影響を受ける。それゆえ，その一部の者を除外した訴訟における判決でその者を拘束することは正当化されないが，それでは紛争解決の実効性を欠く。そのために，共同被告とすることが必要とされている。同様の理由から，株主総会の取締役選任決議の取消訴訟・無効確認訴訟についても，会社と当該取締役とを共同被告とすべきだとの見解が有力である（ただし，会社法は会社のみが被告であるとする〔会社834条16号17号〕）。

(2) **数人が共同で管理処分権を行使すべき財産に関する訴訟**　たとえば，数人の受託者のある信託財産に関する訴訟（信託79条），数人の選定当事者の訴訟（30条）は，その数人を共同訴訟人とする固有必要的共同訴訟である。

(3) **共同所有・共同相続をめぐる訴訟**　共同所有者間の訴えや共同

相続人間の訴えには，固有必要的共同訴訟とされることに争いのないものがある。たとえば，共有物分割の訴え（民258条）は，共同所有者全員につき画一的に処理する要請が強いものとして，固有必要的共同訴訟だとされている。ある財産が被相続人の遺産に属することの確認を求める訴えも，判例によれば，当該財産が共同相続人による遺産分割前の共有関係にあることの確認を求める訴えであり，原告勝訴の確定判決は，当該財産が遺産分割の対象となる財産であることを既判力をもって確定し，遺産分割審判の手続およびその審判の確定後において当該財産の遺産帰属性を争うことを許さないとすることによって，共同相続人間の紛争の解決に資するものであるから，共同相続人間で合一確定を要する固有必要的共同訴訟だとされている（最判平成元・3・28民集43巻3号167頁／百選［6版］95)。共同相続人の1人が提起した，他の共同相続人が相続人の地位を有しないことの確認を求める訴えについても，同様である（最判平成16・7・6民集58巻5号1319頁／重判平16民訴4。なお，遺言無効確認の訴えは，固有必要的共同訴訟とはされていない。最判昭和56・9・11民集35巻6号1013頁)。

これに対して，共同所有者が原告または被告となって第三者との間で訴訟をする場合については，どの範囲までが固有必要的共同訴訟となるのか，いかなる基準により固有必要的共同訴訟となるのかをめぐって，見解が対立している。

Column ㊲ 固有必要的共同訴訟の範囲を決する基準

共同所有者と第三者との間で争われる訴訟については，共同所有者が原告となる場合（能働訴訟）と被告となる場合（受働訴訟）とに分けて，固有必要的共同訴訟の範囲を決する基準を考察すべきである。

⑴　能働訴訟　　かつての通説は，固有必要的共同訴訟の範囲を画するにあたり，共同所有の性質が通常の共有であるか，合有であるかを問題としていた（共有財産についての管理処分権が数人に合有的に帰属している場合は，固有必要的共同訴訟であるとする。このため，管理処分権説と呼ばれる)。たとえば，分割前の相続財産や組合財産などの合有財産に関する訴訟においては，

共同所有者全員が原告となる必要がある。入会権のような総有関係を対外的に主張する訴訟においても同様である。これに対し，通常の共有においては，各共同所有者は自己の持分権を自由に処分できるのであるから，個別の訴え提起を認めるべきだとする。

　これに対して判例は，固有必要的共同訴訟の基準を共同所有の性質が通常の共有であるか，合有・総有であるかには求めていない。たとえば，共同所有者の一部が共有物全体について抹消登記手続を求めた場合には，保存行為であることを理由に，その訴えを適法であるとし（最判昭和31・5・10民集10巻5号487頁／百選［4版］99），共有建物の明渡請求についても，不可分債権であることを理由に，各共同所有者による個別の訴え提起を認めた（最判昭和42・8・25民集21巻7号1740頁）。他方で，共有権の確認訴訟や共有権に基づく所有権移転登記手続請求訴訟は，固有必要的共同訴訟であるとし（最判昭和46・10・7民集25巻7号885頁／百選［6版］A29），入会権の確認についても，入会権者全員が共同してのみ提起しうる固有必要的共同訴訟だとした（300名を超える入会権者全員によって提起されなければ訴えは不適法であるとした最判昭和41・11・25民集20巻9号1921頁参照）。このほか，共有地についての境界確定の訴えも，固有必要的共同訴訟だとされている（最判昭和46・12・9民集25巻9号1457頁）。

　近時の学説においては，固有必要的共同訴訟であるか否かは，紛争解決の実効性や画一的処理の必要性，共同で訴えることを強制した場合の当事者の利害得失などを考慮して，政策的に決定されるべきだとする見解が有力である（訴訟政策説と呼ばれる）。この見解は，(a)判例のように個別提起の可能性を認めることに賛同しつつ，共同提起が必要である場合もあるとする。たとえば，共有関係の確認請求については，画一的処理の必要性が特に高いため，判例のように固有必要的共同訴訟とすべきであるとする。その場合には，(b)原告となることを拒否する者や所在不明の者がいても，残りの者が訴えを提起できるようにすべきだとする。そのような方策としては，たとえば，原告となることを拒む者を被告として訴えを提起することが提案されている。判例も，入会集団の一部の構成員が第三者に対して提起した，特定の土地が入会地であることの確認を求める訴えにつき，訴えの提起に同調しない構成員を被告に加えて訴えを提起することが許されるとしている（最判平成20・7・17民集62巻7号1994頁／百選［6版］92）。

　(2)　受働訴訟　　共同所有者が被告となる場合については，全員を被告

にする必要はないとする見解が有力である。その理由としては，組合債務や相続債務は各自の債務となること，組合財産や相続財産に対して強制執行をするために，全員に対する1つの債務名義を必要とするわけではないことが挙げられている。判例も，建物の共同所有者に対する建物収去土地明渡請求につき，不可分債務であるから，各自に対して履行を訴求することができるとし（最判昭和43・3・15民集22巻3号607頁／百選［6版］94），賃貸人の地位を共同相続した者に対する賃借権確認請求につき，やはり不可分債務であるという理由で，共同相続人全員を被告とする必要はないとしている（最判昭和45・5・22民集24巻5号415頁）。

> **2.2.5.5**
> 通常共同訴訟の審判

(1) 一般の場合 通常共同訴訟においては，各共同訴訟人と相手方の間で訴訟の結果が一律に決せられる必要はない。各共同訴訟人は他の共同訴訟人によって制約されることなく，各自独立に訴訟を追行することができる（39条）。これを共同訴訟人独立の原則という。

共同訴訟人独立の原則の下で，各共同訴訟人はそれぞれ，請求の放棄・認諾，訴訟上の和解，訴えの取下げ，上訴，自白をすることができる。これらの訴訟行為は，各共同訴訟人と相手方との間に効力を生じ，他の共同訴訟人には影響を及ぼさない。共同訴訟人の1人について中断・中止の事由が生じても，他の共同訴訟人には影響を与えない。以上の結果，共同訴訟人間で審理の足並みがそろわなくなることもありうる。その場合に裁判所は，ある共同訴訟人について弁論を分離し（152条），一部判決（243条2項）をすることもできる（ただし，主債務者と保証人を共同被告とする訴訟においては，実体法上の保証債務の付従性〔民448条1項〕から，主債務者が主債務の存在を争っている場合には，保証人に対する請求について弁論の分離や一部判決をすべきではないという考え方もある）。

なお，共同訴訟人独立の原則と共同訴訟人間の主張共通・証拠共通については第3章で扱う（⇨ *3.3.1.5*(2)，*3.6.1.7*(2)）。

(2) **同時審判申出共同訴訟**　　合一確定が要請されない通常共同訴訟においても，各共同訴訟人のまたはこれに対する請求が密接に関連している場合には，弁論の分離や一部判決が適切でないことがある。たとえば，無権代理人が締結した疑いのある売買契約につき，買主が，売主に対する目的物の引渡請求と，無権代理人に対する請求（民117条1項）とを併合した場合のように，各共同訴訟人に対する請求が法律上両立しえないとき（売主本人に対する請求との関係では，代理権の存在は原告の請求原因事実であり，無権代理人に対する請求との関係では，代理権の存在は被告の抗弁事実であるから，両者がともに認容されることはない。なお，請求原因事実，抗弁事実については⇨ *3.2.3.3*(2)）に弁論を分離したとすると，各請求に共通の争点（代理権の有無）につき区々の判断がされ，買主は，売主にも無権代理人にも敗訴するおそれがある。このような問題に対処するために，同時審判申出共同訴訟（41条）が設けられている。すなわち，共同被告に対する原告の各請求が法律上併存しえない関係にある場合において，原告の申出があったときは，裁判所は，弁論および裁判を分離しないでしなければならない（41条1項）。原告は，この申出を控訴審の口頭弁論終結時まですることができる（41条2項。この時までは，いつでも撤回することができる。規19条）。第一審で同時審判の申出があり，共同被告に対する判決が同時にされた場合に，原告と敗訴した被告がそれぞれ控訴し，控訴事件が同一の控訴裁判所に別々に係属したときにも，弁論および裁判は併合して行われる（41条3項）。

　この共同訴訟においては，弁論と裁判の分離が禁じられる限度で審理・裁判の統一が図られるが，それ以外の点では，共同訴訟人独立の原則が適用される。したがって，各共同被告はそれぞれ独立に防御方法を提出することができ，請求の放棄・認諾，訴訟上の和解，訴えの取下げ，上訴，自白も，各共同被告と原告との間で効力を生ずる（共同被告間で証拠共通・主張共通の原則が働くかどうかも，一般の場合と同様

である）。

Column ㊳ 　同時審判申出共同訴訟をめぐる解釈論 ----------------------------

　同時審判申出共同訴訟については，解釈の余地のある問題がいくつかある。

　①　法文上は被告が複数の場合に限定されているが，原告が複数であって，1人の被告に対する請求が両立しえない場合（例，被告に対して債権の支払を求める X₁ と X₁ から当該債権を譲り受けたと主張する X₂）にも 41 条が類推され，被告の申出によって弁論および裁判の分離が禁じられるかが問題となる。これを肯定する見解もあるが，必要性は少ないとする見解もある。

　②　41 条が適用されるのは，原告の共同被告に対する各請求が「法律上」併存しえない関係にある場合に限られ，「事実上」併存しえない関係にある場合（例，契約の相手方が会社と代表取締役個人のいずれであるかが明らかでない場合）は含まない。しかし，両者の区別は必ずしも明確ではないことから，事実上併存しえない関係にある場合にも，原告が同時審判の申出をしたならばその意思を尊重し，特別の事情のない限り，裁判所は弁論の分離をしないことが要請されるとする見解もある。

　③　同時審判申出共同訴訟が設けられたことによって主観的予備的併合が不適法になったかどうかについても，見解が分かれている。主観的予備的併合とは，数人のまたは数人に対する請求が論理的に両立しえない関係にある場合に，原告が，各請求に順位を付けて審判を申し立て，主位被告に対する請求が認容されることを予備的被告に対する請求の審判の解除条件とする形態の共同訴訟である。旧法下の最高裁判例は，主観的予備的併合は不適法であるとした（最判昭和 43・3・8 民集 22 巻 3 号 551 頁／百選 [6版] A28）。学説においても，(a)主位被告に対する請求を認容する判決が確定すれば，予備的被告に対する請求については遡って訴訟係属が消滅し，判決がされないので，応訴を強いられる予備的被告の利益が損なわれること，(b)この共同訴訟形態にも共同訴訟人独立の原則が適用され，中断・中止事由や上訴の効果は共同訴訟人ごとに生じる結果，裁判の統一が保障されないこと，を理由として，不適法であるとする見解が有力であった。しかし，主観的予備的併合が認められないと，相互に関連する請求について審理の重複や裁判の矛盾が生ずるため，適法であるとする学説や下級審裁判例もあった。

　現行法が同時審判申出共同訴訟を設けたことにより，主観的予備的併合

に対するニーズが減少したことは疑いがない。主観的予備的併合における予備的被告の地位の不安定の問題を考慮し，もはや主観的予備的併合を適法とする余地はないとする有力な見解もある。他方で，主観的予備的併合の適法性を主張する見解は，主観的予備的併合には同時審判申出共同訴訟にはない利点があるとする。その利点とは，たとえば，原告が主位被告に敗訴し予備的被告に勝訴した場合に，予備的被告が控訴すれば，原告の控訴がなくても，主位被告に対する請求について移審の効果が生ずるというものである。しかし不適法説からは，こうした効果を認めるためには，共同訴訟人独立の原則を修正しなければならないこと，原告が控訴審において予備的被告にも敗訴することが予想されるのであれば，原告自ら主位被告に対して控訴をすべきであることも指摘されている。

2. 2. 5. 6 必要的共同訴訟の審判

固有必要的共同訴訟であると類似必要的共同訴訟であるとを問わず，必要的共同訴訟においては，合一確定の要請から，共同訴訟人独立の原則を修正し，訴訟進行と訴訟資料を統一するための規律が行われている。

① 共同訴訟人の1人がした訴訟行為は，有利なものであれば当該共同訴訟人のみならず全員のためにも効力を生じる（40条1項）。たとえば，1人でも相手方の主張を争えば全員が争ったことになる。これに対して，自白のような不利な行為は，全員でしなければ効力を生じない。ただし，1人が自白し，他の者は争うというように，共同訴訟人間で陳述が矛盾することが，弁論の全趣旨として心証形成の一因となることはある。訴えの取下げ（共同原告による訴えの取下げまたは共同被告に対する訴えの取下げ）については，類似必要的共同訴訟の場合は各共同訴訟人が単独でできるが，固有必要的共同訴訟の場合は，訴えの取下げの結果，共同訴訟人の一部が欠けると訴訟全体が不適法になってしまうため，全員でしなければ無効であるとするのが，通説・判例（最判昭和46・10・7民集25巻7号885頁／百選［6版］A29，最判平成6・1・25民集48巻1号41頁／重判平6民訴4）である（ただし，固有必

要的共同訴訟においても，単独で訴えを取り下げることができ，その場合には，他の者の訴えは当事者適格を欠くものとして却下されるという見解もある。なお，最判平成26・2・14〔民集68巻2号113頁／重判平26民訴1〕は，固有必要的共同訴訟とされる共同相続人間の遺産確認の訴えにおいて，共同相続人の一部に対する訴えの取下げは有効であるとしたが，それは，当該共同相続人が自己の相続分の全部を他の共同相続人に譲渡しており，遺産確認の訴えの当事者適格を有しないと判断されたためである）。固有必要的共同訴訟における共同被告に対する訴えの取下げについては，共同被告の1人でも応訴していれば，全員の同意が必要となる。

②　相手方の訴訟行為は，共同訴訟人の1人に対してされたものでも全員に対して効力を生じる（40条2項）。共同訴訟人の一部の者が欠席しても，相手方が訴訟行為をすることができるようにする趣旨である。相手方の訴訟行為が共同訴訟人にとって有利であるか不利であるかは問わない。したがって，たとえば，期日に1人でも出頭していれば，相手方は，準備書面に記載のない事実でも主張することができ，これにより全員に対して主張したことになる（161条3項参照）。

③　共同訴訟人の1人について訴訟手続の中断・中止の事由があるときは，全員について訴訟の進行が停止される（40条3項）。弁論の分離や一部判決も認められない。判決の確定も，全員について上訴期間が経過したときに生じる。したがって，ある共同訴訟人の上訴期間が満了しても，他の者の上訴期間が残っていれば，判決は確定しない。ただし，上訴期間を満了した者が判決の確定前に上訴を提起することができるかについては，これを肯定する見解もあるものの，否定するのが多数説である（判例も，遺産分割審判に対する即時抗告につき，否定説をとっている。最決平成15・11・13民集57巻10号1531頁／百選〔6版〕A34）。

Column ㊴ 類似必要的共同訴訟において上訴をしなかった 共同訴訟人の地位 ─────────

　類似必要的共同訴訟において共同訴訟人の1人が上訴をすれば，40条1項により，全員に対する関係で判決の確定が遮断され，全訴訟について移審の効果が生じる。その場合には，上訴をしなかった者を含む共同訴訟人全員が，上訴人の地位につくと解されてきた（最判昭和58・4・1民集37巻3号201頁の法廷意見は，類似必要的共同訴訟とされる住民訴訟〔平成14年改正前の地方自治法242条の2第1項4号に基づき，住民が地方自治体に代位して当該自治体の長や職員等に対して提起する損害賠償請求訴訟等〕についてこのような見解をとる）。

　しかし，上訴人となることは上訴審における訴訟費用の負担の問題を生じさせ，必ずしも有利であるとは限らない。その点で，一部の共同訴訟人がした上訴により，自らは上訴しなかった共同訴訟人が上訴人になることと，共同訴訟人全員に対する関係で判決の確定が遮断されることとを同列に論ずることはできない。また，類似必要的共同訴訟においては，共同訴訟人の中に上訴しない者がいても上訴審で訴えが不適法とされることはなく，上訴しなかった者を含む共同訴訟人間で判決の合一確定を図る必要があるにとどまる。そうであるならば，上訴の効果としては，判決の確定遮断と全訴訟についての移審を認めれば足りる。そのため，類似必要的共同訴訟において上訴をしなかった共同訴訟人は，上訴人とはならないとする見解も有力である（前掲最判昭和58・4・1における木下裁判官の反対意見もこのような考え方をとる）。判例も，最大判平成9・4・2（民集51巻4号1673頁）において住民訴訟につき，最判平成12・7・7（民集54巻6号1767頁／百選[6版]96）において株主代表訴訟につき，上訴をしなかった共同訴訟人は上訴人とはならないと判示している。

　もっとも，判例は，類似必要的共同訴訟一般について，上訴しなかった共同訴訟人は上訴人の地位につかないという考え方をとっているわけではないとも考えられる（最決平成23・2・17〔家月63巻9号57頁／重判平23民訴4〕は，数人の提起する養子縁組無効の訴えは類似必要的共同訴訟であるとした上で，この訴えにおいて，共同訴訟人の1人が上告を提起し，上告受理の申立てをした後に，他の共同訴訟人がした上告の提起および上告受理の申立ては，二重上告・二重上告受理の申立てであって，不適法であるとした。これは，先行する上告・上告受理の申立てにより，他の共同訴訟人も上告審の当事者となっていることを前提とす

るようにも読める）。

---

6 法定代理人

訴訟無能力者の法定代理人は，訴訟無能力者
に代わって訴訟追行をする者であり，実体法
上の法定代理人と訴訟法上の特別代理人に分
かれる。

(1) **実体法上の法定代理人**　訴訟無能力者の法定代理人となる者が
だれかは，民法の定めに従う（28条）。すなわち，未成年者について
は親権者または未成年後見人（民824条・859条）が，成年被後見人に
ついては成年後見人（民859条）が，訴訟上も法定代理人となる。法
定代理人がいない場合または法定代理人が代理権を行使しえない場合
には，民法の規定に従って選任された後見人または特別代理人が，訴
訟無能力者の法定代理人となる（民838条1号・840条・843条2項・826
条・860条）。

(2) **訴訟法上の特別代理人**　上述のように，訴訟無能力者に法定代
理人がいないか，いても代理権を行使しえない場合には，家庭裁判所
によって法定代理人が選任されるが，相手方がそれよりも前に訴訟無
能力者に対して訴訟行為をしなければならないこともある。その場合
に，相手方は，遅滞により損害を受けるおそれがあることを疎明して，
受訴裁判所の裁判長に特別代理人（民法上の特別代理人と区別して，訴
訟法上の特別代理人という）の選任を申し立てることができる（35条1項。
無能力者の側にも申立権を認めるべきかについては，争いがある。なお，離
婚訴訟においては，特別代理人の選任を申し立てることはできず，常置機関
である後見人または後見監督人を選任すべきだとされている。最判昭和33・
7・25民集12巻12号1823頁／百選［6版］15）。裁判長の命令によって
選任される特別代理人は，後見人と同一の権限を有し，後見監督人が

いる場合には，その同意を得なければならない（35条3項，民864条）。

(3)　**訴訟無能力者の法定代理人の地位と権限**　　法定代理人は当事者ではないため，判決の名宛人となることはなく，判決の効力も受けない。しかし，訴訟無能力者に対する送達は法定代理人に宛てて行われ（令和4年改正後99条1項），法定代理人の死亡や代理権の喪失により訴訟手続が中断し（124条1項3号。ただし，訴訟代理人が選任されている場合は中断しない。124条2項），法定代理人の尋問は当事者尋問の手続による（211条）など，当事者本人に準じた扱いを受ける。

　未成年者の親権者は，一切の訴訟行為ができる（民824条）。これに対して後見人（35条に基づく特別代理人も同じ）は，後見監督人がいる場合はその同意がなければ訴訟行為をすることができない（民864条）。訴えの取下げその他の訴訟を終了させる行為については，さらに特別の授権を要する（32条2項）。ただし，相手方が提起した訴えまたは上訴について訴訟行為をするには，後見監督人の同意は不要である（32条1項。その趣旨は，制限訴訟能力者の訴訟行為について述べたところと同様である〔⇨ *2. 2. 3. 6* (2)(c)〕）。

　法定代理権の消滅は，訴訟能力を取得・回復した本人または新旧いずれかの代理人から相手方に通知しなければ，その効力を生じない（36条1項）。手続の明確と安定を図るためである。ただし，代理人が死亡したり後見開始の審判を受けたりした場合には，通知を要求することに無理があるため，死亡または後見開始の審判の時に消滅の効果が生じると解されている。

Column ㊵　その他の訴訟上の法定代理人 ------------------------------

　　訴訟無能力者の法定代理人以外にも，訴訟上の法定代理人とされる者がある。実体法上，法定代理権を有する者が訴訟上も法定代理人となる例としては，訴訟行為について代理権を付与された保佐人・補助人（民876条の4第1項・876条の9第1項），嫡出否認の訴えにつき親権を行う母がいない場合の特別代理人（民775条2項），不在者の財産管理人（民25条以下）などがある（相続財産清算人〔民936条・952条など〕や遺言執行者〔民1006条・

1010条・1015条〕が法定代理人か訴訟担当者かについては，争いがある
〔⇨*Column* ㉟〕）。また，訴訟法上の特別代理人としては，証拠保全の相手
方を指定することができない場合に裁判所の選任する特別代理人（236条）
がある。このほか，特定の訴訟行為について認められる法定代理人もある
（例，令和4年改正後99条3項）。

⑦ 法人等の代表者

2. 2. 7. 1
総　説

法人または法人でない社団・財団で当事者能
力を認められるもの（29条）が当事者となる
場合は，代表者が訴訟を追行する。民事訴訟において，代表者は訴訟
無能力者の法定代理人に準じるものとして扱われる（37条，規18条）。

Column ㊶　国・地方公共団体を当事者とする訴訟における代表者
　　　　　　と指定代理人

　国を当事者とする訴訟においては，法務大臣が国を代表する（法務大臣
権限1条）。法務大臣は，指定代理人（所部の職員または行政庁の所管・監督す
る事務に係る訴訟においては当該行政庁の職員で，法務大臣の指定する者。その法
的性質は，法令上の訴訟代理人だとされている）に訴訟を行わせることができ
る（法務大臣権限2条）。地方公共団体が当事者となる訴訟においては，そ
の長が代表者となる（自治147条。ただし，訴えの提起については，議会の議決
が必要である。28条，自治96条1項12号）。法務大臣は，地方公共団体から
の請求に基づき，指定代理人に訴訟を行わせることができる（法務大臣権
限7条）。

2. 2. 7. 2
法人の代表者の代表権

法人の代表者については登記が要求されてい
るので（例，会社911条3項14号・915条，一
般法人301条2項6号・303条），法人に対して訴えを提起しようとする
者は，登記を基準として代表者を確定し，その氏名を訴状に記載する
（37条・134条2項1号）。代表者が欠けている場合には，相手方は，受
訴裁判所の裁判長に対して特別代理人の選任を申し立てることができ

る（37条・35条。なお，最判昭和41・7・28〔民集20巻6号1265頁〕は，代表者を欠く会社が訴えを提起する場合にも，利害関係人は特別代理人の選任を申請しうるとする）。訴状は，法人の代表者または特別代理人に宛てて送達され（37条・令和4年改正後99条1項。送達場所は，代表者の住所等であるが，法人の営業所または事務所において送達することもできる。103条1項），訴状が受領されたときに訴訟係属が生じる。

　登記簿上の代表者に代表権がなかったことが訴訟の係属中に判明した場合には，裁判所は期間を定めて補正を命ずる（37条・34条1項前段）。真実の代表者が補正に応じてそれまでの訴訟行為を追認すれば問題はないが，追認しない場合にはそれまでの訴訟行為が無効となり，相手方に不測の損害を及ぼすおそれがある。そのため，実体法上の表見法理を適用して，登記簿上の代表者を相手方とする訴訟行為を有効とする余地はないかが問題とされてきた。判例は消極説をとるが（最判昭和45・12・15民集24巻13号2072頁／百選［6版］16），学説においては，消極説と積極説が対立している。

Column ㊷　代表権と表見法理

　消極説は，その論拠として以下の点を挙げる。(a)表見法理は取引の安全を図るためのものであるから，訴訟行為には適用されない。(b)法人の代表権の存否は職権調査事項であり，その欠缺は上告理由（312条2項4号）・再審事由（338条1項3号）となる。(c)表見法理を適用すると，相手方の善意・悪意によって結果が異なり，手続の画一性・安定性が損なわれる。(d)法人には，真実の代表者によって訴訟追行される利益がある。(e)登記を懈怠したことの責任は法人が負うべきだが，それは表見法理の適用を直ちに正当化するものではない。

　これに対して積極説は，以下の点を挙げて反論する。(a)訴訟行為は取引行為ではないが，取引関係の訴訟では取引行為の延長とみることができる。(b)登記までされた表見支配人については，商法24条，会社法13条の文言にもかかわらず，裁判上の行為をなしうると解する余地がある。(c)この問題は，権利の外観に対する相手方の信頼を保護した36条を基準として解決すべきである。(d)登記を基準として代表権を判断することになるので，

手続の安定を図ることができる。(e)登記を懈怠した法人を保護することは，登記簿の記載を信頼した相手方との関係で不公平を生ずる。

　消極説は，登記簿の記載を信頼せざるをえない相手方に不当な不利益をもたらすようにみえるが，相手方が訴状を法人の事務所・営業所にも送達するならば（37条・103条1項但書），その段階で登記簿上の代表者に代表権のないことが判明するものと思われる。法人の側がそのことを主張せずに訴訟を進行させた場合には，代表権のない者による訴訟行為についての黙示の追認があったとみてよいであろう。

---

3 訴状の提出

① 訴状の提出先 —— 裁判所

2. 3. 1. 1
国法上の意味の裁判所

134条1項は，訴状の提出先は裁判所であると定めている。ここでいう「裁判所」は，裁判官とそれ以外の裁判所職員（裁判所書記官・裁判所事務官・執行官など）によって構成される官署としての裁判所である。官署としての裁判所は，「国法上の意味の裁判所」と呼ばれている（なお，「裁判所」は，民事訴訟法では裁判機関としての裁判所を指すことが多く，こちらは，「訴訟法上の意味の裁判所」と呼ばれている。裁判機関としての裁判所については⇨第2章**4**①）。

2. 3. 1. 2
裁判所の構成員

官署としての裁判所の構成員のうち，民事訴訟において中核的な役割を担っているのは，裁判官と裁判所書記官である。

（1）**裁判官**　裁判官には，最高裁判所長官，最高裁判所判事，高等裁判所長官，判事，判事補および簡易裁判所判事の6種類がある（裁5条1項2項）。高等裁判所の裁判官は，高等裁判所長官および判事であり，地方裁判所の裁判官は，判事および判事補である（裁15

条・23条）。判事補は，原則として単独で裁判をすることができない（裁27条1項。判決以外の裁判は，単独ですることができる。123条）。合議体の構成員となる場合にも，人数の制限があり（⇨ *2. 4. 1. 1*），合議体の裁判長となることもできない（裁27条2項）。

（2）**裁判所書記官**　　裁判所書記官は，各裁判所に置かれ，裁判官の行う法令・判例の調査を補助する（裁60条3項）。このほか，事件に関する記録その他の書類または電磁的記録の作成・保管（裁60条2項），訴訟費用負担額の算定（71条），送達事務（98条2項），執行文の付与（民執26条1項）など，裁判官も代行することのできない固有の権限を有する。裁判長から命じられた場合には，当事者に訴状の補正を促し（規56条），最初の口頭弁論期日前に当事者から参考事項を聴取し（規61条2項），期日外の釈明をする（規63条）など，訴訟の進行においても重要な役割を果たしている。

② 裁判所の管轄

2. 3. 2. 1
管轄の意義
　特定の事件について日本国内のいずれの裁判所（官署としての裁判所）が裁判権を行使するかに関する定めを管轄という。ある裁判所が事件について裁判権を行使できる権能を管轄権といい，その存在は，訴訟要件（⇨ *4. 3. 2. 1*）の1つである。裁判所は，事件についての管轄権の存在を職権で確認しなければならない（⇨ *2. 3. 2. 5*）。ただし，他の訴訟要件と異なり，訴えが提起された裁判所に管轄権のないことが判明した場合でも，直ちに訴えを却下するのではなく，他に管轄裁判所があれば，そこへ移送すべきものとされている。このほか，管轄権のある裁判所も，他の裁判所に訴訟を移送する場合がある（⇨ *2. 3. 2. 6*）。

2. 3. 2. 2
管轄の種類
　管轄は，管轄権の発生原因によって，法定管轄・指定管轄・合意管轄・応訴管轄に分類される。法定管轄は法律の規定により，指定管轄は直近上級裁判所の指

定により，合意管轄および応訴管轄は当事者の明示または黙示の合意
により発生する。

　法定管轄は，分担を定める基準の違いにより，職分管轄・事物管
轄・土地管轄に分かれ，拘束力の違いにより，専属管轄・任意管轄に
分かれる。

　ある事件について国内のいずれの裁判所が第
一審裁判所となるかを決定する上では，職分
管轄，事物管轄，土地管轄，合意管轄，応訴管轄，指定管轄が問題と
なる。

　(1)　職分管轄は，裁判権の種々の作用をどの裁判所の役割とするか
に関する定めである。どの裁判所が第一審裁判所となり，その裁判に
対してどの裁判所に上訴できるかを定める審級管轄も，職分管轄の一
種である。第一審裁判所となるのは，原則として，簡易裁判所または
地方裁判所であり，簡易裁判所の判決については地方裁判所が，地方
裁判所の判決については高等裁判所が，それぞれ控訴裁判所となる。
上告裁判所は，簡易裁判所を第一審とする事件については高等裁判所
であり，地方裁判所を第一審とする事件については最高裁判所である。

　(2)　事物管轄は，第一審裁判所を簡易裁判所と地方裁判所のいずれ
にするかに関する定めである。事物管轄の基準は，訴訟の目的の価額，
すなわち訴額である。訴額が140万円以下の請求は，簡易裁判所の管
轄であり，140万円を超える請求および訴額が140万円以下の不動産
に関する訴訟は，地方裁判所の管轄である（裁33条1項1号・24条1
号）。

　訴額は，原告が訴えで主張する利益を金銭で評価した額である（8
条1項⇨*2. 1. 1. 2*）。訴訟物が非財産権上の請求である場合には，訴額
を算定することができないため，訴額は140万円を超えるものとみな
され，地方裁判所の管轄となる（8条2項。たとえば，幼児の引渡請求訴
訟や会社の組織に関する訴え〔会社834条〕がこれにあたる。なお，手数料

納付の関係では訴額は160万円とみなす。民訴費4条2項⇨ **2.1.1.2**)。財産権上の請求についても、訴額の算定が極めて困難であるときは、同様に地方裁判所の管轄となる（8条2項。たとえば、住民訴訟〔自治242条の2〕、人格権に基づく差止請求訴訟、解雇無効訴訟がこれにあたる）。

Column ㊸ **訴額の算定方法** --------------------------------

　1つの訴えで数個の請求をするときは、原則としてそれぞれの訴額を合算する（9条1項本文）。ただし、訴えで主張する利益が各請求について共通である場合（例、主債務者に対する請求と保証人に対する請求を併合する場合、同一の土地について所有権確認請求と移転登記請求を併合する場合）には合算しない（9条1項但書）。この場合は、共通の価額またはいずれか多い方の価額によって算定する。主たる請求に附帯する果実、損害賠償、違約金または費用の請求は、計算を簡明にするために、訴額には算入しない（9条2項）。

　以上の規律は、手数料額の基準となる訴額の算定にも適用される（民訴費4条1項）。

----

(3)　土地管轄は、所在地を異にする同種の裁判所の間での事件分担に関する定めである。各裁判所は、法律（下級裁判所の設立及び管轄区域に関する法律）で定められた管轄区域内で職務を執行することになっており、土地管轄は、事件の裁判籍の所在地を管轄区域内にもつ裁判所に生じる。裁判籍とは、事件を特定の管轄区域に連結させる観念であり、被告の住所、訴訟物たる義務の履行地などがこれにあたる。

(a)　被告の生活の本拠地は、事件の種類を問わず常に管轄権を発生させるので、普通裁判籍と呼ばれる（4条）。これは、訴訟をするときには、原告が被告の生活の本拠地に出向くのが公平であるとの考慮に基づく。普通裁判籍は原則として、自然人については住所により、法人については主たる事務所または営業所により定まる（4条2項4項5項）。国の普通裁判籍は、訴訟について国を代表する官庁（法務大臣）の所在地（東京都千代田区）である（4条6項）。

(b) 特定の種類の事件について認められる裁判籍を特別裁判籍という。特別裁判籍のうち，5条から6条の2までに規定されている裁判籍のように，その事件について独立に認められるものを独立裁判籍といい，併合請求の裁判籍（7条）のように，他の事件との関連から生じるものを関連裁判籍という。

Column ㊹ 義務履行地の裁判籍・不法行為地の裁判籍

5条に列挙されている裁判籍は，普通裁判籍と競合して認められる独立裁判籍である。これらは主として，当事者の便宜のために認められている。いずれも，事件の訴訟物と密接な関連を有する地点であるから，その地で被告が応訴を強制されても不公平ではない，というわけである。ただし，義務履行地の裁判籍（5条1号）には，批判もある。すなわち，民法484条1項が持参債務の原則をとっているため，特約がなければ義務履行地は原告（債権者）の住所地となる。これでは，被告の住所地に普通裁判籍を認めた趣旨が没却されてしまうことから，立法論としては，特約に基づく履行地にのみ，義務履行地の裁判籍を認めるべきであるとの主張もされていた。この提案は実現しておらず，現行民訴法の下では，17条による移送（⇨ *2.3.2.6*(2)(b)）を活用することにより対処すべきものとされている。

不法行為地の裁判籍（5条9号）は，証拠収集が容易であるなどの審理の便宜および原告の訴え提起の便宜を理由とする。その適用範囲について，判例は，不正競争防止法に基づく侵害差止訴訟も含むと解している（最決平成16・4・8民集58巻4号825頁／重判平16民訴1）。

Column ㊺ 知的財産に関する訴訟の独立裁判籍

知的財産に関する訴訟は，専門性が高く，審理のために裁判官等の特別な配置を必要とするため，特別な独立裁判籍を設けて，東京地方裁判所と大阪地方裁判所に事件を集中させている。

① 特許権等に関する訴えについて，名古屋高等裁判所管内以東の地方裁判所に土地管轄が認められる場合には，東京地方裁判所の専属管轄となり，大阪高等裁判所管内以西の地方裁判所の場合は，大阪地方裁判所の専属管轄となる（6条1項。専属管轄の意味については⇨ *2.3.2.4*）。これにより，たとえば，原告および被告が仙台に住所を有する場合であっても，東京地方裁判所に訴えを提起しなければならない。両地方裁判所からの控訴事件は，原則として東京高等裁判所の専属管轄となる（6条3項）。なお，東京

高等裁判所には，知的財産に関する事件を専門的に取り扱う知的財産高等
裁判所が設けられている（知的財産高等裁判所設置法参照）。
　②　意匠権等に関する訴えについては，土地管轄を有する地方裁判所に
加えて，東京地方裁判所または大阪地方裁判所が競合的に管轄権を有する
（6条の2）。専属管轄ではないため，原告および被告が仙台に住所を有する
先のような例で，仙台地方裁判所と東京地方裁判所のいずれに訴えを提起
するかは，原告の選択に委ねられる。

　併合請求の裁判籍は，1つの訴えで数個の請求をする場合には，ど
れか1つの請求について管轄権を有する裁判所に，他の請求について
の管轄権も認めるものである。原告にとって便宜であるとともに，被
告も，どれか1つの請求について管轄権があればその裁判所に出頭し
て応訴せざるをえないため，併合される他の請求について管轄権が認
められても不利益とはいえないことによる。以上の趣旨からは，訴え
の客観的併合の場合に限定すべきとも考えられるが，7条但書は，訴
えの主観的併合（共同訴訟）についても，請求相互間に実質的関連性
のある38条前段の場合に限り，併合請求の裁判籍を認めている。こ
れにより，たとえば，主債務者と連帯保証人とが住所を異にする場合
でも，一方の住所地で両名に対して訴えを提起することができる（た
だし，原告が自己に有利な裁判所に管轄を生じさせる目的で本来は訴えるつ
もりのない者を共同被告として訴えた場合には，管轄選択権の濫用として，
併合請求の裁判籍を認めるべきではないとする見解もある。札幌高決昭和
41・9・19高民19巻5号428頁／百選[6版]A2)。
　(4)　合意管轄は，一定の法律関係に基づく訴えの第一審裁判所につ
いて，書面（電磁的記録によるものを含む）により，法定管轄と異なる
定めをすることによって生じる（11条）。管轄の定め方としては，法
定管轄のほかに管轄裁判所を追加する付加的合意と，合意した裁判所
以外の裁判所の管轄を排除する専属的合意がある。

Column ㊻　約款による管轄の合意の効力 ----------------------------------

　約款においては，一般に，企業の本店所在地を管轄する地方裁判所を管轄裁判所とする旨の合意がされることがある。これを専属的合意と解した場合には，消費者は遠隔地での訴訟追行を強いられ，裁判を受ける権利が実質的に保障されないこともある。この問題に対処するため，旧法下の下級審裁判例には，約款による管轄の合意は，特段の事情のない限り付加的合意と解すべきだとしたものもあった（東京高決昭和 58・1・19 判時 1076 号 65 頁／百選 I 30 ［クレジットカードの個人会員規約について］）。

　現行民訴法の制定過程では，ドイツやフランスの立法例を参考に，紛争の発生前にした管轄の合意は，当事者双方が法人または商人である場合を除いて効力を生じないとする規定を設けることも検討された。しかしこの案は採用されず，これに代えて，専属的合意と解される場合でも，17 条により，他の法定管轄裁判所に移送することができるものとされた（20 条 1 項参照。旧法下でも，たとえば札幌高決昭和 62・7・7 判タ 653 号 174 頁／百選 I 31 や有力学説はこうした見解をとっていた）。17 条による移送については⇨ ***2. 3. 2. 6*** (2)(b)。

----

　(5)　応訴管轄は，原告が管轄違いの裁判所に訴えを提起した場合でも，被告が異議なく応訴すれば，事後的に管轄の合意があったものとみて，当該裁判所に管轄を認めるものである。応訴管轄の要件は，第一審裁判所において，被告が管轄違いの抗弁を提出せずに本案につき弁論をし，または弁論準備手続で申述したことである（12 条）。ここでいう「本案」とは，訴訟物たる権利または法律関係の存否に関する事項をいい，訴訟要件の欠缺を理由とする訴え却下の申立てや裁判官の忌避の申立て，弁論延期の申立てを含まない。

　(6)　具体的事件について裁判すべき裁判所が法律上もしくは事実上裁判権を行うことができない場合には，その裁判所の直近上級裁判所が，裁判所の管轄区域が明確でないため管轄裁判所が定まらない場合には，関係のある裁判所に共通の直近上級裁判所が，決定でその事件の管轄裁判所を定める（10 条）。これを管轄の指定といい，これによ

って生ずる管轄を指定管轄という。

2.3.2.4
専属管轄と任意管轄

法定管轄のうち，裁判の適正・迅速という公益的要請から，当事者の意思によって法律の定めとは別の管轄を生じさせることを許さないものを専属管轄という。これに対して，主として当事者の便宜や公平を図るために設けられた法定管轄であって，当事者の意思や態度によってこれと異なる管轄（合意管轄・応訴管轄）を認めて差し支えないものを任意管轄という。

(1) 職分管轄は，原則として専属管轄である。事物管轄および土地管轄は，たとえば人事訴訟（人訴4条）や会社関係訴訟（会社835条1項・848条・856条）のように，法律が専属とする旨を規定する場合に限って専属管轄となる。

(2) 専属管轄とされる場合には，合意管轄や応訴管轄が認められないのみならず，他の裁判所への訴訟の移送も認められないのが原則である（13条1項・20条1項）。また，任意管轄の違背は，控訴審ではもはや主張できないが（299条1項本文），専属管轄の違背は，控訴・上告の理由となる（299条1項但書・312条2項3号）。ただし，特許権等に関する訴えについては例外的に，専属管轄とされていても合意管轄や応訴管轄が認められる場合があり（13条2項），他の裁判所に訴訟を移送することもできる（20条2項・20条の2）。専属管轄の違背が控訴・上告の理由にならないこともある（299条2項・312条2項3号括弧書）。

2.3.2.5
管轄の調査

管轄権の存在は訴訟要件の1つであるから，当事者が管轄違いの主張をしていなくても，裁判所は職権で，管轄権の存否を確認しなければならない。管轄の判断の基準時は，訴え提起の時である（15条）。判断のための資料（例，被告の住所が管轄区域内にあることの主張と証拠）の収集については，弁論主義が妥当する（したがって，当事者が判断資料を提出しなければならず，また，当事者間に争いがなければ，証拠調べをするまでもなく管轄を肯

定してよい）。14条は，裁判所は職権証拠調べをすることができると
規定するが，その趣旨は，管轄の中でも公益性の強い専属管轄につい
てのみ，職権探知主義をとったものと解されている。

2. 3. 2. 6
移　送　訴訟の移送とは，ある裁判所に係属している
事件をその裁判所の裁判によって他の裁判所
に係属させることをいう。

(1)　移送の裁判は決定である。移送の決定または移送の申立てを却
下した決定に対しては，即時抗告ができる（21条）。移送の決定が確
定すると，訴訟は，初めから移送を受けた裁判所（受移送裁判所）に
係属していたものとみなされる（22条3項）。受移送裁判所は移送の
裁判に拘束され，事件を返送または転送しえない（22条1項2項）。裁
判所間で事件がたらい回しにされるのを防ぐ趣旨であるが，移送の原
因となった事由とは別の移送事由に基づいて，事件を他の裁判所に再
移送することは認められる（東京地決昭和61・1・14判時1182号103頁
／百選［3版］A3）。また，最初の移送決定の確定後に新たに生じた事
由に基づいて，事件を再移送することも禁じられない。

(2)　第一審訴訟の移送には，以下の種類がある。

(a)　**管轄違いに基づく移送（16条1項）**　原告が管轄権のない裁
判所に誤って訴えを提起した場合に，直ちに訴えを却下するのではな
く，管轄裁判所に移送することを認めるものである。訴えを却下して
原告にあらためて管轄裁判所に訴えを提起させることにすると，費用
や時間がかかり，また，起訴による時効の完成猶予の利益が失われる
おそれもある。こうした不利益から原告を救済するのが，この移送の
目的である。

事物管轄と土地管轄のいずれの管轄違いについても，移送が認めら
れる。職分管轄違い（例，地方裁判所を第一審として提起すべき訴えを高
等裁判所や最高裁判所に提起した場合）についても，移送を認めるのが判
例（最決昭和22・9・15集民1号1頁，最決昭和23・7・22集民1号273

頁）・通説である。家庭裁判所の専属管轄とされている家事審判事件（非訟事件）を誤って地方裁判所に提起した場合について，判例は，家庭裁判所への移送を否定するが（最判昭和38・11・15民集17巻11号1364頁／百選［初版］5，最判昭和44・2・20民集23巻2号399頁／百選［2版］10，最判昭和58・2・3民集37巻1号45頁／百選Ⅰ33），学説においては，移送を肯定する見解が有力である。

(b) **遅滞を避ける等のための移送（17条）**　ある訴えについて管轄権を有する裁判所が複数ある場合に，原告が選択した裁判所で審理をしたのでは訴訟の進行が著しく遅延し，または当事者間の衡平に反することを理由に，他の管轄裁判所への移送を認めるものである。裁判所は，移送の決定をするにあたり，当事者および証人の住所，検証物の所在地その他の事情を考慮する。当事者間に専属的な管轄の合意がある場合でも，移送することができる（20条1項参照。移送を認めた例として，大阪地決平成11・1・14判時1699号99頁／百選［3版］7，東京地決平成11・3・17判タ1019号294頁／百選［3版］6）。これに類似する移送としては，特許権等に関する訴えに係る訴訟の移送（20条の2），および人事訴訟に関する競合する管轄裁判所間の移送（人訴7条）がある。

(c) **簡易裁判所から地方裁判所への裁量移送（18条）**　簡易裁判所は，その管轄に属する訴訟でも，相当と認めるときは，専属管轄に属するものを除き，その所在地を管轄する地方裁判所に移送することができる。簡易裁判所の管轄に属する事件について，地方裁判所が審理をすることを認めた16条2項に対応するものである（16条2項に基づく地方裁判所の自庁処理について，判例は，その相当性の判断は地方裁判所の合理的な裁量に委ねられていると解した上で，地方裁判所に提起された簡易裁判所の管轄に属する事件を，被告からの申立てに基づいて簡易裁判所に移送すべきか否かの判断も，自庁処理についてと同様に，地方裁判所の合理的な裁量に委ねられており，このことは，簡易裁判所を管轄裁判所とする専属的

合意がある場合においても異ならない，としている。最決平成20・7・18民集62巻7号2013頁／百選［5版］3・［6版］A1）。

(d) **必要的移送（19条）**　第一審裁判所（地方裁判所または簡易裁判所）は，訴訟がその管轄に属する場合でも，当事者の申立ておよび相手方の同意があれば，原則として，当事者の申し立てた地方裁判所または簡易裁判所に訴訟を移送しなければならない（19条1項）。簡易裁判所は，被告が本案につき弁論をする前に移送を申し立てた場合には，その管轄に属する不動産に関する訴訟をその所在地を管轄する地方裁判所に移送しなければならない（19条2項）。

③　訴え提起の効果

2. 3. 3. 1
訴訟係属の意義

訴えの提起によって，裁判所は，原告・被告間の訴えについて審理判断する義務を負う。この状態を訴訟係属という。訴訟係属の発生時期については，被告への訴状送達の時とするのが通説である。

　訴訟係属の発生に伴って，さまざまな訴訟法上の効果が生ずる。その1つは，同一事件について重ねて訴えを提起することができなくなることである（142条）。これを二重起訴（重複訴訟）の禁止という。

　このほかにも，訴訟参加・訴訟引受けや訴訟告知が可能になり（42条・47条・49条〜53条），関連する請求についてその裁判所の判決を求めることができる（47条・145条・146条）といった効果が生ずる。

2. 3. 3. 2
二重起訴の禁止

すでに訴訟係属の生じている事件についてさらに訴えが提起された場合には，裁判所は，この訴えを不適法なものとして却下しなければならない（通説。ただし，訴え却下以外の処理が適当とされる場合もある〔⇨ *2. 3. 3. 4*〕）。同一事件について訴訟を重複させることが禁止されるのは，二重に応訴を強いられる被告の負担，審理の重複による不経済や前訴と後訴とで矛盾する判断がされるおそれを考慮した結果である。

Column ㊼ 二重起訴の禁止の趣旨および適用範囲 ------------------------------

(1) 同一事件について訴訟が重複しても，一方について判決が確定すればその既判力は他方の裁判所を拘束するから，矛盾した判決がされることは通常はない。仮に既判力の存在を看過してこれと抵触する内容の判決がされたとしても，上訴または再審（338条1項10号）を通じて判決内容の矛盾は解消される。両訴で矛盾した判決がされ，その既判力が抵触する事態は，それぞれの判決が同時に確定するようなまれな場合にしか起こりえない。

しかし，上訴・再審によって取り消されるとはいえ，確定判決の既判力に抵触する判決が存在することは望ましいことではない。また，*2.3.3.3*で述べるように，二重起訴が禁止される「同一事件」の範囲を主たる争点を共通にする場合にまで拡大する見解をとるときは，判決内容の矛盾を既判力によって回避することはできない。二重起訴の禁止の趣旨として，被告の応訴の負担，審理の重複による不経済のほか，判決内容の抵触の回避が挙げられるのは，以上のような意味においてである。

(2) 二重起訴の禁止に抵触するのは，係属中の事件について独立の訴えが提起される場合のほか，別の訴訟手続において訴えの変更・反訴・中間確認の訴え（⇨第6章2**1**）が提起される場合を含む。ただし，同一の訴訟手続内で原告が訴えの変更をしたり，被告が反訴を提起したりしても，審理の重複や判断の矛盾のおそれは生じないから，二重起訴にはあたらない（⇨*2.3.3.3*(2)②）。

手形債権について債務不存在確認の訴えが提起された後に，当該手形債権について手形訴訟が提起される場合にも，審理の重複や判決内容が矛盾抵触するおそれはあるが，例外的に二重起訴にはあたらない（大阪高判昭和62・7・16判時1258号130頁／百選［5版］37）。通常訴訟とは別に手形訴訟を設けた趣旨は，手形債権について簡易迅速な債務名義の作成を可能にすることにある（そのために，手形訴訟では反訴禁止〔351条〕や証拠制限〔352条〕などの通常訴訟とは異なる規律がされている）。手形訴訟と通常訴訟は同種の訴訟手続（136条）ではないから，債務不存在確認訴訟に対する反訴として手形訴訟を提起することはできない。このうえ別訴として手形訴訟を提起することまで禁止すると，上述の手形訴訟の趣旨が生かされなくなってしまうからである（なお，手形訴訟の提起により先行する債務不存在確認訴訟

の訴えの利益が失われるかについては，さまざまな議論がある）。

二重起訴にあたるのは，係属中の訴訟と同一事件について起訴がされた場合である。「同一事件」かどうかは，当事者と審判の対象の両面から判断される。

(1) 当事者の同一性

① 両訴の当事者が同一でない場合には，「同一事件」にはあたらない。たとえば，X が Y₁ および Y₂ に対して，同一の建物の所有権確認の訴えを別々に提起しても，二重起訴の禁止には抵触しない。これに対して，X の Y に対する建物所有権の確認訴訟の係属中に，Y が X に対して同一の建物の所有権確認の別訴を提起した場合のように，前訴と後訴とで原告と被告の地位が逆転している場合については議論があるが，通説は同一事件にあたるとする（後述(2)③参照）。

② 両訴で当事者が異なっていても，一方の訴えの当事者が他方の訴えの判決の効力を受ける場合（115条1項2号4号）には，同一事件にあたる。たとえば，債権者代位訴訟の係属中に，債務者が第三債務者に対して同一債権の給付を求める別訴を提起することは許されない（大判昭和 14・5・16〔民集 18 巻 557 頁／百選 I 47〕は，この場合には債務者に訴訟物についての管理処分権がないため，別訴は不適法であるとしたが，通説は，二重起訴にあたるとする）。選定者と選定当事者（⇨*Column* ㊱）が別々に訴えまたは訴えられることも，二重起訴として禁止される。

(2) 審判対象の同一性

① 両訴の当事者が同一であり，かつ，訴訟物たる権利または法律関係も同一である場合が同一事件にあたることについては，異論がない。訴訟物の同一性の判断基準をめぐっては，*2.2.2.2* で述べたように，新旧訴訟物理論が対立しており，いずれの見解をとるかによって，二重起訴が禁止される範囲も異なるといわれてきた。ただし，後述す

るように（③～⑤参照），近時の有力学説は，訴訟物が異なっても同一事件にあたる場合を認めている。この見解によれば，訴訟物が同一であるかどうかは，二重起訴の禁止の範囲を判断する基準としてはもはや決定的ではないことになる。

②　ここでいう訴訟物とは，原告が被告に対して主張する権利または法律関係を指す。これが同一であれば，請求の趣旨が異なっていても同一事件というべきである。したがって，①ＸがＹに対して金銭債権の確認の訴えを提起した後に，同一債権についてさらに給付の訴えを提起する場合，ⅱＹがＸに対して債務不存在確認の訴えを提起した後に，Ｘがその給付を求める訴えを提起する場合は，いずれも二重起訴にあたる。①においては，Ｘは同一手続において訴えの（交換的）変更（⇨ *6. 2. 1. 1*）をし，ⅱにおいては，Ｘは同一手続において反訴（⇨ *6. 2. 1. 2*）を提起するべきである（ⅱで反訴が提起された場合には，本訴の訴えの利益は失われる。最判平成16・3・25民集58巻3号753頁／百選［6版］26）。

③　同一当事者間で同一物の所有権確認を求める訴えが重複しているが，前訴と後訴とで原告・被告の地位が逆転している場合（(1)①参照）については，訴訟物たる権利関係が異なるから二重起訴にあたらないとする見解もあるが，通説は，二重起訴の禁止に触れるとする。その理由については，訴訟物が矛盾対立する関係にあるので，既判力が及ぶ（⇨ *5. 2. 2. 5*）という説明と，訴訟物は異なっても主要な争点を共通にするので，重複審理と判断の矛盾のおそれがあるという説明とがある。

④　数量的に可分な債権の一部を請求した後，残部を別訴で請求することも，二重起訴の禁止に触れる。両訴の訴訟物は同一であるとみれば，当然であるが，訴訟物は異なっても主要な争点を共通にするので，二重起訴にあたるとする見解もある（一部請求の訴訟物については⇨ *2. 2. 1. 2*(1)）。

⑤　訴訟物が同一でなくても，両訴における主要な争点が共通であれば同一事件であるとする有力学説によれば，二重起訴禁止の範囲は以下の場合にも拡大される。

ⅰ　XY 間の売買の効力が争われる場合の，買主 X の目的物の所有権確認請求と引渡請求。X は，引渡請求を別訴としてではなく，訴えの変更の方法で主張すべきである。

ⅱ　ⅰの X の引渡請求と，売買の無効を主張する売主 Y による移転登記抹消登記手続請求。Y は，これを反訴の方法で主張すべきである。X の請求が上告審に係属しているなど，反訴の要件（⇨ *6. 2. 1. 2*(2)）を満たさないときは，X の請求についての判決が確定するのを待って新訴を提起すべきである。

ⅲ　X の Y に対する所有権に基づく土地明渡請求に対し，Y が賃借権の抗弁を提出した場合の，Y の賃借権確認請求。ⅱと同様，Y は，反訴の方法をとるべきである。X の請求が控訴審に係属していても，X の同意なしに反訴を提起することができる（⇨ *6. 2. 1. 2*(2)⑤）。

Column ㊽　相殺の抗弁と二重起訴の禁止 ------------------------

　　両訴の訴訟物は同一ではないが，審理の重複や判決内容の矛盾抵触を回避する必要がある場合としては，以上のほか，別訴の訴訟物たる債権を自働債権とする相殺の抗弁の主張がある（相殺の抗弁に対する裁判所の判断は，理由中のものではあるが既判力を生ずる。114条2項〔⇨ *5. 2. 2. 12*〕）。これには，①Y に対して訴え（別訴）を提起した X が，その後，Y から訴え（本訴）を提起され，本訴において，別訴で訴求している債権を自働債権とする相殺の抗弁を主張する場合（別訴先行型）と，②Y から訴え（本訴）を提起された X が，本訴で相殺の抗弁を提出した後，その自働債権を訴求債権とする訴え（別訴）を Y に対して提起する場合（抗弁先行型）の区別がある。①における X の相殺の抗弁または②における X の別訴に二重起訴の禁止の趣旨が類推されるかをめぐり，見解が対立している。

　　判例は，①における X の相殺の抗弁につき，最判昭和 63・3・15（民集 42 巻 3 号 170 頁／百選 I 80）および最判平成 3・12・17（民集 45 巻 9 号 1435 頁

／百選［6版］35①）において不適法と判示した。その後，最判平成10・6・30（民集52巻4号1225頁／百選［6版］36）は，別訴が一部請求であった事案につき，本訴においてXが残部を自働債権とする相殺の抗弁を主張することを許容した。さらに，最判平成18・4・14（民集60巻4号1497頁／百選［5版］A11）は，本訴に対してXが反訴を提起した後に，反訴請求債権を自働債権とする相殺の抗弁を提出することは許されるとした（この場合の反訴は，原則として，反訴請求債権について本訴において相殺の自働債権として既判力ある判断が示された場合には，その部分については反訴請求としない趣旨の予備的反訴に変更されることを理由とする）。反訴と相殺の抗弁の主張とが同一手続でされている場合に関する判断である。このほか，本訴原告が反訴において，本訴請求債権を自働債権とする相殺の抗弁を条件付きで提出することを認めた判例として，最判平成27・12・14（民集69巻8号2295頁／重判平28民訴3）がある（本訴請求債権の全部または一部が時効により消滅したと判断されることを条件として，反訴において，当該債権のうち時効により消滅した部分を自働債権として相殺の抗弁を主張することは，重複起訴を禁じた民訴法142条の趣旨に反するものとはいえない，とする）。②における別訴の許否について判示した最高裁判例はまだないが，下級審裁判例には不適法とするものがみられる（大阪地判平成8・1・26判時1570号85頁，東京高判平成8・4・8判タ937号262頁）。

　学説も分かれている。従来の通説は，相殺の抗弁は訴訟係属を生じさせるものではなく，また，必ず審理判断されるとは限らないことを根拠に，いずれも適法と解していた。これに対して近時の多数説は，審理の重複と判断の矛盾抵触の可能性を重視して，いずれも不適法と解している。しかし，①の相殺の抗弁は不適法であるが，②の別訴は，本訴で相殺の抗弁が審理されるかどうかが不確実であるから適法であると解する見解や，これとは逆に解する見解もある。最後の見解は，①については，Yは本訴を提起する代わりに，別訴において反訴を提起することが可能であったこと，相殺の担保的機能に対するXの期待を保護すべきこと，Xが相殺の主張をするためには，別訴を取り下げなければならず，それに必要なYの同意（261条2項）が得られない可能性があることを理由に，Xの相殺の抗弁を許容する。他方で②については，Xは別訴を禁じられたとしても，本訴に対して反訴を提起すればよいこと，Xが相殺の抗弁を撤回すれば，別訴の提起は可能になり，早く債務名義を得て執行したいというXの利

益も保護されることを指摘する。

②におけるXの請求は，反訴の要件である「本訴の防御方法との関連性」を満たしているので，Xに別訴ではなく反訴の提起を要求することは無理とはいえない。これに対して①におけるYの請求は，Xの別訴請求と関連するとは限らず，反訴の要件（本訴請求との関連性）を満たさない場合もある。また，審理の重複の問題は①②に共通であり，①についてのみ，特にXに別訴と相殺の抗弁の双方を許すべき理由があるかも疑問である。結論としては，どちらも原則として不適法であり，①において別訴と本訴の弁論が併合された場合に限ってXの相殺の抗弁を許容すれば足りるように思われる。なお，この場合には，相殺の抗弁が提出された時点以降に別訴と本訴の弁論を分離することは禁じられる（最判令和2・9・11〔民集74巻6号1693頁／百選〔6版〕35②〕は，請負契約に基づく請負代金債権と同契約の目的物の瑕疵修補に代わる損害賠償債権の一方を本訴請求債権とし，他方を反訴請求債権とする本訴および反訴の係属中に，本訴原告が，反訴において，本訴請求債権を自働債権とし，反訴請求債権を受働債権とする相殺の抗弁を主張したときは，本訴および反訴の弁論を分離することは許されないとしたうえで，本訴原告の相殺の抗弁の主張を許容している）。

2.3.3.4 二重起訴の禁止の効果

二重起訴の禁止に触れるかどうかは，消極的訴訟要件（訴訟障害事由）の1つであり，裁判所の職権調査事項である。二重起訴の禁止に抵触する訴えのうち，前訴と請求の趣旨も同一のものについては，裁判所は被告の抗弁を待つまでもなく，不適法として却下すべきである。この点を看過してされた本案判決は，上訴により取り消されるが，前訴判決がされるよりも先に確定した場合には，これを再審で取り消すことはできない。かえって，係属中の前訴においてこれと抵触する判決ができなくなる（抵触する判決がされて確定したときは，こちらの方が再審で取り消される。338条1項10号）。

同一事件であっても，前訴と後訴の請求の趣旨が異なる場合には，後訴を直ちに却下するのではなく，併合審理の方法をとるべきである。

前訴が控訴審に係属していて併合審理が困難な場合には，前訴判決の確定まで後訴の手続を中止し，前訴判決の確定後にその既判力に従って審理を進めることができれば，合理的である（立法論として，明治23年旧々民訴法121条のような中止の規定を設けるべきであるとの提案もある）。

2. 3. 3. 5
時効の完成猶予・
出訴期間

訴えの提起によって，以上の訴訟法上の効果のほか，一定の実体法上の効果が生ずる。代表的なものは，時効の完成猶予（平成29年民法改正前は時効の中断）の効果（民147条）および出訴期間遵守の効果（342条1項2項，民201条・777条・787条但書，会社828条1項・831条1項・832条，行訴14条など）である。

① 時効の完成猶予の効果は，訴えを提起した時に発生する（147条）。ここでいう「訴えを提起した時」とは，訴状の提出時（口頭起訴の場合〔271条〕は，裁判所書記官への陳述時〔規1条2項〕）である。訴状の送達を待たずに時効の完成猶予の効果を生じさせるのは，訴状の送達までの間に時効が完成してしまうのを防ぐためである（その後に訴えが却下されたり，取り下げられたりした場合については，平成29年改正前は時効中断の効果は消滅するものとされていたが〔改正前民149条〕，改正後は訴訟手続終了後6か月間は時効が完成しないこととなった〔改正後民147条1項柱書括弧書〕）。

② 出訴期間が法定されている場合において期間遵守の効果が生ずるのも，訴えを提起した時である（147条）。訴えが却下されたり，取り下げられたりした場合には，期間遵守の効果が消滅する。なお，訴状が裁判所に提出された時点ですでに出訴期間が経過している場合には，訴えが不適法でその不備を補正することができないものとして，裁判所は，口頭弁論を経ずに判決で訴えを却下することができる（140条。したがって，出訴期間の遵守は訴訟要件の1つである）。

③ 訴えの提起によって生ずる実体法上の効果としては，このほか，善意の占有者の悪意擬制（民189条2項），手形法上の償還請求権の消

減時効の進行開始（手70条3項・77条1項8号）などがある。これらの効果は，訴状が被告に送達された時に生じ，訴えの却下または取下げにより消滅すると解する見解が有力である。ただし，手形法上の償還請求権の時効の進行については，訴えの却下・取下げにより影響を受けないとする見解が多数である。

4 裁判所による第一回期日の準備

① 訴訟法上の意味における裁判所

訴訟法上の意味における裁判所，すなわち，裁判機関としての裁判所は，官署としての裁判所の中に組織され，裁判官のみによって構成される。1人の裁判官による単独制と複数の裁判官による合議制のいずれをとるか，合議制の下で何人の裁判官によって裁判機関を構成するかは，官署としての裁判所の種類および扱う事件によって異なる。

簡易裁判所は，すべての事件について単独制をとる（裁35条）。地方裁判所は，単独制が原則であり（裁26条1項），合議体で審理・裁判する旨の決定をその合議体でした事件および控訴事件については，原則として3人の合議制裁判所が構成される（裁26条2項3項。大規模訴訟および特許権等に関する訴えについては，5人の合議体とすることができる。269条1項・269条の2第1項本文。なお，判事補は，3人の合議体には同時に2人以上，5人の合議体には同時に3人以上加わることができない。裁27条2項，民訴269条2項・269条の2第2項）。家庭裁判所が人事訴訟事件を取り扱う場合にも，単独制が原則である（裁31条の4）。

高等裁判所は，合議制であり，原則として3人で合議体を構成する（裁18条。例外的に5人で構成する場合もある。民訴310条の2本文，特許182条の2，独禁87条）。最高裁判所も，合議制であり，15人の裁判官

で構成される大法廷（定足数9人）と5人の裁判官で構成される小法廷（定足数3人）とがある（裁9条）。

2. 4. 1. 2
合議体内部の役割分担
合議制裁判所においては，裁判機関としての活動を円滑にするために，内部で次のような役割分担を行っている。

(1) **裁判長**　合議体を構成する裁判官の中の1人が裁判長となる（裁9条3項・18条2項・26条3項）。

裁判長は，評決権は合議体を構成する他の裁判官（陪席裁判官という）と同等であるが，合議体の評議を開き，これを整理する（裁75条2項）。また，合議体の発言機関として口頭弁論を指揮し（148条），釈明権を行使し（149条），証人尋問・鑑定人質問を行い，尋問または質問の順序を変更する（202条1項2項・215条の2第2項第3項）。合議体を代表してするこれらの処分については，合議体の監督に服する（150条・202条3項・215条の2第4項）。

簡単な事項や緊急に処理する必要のある事項については，裁判長は，合議体にかけずに単独で裁判所の権限を行使することができる（35条1項・93条1項・108条・137条・156条の2，民執32条2項後段，民保15条）。この場合には，合議体を代表する場合と異なり，上級審による判断を受けることがあるにとどまる（137条3項・283条・328条1項）。

(2) **受命裁判官**　合議体は，構成員の一部の裁判官に，法定の事項の処理を委任することができる。この委任された裁判官を受命裁判官という。受命裁判官の指定は，裁判長が行う（規31条1項）。

受命裁判官に委任することのできる事項としては，審尋（88条），和解の試み（89条），弁論準備手続（171条），裁判所外で行う証拠調べまたは証人尋問（185条1項・195条），訴え提起後の証拠保全（239条）などがある。

受命裁判官の裁判（命令）で不服が許されるものに対しては，合議体に異議を申し立てることができる（329条1項）。受命裁判官による

証人尋問等の際の処置についても，同様である（206条但書・210条・215条の4但書）。

Column ㊾　受託裁判官 ---------

　裁判所間の共助（裁79条）として，訴訟の係属している裁判所（受訴裁判所）が他の裁判所に法定の事項の処理を嘱託した場合に，その処理にあたる裁判官を受託裁判官という。受託裁判官は，受訴裁判所の構成員ではないが，受訴裁判所の委任に基づいて一定の事項を処理する点では受命裁判官と類似するため，受命裁判官に準じた取扱いを受ける（89条・206条・210条・215条の4・329条参照）。

2.4.1.3
裁判所職員の除斥・
忌避・回避

(1)　**制度趣旨**　裁判の適正・公平を保障するため，裁判官については任命資格が法定され（裁41条〜45条・66条），憲法上，裁判官の独立が保障されている（憲76条3項。裁判官の身分保障については，憲78条，裁48条を参照）。こうした一般的保障に加えて，具体的な事件においても公正な裁判を保障し，かつ，公正な裁判の外観を確保するために，事件と特殊な関係にある裁判官を当該事件の職務執行から排除する制度が設けられている。これが，除斥・忌避・回避である（23条以下，規10条以下）。

　除斥・忌避・回避に関する規律は，裁判官以外の裁判所職員にも準用されている（裁判所書記官につき，27条，規13条，専門委員につき，92条の6第1項，規34条の9，知財事件における裁判所調査官につき，92条の9第1項，規34条の11，人事訴訟における参与員につき，人訴10条1項，人訴規7条）。以下，これらの者も含む意味で，「裁判官等」という。

(2)　**除斥**　除斥とは，法定の除斥原因のある裁判官等が，法律上当然に職務執行から排除されることをいう。

(a)　除斥原因には，裁判官等が事件の当事者と関係がある場合（23条1項1号〜3号・5号）と事件の審理に関係をもっている場合（23条1項4号6号）とがある。前者の「当事者」については，不公平な裁判

の疑惑を避ける趣旨から，補助参加人（⇨ *6. 3. 1. 3*）や訴訟担当における利益帰属主体（⇨ *2. 2. 4. 3*）も含むと解されている（ただし，代理人は含まない。23条1項5号参照）。

23条1項6号の「不服を申し立てられた前審の裁判に関与したとき」は，不服申立ての対象となった裁判に関与した裁判官が上級審において再び審判したのでは，予断をもって審判する結果，審級制度が無意味になるという趣旨に基づくものである。したがって，「前審」とは，直接または間接の下級審を指す（最判昭和36・4・7民集15巻4号706頁）。「裁判に関与した」とは，評決および裁判書の作成に関与したことをいい（最判昭和39・10・13民集18巻8号1619頁／百選［3版］8），単に口頭弁論を指揮し証拠調べを行った場合（最判昭和28・6・26民集7巻6号783頁／百選［2版］12）や裁判の言渡しをしたにすぎない場合を含まない（なお，6号の事由がある裁判官も，受託裁判官として職務を行うことはできる。23条1項但書。裁判所書記官，専門委員または参与員は，裁判の評決に加わることがないので，これらの者に6号は準用されない）。

(b)　除斥原因のある裁判官等が現に事件について職務を行っているときは，裁判所は，申立てによりまたは職権で除斥の裁判を行う（23条2項）。除斥の申立てがあると，急速を要する行為（例，証拠保全）を除いて訴訟手続は停止される（26条）。ただし，専門委員，知財事件の裁判所調査官または参与員については，訴訟手続は停止されず，除斥の申立てについての裁判が確定するまで，これらの者の手続への関与が禁止される（92条の6第2項・92条の9第2項，人訴10条2項）。

(c)　除斥原因があれば，当該裁判官等は当然に職務を執行できない。したがって，除斥の裁判は確認的であり，裁判以前の職務執行も違法である。除斥原因のある裁判官が判決に関与した場合には，上告・再審の事由となる（312条2項2号・338条1項2号）。

(3)　**忌避**　　忌避とは，除斥原因以外の事由から裁判官等が不公平な裁判をするおそれがある場合に，当事者の申立てに基づいて，裁判

によって職務執行から排除することをいう。除斥と異なり，忌避の裁判は形成的であり，裁判があってはじめて職務執行ができなくなる。

(a)　忌避事由としての「裁判の公正を妨げるべき事情」（24条1項）とは，当事者が不公平な裁判のおそれを抱くのももっともといえる客観的事情を指す。たとえば，裁判官が事件の結果について特別な経済的利害をもっている場合，事件について当事者の一方に助言を行ったことがある場合などがこれにあたる（最判昭和30・1・28〔民集9巻1号83頁／百選〔6版〕3〕は，裁判官が訴訟代理人の女婿であることは忌避事由にあたらないとするが，疑問である）。これに対して，同種または関連する事件について判決をしたことがあっても，忌避事由にはならない（大決明治37・11・21民録10輯1502頁）。相手方に有利な釈明を求めたなどの訴訟指揮上の問題も，それだけでは忌避事由にはならない（不服のある当事者は，訴訟法上定められた不服申立て〔150条・283条〕をするべきである）。

(b)　忌避についても，除斥と同様に，申立てがあると急速を要する行為を除いて訴訟手続が停止される（26条。ただし，専門委員，知財事件の裁判所調査官または参与員については，除斥の場合（(2)(b)）と同様の扱いがされる）。忌避の申立てがあっても，裁判官または裁判所書記官は当然には職務執行から排除されないため，訴訟手続を停止しないと，のちに忌避の裁判がされても目的が達せられないことになる。この間にされた急速を要しない行為は違法であり，忌避の裁判がされれば，当該行為をやり直さなければならない。これに対して，忌避の申立てを理由なしとする裁判が確定した場合には，瑕疵が治癒され，当該行為は有効となるかが問題となる。判例はこれを無条件で認めるが（最判昭和29・10・26民集8巻10号1979頁），申立人は，裁判所や相手方が急速を要しない行為をしてもそれに応ずる義務はないのだから，瑕疵の治癒を認めるべきではない。

(c)　以上のように，忌避の申立てには訴訟手続を停止する効力があ

るため，訴訟を遅延させることを目的として忌避の申立てがされることがある。下級審裁判例には，訴訟遅延を目的とすることが明らかな申立ては，忌避権の濫用として，当該裁判官自ら却下の裁判ができるとするものがある（大阪高決昭和36・6・20下民12巻6号1400頁，大阪高決昭和38・11・28下民14巻11号2346頁，札幌高決昭和51・11・12判タ347号198頁／百選 I 10 など）。学説においても，刑事訴訟法24条2項を類推して，裁判官自ら申立てを却下することができるとする見解が多数である。しかし，自分に対する忌避の申立てを自ら判断するのは公正の保障を欠くという問題も指摘されており，忌避権の濫用とされる場合を明確化する必要がある。

(4) **除斥または忌避の裁判**　　除斥または忌避の申立てについては，地方裁判所以上の裁判官の場合はその所属裁判所の合議体が，簡易裁判所の裁判官の場合は管轄地方裁判所の合議体が，決定で裁判する（25条1項2項）。当該裁判官は，この裁判に関与することができず（同条3項），意見を述べることができるにとどまる（規11条）。申立てを理由ありとする裁判に対しては，申立人の相手方も当該裁判官も不服申立てをすることができない（25条4項）。申立てを理由なしとする裁判に対しては，申立人は即時抗告をすることができる（同条5項）。

以上は，裁判所書記官，専門委員，知財事件における裁判所調査官または参与員についても準用される（27条・92条の6第1項・92条の9第1項，人訴10条1項，規13条・34条の9・34条の11，人訴規7条）。ただし，裁判所書記官については，除斥または忌避の裁判は，その裁判所書記官の所属する裁判所がする（27条後段）。専門委員については，除斥または忌避の裁判を合議体でする必要はない（92条の6第1項は25条2項を準用していない）。

(5) **回避**　　回避とは，裁判官等が除斥・忌避の事由があることを認めて，自発的に職務執行を避けることをいう。回避をするには，司法行政上の監督権のある裁判所（裁80条）の許可を得なければならな

い（規 12 条。規 13 条後段も参照）。

② 裁判所・裁判長による期日前準備

2.4.2.1
訴状審査および補正命令

裁判長は，提出された訴状について，必要的記載事項（当事者・法定代理人，および請求の趣旨・原因。134 条 2 項）に不備がないかを審査し，不備がある場合には，相当の期間を定めて原告にその補正を命ずる（137 条 1 項）。この命令を補正命令という。原告が不備を補正しない場合には，裁判長は命令で訴状を却下する（137 条 2 項）。これは，訴状を受理せず，原告に返還する趣旨の裁判である。訴状の却下命令に対しては，即時抗告をすることができる（137 条 3 項）。

原告が訴え提起の手数料を納付しない場合については，令和 4 年改正により，以下の規律が採用されることになった（施行日は，令和 8〔2026〕年 5 月 24 日までの政令で定める日である）。裁判所書記官は，相当の期間を定めて原告に手数料の納付を命ずる処分をする（137 条の 2 第 1 項）。この処分は，相当と認める方法で原告に告知することによってその効力を生じ，原告は，告知を受けた日から 1 週間の不変期間（⇨*Column* (51)）内に異議を申し立てることができる（137 条の 2 第 2 項第 3 項）。異議の申立てがあった場合には，裁判所は，裁判所書記官が処分において納付を命じた額を超える額の訴え提起の手数料を納付すべきと認めるときは，相当の期間を定めて原告に当該額の納付を命じる（137 条の 2 第 5 項）。原告が，裁判所書記官の処分または裁判所によって納付を命じられた手数料を納付しないときは，裁判長は命令で訴状を却下する（137 条の 2 第 6 項）。訴状の却下命令に対しては，即時抗告をすることができる（137 条の 2 第 7 項本文。即時抗告ができない場合については，同条但書参照）。

民訴規則によれば，訴状には請求の趣旨および原因のほか，請求を理由付ける事実を具体的に記載し，その事実に関連する事実で重要な

もの，および証拠も記載しなければならない（規53条1項）。原告の主張や証拠が訴状において明らかになっていることは，訴訟の争点および証拠を早い段階で整理することに役立つためである。また，裁判所からの連絡を容易にするため，原告またはその代理人の郵便番号および電話番号・ファクシミリの番号の記載も要求されている（規53条4項。このほかの記載事項および訴状の添付書類については，規54条・55条を参照）。これらの記載を欠いたからといって，訴状が受理されないということはないが，訴訟手続を迅速に進行させるために，原告に対して記載が求められている。

2.4.2.2
期日の指定と期日前の参考事項の聴取

訴状の審査を経て不備がないと認められた訴状は，被告に送達される（138条1項。送達については後述する〔⇨ *2.4.2.4*〕）。通常，被告に訴状が送達された時に訴訟係属（⇨ *2.3.3.1*）が生ずると解されている。

　裁判長は，第一回の口頭弁論期日を指定し，当事者双方を呼び出す（139条，規60条1項本文）。第一回期日は，原則として訴えの提起の日から30日以内の日に指定しなければならない（規60条2項）。ただし，口頭弁論期日を指定せず，事件を弁論準備手続に付し（ただし，当事者に異議がないときに限る）または書面による準備手続に付すこともできる（規60条1項但書）。口頭弁論期日または弁論準備手続の期日への当事者の呼出しは，呼出状の送達などの方法によってなされる（94条1項。令和8〔2026〕年5月24日までの政令で定める日に本条の改正が施行された後は，当事者の呼出しは，ファイルに記録された電子呼出状を送達する方法によってすることもできる。改正後94条1項1号）。

Column ㊿　期日指定の一般論 ------------------------------------

　口頭弁論期日などの期日の指定は，職権進行主義により，裁判機関が職権で行う。ただし，当事者も，期日指定の申立てをすることができる（93条1項）。期日の指定にあたっては，あらかじめ年月日，場所および開始

時刻を特定する。やむをえない場合を除き，日曜日その他の一般の休日は避けなければならない（93条2項）。

Column ⑤ 期間と訴訟行為の追完 ------------------------------------

(1) 本文で述べたように，第一回口頭弁論期日の指定については，期間の制限が付されている。この期間は，裁判所の訴訟行為に関する期間であり，職務期間（不真正期間）と呼ばれている。職務期間については，その期間を経過しても裁判所の訴訟行為が違法になるわけではないことが多い。

これに対して，当事者その他の訴訟関係人の訴訟行為に関する期間は，その期間を徒過してなされた訴訟行為が違法になるものであり，固有期間（真正期間）と呼ばれる。

固有期間には，法定期間と裁定期間，不変期間と通常期間などの区別がある。法定期間は，期間の長さが法律で規定されているものであり，裁定期間は，裁判機関によって長さが定められるものである。法定期間のうち，裁判所がその期間を伸長または短縮することのできないものを不変期間という。不変期間にあたる場合は，法律において明示されている（たとえば，控訴期間に関する285条を参照）。これに対して，裁判所が伸縮することのできる法定期間を通常期間という。なお，不変期間については，遠隔の地に住所または居所を有する者のために付加期間を定めることができる（96条2項）。付加期間は，本来の期間と合体されて1つの不変期間となる。

(2) 期間の計算については，民法の定めるところに従う（95条1項）。すなわち，原則として初日は算入しない（民140条）。期間の末日が日曜日，土曜日，休日にあたるときは，期間はその翌日に満了する（95条3項）。

(3) 上述のように，固有期間を徒過した当事者は，その訴訟行為をすることができないが，期間の懈怠が当事者の責めに帰することができない事由による場合にまで失権の効果を生じさせるのは，酷である。通常期間または裁定期間については，裁判所がその期間を伸長することができるので，当事者は救済されるが，不変期間については伸長することができない（96条1項）。また，たとえば控訴期間内に控訴が提起されなければ判決が確定してしまうように，不変期間の徒過は当事者にとって重大な結果をもたらすことが多い。そのため，不変期間の不遵守が当事者の責めに帰することができない事由による場合には，その事由が消滅してから1週間以内（外国にいる当事者については2か月以内）であれば，当事者は訴訟行為を行うことができるものとされている。これを訴訟行為の追完という（97条1

項）。

　当事者の責めに帰することができない事由が認められた例としては，①洪水・積雪による汽車不通のため，上告状の郵送が延着した場合（大判明治43・10・19民録16輯713頁，大判大正7・7・11民録24輯1197頁），②高等裁判所宛の控訴状が誤って同一建物内にある地方裁判所で受理され，30日以上も放置されたのち高等裁判所に廻送されたため，控訴期間が経過してしまった場合（仙台高判昭和29・3・8下民5巻3号311頁），③家事審判に対する即時抗告の期間の始期について先例となるべき最高裁判所の判例がなく，家庭裁判所における実務の扱いに従えば期間内に即時抗告がなされたが，抗告審である高等裁判所がこれと異なる見解をとったために，期間を徒過したとされた場合（最決平成15・11・13民集57巻10号1531頁／百選［6版］A34）などがある。訴訟行為の前提となる送達が公示送達の方法でなされた場合に追完が認められるかどうかは，公示送達がなされた事情による（追完を認めた例として，最判昭和42・2・24民集21巻1号209頁／百選［3版］49／［5版］A12，最判平成4・4・28判時1455号92頁，否定した例として，最判昭和54・7・31判時944号53頁）。なお，訴訟代理人またはその補助者の過失は当事者本人の過失と同視されるので，当事者の責めに帰することができない事由にはあたらない（訴訟代理人の過失につき，最判昭和24・4・12民集3巻4号97頁，訴訟代理人の法律事務所の事務員の過失につき，最判昭和27・8・22民集6巻8号707頁）。

　裁判長は，第一回口頭弁論期日の前に，当事者から，訴訟の進行について参考とすべき事項の聴取をすることができる（規61条1項。この聴取は，裁判所書記官に命じて行わせることができる。同条2項）。第一回期日において，事件をその内容に応じて振り分け（争訟型・和解型・欠席判決型・公示送達型などのパターンがあるといわれる），訴訟の適切な進行を図るためである。

2. 4. 2. 3
口頭弁論期日を経ない
訴え却下の裁判

被告に訴状が送達された後でも，口頭弁論期日の指定をせずに，事件を終結させることのできる場合がある。すなわち，訴えが不適法でその不備を補正することができないときは，裁判所は，口頭弁論期

日を経ずに訴え却下の判決をすることができる（140条。判決をするには口頭弁論を経ることを要するとの原則〔87条1項〕の例外である。87条3項）。また，原告が呼出しに必要な費用を予納しないときは，裁判所は，被告に異議がない場合に限り，決定で訴えを却下することができる（141条1項。決定について口頭弁論を経るかどうかは，裁判所の裁量による。87条1項但書）。

2. 4. 2. 4
訴状および第一回期日の呼出状の送達

送達とは，当事者その他の関係人に対して，訴訟上の書類を法定の方式に従って届ける裁判所の訴訟行為である。送達は，原則として当事者の申立てを要せず，職権で行われる（98条1項）。これを職権送達主義という。

送達の事務は，裁判所書記官が取り扱う（98条2項）。送達を実施する機関は，原則として郵便の業務に従事する者または執行官である（令和4年改正後101条）。

訴状の送達に必要な費用は，原告が予納しなければならない（⇨ *2. 1. 1. 1*）。原告が送達費用を予納しないか，または訴状に記載された被告の住所が不正確であるなどの理由により，訴状を送達することができない場合には，裁判長は相当の期間を定めてその補正を命じ，原告がこれに応じないときは，命令で訴状を却下する（138条2項）。

Column ㊾ 送達の方法

(1) 送達の方法については，原則的な方法である交付送達のほか，郵便に付する送達および公示送達がある。令和4年改正法の施行後に訴状等がオンライン提出（⇨ *Column* ⑬）の方法で提出された場合には，送達は，原則として，ファイルに記録された送達すべき電磁的記録に記録されている事項を出力して作成した書面によってする（改正後109条）。ただし，送達を受けるべき者が，送達すべき電磁的記録に記録されている事項を閲覧または自らの使用する端末にダウンロードする方法による送達（システム送達）も，その者がこの方法で送達を受ける旨の届出をしている場合にはすることができる（改正後109条の2第1項。なお，訴状等の提出につきオンラ

イン提出を義務付けられている者に対するシステム送達は，その者がシステム送達
の方法で送達を受ける旨の届出をしていない場合でもすることができる。改正後
109条の4第1項）。

① 交付送達とは，送達を受けるべき者（受送達者）に対して現実に書
類を交付する送達方法である（令和4年改正後102条の2）。受送達者は，送
達名宛人とも呼ばれ，原則として当事者その他の訴訟関係人本人であるが，
その者が訴訟無能力者である場合には，法定代理人であり（令和4年改正後
99条1項），法人等についてはその代表者である（37条・令和4年改正後99
条1項）。送達場所は，原則として受送達者の住所，居所，営業所または
事務所である（103条1項本文。法定代理人・法人等の代表者に対する送達は，本
人の営業所または事務所においてもすることができる。同項但書・37条）。ただし，
受送達者の就業場所（受送達者が現実に勤務している場所をいう。最判昭和60・
9・17判時1173号59頁）が送達場所となる場合もある（103条2項）。なお，
当事者，法定代理人または訴訟代理人は，送達場所を届け出る義務を負っ
ている（104条1項）。届出があった場合には，届け出られた場所において
送達がなされる（104条2項）。届出がなかった場合には，最初の送達は
103条所定の原則的な送達場所においてなされ，2回目以降の送達は直前
の送達をした場所においてなされる（104条3項1号）。

受送達者が日本国内に住所，居所，営業所または事務所を有することが
明らかでないときは，その者が送達場所を届け出た場合を除き，その者に
出会った場所で送達をすることができる（105条前段）。これを出会送達と
いう。出会送達は，日本国内に住所，居所，営業所または事務所を有する
ことが明らかな者または送達場所の届出をした者が送達を受けることを拒
まないときも，することができる（同条後段）。

就業場所以外の送達場所において受送達者に出会わないときは，使用人
その他の従業者または同居者で，書類の受領について相当のわきまえのあ
るものに書類を交付することができる（106条1項前段）。就業場所で受送
達者に出会わない場合には，就業先またはその法定代理人もしくは使用人
その他の従業者で，書類の受領について相当のわきまえのあるものが書類
の受領を拒まないときに，これらの者に書類を交付することができる（同
条2項）。これを補充送達という。補充送達は，郵便の業務に従事する者
が日本郵便株式会社の営業所において書類を交付すべき場合にも，するこ
とができる（106条1項後段）。

受送達者または就業場所以外の送達場所で受送達者に代わって書類を受領すべき者が正当な理由なく書類の受領を拒む場合には，送達場所にその書類を差し置くことができる（106条3項）。これを差置送達という。

② 補充送達も差置送達もできない場合には，裁判所書記官は，郵便に付する送達をすることができる。これは，所定の場所に宛てて書類を書留郵便等に付して発送する方法による送達である（107条1項2項）。交付送達の場合と異なり，送達の効力は書類を発送した時に生じ（107条3項），書類が受送達者に実際に到達したか否かを問わない。

③ 公示送達は，裁判所書記官が送達すべき書類を保管し，受送達者が出頭すればいつでもその書類を交付する旨の書面を裁判所の掲示場に掲示する方法による送達である（111条。令和4年改正法の施行後は，書類の公示送達のほか，裁判所のサーバのファイルに記録された事項についての公示送達も行われるようになる。改正後同条1号2号参照）。公示送達をするには，原則として当事者の申立てを必要とする（110条）。送達の効力が生ずるのは，原則として掲示を始めた日から2週間を経過したときである（112条。なお，公示送達がされた書類に契約の解除などの私法上の意思表示が記載されている場合には，掲示を始めた日から2週間を経過したときに，その意思表示が相手方に到達したものとみなされる〔113条〕）。公示送達によった場合には，受送達者が現実に書類を受領することは期待できないため，公示送達を用いることができるのは，他の送達方法をとることができないときに限定されている（110条1項各号参照）。

(2) 法定の方式に従って行われなかった送達は，無効である。当事者は，責問権を行使して送達の無効を主張することができる。しかし，たとえば，公示送達の要件が存在しないにもかかわらず，原告の申立てに基づいて被告に対する書類の送達が公示送達の方法でなされ，そのまま手続が進んで被告敗訴の判決が言い渡されたが，被告がこの事情を知ったのは控訴期間経過後であったという場合には，被告がどのような方法で送達の無効を主張しうるかが問題となる。判例は，このような場合には控訴の追完（97条。訴訟行為の追完一般については⇨*Column* (51)）が認められるとする（最判昭和42・2・24民集21巻1号209頁／百選［3版］49／［5版］A12，最判平成4・4・28判時1455号92頁）。さらに，確定判決に対する再審（338条1項3号または5号）が認められるかについては，見解が分かれている（⇨*Column* (129)）。

5　被告による第一回期日の準備

訴状および第一回期日の呼出状の送達を受けた被告は，第一回期日の準備を行う。口頭弁論のためには準備書面を作成し，裁判所に提出しなければならない（161条1項，規79条1項。令和4年改正後132条の10の施行後は，準備書面も訴状と同様に，電磁的記録の形式で作成し，提出することができる。委任を受けた訴訟代理人等，132条の11第1項各号に掲げる者がこの方法による作成・提出を義務付けられる点も，訴状と同様である）。弁論準備手続についても，裁判所から準備書面の提出を求められることがある（170条1項）。第一回期日のために被告が提出する準備書面は，答弁書と呼ばれる。

答弁書には，訴状の請求の趣旨に対する答弁を記載するほか，訴状に記載された事実に対する認否および抗弁事実を具体的に記載しなければならず，また，立証を要する事実に関連する事実（間接事実）で重要なものおよび証拠を記載しなければならない（規80条1項）。さらに，立証を要する事由につき，重要な書証の写しを答弁書に添付しなければならない（規80条2項）。被告またはその代理人の郵便番号および電話番号・ファクシミリの番号の記載も要求されている（規80条3項・53条4項）。これらの記載が要求されているのは，手続の早い段階で訴訟の争点および証拠を明らかにし，また，裁判所から被告への連絡を容易にするためであり，訴状についてと同様の趣旨に基づくものである。

被告は，答弁書に記載した事項について原告が準備をするのに必要な期間をおいて，答弁書を裁判所に提出するとともに，原告にも直送しなければならない（規79条1項・83条）。

2. 5. -. 2
第一回期日の変更

被告が指定された第一回期日に出頭しない場合には，原告の主張した事実を自白したものとみなされるなどの不利益を受ける（159条1項3項・170条5項）。それゆえ被告は，指定された期日に出頭することが困難な事情がある場合には，その事由を明らかにして，裁判所に対して期日の変更の申立てをするべきである（規36条）。

Column ㊼　期日変更の一般論

　口頭弁論期日または弁論準備手続の期日の変更を無制限に認めることは，訴訟の遅延につながるので，法は一定の要件を設けている。

　①　弁論準備手続を経ていない第一回口頭弁論期日および弁論準備手続の最初の期日の変更は，顕著な事由がある場合のほか，当事者の合意がある場合にも，許される（93条3項）。これらの期日は，裁判所が当事者の都合を聞かずに一方的に指定したものであるため，当事者の準備が間に合わなかったり，当事者間で交渉が継続中であるなど，審理を開始することは適切でない場合があるからである。

　②　弁論準備手続を経ていない口頭弁論の続行期日および弁論準備手続の続行期日の変更は，顕著な事由がある場合にのみ，許される（93条3項本文）。顕著な事由にあたらない場合は，民訴規則37条に例示されている。

　③　弁論準備手続を経た口頭弁論期日の変更は，やむをえない事由がある場合でなければ許されない（93条4項）。「やむを得ない事由」とは，顕著な事由よりも狭く，具体的には，訴訟代理人の急病，訴訟代理人がいない場合の当事者本人の急病などがこれにあたるといわれている（ただし判例は，後者につき，訴訟代理人を選任する余裕がある場合には，やむをえない事由があるとはいえないとの見解をとる。最判昭和28・5・29民集7巻5号623頁）。

第3章 民事訴訟の審理——口頭弁論

SUMMARY

　本章では，まず，口頭弁論の意義およびその必要性と口頭弁論に妥当する諸原則について検討を加え（**1**），次に，裁判をするための基礎となる事実と証拠の収集・提出についての当事者と裁判所の責任の分担についての基本原則，すなわち弁論主義および職権探知主義の意義について説明する（**2**）。

　続いて，口頭弁論の進行過程を当事者および裁判所の行為規範の角度から俯瞰した後（**3・4**），狭い意味での口頭弁論期日および証拠調べ期日の進行を時系列に沿って説明し（**5・6**），最後に口頭弁論の終結の意義を説明する（**7**）。

1 総　論

1 口頭弁論の意義

　口頭弁論とは，狭義では，当事者が受訴裁判所の面前で訴訟資料（⇨本章2 1）の提出を目的として行う一切の訴訟行為を意味するが，より広く，これと結合してなされる，受訴裁判所による訴訟指揮行為，証拠調べ，裁判の言渡し，裁判所書記官による電子調書の作成等を含む民事訴訟の審理の手続またはその方式の意味で，用いられることもある。この口頭弁論が実施される場のことを口頭弁論期日（または単に「期日」）という。実務上，狭義の口頭弁論（当事者による訴訟資料の提出）のために実施される期日のことを口頭弁論期日と呼び，これと区別して，証人，当事者本人等の供述または鑑定人の口頭による説明の聴取（これらを人証の取調べという〔⇨**3.6.2.1**〕）といった証拠調べのために実施される期日を証拠調べ期日，判決の言渡しを目的として

実施される期日を判決言渡期日と呼ぶことがあるが，その性質はいずれも口頭弁論期日である。なお，訴訟上の和解のために期日が指定されることがあるが（和解の期日〔89条2項〕），この期日は，以下で述べるように，対席，公開の要請がはたらく口頭弁論期日には含まれない（⇨*Column* ㊸）。

② 口頭弁論の必要性

民事訴訟の手続は，訴えの提起により開始され，判決という種類の裁判（裁判の種類〔⇨第4章*1*〕）により完結する。訴えに対する判決は，口頭弁論という審理方式を経由することが必要とされ，訴えに対し決定という種類の裁判をしたり（呼出費用未納による訴え却下〔141条1項〕，第一審裁判所による控訴却下〔287条〕，呼出費用未納による控訴却下〔291条1項〕，原裁判所による上告却下〔316条1項〕，不適法で補正不能な上告の却下〔317条1項〕，再審の訴え却下・再審請求の棄却〔345条1項2項〕），口頭弁論を経ないで判決したり（担保不提供による訴え却下〔78条〕，不適法で補正不能な訴えの却下〔140条〕，変更判決〔256条2項〕，不適法で補正不能な控訴の却下〔290条〕，上告の棄却〔319条〕）することは，法が明文で定める場合に限って許される（必要的口頭弁論〔87条1項本文・3項〕）。手続の終結を含め手続中の裁判がすべて，口頭弁論を経由することを要しない決定で裁判される非訟事件（非訟54条），民事執行（民執4条），民事保全（民保3条）と異なり，民事訴訟は，判決を目指して展開される手続であり，決定，命令という裁判形式は，民事訴訟では，基本的には手続中に生ずる派生的問題について用いられるにとどまる。

③ 口頭弁論に採用される諸原則

訴訟手続の審理に必要的な方式である口頭弁論には，次の原則が適用される（決定手続における任意的口頭弁論にも，これらの原則が同様に適

用される）。

---

3. 1. 3. 1
　双方審尋主義・
　対席主義

口頭弁論期日には必ず当事者の双方（三当事者が鼎立する訴訟〔独立当事者参加［47条]〕ではその三者）を呼び出し（94条1項），期日に立ち会う機会を保障しなければならない。双方審尋主義が妥当する口頭弁論は，憲法82条1項にいう「対審」にあたる（⇨ *1. 5. 4. 2*）。利害の対立する他方当事者の立会いが保障されない場で一方当事者から裁判に必要な資料を収集することを認めないのは，裁判手続の公正さを確保する必要があるからである。対席の機会の保障であり，期日の呼出しを受けた当事者がそれに欠席したときに期日を開いたり，欠席当事者に不利益を課したりすることを妨げるものではない（⇨ *3. 5. 1. 2, 3. 5. 3. 3*）。また，令和4年改正により，裁判所が相当と認めるときは，当事者の意見を聴いて，ウェブ会議の方法により口頭弁論期日に出席することができるようになる（改正後87条の2第1項。口頭弁論期日の場合，弁論準備手続期日などの期日とは異なり，電話会議の方法による出席は認められない）。期日に出頭しないで手続に関与した当事者は期日への出頭が擬制されるため（同条3項），当事者に対する期日への対席の機会は保障されることになる。

Column ㊴ 決定手続における審尋

　決定により完結すべき手続においては，口頭弁論を開くか否かは裁判所の裁量に委ねられており（任意的口頭弁論），口頭弁論を開かない場合においては，当事者の主張を聴取するため，裁判所は当事者を審尋することができる（87条1項但書・2項）。この審尋を「口頭弁論に代わる審尋」といい，法律が特に要求する場合（民保29条等）でない限り，二当事者が対立する事件でも審尋期日において双方の対席を保障する必要はない。他方で，決定で完結すべき事件においては，裁判所は，当事者本人または当事者が申し出た参考人から証拠資料としての供述を得るため，審尋をすることができる（訴訟資料と証拠資料の意義について⇨第3章2 ①）。これを「証拠調べとしての審尋」といい，相手方がある事件では，反対尋問権を保障するた

め，審尋期日に立ち会う機会を相手方に与えることを要する（187条1項2項）。

これらの期日においては，従来，審尋される当事者または参考人の期日への出頭が求められていたが，令和4年改正により，裁判所が相当と認めるときは，前者については，当事者の意見を聴いて，ウェブ会議または電話会議の方法により当事者の審尋をすることができるようになり（改正後87条の2第2項3項），後者については，当事者双方に異義がないときは，ウェブ会議の方法により参考人または当事者本人の審尋をすることができるようになる（改正後187条3項4項）。

---

3. 1. 3. 2
公開主義

(1) **意義**　（広義の）口頭弁論は公開の（当事者以外の一般第三者が傍聴できる）法廷で実施しなければならない（これを「一般公開」という。当事者に対してだけ手続を公開することを「当事者公開」ということがあるが，後者は双方審尋主義の下ではその現れにすぎない）。これは「裁判の対審及び判決は，公開法廷でこれを行ふ」旨を定める憲法82条1項の要請であり，口頭弁論の非公開は，同条2項に該当する場合に限り許される。口頭弁論公開の有無は，口頭弁論調書の必要的記載事項である（規66条1項6号）。

公開主義は，近代以前の暗黒裁判の反省に立脚するものであるが，刑事訴訟は別として，民事訴訟においても非公開審理を厳しく制約する憲法82条は比較憲法的にみてユニークであり，民事訴訟における公開主義の意義を問い直す傾向も強まっている。

令和4年改正により，ウェブ会議の方法により口頭弁論期日を実施する場合であっても，口頭弁論期日が公開法廷で実施されなければならないことにかわりはないため，裁判官は，公開の法廷に在席し，傍聴人は，公開された法廷の傍聴席から裁判官とウェブ会議に出席した当事者とのやりとりを傍聴することになる。

(2) **争点・証拠の整理手続と公開主義**　大正15年旧民訴法の下で，「弁論兼和解」（その概略につき⇨*Column* ㊿）と呼ばれる争点・証拠の

整理手続が，明文の根拠がないまま，公開の保障のない裁判官室や和解室で実施されていた。旧法の下でも，争点・証拠の整理のため法律上「準備手続」が用意されており，それは非公開であったが，弁論兼和解は，弁論の準備にとどまらず狭義の口頭弁論（当事者の訴訟資料提出行為）そのものではないかとの観点から，公開主義との抵触を指摘する見解があり，その一方で，狭義の口頭弁論を公開する意義につき懐疑的な見解もあった。現行法の制定過程で，実質的には弁論兼和解に代わるものとして弁論準備手続（168条〜174条）が構想された際にも，公開の要否をめぐり意見が対立した（現行法の規律については⇨ *3. 5. 2. 2*(3)）。

(3) **人事訴訟と公開主義**　人事訴訟では，人証の取調べにおける尋問事項が当事者の私生活に関わることが多い。特に裁判上の離婚については，現行民法がなお有責主義の残滓をとどめており，かつ，有責配偶者からの離婚請求が原則として認められないこととの関係で，離婚訴訟はしばしば両当事者による互いの有責性の暴露合戦の様相を呈する。こういう状況において，傍聴人がいると，羞恥心から，証人，当事者またはその法定代理人が真実を陳述することにためらいを感じることがある。実務上，裁判所が傍聴人に対し退廷を懇請することが行われていたが，法律の根拠に基づく措置ではなく，混乱を招くこともあった。そこで，平成15（2003）年に人訴法が制定された際，「人事訴訟における当事者本人若しくは法定代理人（以下この項及び次項において『当事者等』という。）又は証人が当該人事訴訟の目的である身分関係の形成又は存否の確認の基礎となる事項であって自己の私生活上の重大な秘密に係るものについて尋問を受ける場合においては，裁判所は，裁判官の全員一致により，その当事者等又は証人が公開の法廷で当該事項について陳述をすることにより社会生活を営むのに著しい支障を生ずることが明らかであることから当該事項について十分な陳述をすることができず，かつ，当該陳述を欠くことにより他の証

拠のみによっては当該身分関係の形成又は存否の確認のための適正な
裁判をすることができないと認めるときは，決定で，当該事項の尋問
を公開しないで行うことができる」こととされた（人訴22条1項）。

　人訴法22条1項は，本来憲法82条2項により口頭弁論を非公開と
することが許される場合を，念のため法律で明らかにしたものである。
すなわち，人が社会生活を営むにあたっての基本となる法的身分関係
の形成または確認につき，口頭弁論の公開を困難にする真にやむをえ
ない事情があり，かつ，裁判を公開することにより法的身分関係の形
成または確認が客観的な真実に即さない態様において行われるおそれ
が現に存在するときは，憲法82条2項にいう「公の秩序……を害す
る虞がある」といえる。

　(4)　**訴訟記録の公開とその制限**　　訴訟記録（訴状，答弁書，準備書面，
口頭弁論調書，書証の写し，判決原本など，1つの訴訟手続に関して作成され
た書面で，裁判所が保存しておくべき一切のものを綴じ込んだ帳簿。その管
理・保管は裁判所書記官が行う。令和4年改正により，従来どおりの，書面
等の訴訟記録に加えて〔非電磁的訴訟記録，改正後91条1項〕，電磁的訴訟
記録の内容を表示したものの閲覧を請求することができ〔改正後91条の2第
1項〕，当事者または利害関係を疎明した第三者は，電磁的訴訟記録に記載さ
れている事項についてその者のPC上のファイルに記録する方法等により，複
写を請求することができる〔改正後91条の2第2項〕）が一般に公開され，
その閲覧，謄写または謄本もしくは抄本の交付（以下「閲覧等」とい
う）に供されることは，裁判の公開原則と密接に関連するが，憲法
82条1項は，訴訟記録の一般への公開を保障するものではない。し
たがって，訴訟記録の閲覧等は，同条2項およびそれを具体化した人
訴法22条1項により口頭弁論の公開が禁止されたとき（91条2項）
に制限されるだけでなく，訴訟記録中に当事者の私生活についての重
大な秘密が記載されまたは記録されており，かつ，第三者が秘密記載
部分の閲覧等を行うことにより，その当事者が社会生活を営むのに著

しい支障を生ずるおそれがあるとき，または，訴訟記録中に当事者が保有する営業秘密が記載されまたは記録されているときにも，当該当事者の申立てによりその部分の閲覧等が制限される（92条1項）。

令和4年改正前は，当事者が閲覧できる訴訟記録の内容に制限がなく，訴状等に記載された相手方当事者の住所，氏名等の閲覧が可能であった。しかし，当事者がDVや性犯罪の被害者であるケースなどでは，相手方に住所や氏名が知られることをおそれ，損害賠償請求を提訴することを躊躇することがあると指摘されていた。そこで，令和4年改正では，社会生活を営むのに著しい支障を生ずるおそれがあるとき，当事者またはその法定代理人の申立てにより，その住所・氏名等（秘匿事項）を訴状に記載しないことなどを可能にする裁判（秘匿決定。133条1項。あわせて，訴状等に記載するため，秘匿事項に替わる事項〔代替住所・代替氏名〕を定める。同条5項。⇨***2.1.1.2***）を行い，秘匿決定があった場合には，訴訟記録のうち秘匿事項とそれを推知させる事項が記載されている部分の閲覧等を秘匿対象者に制限する裁判（閲覧等制限決定。133条の2第2項）を行うことができるようになった。また，当事者または法定代理人に対する訴状等の送達を可能にするため，その者の住所等の調査嘱託（186条）がなされることがあるが，その結果についても職権により閲覧等の制限をすることが可能となった（調査嘱託結果閲覧制限決定。133条の3）。

Column (55)　知財関係訴訟における非公開審理・記録の閲覧制限

平成2（1990）年の不正競争防止法改正により，営業秘密の保有者にその侵害行為の差止請求権が認められたことが発端となり，これとほぼ同時期に始まった現行法の制定作業において，口頭弁論の公開制限が検討された。差止訴訟の審理が公開されると，その保護法益である営業秘密は秘密でなくなり，法益としての資格を失うので，請求棄却となってしまうが，これは背理ではないかという疑問から出たものである。結局，現行法制定の時点では，公開制限は見送りとなった。その後，知的財産権保護の強化が国家の成長戦略となり，「裁判所法等の一部を改正する法律」（平16法

120) により，特許法ほかの工業所有権法，不正競争防止法の中に，営業秘密の侵害に係る訴訟（差止訴訟のほか損害賠償請求訴訟も含む）において，当事者本人もしくは法定代理人または証人（「当事者等」という）が，公開の法廷で，侵害の有無についての判断の基礎となる事項であって当事者等の保有する営業秘密に該当するものについて陳述をすることにより，当該営業秘密に基づく当事者等の事業活動に著しい支障を生ずることが明らかであることから当該事項について十分に陳述できず，かつ，当該陳述を欠くことにより他の証拠のみによっては当該事項を判断の基礎とすべき侵害の有無についての適正な裁判をすることができないと認めるときは，裁判所は，裁判官の全員一致により，決定で，当該事項の尋問を公開しないで行うことができる旨の規定が置かれることとなった（特許105条の7第1項，不正競争13条）。これらもまた，憲法82条2項が許容する例を具体化したものである。

　また，営業秘密の侵害差止等の訴訟では，当事者公開の結果，原告の営業秘密が被告に漏れてしまうから，一般公開の制限だけでは足りず，当事者公開の制限も必要ではないかが問題となる。上記「裁判所法等の一部を改正する法律」により，知財関係訴訟では，当事者が，その提出に係る準備書面や証拠の中に営業秘密が含まれており，当該営業秘密が訴訟追行以外の目的で使用されまたは開示されることにより，当該営業秘密に基づく当事者の事業活動に支障が生ずるため，その使用または開示を制限する必要があることを疎明したときには，裁判所は，当事者等（当事者〔法人である場合にはその代表者〕，その代理人〔訴訟代理人，補佐人を除く〕，使用人その他の従業員），訴訟代理人または補佐人に対し，罰則により担保された秘密保持命令を発することができることとなった（特許105条の4・200条の3等）。

　なお，知財関係訴訟において秘密保持命令が発令された場合の訴訟記録の閲覧制限等については，特許法105条の6等に特則がある。

---

3. 1. 3. 3 直接主義　(1) **意義**　直接主義とは，狭義の口頭弁論および証拠調べに自ら関与した裁判官のみが裁判に関与しうる原則をいい（249条1項），他の者が審理した結果に基づいて裁判する間接主義と対立する。判決の基礎をなす事実の認定は，口頭弁論の全趣旨（⇨ *4. 2. 1. 2*）および証拠調べの結果に基づく

ことを要する（247条）から，直接主義はこの要請に適合的である。

(2) **弁論の更新**　　直接主義を徹底すると，受訴裁判所の同一の裁判官が終始審理にあたる必要があり，途中で裁判官が交替すれば手続をやり直さなければならないが，それでは訴訟経済に反する。審理の途中で審理を単独制から合議体に移した場合も同様の問題が起きる。また，相互に密接に関連する事件が裁判官を異にする複数の受訴裁判所に係属するときは，弁論の併合（152条1項）により紛争の矛盾なき解決が可能であるが，直接主義を徹底すると，併合された新事件については裁判官の交替があるから，手続のやり直しが必要となり，弁論併合の利点が減殺される。そこで，こうした場合には，新裁判官の面前で当事者に従前の弁論の結果を陳述させること（実務的には「従来の弁論の結果を陳述します」と述べるだけである）で，直接主義の要請との調和を図っている（249条2項）。これを弁論の更新という（これを欠けば，判決裁判所の構成に違法をきたし，上告理由〔312条2項1号〕，再審事由〔338条1項1号〕となる〔最判昭和33・11・4民集12巻15号3247頁／百選[3版]50]。なお，控訴審における弁論の更新につき⇨ *5. 1. 4. 5*）。ただし，証人尋問については直接主義を貫徹すべき要請が強いため，単独の裁判官が交替したときまたは合議体の裁判官の過半数が交替したときに，当事者の申出があれば，それ以前に尋問した証人につきさらに尋問しなければならない（⇨ *3. 6. 2. 3*。249条3項）。

(3) **受命裁判官・受託裁判官による証拠調べ**　　裁判所外で証拠調べをする場合には，受訴裁判所の構成員が全員でまたは自身でこれを行うことが困難な場合もあるため，直接主義の例外を認め，合議体の構成員（受命裁判官）にこれをすることを命じ，または他の官署としての裁判所に嘱託してその裁判官（受託裁判官）をしてこれをさせることができる（185条1項）。受命裁判官・受託裁判官による証拠調べの結果を記録した電子調書は直ちに裁判の資料となる（⇨ *Column ㊥*）。

(4) **受命裁判官による弁論準備手続**　　受命裁判官に弁論準備手続を

行わせる場合（171 条），当事者がそこで行った主張とそれに対する認否は，直接主義の建前からすれば，そのままでは訴訟資料とならないはずである。また，平成 15（2003）年の民訴法改正により，弁論準備手続において受命裁判官は書証の取調べができることになったが，このことと直接主義との関係も問題となる。現行法は口頭弁論期日における弁論準備手続の結果陳述を要求しており（173 条），単独制の裁判官による弁論準備手続ではこの結果陳述と直接主義とは関係がない（⇨ *3. 5. 3. 1*）が，受命裁判官による弁論準備手続では，これは弁論の更新としての意義を有する。

3. 1. 3. 4 口頭主義

当事者および裁判所の訴訟行為，特に狭義の弁論および証拠調べは口頭でしなければならない。これを口頭主義といい，書面（審理）主義と対立する。裁判所が直接に当事者の口頭による弁論と証人等の口頭による供述から心証を形成しうる点で，直接主義と親和的であり，裁判所と当事者との口頭によるやり取りを原則とすることは，傍聴者にとっての手続の可視性を確保する点で，公開主義とも結びつく。また，事前に相手方当事者の目に触れていない書面に記載された当事者の言い分がそのまま裁判の基礎となるとすると，双方審尋主義が形骸化する。ただ，口頭による陳述には記憶違い等による間違いや不明瞭が生ずることも多いので，現行法は書面により口頭弁論を準備することを要求している（161 条 1 項）。準備書面は口頭弁論の期日前に当事者間でやり取りをすることが要求されており（規 83 条），一方当事者が準備書面の中で何を主張しているかは相手方当事者に了解済みであるから，時間と労力の節約のため，実務上期日において当事者は「○月○日付提出の準備書面の通り陳述します」と述べるだけである（この点で，民事訴訟における口頭主義はかなり形骸化している。なお，現行法上の争点・証拠の整理手続は，口頭主義の実質化を目指すという面をもつことにつき⇨ *3. 5. 2. 2* (1)）。

3. 1. 3. 5
口頭弁論の一体性
（弁論一体性の原則）

口頭弁論に採用される原則は通常，以上の4つとされるが，これに劣らず重要なのが口頭弁論の一体性（弁論一体性の原則）である。すなわち，口頭弁論は，数回の期日にわたっても終始一体をなす。後の期日は前回の期日を前提として続行すればよく（裁判官の交替がない限り，各期日ごとに弁論を更新する必要はない），当事者の弁論や証拠調べの申出には，必ずある段階までにしなければならないという画一的な制約がないため，どの期日で行っても同一の効果を持ち，融通が利く。なお，口頭弁論の一体性は，第一審と控訴審を通じて観念され，控訴審の口頭弁論は第一審でいったん終結した口頭弁論の続行の性質を持つ（続審制〔⇨ **5. 1. 4. 5**〕）。

Column ㊹ 証拠分離主義・法定序列主義・同時提出主義

わが民訴法の母法である1877年ドイツ民事訴訟法が制定される以前（普通法時代）の同国の民事訴訟では，書面主義が採用される一方で，狭義の口頭弁論の段階と証拠調べの段階とは区別され（証拠分離主義），両者の結節点にある証拠判決は，証拠調べ段階における新たな主張の追加，補充を禁ずる失権効を有していた。また，弁論段階は請求原因，抗弁，再抗弁の段階に，証拠調べ段階は本証，反証の段階に区別されていて（法定序列主義），同じ性質の攻撃防御方法は所定の段階ですべてを提出しないと失権する建前であった（同時提出主義）。こうした訴訟構造の下では，審理が硬直化し，失権を恐れる当事者はむやみに仮定的な主張を提出し，その整理のため訴訟が遅延する弊害があり，1877年ドイツ民事訴訟法は，先行するフランス法に範をとり，これらの主義をすべて撤廃した。これが弁論一体性の原則であり，大正15年旧民訴法137条が「攻撃又ハ防御ノ方法ハ別段ノ規定アル場合ヲ除クノ外口頭弁論ノ終結ニ至ル迄之ヲ提出スルコトヲ得」と規定していた（現行156条はこの条文に代わるものである）のは，ドイツ法を継受し，同原則（別名「随時提出主義」）を明らかにする趣旨であった。ただ，普通法時代の民事訴訟では，手続の段階構造それ自体により，当事者の故意や怠慢による攻撃防御方法の出し惜しみ，出し遅れが規制されていたが，弁論一体性の原則の下では，こうした行為に対する実効的な規制を欠くと訴訟遅延の弊害が生ずる（⇨ **3. 3. 2. 1**）。なお，現行法で

は，争点・証拠の整理手続の中で狭義の口頭弁論を実質的に行い，人証の取調べを要する争点につき集中証拠調べを実施することが，手続の理念型とされており，争点・証拠の整理手続の終了に強い失権効を結びつける運用が定着するならば（⇨ *3.5.3.2*），手続は外見上証拠分離主義および同時提出主義の様相を呈する。

2　弁論主義

● 裁判の基礎資料の収集と提出

① 訴訟資料と証拠資料

　訴訟資料とは，裁判所が裁判するために必要な資料として当事者がその主張により提供する事実であり，証拠資料とは，裁判所が証拠方法（⇨ *3.6.1.4*）の取調べにより感得した内容である。訴訟資料と証拠資料は，弁論主義が採用される訴訟においては峻別しなければならない。たとえば，訴訟物たる貸金返還請求権の成立を理由付けるため口頭弁論期日において原告がする「金銭を授受した」旨の主張は訴訟資料であり，原則として自由に撤回でき，かつ，相手方による自白の対象となる。これに対し，原告が証拠調べ期日における当事者尋問（207条）において「○月○日に自分は被告に金100万円を手渡した」と供述した場合，これは証拠資料であり，尋問の終了後に供述内容を撤回することは，相手方の同意があってもできないし，尋問の途中でこの供述を覆す供述をしたとき，前後の供述のいずれを信用するかは，裁判所の自由心証に委ねられる。

② 事実の種類──主要事実・間接事実・補助事実

　民事訴訟の基礎となる事実は，主要事実，間接事実および補助事実に分類することができる。

主要事実とは，法規が権利または法律関係の発生，変動，消滅に直接必要なものとして定める要件に該当する具体的な事実である。この主要事実を直接推認させる証拠のことを，直接証拠という。間接事実（徴表ともいう）とは，主要事実を推認するに役立つ事実をいう。たとえば，民法587条は，金銭消費貸借契約の成立に必要な要件として「金銭の授受」と「返還約束」を規定しているが，この金銭の授受という要件に該当する具体的な事実（○月○日に原告が被告に金100万円を直接手渡した，または，被告名義の銀行口座に振り込んだ）が主要事実であり，被告が作成した借用書やその場にいた第三者の目撃証言はこの主要事実の証明のための直接証拠である（なお，原告が当事者尋問〔207条〕でしたこの旨の供述も直接証拠であるが，その証拠としての証明力〔⇨ *4. 2. 1. 1*〕は低い）。

　こうした直接証拠がないときには，たとえば「原告が100万円を貸したと主張する○月○日に被告がほぼ同額の乗用車を購入した」，「被告は日頃は毎日の食事代にも困るほどに貧しい」，「被告は日頃原告からの借金を繰り返していた」等の事実から，金銭の授受という事実の存在を推認するしかない。主要事実を推認させるこれらの事実が間接事実である（間接事実を推認させる証拠を間接証拠という。たとえば証人によるこれらの事実の証言）。「原告が100万円を直接手渡したと主張する○月○日に被告は外国にいた」事実（「アリバイ」）も，原告主張の主要事実の推認を妨げる間接事実である。

　補助事実とは，証拠の証明力の評価に関連する事実である。たとえば，金銭の授受の現場に居合わせた証人が原告の親族であることは，その証言の証明力を弱める補助事実である。

③ 証拠資料による訴訟資料の代替禁止
——弁論主義の第1テーゼ

3. 2. 3. 1
意　義

　弁論主義とは，一般に，判決の基礎となる事実と証拠の収集・提出を専ら当事者の権限と責任とする主義と定義される。しかし，判決の基礎となる事実と証拠を提出し，相手方提出に係る事実と証拠につき反駁する権限（弁論権⇨*Column* ㉖，弁論権と釈明との関係につき⇨ *3. 4. 1. 4*(2)）は，憲法32条の「裁判を受ける権利」の一環として，弁論主義ではなく職権探知主義が採用される訴訟においても，当事者に保障されなければならない（⇨第3章2⑤）。むしろ，弁論主義とは次の3つの原則（テーゼ）の集合体と捉えるのが適切である。その第1テーゼとは，裁判所は，証拠調べの結果ある事実が存在すると認定できる場合であっても，当事者がそれを口頭弁論において主張しない（弁論に顕出させない）限り，それを裁判の基礎に据えることができないことをいう。換言すれば，証拠資料をもって訴訟資料に代替することは禁止される（ちなみに，第2テーゼは自白の拘束力〔⇨ *3. 2. 4. 1*〕，第3テーゼは職権証拠調べの禁止〔⇨ *3. 6. 1. 6*〕である）。主要事実について第1テーゼが適用されることには，異論がない（間接事実・補助事実への適用につき⇨ *4. 2. 1. 6*）。

Column ㊼　弁論主義の根拠についての学説の対立

　弁論主義が採用される根拠として，従来から，本質説（私的自治説）と手段説とが対立してきた。本質説は，私法において私的自治の原則が妥当している以上，私法上の権利義務の存否の判定を任務とする民事訴訟法においても当事者の自治は尊重されるべきであるとの配慮に，弁論主義を採用することの根拠を求める（すなわち，裁判所による権利義務の存否の判定に必要な事実を判決の基礎に据えること，または，争いのある事実の認定に必要な証拠を取り調べることを，当事者のいずれもが求めてこない以上，裁判所はその当事者の自治的決定を尊重すべきであり〔第1テーゼ・第3テーゼ〕，当事者が一致して争わない事実については，裁判所もそれを真実として尊重すべきである〔第2テー

ゼ])。これに対し手段説は，民事訴訟の目的は真実の発見にあるところ，訴訟の勝敗に直接利害関係を有するため利己心に駆られて行動する当事者に判決の基礎となる事実と証拠の提出責任を課しておけば，裁判所は自ずと迅速かつ効率的に真実に到達できるから，真実発見という目的達成の手段として弁論主義が採用されていると説く。人事訴訟で弁論主義が採用されないことの理由を，本質説は説明できる（この分野では当事者の私的自治が制限されている）が，手段説では説明が困難である。手段説では，当事者の主張がない限り証拠資料から真実と認められる事実を裁判の基礎に据えることができないことの根拠，争いある事実につき実施した証拠調べの結果自白のある事実が真実でないことが判明しても自白が拘束力を持つことの根拠について，説明が困難である。また，本質説では，処分権主義とは申立て（訴訟上の請求）の次元での当事者の私的自治の尊重であり，弁論主義とはこれを根拠付ける主張および立証の次元での当事者の私的自治の尊重であるという意味で，処分権主義と弁論主義との関係を整合的に説明できる。現行民訴法の体系的な理解には，本質説の方が親和的である（なお，弁論主義の根拠論としては，弁論主義は，私的自治の尊重，真実発見のための効率性，当事者の不意打ち防止，裁判の公正さの信頼確保という多元的な要請から，歴史的に形成された所産である，とする多元説も有力である）。

---

3. 2. 3. 2
第1テーゼの機能

(1) **不意打ち防止** 弁論主義の第1テーゼは，相手方当事者が主張した事実は裁判の基礎となるから，これにつき攻防を尽くす必要があるが，その主張のない事実は無視してよいという形で，当事者に対し，攻撃防御の対象を明確にすることにより不意打ちを防止する機能を果たす。したがって，特に上告審が事実審の認定に第1テーゼへの違反を認めるか否かにあたっては，事実審の認定事実と当事者の主張との間にわずかでも食い違いがあれば直ちに弁論主義違反とすべきではなく，その食い違いが当事者の一方にとって不意打ちとなりその防御権を侵害することとなるか否か，という角度からする検証が欠かせない。

Column (58) 上告審における破棄理由としての弁論主義違反

たとえば，所有権移転の経緯に関する原審の認定と当事者の原審における主張とが食い違っていても，当事者による防御上重要な事実の見落としはなく，食い違いが単に同じ事実についての法律構成の相違に起因するにすぎない場合にまで，これを破棄差戻しの理由とする必要はない。最判昭和41・4・12（民集20巻4号548頁／続百選48）は，Xに係争物の所有権が帰属しない理由が，XからY$_1$に代物弁済により，Y$_1$からY$_2$に売買により係争物の所有権が移転し，Y$_2$とXとの間で締結されたXへの係争物の売渡予約の予約完結権行使の期間が徒過されたことにある（Y$_1$らの主張。Xは，Y$_2$からの借金でY$_1$に対する債務は弁済したから，代物弁済の効力は生じていないとして争っている）か，いったん代物弁済によりXからY$_1$に移転した係争物の所有権を，XがY$_2$から借りた資金で買い戻し，これをY$_2$に売渡担保に供したところ，その受戻しのための期間が徒過されたことにある（原審の認定）かに関する，当事者の主張と原判決の認定との食い違いを弁論主義違反として破棄の理由とした。しかし，この事案の核心は，受戻期間か予約完結権の行使期間かという法的性質はともあれ，その期間内にXが約定の金額をY$_2$に支払ったか否かであり，この点の攻防は原審で十分に尽くされていて，差戻し後の事実審において，原判決が採用した法的構成に基づく事実主張をYらが追加する以外に，実質的な審理が行われるとは考え難い事案であるから，この措置には疑問がある。これに対し，先代が訴外某から買得した不動産につき，先代の死亡により相続分に応じた持分を取得したと主張する原告に対し，被告は，訴外某から不動産を買ったのは自分の亡夫であり，原告の先代が売買代金を出捐していたとしてもそれは亡夫への贈与であるとして争った場合に，裁判所が，訴外某からの不動産の買主を原告の先代と認定しつつ，弁論に現れた原告の先代生存中の諸々の事実から，同人から被告の亡夫への黙示の死因贈与を認定して被告の所有権を認めた場合，黙示の死因贈与という評価を可能にする諸々の事実は，当該法的評価の可能性が原告にあらかじめ開示されていない限り（法的観点指摘義務〔⇨ ***3. 3. 1. 3***(1)〕），訴訟上の攻撃防御の対象としてその重要性は原告において認識されていないはずであり，思わぬ不意打ちとなったと考えられるので，これを破棄差戻しとした（最判昭和55・2・7民集34巻2号123頁／百選［6版］42）のは適切である。

(2)　**一般条項・不特定概念における主要事実**　　一般条項とは，広義には，不法行為における「過失」（民709条・722条2項），借地借家法にいう賃貸借契約の更新拒絶の「正当の事由」（借地借家6条）など，輪郭のはっきりした事実によって特定ないし確定されていないという意味において抽象的であり，したがって，具体的事件におけるその該当性判断にあたり，裁判所による特定ないし確定作業が必要な概念（「不特定（法）概念」または「不確定（法）概念」）を要件とする条項をいい，狭義には，不特定概念を要件とする条項のうち，信義則，権利濫用の禁止（民1条），公序良俗（民90条）など，公益性の強い「王者（的）条項」をいう。

　広義の一般条項において何を主要事実として捉えるかにつき，かつては，民法709条では「過失」が主要事実であり，過失に該当する具体的な事実（交通事故における運転者のわき見運転や速度制限違反）は間接事実であるとする見解が有力であった。しかし，「過失」とは純粋に法的評価概念であるし，第1テーゼの機能に照らせば，証拠資料から，わき見運転の事実は認定できないが，速度制限違反の事実は認定できる場合に，これらを間接事実と捉え，かつ，間接事実には第1テーゼは適用されない（⇨ *4. 2. 1. 6*(1)）との立場をとると，当事者による主張がなくとも裁判所はこれを裁判の基礎とすることができることになり，この事実は防御の対象外であると考えていた被告（加害者）に対する不意打ちとなる。したがって，主要事実は過失という評価の根拠となる具体的な事実（評価根拠事実）であると考えるべきである。ただし，不特定概念の適用に際し，当事者に充実した訴訟追行の機会を保障するには，主要事実をこのように捉えるだけでは十分ではなく，いかなる具体的事実が積み重なれば不特定概念が適用できるかに関する裁判所の解釈が，あらかじめ当事者に示されていることが必要である（法的観点指摘義務〔⇨ *3. 3. 1. 3*(1)〕）。

　これに対し，狭義の一般条項については，主要事実の理解とは別に，

第1テーゼの適用の可否自体が問題となる。証拠資料からある契約が公序良俗違反であるとの評価を根拠付ける事実が認定できるが，当事者がこれを主張しない場合であっても，公序良俗違反が私的自治の制約原理であることに照らせば，第1テーゼの適用はなく，それを裁判の基礎とすることを認めてよい。ただし，裁判所は，公序良俗違反により不利益を受ける当事者に対し，釈明権の行使により，公序良俗違反の評価を根拠付けるに足る事実が証拠資料に現れている旨を示唆し，反証など防御を尽くす機会を与える必要がある。信義則違反および権利濫用について同様に考えるか否かは，これらの規範の保護法益が公の利益か当事者の私的利益かの理解に関わる（⇨*Column* ㊿）。

なお，不特定概念の一種である過失相殺の評価根拠事実について，第1テーゼの適用を否定する見解がある（最判昭和43・12・24民集22巻13号3454頁／百選［6版］A15が引用される。この判例は，その趣旨を説いたものとも読めるが，過失相殺は形成権ではないから，過失相殺を求めるという当事者の主張がなくとも，被害者に過失ありとの評価の根拠となる事実は認められる限り過失相殺が許される旨を説いたものとも読め，決め手にならない）が，過失，過失相殺，正当の事由は，公序良俗違反と異なり，公益に関わる概念ではなく，第1テーゼの適用を否定する根拠に乏しい。

3.2.3.3
主 張 責 任

(1) **定義**　弁論主義の第1テーゼを当事者の側から捉えると，当事者は，自己に有利な主要事実は弁論に顕出させないと敗訴する危険を負担する。この不利益を主張責任という（ただし，ある主要事実につき主張責任を負わない当事者がこれを主張した場合，相手方が援用すれば先行自白が成立するが，相手方の援用がなくとも，この事実は訴訟資料になる〔⇨ *3. 3. 1. 5*(1)〕）。主張責任とは，ある主要事実が主張されない結果それを要件とする法規が適用されないことによる不利益であり，それは，当該事実の存否が不明である場合にその不存在が擬制され，その結果それを要件とする法

規が適用されないことによる不利益（証明責任〔⇨ *4.2.2.1*〕）と共通するので，主張責任の所在は証明責任の所在と一致すると考えるのが判例・通説である。

(2) **請求原因・抗弁・再抗弁**　　主要事実についてその証明責任が原告と被告のいずれに帰属するかによってなされる区別である（証明責任の分配に関する詳細は⇨ *4.2.2.3*）。原告が訴訟上の請求として主張する権利が成立するために必要な事実は，原告に証明責任があり，その主張責任も原告が負う（請求原因事実）。この権利の発生を妨げる原因となる事実，事後的にそれを消滅させる原因となる事実は，被告がその主張・証明責任を負う（抗弁事実）。被告による抗弁の効果の発生を阻止する原因となる事実は，原告が主張・証明責任を負う（再抗弁事実）。所有権に基づく土地の明渡請求では，原告がその土地の所有権を取得したこと，および，被告がその土地を占有していることが請求原因事実，被告の占有が原告からの賃貸借に基づくことは抗弁事実，その賃貸借が終了したことは再抗弁事実であり，所有権に基づく移転登記抹消登記手続請求では，原告がその土地の所有権を取得したことおよび被告が現在所有権の登記名義を有することが請求原因事実，被告が原告から売買により所有権を取得したことは抗弁事実，原告がその売買契約を詐欺により取り消したことは再抗弁事実である（判例〔最判昭和55・2・7民集34巻2号123頁／百選［6版］42〕によれば，所有権確認請求において相続を所有権の取得原因として主張する原告にとって，請求原因事実は被相続人が生存中に所有権を取得したことと被相続人の死亡の2つであり，被相続人の生存中に同人と被告との間で贈与など所有権を移転させる内容の契約が成立したことは，被告の抗弁事実である）。

Column ㊿　主張責任と証明責任

通説・判例は，この両者の所在が常に一致するとするが，この点については，主張がないことによる不利益と事実の真偽不明の場合の不利益とが同じというのは必然の帰結ではないという指摘が可能である。また，所有

権に基づく明渡・引渡請求では，原告は，原告の所有権と被告による占有を訴状に記載すれば足り，その占有が権原によらない旨は書く必要がなく，貸金返還請求においては，原告は金銭の授受と返還約束および合意された返還期限の到来（条文上定かでないが，賃貸借や消費貸借のように借主に物または価値を一定期間利用することを許すことを内容とする「貸借型契約」では，貸主はその期間中返還を請求できないとの拘束を受け，その期間が終了してはじめて返還請求権が成立するから，確定期限により返還時期を定めたときはその事実および期限到来の事実は，貸金返還請求権の成立に必要なものとして，原告が主張・証明責任を負う請求原因事実であり，財産権の移転を内容とする「売買型契約」において，代金の支払期の定めは売買契約の成立に必要な要件でなく，その付款にすぎないから，被告がその定めがある事実につき主張・証明責任を負う抗弁事実であるのと異なる）を訴状に記載すれば足り，弁済がない旨は書く必要がないことになり，第一回期日に被告が答弁書不提出のまま欠席した場合，原告による訴状陳述の後直ちに請求認容判決を言い渡すことができるが，それは技巧的にすぎ，健全な常識に反するとの批判がありうる。

Column ⑥⓪ 請求（の）原因の用語法

訴訟上の請求たる権利または法律関係の成立に必要なものとして原告が主張責任を負う請求原因事実と，訴訟上の請求を特定するために必要であり，その記載を欠くと訴状却下となる「請求の原因」（134条2項2号〔⇨第2章2②〕）とは，区別する必要がある。請求原因事実は，訴状に記載することが望ましい（規53条1項）ものの，記載を欠いても訴状は却下されない。また，損害賠償請求訴訟では，故意・過失や消滅時効など請求権の発生または存続の要件と，損害の範囲または数額との双方が争われることがある。245条は，前者を「請求の原因」と呼び，審理に区切りを付けることを目的として，裁判所が請求権は存在するとの判断を中間判決（「原因判決」という）で示すことを認める（⇨ *4. 3. 1. 1* ③）。

④ 自白の拘束力——弁論主義の第2テーゼ

3. 2. 4. 1
　　自白の拘束力

当事者間に自白が成立した事実は，たとえその他の争いある事実につき証拠調べをした結果自白と異なる事実が認定できる場合でも，これを裁判の基礎とする

ことはできず，自白が成立した事実が真実であることを前提としてそのまま判決の基礎に据えなければならない，との拘束力が裁判所に対して生ずる（裁判所に対する自白の拘束力。自白の審判排除効と呼ばれることがあるが，真実擬制効と呼ぶべきである）。この拘束力の結果として，当事者は自白ある事実については証拠により証明する必要がなくなる（179条）（自白の証明不要効）。自白の意義としては，事実に関して当事者の陳述が一致することを自白とする（自白を観念の通知と捉える）立場が通説であるが，弁論主義の根拠論としての私的自治説と自白の要件論および効果論とを意識的に結びつけ，相手方の事実主張を争わないとの当事者の意思の表示と捉える立場もある。この相違は，先行自白における自白の成立時期，自白の撤回要件等に反映する。

3. 2. 4. 2
自白の成立要件

第1に，事実に関して成立する（法律効果に関する権利自白につき⇨ *3. 3. 1. 3* (2)）。通説は，主要事実のみが自白の対象となるとする（間接事実・補助事実の自白につき⇨ *4. 2. 1. 6* (2)，公知の事実に反する自白の効力につき⇨ *3. 6. 1. 5*）。

第2に，口頭弁論期日または弁論準備手続期日（159条1項・170条5項）においてのみ成立する。換言すれば，準備書面に記載しただけでは，自白とはならず，その陳述または陳述の擬制（158条）が必要である。ある事実について裁判外で当事者の認識が一致したという事実は，認識が一致した対象たる事実が存在することを推認させる間接事実にすぎない。他方で，ある事実を争わない旨の合意が裁判外で成立した場合（自白契約），それ自体は裁判上の自白ではないが，弁論主義の根拠に照らし，訴訟においてその合意の存在と有効性が証明されれば，自白としての訴訟法上の効力が直接生ずると考えるべきである（⇨*Column* ㊄）。

Column ⑥ 争点・証拠の整理手続における自白 ---------------------------

　書面による準備手続では自白は成立しないが，口頭弁論そのものである準備的口頭弁論はもちろん，擬制自白の規定を準用する弁論準備手続

（170条5項）においても，自白は成立する。しかし，準備的口頭弁論であれ弁論準備手続であれ，争点・証拠の整理を有意義にするためには，当事者と裁判所との間での活発かつ闊達な口頭によるやり取りが必要であり，自白の成立を認めることに謙抑的であるべきだとする見解もある。これは，自白の撤回の問題とも絡む。撤回の制限が証拠散逸の危険から自白者の相手方を保護することを目的とする以上，争いがある事実とそうでない事実との振り分けのための手続が終了する前の段階において証拠の散逸防止に無頓着な当事者は，これを保護する必要性に乏しい。したがって，争点・証拠の整理段階でも自白は成立するが，手続が終了するまでの間の撤回は緩やかに認めるべきであろう。

第3に，相手方の事実主張との一致が必要である。事実主張が一致する経緯には2通りある。目的物の引渡しを先履行とする売買契約に基づき，原告が代金の支払を請求し，そこで請求原因事実として売買契約の締結を主張したところ，被告がこれを認める場合であり，これは自白が成立する通常の態様である。それに加え，被告が，原告から目的物の引渡しを受けたが，契約不適合があるので契約を解除すると主張した場合，引渡しを先履行とする売買契約にあっては，引渡しの事実は代金支払請求権の行使を可能にするという意味で，原告が主張責任を負う請求原因事実であるが，被告が先にこれを主張している。そして，原告がこれを援用すると，通説は，援用の時点で自白が成立し，裁判所は目的物引渡しがあったことは事実であることを前提としなければならず，被告は目的物の引渡しがあったことを争うことができなくなるとする。これを先行自白という。これに対し，自白の意思的要素を強調する立場からは，前の事例では，被告は自分に不利に働くことを自覚した上で争わない意思を表示しているが，後の事例では，陳述した時点では被告にその自覚的意思があるか不明確であるから，援用により直ちに自白は成立するわけではなく，被告に主張を撤回する余地を与えるべきであると主張される。後述するように，自白の撤

回制限が，相手方を証拠散逸の危険から保護することをその趣旨とすることに照らせば，援用を受けて直ちに撤回するならば，相手方には証拠散逸の危険は生じないから，自白の意思的要素を強調しなくとも，同様の結論をとることは可能と解される。

3. 2. 4. 3
**証明責任説と
敗訴可能性説**

第4に，自白の成立要件として最も争いがあるのは，自白の対象となる主要事実は，相手方が証明責任を負う事実に限るか，陳述した当事者を敗訴させる可能性があるという意味で同人に不利益な事実を含むかである。たとえば，令和7年4月1日に提起された貸金返還請求訴訟において，原告が令和元年6月1日に1か月後の返済を約して金銭を授受したと主張した場合，同年月日に消費貸借契約が成立した事実は陳述者たる原告にとって請求原因事実であるが，同時に，被告がこれを援用した上で消滅時効を主張すると原告の敗訴をもたらす点で，原告に不利益な事実である。敗訴可能性説は，この場合に原告による自白の成立を認め，被告がこの請求原因事実を援用した後，原告が契約の成立日は令和2年6月1日であったと主張を改めることは，自白の撤回にあたるとする。証明責任説は，この場合に原告による自白の成立を認めず，被告が請求原因事実を援用した後においても，原告が契約成立日を令和元年6月1日とする主張を令和2年6月1日であったと改めることを認める。敗訴可能性説によりつつ，このような自己に不利益な事実の先行的主張の例では，相手方の援用により一応自白は成立するが，裁判所は敗訴可能性を自覚した上でその主張を維持するか否かを陳述者に釈明すべきであり，釈明に応じて直ちに主張を改めたときは，相手方に証拠散逸の危険は未だ発生していないから，自白の撤回を認めるべきである。

3. 2. 4. 4
自白の撤回とその要件

自白もまた自白者の事実に関する陳述であるから，一般の事実上の主張（取効的訴訟行為〔⇨*Column ㊷*〕）と同じく，その撤回は本来自由なはずである。しかし，

自白された事実は証明の必要がなくなるので，自白があると，それ以後自白者の相手方はその事実に関する証拠の保存に意を用いなくなる（自己に有利な唯一の証人が瀕死の状況にあっても，証拠保全の申立てをしない等）から，自白の撤回を自由に認めると相手方のこの信頼が裏切られる。自白者は自白を任意に撤回できない（自白の相手方に対する拘束力，自白の不可撤回効）という規律の実質的根拠は，この点に求められる。したがって，相手方が撤回に同意すればこの限りでない。また，刑事上罰すべき他人の行為により自白するに至ったことは，確定判決に対する再審事由（338条1項5号）であるから，判決が確定する前の段階においてすでに，これを理由とする自白の撤回が許される（事実審において他人の可罰行為を理由として自白を撤回するには，338条2項が定める有罪の確定判決等は必要でない〔最判昭和36・10・5民集15巻9号2271頁〕。なお，現行法下において，他人の可罰行為を理由として自白がなされたことを上告理由とすることができるかについては⇨*Column* ⑬。仮に認められるとした場合，上告審で自白の撤回をするには，上告審が事実審ではないことを理由に有罪の確定判決等が必要であるとする見解がある）。また，判例（大判大正4・9・29民録21輯1520頁／百選［6版］53）・通説は，ドイツ民訴法の明文の規定に倣い，自白が錯誤に基づくことと自白が真実に反することを証明すれば自白の撤回を認めているが，判例（最判昭和25・7・11民集4巻7号316頁）はさらに進んで，反真実性の証明があれば，特段の事情がない限り自白は錯誤によることが推認されるとする。自白の効果が証明不要効であり，それに伴う証拠散逸の危険からの相手方保護が撤回制限の趣旨であるから，自白撤回の成否を自白者による反真実性の証明に係らせる立場には，合理性がある（ただし，反真実性を証明するための証拠申出は，攻撃防御方法の提出時期の制約〔157条〕に服する点に留意すべきである）。このような錯誤要件の形骸化に対しては，自白の意思的要素を強調する立場から批判がある。

⑤ 職権探知主義

　職権探知主義とは，弁論主義の3つのテーゼのいずれをも否定するものである。現行法では，人事訴訟事件につき，人訴法20条前段が第1テーゼ，第3テーゼを否定し（なお，人訴法20条前段には「裁判所は，当事者が主張しない事実をしん酌……することができる」とあるが，これは，証拠調べの結果認定できる身分関係の確認・形成に関わる主要事実を裁判の基礎とするかしないかの自由を裁判所に与える趣旨ではない），同19条1項が179条のうち自白の拘束力に関する規定の不準用を定めている（なお，行政事件訴訟法24条は職権証拠調べを認めているが，同法は弁論主義の第1テーゼ，第2テーゼを否定するものではないとされる）。公の利益と深い関わりをもつ身分関係は，実体的真実に即した形成・確認を行う必要があり，事実および証拠に関し当事者の処分権を認めることはできないからである。

　職権探知主義をとる人訴法の下でも，身分関係の確認・形成に関わる主要事実を主張し，その証明のため証拠調べを申し出る当事者の権能は認められる。また，弁論主義の第1テーゼの適用が否定されるとしても，当事者の不意打ちを防止する必要性はあるから，判決の基礎とするにあたり，裁判所は証拠から認定できる事実を当事者に示唆し，防御の機会を与えなければならない（人訴20条後段）。つまり，職権探知主義の下においても当事者の弁論権（⇨*Column* ㉖）は保障されなければならない。なお，弁論主義の第1テーゼが不適用であるため，身分関係の形成・確認に関わる主要事実について当事者の主張責任を観念することはできないが，職権証拠調べをもってしても真偽不明となる可能性は排除できないから，当事者のいずれかがその証明責任を負担する。

3 口頭弁論における当事者の行為

① 申立て・主張・立証

3. 3. 1. 1
　　　意 義

　　　　　　　　　民事訴訟に限らず，およそ裁判手続において
　　　　　　　　　は，裁判所に対する裁判の要求（申立て）と，
自己に有利な裁判を獲得することを目的とした資料の提供（主張・立
証）という，三層構造をなす各当事者の訴訟行為が行われる。民事訴
訟では主張・立証を包括して「攻撃防御方法の提出」という。申立て，
主張，立証のそれぞれに，それが適法であるための要件が存在する
（立証については⇨ *3. 6. 1. 8*）。また，これらの訴訟行為は，有利な裁判
の取得という目的を達成するための手段であり，裁判を離れては独自
の意義をもたない。したがって，撤回が自由（ただし，撤回自由の原則
には，訴え取下げ〔261条2項〕，自白の撤回〔⇨ *3. 2. 4. 4*〕などの例にみら
れるように，相手方保護の要請からの制約が存在する）であり，また，他
の申立てや主張が認められないことを条件としまたは仮定した上での
提出（訴えの予備的併合，仮定主張・仮定抗弁，予備的相殺の抗弁。なお⇨ *3.
3. 1. 6*）が可能であるなど，私法上の法律行為にみられない特殊な規
律に服する。

> *Column* ⑥　取効的訴訟行為・与効的訴訟行為 ------------------------
> 　申立て・主張・立証の3つの訴訟行為は，講学上，取効的訴訟行為と呼
> ばれることがある。これに対し，それ以外の，特に直接訴訟法上の効果の
> 発生を意欲する訴訟行為は，与効的訴訟行為と呼ばれる。訴えの提起は，
> 取効的訴訟行為であるが，訴えの取下げとそれに対する相手方の同意
> （261条1項2項）は，裁判をまたず直接に効果が生じる意味で与効的訴訟
> 行為である。また，管轄の合意（11条）や不控訴の合意（281条1項但書）
> なども，合意から直接訴訟法上の効果が発生すると考えるならば，与効的
> 訴訟行為である（⇨ *Column* ⑦）。与効的訴訟行為は，いったんそれがなさ

れると直接訴訟法の効果が形成されるから，原則として自由に撤回できない。

3.3.1.2 申立て

民事訴訟では，訴えが申立てにあたる。裁判所が，訴えにおいて定立された原告の訴訟上の請求の当否に関する判決（「本案判決」）を下すためには，訴訟要件の具備が要求される（⇨***4.3.2.1***）。訴えに対する被告の申立てには，訴訟要件の欠缺を主張して訴え却下の判決を求めるもの（本案前の抗弁）と，原告の訴訟上の請求に理由がないとして請求棄却の判決を求めるものの2種がある。

3.3.1.3 主　張

⑴　**法律上の主張**　　法律上の主張とは，広義では，法規の存否，内容およびその解釈・適用に関する当事者の意見の陳述（たとえば，借地借家法6条にいう借地契約の更新拒絶の正当の事由として，貸主の自己使用の必要性のほか，立退料の提供が必要か，それに加え代替地の斡旋まで必要か）を含むが，狭義では，請求原因または抗弁等に相当する具体的な権利または法律関係の存否についての法の適用に関する当事者の認識の陳述であって，訴訟上の請求を構成する権利または法律関係の存否に関する主張（これも狭義の法律上の主張である）を理由付けるために行われるもの（たとえば，所有権に基づく土地明渡請求訴訟における，当該土地の所有権を有するとの原告の主張）をいう。

「裁判官は法を知る（Jura novit curia）」，「汝（＝当事者）事実を語れ，我（＝裁判官）権利を与えん（Da mihi factum, dabo tibi jus）」といった格言が示すように，法の解釈・適用は裁判所の職責である。したがって，広義の法律上の主張については，先の例で，代替地の斡旋が不要であることにつき当事者の意見が一致したとしても，裁判所はこれに拘束されない（なお，当事者が，大学の法学部教授などに依頼して，法律問題に関する解釈を示した文書〔私鑑定書⇨***Column*** (93)〕を裁判所に提出するこ

とがある。これは，証拠方法としての鑑定〔⇨ *3. 6. 2. 5*〕ではなく，実務上は書証として扱われているが，厳密には，法の解釈・適用に関する当事者の意見を補足するもの，つまり，広義の法律上の主張を記載した準備書面とみるべきであろう）。ただし，借地借家法6条にいう正当の事由を認めるには代替地の斡旋が必要であるという受訴裁判所の法解釈が当事者に対しあらかじめ示されていないと，当事者は正当の事由の有無につき的確な攻撃防御を行うことができない。したがって，法の解釈・適用が裁判所の職責であることと，当事者に充実した攻撃防御の機会を保障するため，法解釈に関する見解を開示する義務を裁判所が負うこととは，矛盾しない。これを「法的観点指摘義務」といい，釈明義務（⇨ *3. 4. 1. 4*(4)）の1つの現れとして位置付けられる。

Column ㉓　法的観点指摘義務違反の具体例 ----------------------------

　学校法人Yが運営する私立大学には満65歳に達した年度の末日をもって教員の定年とする規程があり，この規程に基づき，平成18年9月に平成19年3月末日をもって解職となる旨を告知され，同日をもって解職されたXが，Yとの間で80歳を定年とする合意があったと主張して，雇用契約上の地位確認と未払賃金の支払を求めた事案において，原審は，X主張の80歳を定年とする合意の存在を否定して地位確認請求を棄却したが，XとYとの間で雇用契約が締結された際，この定年規程は有名無実化しており，現実には70歳を超えて勤務する教員は相当数存在しており，こうした実態を踏まえ，Yの理事の1人は，80歳くらいまで勤務が可能であると発言した事実が証拠から認定できるとし，これにより，YはXに対し80歳まで勤務が可能であるとの期待を抱かせたことに照らすと，①Yには，遅くとも定年となる1年前に，この定年規程を厳格に適用し，平成19年3月末日をもって解職となる旨をXに告知すべき信義則上の義務があり，②この義務を怠ったYには，同日から平成19年9月末日までの賃金を支払う義務がある，として未払賃金の支払請求を一部認容した。これに対し，最判平成22・10・14（判時2098号55頁／百選［6版］50）は，第一審以来専ら80歳をもって定年とする合意の存在が争点として争われ，Yが65歳定年規程を援用することが信義則違反であるとの主張がXからなされていない経緯に照らして，原審としては，信義則違反についての判

断をするのであれば，適切に釈明権を行使して，Xに信義則違反の点につき主張するか否かを釈明するとともに，Yに十分な反論および反証の機会を与えるべきである，原審が採用した①，②を内容とする信義則違反という法律構成は，従前の訴訟の経過等からは予測が困難であり，かような法律構成を採用するのであれば，なおさら，その法律構成の適否を含め，Yに十分な反論および反証の機会を与えた上でなすべきである，と判示して破棄差戻しした。原審が採用した信義則違反という法的評価の根拠として原審が証拠から認定した具体的事実（これが主要事実であることにつき⇨ *3. 2. 3. 2*(2)）は，80歳をもって定年とする合意が成立したことを推認させる間接事実としてではあるが，Xから主張されており，原審の措置には，弁論主義を補完する（証拠から認定できるが主張のない主要事実につき，主張責任を負うXに主張する意思の有無を確認する）意味における釈明権の不行使の違法はない。原審の措置で違法とされるべきは，専ら合意の存否をめぐって争われてきた経緯に照らし，信義則違反という法律構成の可能性を裁判所から指摘されない限り，Yはこれらの事実が信義則違反の主要事実として重要な防御対象であることを認識できないのであり，原審が法的観点の指摘を懈怠した結果，その法律構成自体についての反論の機会とこれらの事実についての裁判所の心証を反証により動揺させる機会を，Yから奪ったことである。

(2) **権利自白**　これに対し，当事者双方による狭義の法律上の主張が一致した場合，裁判所に対する何らかの法的な拘束力を認めるべきかが問題となり，これを認める場合に，事実に関する自白と対比して「権利自白」という。権利自白については，法の解釈・適用は裁判所の職責であるとの原則を貫徹させ，裁判所に対する拘束力を認めない否定説がある。ただし，否定説の中には，売買，賃貸借など日常的な法律用語を用いた主張について，それに該当する事実に関する自白として扱うものがある。訴訟上の請求と事実上の主張につき当事者の処分権（訴訟上の請求については放棄・認諾，事実上の主張については自白）が認められるのに，その中間に位置する狭義の法律上の主張につきこれを全く否定する点で，否定説には無理がある（両者の中間に位置する

狭義の法律上の主張，たとえば，所有権に基づく明渡請求における原告の所有権の主張を被告が争うため，原告がその所有権につき中間確認の訴え〔145条〕を提起すれば，それには処分権主義が適用され，被告がこれを認諾すれば判決は不要となるはずである）。また，何が日常的な法律用語かが曖昧なまま事実に関する自白としての効力を認めるのは，かえって当事者の不意打ちにつながる。したがって，当事者による狭義の法律上の主張が一致するときは，裁判所はそれに拘束され，証明が不要となるとする肯定説を是とすべきである。

Column ⑭ 権利自白の成立および撤回の要件 ------------------------

　権利自白に裁判所に対する拘束力を認めることが躊躇される理由は，当事者の法律に関する無知や誤解に由来することがあるからである。したがって，肯定説をとるとしても，相手方の狭義の法律上の主張を争わない旨の当事者の陳述については，その法的意義を教示した上で，なお争わない意思かを釈明する，当事者が，相手方の法律上の主張を認めつつ，これと矛盾する具体的事実を主張するときには，権利自白の成立を認めないなど，成立要件を厳格に解すべきことが特に本人訴訟において必要である。また，撤回の要件についても，争いある事実につき証拠調べをした結果，権利自白と矛盾する事実が認定でき，裁判所の釈明により自白者がこれを主張するときは，権利自白の撤回を認める，相手方が所有権者であるとの権利自白を撤回するために，反真実性の証明として，想定しうる一切の所有権取得原因事実が相手方にないことの証明まで自白者に求めるべきではないと解するなど，柔軟に対応すべきである。

3. 3. 1. 4
事実上の主張

(1) **意義**　狭義の法律上の主張は，さらに狭義の法律上の主張により理由付けられることもあるが，通常は事実上の主張，すなわち，具体的な事実に関する陳述により理由付けられる。訴訟法上事実が主要事実，間接事実，補助事実に分類される関係で，事実上の主張も，この3種の事実のいずれを主張するかにより区別される。

(2) **相手方の対応**　事実上の主張に対する相手方の対応は，これ

を争う（否認），知らないとする（不知），認める，何も応対しない（沈黙）という4つがある。否認には，単純否認と相手方の主張と両立しない事実を挙げて争う理由付き否認（積極否認）とがあり，規79条3項は否認に理由を付すことを求めている。不知は否認として扱われるが，ドイツ民訴法138条4項が当事者自身の行為または認識の対象に関しては不知の陳述を禁じており，わが国でも同様に解する余地がある（完全陳述義務〔⇨ *3. 3. 2. 4*〕）。相手方が主張する主要事実を認めるときは，自白が成立する（間接事実，補助事実の自白の成否につき⇨ *4. 2. 1. 6*(2)）。沈黙については，相手方主張の主要事実について口頭弁論において争う旨を明らかにしない場合は，弁論の全趣旨から争ったと認められるときを除き，自白したものとみなされる（擬制自白〔159条1項〕）。擬制自白の成立した事実も証明は不要となるが，真正の自白との相違は，擬制自白では口頭弁論終結までに否認すれば証明の必要が生ずる点にある（ただし，この否認は，攻撃防御方法の提出時期の制約〔157条〕に服するので却下されることがある）。

Column ⑥⑤　否認か抗弁か

　貸金返還請求において，原告が請求原因事実として主張する，①金銭の授受，②返還の約束の事実に対して，被告が，「原告主張額の金銭を受け取ったが，それは被告が原告に対して有する売買代金債権の弁済金として受領したものである」と主張する場合，これは，①を認めつつ，②について，それと両立しない事実（これは間接事実である〔⇨ *4. 2. 1. 6*〕）を挙げて争う旨の陳述であり，請求原因事実についての理由付き否認である。他方，被告が「借りたけれどもすでに弁済した」と主張する場合，被告は①と②を自白した上で，自らが証明責任を負う権利滅却事実である弁済を抗弁として主張している（制限付き自白）。被告の事実上の主張が，原告が主張する請求原因事実の否認か抗弁かは，当該事実に関する証明責任の所在により決まる。

| 3. 3. 1. 5.
主張共通の原則 | (1) **原告・被告間における主張共通**　弁論主
義が採用される訴訟では，各主要事実につき |

当事者のいずれか一方に主張責任が生ずるが，このことは，主張責任
を負う者が主張した場合にだけそれが訴訟資料になるということを意
味しない。主張責任を負わない者がそれを主張し，本来主張責任を負
う者がそれを援用すれば先行自白が成立するが，仮に援用がないとし
ても，それは訴訟資料となる。弁論主義とは，事実の提出に関する裁
判所と当事者の役割分担であり，いずれの当事者がその事実を主張し
たかとは関わりがないからである。これを原告・被告間における主張
共通（の原則）という。

Column ㊻　相手方の援用しない自己に不利益な陳述 ----------------------------

　これが訴訟資料となることを明らかにしたのは，最判昭和 41・9・8（民
集 20 巻 7 号 1314 頁／百選 I 108）である。事案は，X が，係争土地につき所
有権の登記を有する Y に対し，係争地は，もと XY の先代 A の所有であ
ったが，B に対する債務の担保目的でこれを B に譲渡していた A が，債
務を弁済して所有権を受け戻した際，他の債権者による差押えを恐れ Y
名義で登記したものであり，A の死亡により，その家督相続人 X がその
所有権を承継した，仮にそうでないとしても，X は係争地の所有権を時
効により取得したとして，Y に対し所有権移転登記手続を請求し，他方
で，Y は，A が B への売渡担保に供した係争土地を B から買得したのは
Y であり，Y はこれを X に使用貸借していたが，これを解除したとして，
X に対し係争地の明渡しを請求し，この 2 つの事件の弁論が併合された
ものである。Y の明渡請求との関係では X の抗弁事実となる X の占有権
原（使用貸借）は，Y が主張し，X はこれを援用していない（X の移転登記
手続請求における所有権取得原因として，継続的な自主占有を要件とする取得時効
が仮定的に主張されている関係で，X が Y の請求に対する抗弁として使用貸借を主
張することは，訴訟戦術として得策でないとの判断からであろう）。判旨は，Y の
明渡請求との関係では，X が援用しない Y のこの不利益陳述も訴訟資料
となるから，係争地の所有権が Y に帰属すると認めながら，この占有権
原をしん酌しないで直ちに Y の請求を認容した原審の措置には審理不尽
の違法があるとした。

Column ⑥⑦　不利益陳述と証明の必要 ------------------------------

　ところで，主張責任を負わない者が主張した主要事実を，相手方が援用
せずかえってこれを争う場合，この事実は訴訟資料となるとして，果たし
て，これにつき裁判所は証拠調べをする必要があるだろうか。まず，原告
が，貸金返還請求において請求原因事実を主張するとともに，被告にとっ
ての抗弁事実である弁済を先行的に主張し，被告がこれを援用せず専ら請
求原因事実の否認に終始する場合，裁判所は，請求原因事実と抗弁事実の
いずれについても証拠調べをするまでもなく，原告の主張自体から原告の
請求に理由がないことが明らかである（「主張自体失当」という）として，直
ちに原告の請求を棄却してよいであろう。では，土地所有権確認請求にお
いて，原告は訴外某から自分が係争地を買ったと主張したのに対し，被告
は自分が係争地を訴外某から買った後これを原告に贈与した（原告にとっ
ての請求原因事実）と主張する場合，裁判所は，訴外某から係争地を買った
のが原告か被告かおよび被告が主張する贈与について証拠調べをする必要
があるか。あるとする立場と，原告と被告のいずれの主張によっても原告
の所有権は理由付けられる（「等価値主張」という）から，これらの点につ
き証拠調べをするまでもなく，直ちに原告の請求を認容してよいとする立
場とがある。

----

(2)　**共同訴訟人間の主張共通**　　通常共同訴訟においては，共同訴訟
人の間で共同訴訟人独立の原則（⇨ *2.2.5.5*(1)）が働く（39条）。した
がって，たとえば共同被告として訴えられた主債務者と保証人が，と
もに期日に出頭し，主債務者は主債務の存在を否認したが，保証人は
これを自白した場合，主債務者による否認の効果は保証人には及ばず，
保証人による自白の効果は主債務者には及ばないから，裁判所として
は，両事件につき弁論を分離（152条1項）し，以後別々に審理を進め
た方が効率的である。

　しかし，このように各共同訴訟人が事実に関する抵触した主張を積
極的に行う場合ではなく，主債務者は期日に出席して主債務の存在を
否認したが，保証人は期日に欠席したにすぎない場合でも，保証人に

つき擬制自白の成立（159条3項前段）を認め，弁論を分離してよいか。後者の場合には，主債務者による否認は保証人に有利であるから，それと抵触する訴訟行為を保証人が積極的にしていない限り，その効果は保証人にも及ぶ（共同訴訟人間の主張共通）とする見解がある。弁論を分離した上で保証人敗訴の判決が下されそれが確定した後に，主債務が当初から不存在であることを理由に主債務者の勝訴が確定した場合，主債務者勝訴の確定判決の既判力の保証人に対する反射効を認める見解（⇨ *5. 2. 2. 22*）によれば，保証人の下で保証人敗訴判決の既判力と反射効が衝突する（最判昭和51・10・21〔民集30巻9号903頁／百選［6版］85〕は，この場合，保証人自身が受けた判決の既判力が優先するとした）。共同訴訟人間の主張共通を認める見解は，共同訴訟人独立の原則を各共同訴訟人の訴訟行為が積極的に抵触する場合に各自の処分権能を尊重するものと捉え，そうでない限りは，できるだけ実体法的に矛盾のない紛争解決を図るものである。

Column ⑱　共同訴訟人間の主張共通と当然の補助参加の理論

当然の補助参加の理論とは，本文に記した主債務者と保証人が共同被告となる場合のように，共同訴訟人の1人が他の共同訴訟人に対する相手方の訴訟について補助参加する利益（42条⇨ *6. 3. 1. 4*）を有する場合に，明示の補助参加の申出（43条）がなくとも，その共同訴訟人の1人（主債務者）は他の共同訴訟人（保証人）に補助参加しているものとして扱い，被参加人である共同訴訟人が明示的に抵触行為をしない限り，参加人たる共同訴訟人は，この者のためにも，事実上の主張をしまたは相手方の事実上の主張を否認している（45条1項2項）と捉える理論である。判例（最判昭和43・9・12民集22巻9号1896頁／百選［6版］90）はこの理論を認めないが，この理論によっても，他の共同訴訟人（保証人）が期日に欠席した場合に主張共通を認めた場合と同じ結論を導くことができる。ただし，共同訴訟人間の主張共通は，共同訴訟人相互間に補助参加の利益がある場合のみならず，争点である主要事実が各人に共通する場合であれば適用され，当然の補助参加の理論では，主張以外の訴訟行為の効力（上訴の提起による確定遮断・移審の効果など）も他の共同訴訟人に及ぶなど，2つの理論の守備範

囲は異なる。

売主が買主に対し売買代金の支払を求めて訴えを提起したが，すでに買主が訴訟外において詐欺を理由に売買契約を取り消す意思を表示していた，または，買主が売主に対して有する別口の貸金債権をもって相殺する旨の意思を表示していたとする。この場合には，これらの形成権の発生原因事実（売主による欺罔，自働債権の存在と相殺適状）とその行使は主要事実であるから，弁論主義の下では，当事者の主張によりはじめて訴訟資料として弁論に顕出され（原告・被告間における主張共通の原則に服するから，原告から主張されたときでも，訴訟資料となる），かつ，この場合の当事者の主張は純然たる訴訟行為（取効的訴訟行為〔⇨*Column ㉒*〕）である。一方，訴訟外における形成権の行使は私法上の行為である。この両者は別個のものとして，訴訟法と私法とにより各別に規律される。これに対し，被告買主が訴訟においてはじめて取消しや相殺の意思を表示するときは，外見上，訴訟行為と私法上の行為とが一体としてなされる。その上，訴訟においては，被告による取消しの主張は，売買契約は虚偽表示により無効である，仮に無効でないとすれば詐欺によりこれを取り消す，という態様においてなされることがある。これを仮定抗弁という。仮定抗弁では，裁判所は，取消しの審理の方が容易であれば，売買契約の成立を仮定して取消しの主張の当否の審理をすることができ，被告が付けた審理の順序に裁判所は拘束されない。他方で，形成権である相殺権が，売買契約は虚偽表示により無効である，仮にそうでないとすれば，被告が原告に対して有する自働債権をもって相殺するという態様において，主張されることがある。この場合には，被告が提出した虚偽表示による無効の抗弁をまず審理し，それが認められない場合に限り相殺についての審理に入ることができる（予備的相殺の抗弁）。このように，被告が付けた審理の順序に裁判所が拘

束されるか否かは，抗弁についての判決理由中の判断に既判力が生ず
るか否か（114条2項）によって左右される（⇨ *5. 2. 2. 12*。なお，予備
的な主張による審理の錯綜を避けるため，最判平成10・4・30〔民集52巻3
号930頁／百選［6版］41〕は，予備的相殺の抗弁に対し，原告が，被告に対
して有する訴訟物とは別口の債権をもって相殺するという再抗弁を訴訟上予
備的に提出することは許されず，当該債権につき請求を追加しまたは別訴を
提起するか，当該債権の消滅時効が完成しているときは，訴訟外でこれを自
働債権とする相殺の意思を表示し，それによる反対債権の消滅を相殺の抗弁
に対する再抗弁事実として単純に主張すべきである，とする）。とはいえ，
通常の仮定抗弁であれ予備的相殺の抗弁であれ，他の抗弁に理由があ
る場合には形成権に関する主張の審理を求めないとの条件が被告によ
り付されている点では，共通する。

　そうすると，実体法上形成権の行使に条件を付すことはできない
（民506条1項後段参照）こととの関係はどうなるか，形成権行使を伴
う主張が審理されることなく被告が勝訴した場合，訴えが取り下げら
れたり却下されたりした場合，形成権に関する抗弁が撤回されたり時
機に後れたものとして却下されたりした場合などにおいて，形成権行
使の実体法上の効果は存続するのか，といった問題が生ずる。

> *Column* ㊽　形成権の訴訟上行使の性質に関する学説の対立
>
> 　この点については，私法上の形成権行使という法律行為とその事実を裁
> 判所に陳述する訴訟行為とが単純に併存し，それぞれが私法と訴訟法の規
> 律に服するとする説（併存説），私法行為と訴訟行為との性質を併有した一
> 個の行為があるとする説（両性説），訴訟における主張が有利な裁判の獲得
> を目的とした手段としての性質を持つ取効的訴訟行為であることを強調し，
> 純粋な訴訟行為であるとする説（訴訟行為説）とが，対立してきた。併存
> 説によれば，仮定抗弁や予備的相殺の抗弁でも条件が付されているのは訴
> 訟行為のみであり，民法理論との乖離は避けられるが，訴えの取下げ・却
> 下があったとき，形成権行使の事実の陳述（抗弁）が訴訟上しん酌されな
> かったときにも，私法上の効果が残ることになる。両性説では，この場合

には私法上の効果も消滅するといいやすいが，仮定抗弁または予備的相殺の抗弁は，端的に形成権行使に条件を付すものとなる。訴訟行為説は，形成権行使の主張が結果的にしん酌されないすべての場合に，私法上の効果が残らないことの説明としては優れているが，裁判において取消しや相殺の主張がしん酌される場合に，なぜ形成権行使の私法上の効果を捨象して原告の請求棄却の結論が導き出せるのかと批判される。

民法理論においても，相手方を法的に不安定な地位に置くことにならないなら，形成権に条件を付すことが認められている。取消しの仮定抗弁や相殺の予備的抗弁を認めること，訴えの却下・取下げや抗弁の撤回の後などに形成権行使の効果が残らないとすることが，どのような意味で相手方や訴訟手続を法的に不安定にするのか（虚偽表示による無効の抗弁が容れられて敗訴した原告に対し，再び取消権が行使されることがあるのか，他の抗弁が容れられたため相殺の抗弁がしん酌されなかった場合，請求を棄却された原告は，あらためて被告から自働債権の履行を求められても当然ではないか），訴えの却下・取下げ後に形成権行使の余地が残っても，それは原告が不適法な訴えを提起しまたは自分から訴えを取り下げた以上，仕方がないことではないか。また，取消権行使の抗弁の撤回を認めても，または，取消権行使の抗弁が却下された場合でも，原告勝訴の確定後は，既判力の遮断的作用により原告は保護されるのではないか，既判力により遮断されない相殺権や建物買取請求権（⇨*Column* ⑯）については，その訴訟上の行使が撤回または却下され，かつ，原告の勝訴が確定した後に，あらためてそれらの形成権が行使されても仕方ないのではないか等，当事者間の公平，形成権の種類および形成権行使の効果が残るとされる場面の相違（訴え却下か，抗弁の撤回か等）に応じて，妥当な法的規律を考えていくべきであろう。

---

3. 3. 1. 7
権利抗弁

弁済の抗弁の場合には，その抗弁を構成する事実が主張される以上，それを主張したのが被告であるか原告であるかを問わず，裁判所はこれをしん酌しなければならない（原告・被告間の主張共通の原則〔⇨*3. 3. 1. 5*(1)〕）。こうした性質の抗弁を事実抗弁という。これに対し，同時履行の抗弁権（民533条）にあっては，原告が不動産の売買による代金支払を求めた場

合において，両当事者の主張事実から，被告の代金支払義務と原告の
移転登記手続義務とが同時履行関係にあることが判明する場合であっ
ても，裁判所は直ちに被告に対し移転登記との引換給付を命ずる判決
を下すことはできず，抗弁権者である被告がそれを行使する旨の意思
をその訴訟において表明しない限り，裁判所は原告の請求を認容しな
ければならない。このような性質の抗弁を権利抗弁という。このよう
な取扱いを受ける抗弁として，ほかに，留置権（民295条），保証人の
催告および検索の抗弁（民452条・453条）を挙げることができる。

Column ⑦ 権利抗弁と釈明義務

　最判昭和27・11・27（民集6巻10号1062頁／百選［6版］47）は，留置権
が本文に記した取扱いを受ける権利抗弁であると判示した上，そのことか
ら直ちに，留置権の取得を窺わせる事実が訴訟上現れている場合であって
も，裁判所は被告に対しその行使の意思の有無を釈明する義務はないとの
結論を導いているが，この判決は釈明義務を認めることに最高裁が消極的
であった時代の所産であって，抗弁の性質論と釈明義務の範囲を結びつけ
ることは適切ではない（⇨*Column* ⑳）。

Column ⑦ 被告による形成権の訴訟上行使と権利抗弁

　被告の形成権が訴訟において抗弁として行使される場合も，権利抗弁と
呼ぶことがある。しかし，形成権，たとえば売買契約の詐欺による取消権
では，買主が訴訟外において取消しの意思を表示した時点で，取消権が現
実に存在しかつ取消しの意思表示が有効である限り，契約は締結時に遡っ
て確定的にその効力を失い（滅却的抗弁），取消権の行使は，いったん発生
した売買代金債権を事後的に滅却させる事実として，事実抗弁に転化する。
したがって，売主が提起した売買代金支払請求訴訟において，この事実が
売主から主張されかつ被告買主がこれを援用しなくともそれは訴訟資料と
なるから，裁判所は，売主の請求はその主張自体から失当であるとして
これを棄却してよい（⇨*Column* ⑥, ⑥）。請求棄却のために，「取消しによ
り売買契約は消滅した」との買主による法律上の主張は必要でない。「裁
判官は法を知る」（⇨*3. 3. 1. 3*(1)）との格言が示す通り，法の適用は裁判所
の職責だからである。これに対し，同時履行の抗弁権では，相手方による
請求のそのつど抗弁権者がこれを行使してはじめて，請求権の効力が暫時

阻止されるにすぎない（延期的抗弁）。そのため，訴訟外で買主が移転登記の未経由を理由に代金支払を拒絶した事実があり，この事実が売主の主張により代金支払請求訴訟の弁論に顕出されているというだけで，裁判所は直ちに移転登記との引換給付判決をすることはできず，そのためには，当該訴訟においてあらためて被告が「移転登記と引換えでないと代金を払わない」と主張することが必要である。したがって，訴訟外で行使されれば事実抗弁に転化する形成権が，たまたま被告により訴訟上の抗弁として行使されるにすぎない場合に，これを権利抗弁と呼ぶのは避けた方がよい。

② 攻撃防御方法の提出過程の規律

(1) 弁論一体性の原則（⇨ *3. 1. 3. 5*）の下では，攻撃防御方法はどの期日で提出しても本来の効果を認められる。そうすると，いつでも提出できるという安心感は，当事者の注意力を散漫にし，攻撃防御方法の出し遅れを誘発する。また，不誠実な当事者は，これを悪用して意図的に攻撃防御方法を出し惜しみし，訴訟の引き延ばしを図る。こうした怠慢や故意による訴訟遅延を防止するには，攻撃防御方法の提出時期に関する適切な規律が必要である。156条は「攻撃又は防御の方法は，訴訟の進行状況に応じ適切な時期に提出しなければならない」と定めている（適時提出主義）が，具体的には，157条1項が定めるように，「当事者が故意又は重大な過失により時機に後れて提出した攻撃又は防御の方法については，これにより訴訟の完結を遅延させることとなると認めたときは，裁判所は，申立てにより又は職権で，却下の決定をすることができる」（時機に後れた攻撃防御方法の却下）。ただし，真実の発見が重視される職権探知主義の手続では，同項の適用はない（人訴19条1項）。

(2) 時機に後れたとは，従来の弁論の経緯からより早期の提出を期待しうる状況にあったことをいう。口頭弁論の一体性は第一審と控訴

審を通じて観念される（続審制〔⇨ *5.1.4.5*〕）から，控訴審における
新たな攻撃防御方法の提出が時機後れであるか否かは，第一審以来の
弁論の経緯を総合して判断する必要がある（大判昭和 8・2・7 民集 12 巻
159 頁／百選［初版］38。すなわち，控訴審の第一回期日で提出されたから当
然に時機後れでないとされるわけではなく，第一審において提出を期待でき
たか否かを吟味する必要がある）。重過失の判断にあたっては，本人訴訟
か否か，予備的ないし仮定的な主張か否か（たとえば，賃貸借契約の解
除を理由とする建物収去土地明渡訴訟において，請求原因事実である契約解
除を真剣に争う意思を持っている被告に対し，建物買取請求権行使の抗弁を
早期に提出することを期待するのは酷である）が考慮される。また，訴訟
の完結の遅延の判定については，当該の攻撃防御方法が本来提出され
るべき時期に提出された場合に想定される訴訟の完結時期と時機に後
れて提出されたそれをしん酌した場合に想定される訴訟の完結時期と
を比較し，前者が後者よりも先である場合にこれを認める立場（相対
的遅延概念）と，時機後れの攻撃防御方法をしん酌しない場合とこれ
をしん酌した場合のそれぞれの訴訟の完結時期を比較し，前者が後者
よりも先である場合にこれを認める立場（絶対的遅延概念。したがって，
その期日で結審できたところが，その攻撃防御方法をしん酌するとなると新
たに証人尋問期日を指定する必要があるときは，訴訟の完結の遅延が認めら
れる）とがある。適時に提出された場合と訴訟の完結時期が変わらな
いならば，それをしん酌することを許しても適時提出主義の趣旨は損
なわれないから，本来は相対的遅延概念が妥当であるが，適時に提出
された場合の訴訟の完結時期の想定は実務的には困難である。

(3) 157 条 1 項を適用するには，積極的に故意・重過失という主観
的要件を認定することが必要であり，条文の構造上，適用しにくい規
定となっている。また，控訴審においては，第一審の経緯を総合して
時機後れか否かを決すべきであるが，そういわれても，自ら直接には
第一審の審理に関与していない控訴審の裁判官にとってその判断は難

しく，いきおい控訴審における新たな攻撃防御方法の提出に寛大になりがちであり，157条による心理的強制の効果は控訴審ではあまり期待できない。そのことは第一審裁判官の意識にも反映する（「第一審で提出しないでおいて敗訴した当事者が控訴を提起してそこで新たに提出することは放任されているのに，正直に第一審で提出してきた当事者に対して時機後れの制裁を科すのは不公平である」）。加えて，民事訴訟でも，当事者間の手続的な公平より実体的真実発見を期待する国民の法意識（「正者必勝の観念」）への配慮，訴訟代理人が一般的に準備不足であり，当事者本人にそのツケを回すことに対する躊躇など，わが国特有の裁判官気質も，同条の適用の妨げとなっている。このような理由から，157条は攻撃防御方法の提出時期の規律として十分に機能していない（争点・証拠の整理手続が終結した場合につき⇨*3. 5. 3. 2*，審理の計画が定められた場合につき⇨*Column ⑯*，控訴審における更新権の制限につき⇨*5. 1. 4. 6*）。

3. 3. 2. 2
釈明に応じない場合の攻撃防御方法の却下

趣旨の明瞭でない攻撃防御方法は，これにつき当事者が釈明せずまたは釈明のための期日に出頭しないときは，裁判所は，申立てによりまたは職権で却下することができる。ただし，職権探知主義の下ではこの限りでない（157条2項，人訴19条1項）。

3. 3. 2. 3
真実義務

弁論主義は，当事者が，自ら真実に反すると認識している事実を主張しその証明のため証拠を提出したり，自ら真実であると認識している相手方の主張を争い反証を提出したりすることまで，許容するものではない。むしろ「当事者は事実関係に関する陳述を完全にかつ真実に即してしなければならない」（ドイツ民訴138条1項）。これを真実義務といい，わが国でも，当事者の信義誠実訴訟追行義務（2条）の一環としてこの義務を認めるのが通説である（209条・230条などは，この義務の現れとされる）。ただし，当事者の真実義務違反に対し何らかの訴訟上の制裁を科すため

には，当事者がその主観的認識に反して虚偽の事実を主張しまたは相手方の主張を否認したことを，積極的に認定する必要がある。しかし，証拠調べの結果，裁判所が，当事者のこの主張または否認が真実に反するとの認定に至ったならば，この主張を排斥しまたは相手方の主張を真実と認めれば必要かつ十分であり，さらに進んで，認定の難しい，真実に反するとの当事者の認識の有無を審理することは，無駄である。したがって，真実義務は，その違反に対し直接の制裁がないという意味で，訓示的なものにとどまらざるをえない（最判令和元・7・5〔判時2437号21頁／百選〔6版〕40〕は，前訴で金銭消費貸借契約の成立を積極的に主張して勝訴判決を得た被告が，同契約に基づく貸金返還請求の後訴において，一転して同契約の成立を否認したことは訴訟上の信義則に反することが強く窺われるとし，信義則違反の主張を採用しなかった原審の判断には判決に影響を及ぼすことが明らかな法令の違反があるとした。また，名古屋地判令和3・10・20〔判タ1494号125頁〕は，一貫して虚偽陳述を重ねてきた被告の応訴態度が自己の権利主張をする者として許される限度を超えた民訴法2条にもとる極めて不誠実かつ悪質なものとして，訴訟費用の負担の裁判において考慮されるとした）。

3. 3. 2. 4 完全陳述義務

先に引用したドイツ民訴法138条1項は，真実義務に加え，完全陳述義務（完全義務ともいう）を当事者に課している。同条4項が，当事者の行為または認識の対象に関する相手方の主張につき不知の陳述を禁止していることも，完全陳述義務の1つの現れといえる。完全陳述義務が，当事者が知っている事実はすべて主張すべきであり隠すことを許さないことを内容とするものであるなら，それは弁論主義（知っている事実を訴訟資料にしない自由を当事者に認める）と矛盾するが，この点については，一部の事実を隠してなされた陳述は，当の陳述を全体として眺めると主観的真実に反する内容のものたらしめる限りにおいて，禁止されるにすぎないので，完全陳述義務は真実義務と内容的に異ならないとの見解

も有力である。

Column ⑫ 単純否認の禁止 ────────────

　　民訴規則79条3項が否認に理由を付すことを求めている（単純否認の禁止）ことは，完全陳述義務と関連する（ただし，規則事項であるから，単純否認は無効であり，理由の陳述がない限り擬制自白が成立するという効果まで認められるわけではない）。また，平成11年の特許法改正により挿入された同法104条の2（平成14年改正後）は「特許権……の侵害に係る訴訟において，特許権者……が侵害の行為を組成したものとして主張する物又は方法の具体的態様を否認するときは，相手方は，自己の行為の具体的態様を明らかにしなければならない。ただし，相手方において明らかにすることができない相当の理由があるときは，この限りでない」と定めている。特に製法の特許では，相手方がその工場内で用いている製法がいかなるものかを原告である特許権者が具体的に特定して陳述することは，定型的に困難であることに対処した規定である。立案当局の説明によれば，同条は民訴規則79条3項の特則である。

──────────────────────────────

3. 3. 2. 5
**主張・証明責任を負わ
ない当事者の事案解明
義務**

　公害，製造物責任など現代型訴訟と呼ばれる紛争類型でも，因果関係や過失などを構成する具体的事実を主張する責任は原告（被害者）に課されているが，こうした紛争類型には事実および証拠が構造的に被告に偏在している特徴があり，具体的な事実の主張を原告に厳格に要求すると，被害者に対する救済の拒絶につながりかねない。そこで，最近ではドイツの学説の影響を受けて，ある事実につき主張・証明責任を負う当事者が，事実を知りえずまたは事実から隔絶されており，かつ，そうした立場にあることにつき非難可能性がない場合において，その当事者が自己の主張の確からしさを示す一応の手がかりを示しているときは，相手方に事案解明への協力を期待できる限り，相手方は事案解明義務，具体的には，事件の事実関係につき陳述する義務を負い，相手方がこの義務に違反するときは，裁判所は，個々の事案の状況に応じ，その違反の事実を事実認定にお

ける自由心証主義（⇨ *4. 2. 1. 1*）の範囲内で違反者に不利にしん酌する，証明度（⇨ *4. 2. 1. 3*）を軽減する，証明責任を違反者に転換する等の制裁を科すことができる，とする見解が提唱されている。

Column ⑦ 事案解明義務理論の意義 ─────────────

　主張責任を負わない当事者の具体的事実の陳述義務のほかにも，主張・証明責任を負わない当事者の事案解明義務の理論には，さまざまな効用が認められる。この理論が生まれたドイツでは，書証につきなお限定義務（⇨*Column* ⑨）が維持されているため，この理論は文書提出義務の拡張を意図して提唱された面があり，わが国にこの理論が紹介された当時は，この面での効用が強調された。文書提出義務を一般義務化した現行法の下では，この効用は低下したとはいえ，証人の有無や氏名，文書提出命令の申立てに際し対象文書を特定するために必要な事項など，証明責任を負わない当事者から証拠に関する情報を引き出すための道具概念として，この理論はなお意義を有している（⇨ *3. 6. 2. 6*(3)）。

Column ⑦ 行政訴訟と事案解明義務

　最判平成 4・10・29（民集 46 巻 7 号 1174 頁〔伊方原発訴訟〕／百選［6 版］59）は，原子炉施設の設置許可処分の取消訴訟において当該施設の安全性が争われる場合，裁判所による違法性審査は，被告国の判断に不合理性があるか否かの見地から行われ，被告が依拠した安全性に関する具体的審査基準に現在の科学技術水準に照らし不合理な点があるか，または，当該施設がこの審査基準に合致するとした被告の調査審議および判断過程に看過し難い過誤，欠落があるときは，その不合理性が認められるところ，この点に関する主張・証明責任は，本来原告が負うけれども，安全審査の資料はすべて被告側が保持することに照らし，被告国の側において，その依拠した具体的審査基準ならびに調査審議および判断の過程等，被告の判断に不合理な点がないことを相当の根拠，資料に基づき主張，証明する必要があり，被告がこの主張，証明を尽くさないときは，被告の判断に不合理な点があることが事実上推認されるとした。この判例が主張・証明責任を負わない当事者の事案解明義務を認めたものと理解すれば，主張・証明責任が原告にあるとする判旨の言辞とそれに続く部分とを整合的に説明できるとする見解がある。

─────────────────────────────────────

③ 訴訟手続の違法に対する異議申立て

実体法の領域でいう任意規定とは，それと異なる契約当事者の合意があればその適用が排除されるものである（民91条）。これに対し，訴訟法における任意規定とは，その目的が当事者間の公平を守りまたは当事者の便宜を図ることにあるため，その違反があったとき，その規定により自己の利益を保護される当事者が直ちにその排除，是正を求めない限り，瑕疵が治癒される規定を指す。これを当事者の側からみると，任意規定の違反に対しては，その規定によりその利益を保護される当事者は異議申立権を有する。しかし，当事者が直ちにそれを行使しないとこの権利を喪失し，また，当事者はこの権利を放棄することもできる（90条の見出しには「訴訟手続に関する異議権」とあるが，講学上は「責問権」と呼ばれ，ここに記したことは，「責問権の放棄・喪失による瑕疵の治癒」と表現される）。

(1) これに対し，90条但書に「ただし，放棄することができないものについては，この限りでない」とあるように，その趣旨が訴訟制度の基礎を維持し，訴訟手続の安定を図るなど公の利益の実現にある訴訟法規の違反については，当事者の異議申立ての懈怠や申立権の放棄による瑕疵の治癒を認めることはできず，その違反は常に無効として排除，是正されなければならない。これが訴訟法上の強行規定である。裁判所の構成，裁判官の除斥，専属管轄，当事者能力，訴訟能力，審判の公開，不変期間等に関する規定がその例である。

(2) 別のいい方をすれば，強行規定については，裁判所は，当事者からの異議を待ってはじめてその違反の有無をしん酌すれば足りるのではなく，自らのイニシアティブでそれが遵守されているかしん酌しなければならない。裁判所のこの作用のことを職権調査という。職権

調査を要する事項だからといって，違反の有無を判定するための資料の収集の責任までが常に裁判所にある（職権探知主義）わけではない。職権調査事項の性質によってはそれを当事者の支配に委ねても差し支えなく，その意味で，職権調査と職権探知とはことがらの次元を異にするとするのが，一般的な理解である。

Column ⑮ 訴訟に関する合意

　訴訟に関する合意の許否については，訴訟手続の進行過程とそこにおける実体形成とで，場面を分けて考える必要がある。前者については，裁判所の限られた人的，物的資源を事件の迅速な解決のために効率的に配分する必要上，手続の画一化が要請されるから，任意規定といえども，法律が明文で許容する場合（管轄の合意〔11条〕など）でない限り，当事者間の合意による手続規定の内容の書き換えを認めることはできない（「任意訴訟の禁止」。この点は，職権進行主義〔⇨ *3.4.1.2*〕とも関連する）。これに対し後者については，申立て（訴え）が処分権主義に服する上，主張，立証についても，当事者の私的自治を根拠とする弁論主義が妥当する限り，その範囲内では，明文の規定がある場合（仲裁合意〔仲裁13条〕，飛越上告の合意〔281条1項但書〕）はもちろん，そうでない場合でも，当事者間の合意の効力を認めて差し支えない（訴えに関して，不起訴の合意，訴え取下げの合意，不上訴の合意，主張に関して，自白契約，立証に関して，仲裁鑑定契約〔権利ないし法律関係の前提となる事実を中立の第三者に鑑定させその結果に服する旨の合意〕，証拠制限契約〔証拠方法を特定のものに限定する合意〕など）。

　訴訟法上効力を認められる合意については，私法上の契約としての効果しかないが（私法契約説），たとえば訴え取下げの合意であれば，合意に反して原告が訴えを取り下げないときは，被告が合意の存在と有効性を主張，証明することにより，訴えはその利益を欠くことになり，不適法となるとする説（判例〔最判昭和44・10・17民集23巻10号1825頁／百選〔6版〕87〕の立場である）と，取下げの合意の効果として直接訴訟係属が消滅する（裁判所は訴訟終了宣言判決をする）とする説（訴訟契約説）とが対立する。訴え取下げや不起訴の合意であれば，訴えの利益概念の操作により却下の結論を導くことは不可能ではない。しかし，たとえば不上訴の合意では，合意に反して提起された控訴であっても，上訴の利益に関する形式的不服説によれば，第一審敗訴者の控訴の利益は否定できないし，これを訴えの利益で

処理しようとすると，第一審判決の取消し・訴え却下となり，第一審勝訴者の利益を害する。したがって，端的に合意により控訴提起の効果（確定遮断および移審）が発生しなくなるとするほかないが，これは訴訟契約説を採らないと無理である。そうだとすれば，訴え取下げの合意や不起訴合意の場合にも，訴えの利益を持ち出すまでもなく，訴訟契約説をとるべきである（なお，「仲裁合意の対象となる民事上の紛争について訴えが提起されたときは，受訴裁判所は，被告の申立てにより，訴えを却下しなければならない」とする仲裁法 14 条 1 項本文は，訴訟契約説に親しむものといえる）。ただ，訴訟契約説の採用は，契約当事者の私法上の作為・不作為義務の存在とその違反に対する損害賠償等私法上の効果を認めることを妨げないことに注意すべきである。また，訴訟契約説をとる場合，契約の効力要件として行為能力ではなく訴訟能力が必要であるが，民法の意思表示の瑕疵に関する規定の適用は排除されない。訴訟上の和解に関する 267 条の趣旨につき既判力肯定説（⇨ *7. 1. 4. 2*）をとるならば，虚偽表示による和解の当然無効の主張は排斥されるが，同条のごとき規定を欠くその他の訴訟上の合意につき，虚偽表示による当然無効の主張を排斥する理由はない（ただし，詐欺・強迫による合意については，訴訟手続の安定を図る必要上，取り消しうるという瑕疵を認めるべきではなく，無効と取り扱うべきであろう）。訴訟上の合意につき訴訟契約説によるときは，それは与効的訴訟行為（⇨ *Column* ⑥）ということになる。

4 裁判所による口頭弁論の指揮

① 訴訟指揮権

訴訟の審理を迅速，公平かつ確実に達成するため裁判所に認められる訴訟の主宰権能を訴訟指揮権という。訴訟指揮権は裁判所に属するが，口頭弁論期日における指揮は合議体では裁判長がその発言機関としてこれを行使し（148 条 1 項），この裁判長の訴訟指揮に対する異議については，裁判所が裁判する（150 条）。しかし，裁判長が合議体から独立した訴訟指

揮権を有する場合もあり，単独制では訴訟指揮権の根拠条文に「裁判所は」（151条1項等）とあるか「裁判長は」（149条1項等）とあるかにより区別される。訴訟指揮権は審理の全般に及ぶので，必ずしも口頭弁論における指揮に限定されるものではない。以下において，先に説明した時機に後れた攻撃防御方法の却下（⇨*3. 3. 2. 1*）と後に説明する争点・証拠の整理手続の実施とその手続の選択（⇨*3. 5. 2. 2*）を除き，その性質に応じて代表的なものを説明する。

3. 4. 1. 2 手続の進行の規制——職権進行主義

(1) **期日の指定，期間の裁定等**　現在の民事訴訟では，訴訟手続の進行面においては，当事者の支配権（当事者進行主義）を認めず，たとえば，口頭弁論期日の指定および変更（93条）や，答弁書もしくは特定の事項に関する主張を記載した準備書面の提出のためまたは特定の事項についての証拠の申出のための期間の裁定（改正後162条1項。期間の経過後に準備書面の提出または証拠の申出をする当事者は期間を遵守することができなかった理由を説明する義務を負う。同条2項），訴訟手続の中止（131条），中断した訴訟手続の続行（129条）など，訴訟手続の進行についての最終的な決定権限と責任は，裁判所に委ねられている。これを職権進行主義という（⇨*Column ⑯*）。

(2) **進行協議期日**　職権進行主義の1つの現れとして，裁判所は，口頭弁論の期日外において，口頭弁論における審理を充実させるため，証拠と争点との関係の確認のほか，争点整理や証拠調べを行う期間などを定める審理の計画の策定，専門技術的問題についての専門委員を交えての検討など，訴訟手続の進行に関し必要な事項について当事者と協議を行うことを目的として，当事者双方が立ち会うことができる期日を指定することができる（規95条1項）。この進行協議期日は，相当と認める場合には，音声の送受信の方法により開くことができる（規96条1項）。また，相当と認めるときは，裁判所の外で開くこともできる（規97条）。進行協議期日は，争点・証拠の整理を目的として

攻撃防御方法を提出しまたは書証の取調べを行うための期日ではないから，その終了にあたり要証事実を裁判所と当事者間で確認することもなければ，期日の終了に特別の失権的効果が与えられることもなく，したがって調書の作成も必要的ではないが，音声の送受信の方法によって行われた場合で，裁判所書記官に調書を作成させるときは，音声の送受信の方法によって手続を行った旨と通話者の所在する場所の状況が同手続を実施するために適切なものであることについて記載しなければならない（規96条3項・88条2項2号）。

(3) **審理の計画の策定**　　充実した争点・証拠の整理の実施による人証の取調べを要する事実の絞り込み（⇨ *3. 5. 2. 2*(1)）と当該事実に関する人証の集中取調べ（⇨ *3. 6. 2. 1*）による審理の促進は，現行民訴法の眼目であり，それが相当の効果を挙げた結果，第一審の平均的な審理期間は目に見えて短くなっている。しかし，多数当事者紛争や医療，建築，知的財産紛争など専門的知識を必要とする紛争では，争点が多数で錯綜するため，審理の長期化が依然として顕著であった。実務的には計画的な審理による訴訟促進が試みられていたが，平成15年民訴法改正により，計画審理が法制化された。

Column ⑦⑥ **審理の計画の策定およびその内容** ------------------------------

　147条の2は，適正かつ迅速な審理の実現のため，訴訟手続の計画的な進行を図ることを裁判所と当事者の義務とする原則を明らかにし，147条の3第1項および第2項は，これを敷衍して，審理すべき事項が多数でありまたは錯綜しているなど事件が複雑であることその他の事情によりその適正かつ迅速な審理を行うため必要があると認めるときは，裁判所は，当事者双方と協議し，その結果を踏まえて，争点・証拠の整理の実施期間，証人・当事者の尋問の実施期間および口頭弁論の終結・判決言渡しの予定時期を定めた審理の計画を定めなければならないとしている。条文には「協議をし，その結果を踏まえて」とあるが，当事者の一方または双方が，協議において審理の計画の策定に反対したり，協議に応じない場合でも，職権進行主義である以上，裁判所が審理の計画を定めることが排斥されるわけではない。審理の現状および当事者の訴訟追行の状況その他の事情を

考慮して必要があると認めるときは，裁判所は，当事者双方と協議をし，その結果を踏まえて，計画に定められた期間または予定時期を変更することができる（147条の3第4項）。裁判所は，訴訟手続の計画的な進行上必要な事項，とりわけ，特定の事項についての攻撃防御方法の提出期間を，審理の計画において定めることができ（147条の3第3項），また，裁判長は，審理の計画に従った訴訟手続の進行上必要があると認めるときは，当事者の意見を聴いて，特定の事項についての攻撃防御方法の提出期間を定めることができる（156条の2）。計画に定められたまたは裁判長が裁定した提出期間の徒過には特殊な失権効が与えられている。

Column ⑰ 審理の計画と失権効

　審理の計画を法制化する過程で議論となったのは，計画の中に定められた，または，計画に基づき裁判長が裁定した攻撃防御方法の提出期間を徒過した後の攻撃防御方法の提出を，どう規制するかにあった。一方では，時機に後れた攻撃防御方法の却下に関する一般規定（157条）の積極的適用を期待すれば足りるとの意見も有力であった。しかし，その条文の構造上適用が難しく（⇨ *3. 3. 2. 1*(3)），現実にも積極的に適用されていない同条は，当事者との協議を踏まえて策定された審理の計画に基づく訴訟の進行に当事者の一方が合理的な理由なくして協力しない事態への対処策としては，不十分である。そこで，期間経過後の攻撃防御方法の提出により「審理の計画に従った訴訟手続の進行に著しい支障を生ずるおそれがあると認めたときは，裁判所は，申立てにより又は職権で，却下の決定をすることができる。ただし，その当事者がその期間内に当該攻撃又は防御の方法を提出することができなかったことについて相当の理由があることを疎明したときは，この限りでない」（157条の2）との規定が設けられた。期間の徒過はすなわち時機後れとされていること，その攻撃防御方法をしん酌することによる訴訟の完結の遅延の有無を問わないこと，攻撃防御方法を提出しようとする当事者の側から相当の理由を疎明する必要があることの3点において，157条より適用しやすい体裁の規定となっている。

(4)　進行協議・審理の計画の策定への専門委員の関与　　裁判所は，訴訟手続の進行に関する協議または審理の計画の策定にあたり，訴訟手続の円滑な進行を図るため必要があると認めるときは，当事者の意見

を聴いて，決定で，専門的な知見に基づく説明を聴くために，専門委員を手続に関与させることができる（92条の2第1項）。医療過誤等専門的知見を要する訴訟を迅速に進行させるためには，専門的な争点の解明にどの程度の期間を要するかについて専門家による適切な助言を得た上で，審理の計画を策定することが不可欠である。専門委員の関与に関する手続の詳細は，争点・証拠の整理に関し述べるところに譲る（⇨ *3. 5. 2. 2*(5)）。なお，知的財産に関する事件では，進行協議に裁判所調査官を関与させることができる（92条の8第1号ニ）。

3. 4. 1. 3
審理を整序するための措置

審理を整序するための措置としては，口頭弁論の指揮（148条）のほか，口頭弁論の制限，分離または併合（152条1項。ただし，当事者を異にする事件につき口頭弁論を併合する場合において，それ以前に尋問した証人につき尋問の機会がなかった当事者が申出をしたときは，裁判所はそれを尋問しなければならない〔152条2項〕。申出をした当事者に当該証人の反対尋問をする機会を保障する趣旨である。他方，併合された新事件につき併合前に実施済みの人証の取調べについては，当該事件の当事者は，反対尋問権は保障されているが，別の受訴裁判所に併合されたときは，裁判官の交替があるので，直接主義の要請に基づき，249条3項により再尋問の申出ができる），口頭弁論の再開（153条），損害または遅滞を避けるための移送（17条）等がこれに属する。基本的にこれらは裁判所の裁量処分であるが，弁論の分離は，予備的に併合された複数の請求や別訴禁止（人訴25条）の関係にある複数の請求については禁止され（本訴と予備的反訴との関係につき⇨ *6. 2. 1. 2. Column* ㊽），また，類似必要的共同訴訟（40条）や同時審判の申出がある共同訴訟（41条）においてもすることができない。また，弁論を再開しない措置が違法とされることもある（⇨第3章 **7** ③）。

Column ⑱　弁論の分離が違法とされる場合（その1）
——類似必要的共同訴訟

　類似必要的共同訴訟とは，固有必要的共同訴訟（⇨ *2. 2. 5. 3*(2)）と異なり，法律上共同訴訟として提起しないと不適法とはされておらず，各別に提起されれば各々（当事者適格を具備した）適法な訴訟であるが，共同訴訟として提起されたときは，必ず1個の判決により，共同訴訟人間において内容的に合一な審判をすることが強制される訴訟である。したがって，類似必要的共同訴訟では，弁論を分離することは違法である。次の2つの類型が類似必要的共同訴訟とされる。

　第1に，既判力の対世効が認められる訴えを複数の原告が共同訴訟として提起する場合，たとえば，数人の株主が提起する会社の設立・合併等の無効の訴え（会社828条1項1号～7号），数人の株主の提起する株主総会決議の無効・不存在確認の訴えおよび同取消しの訴え（会社830条・831条），数人の異議者との間の破産債権査定異議訴訟（破126条・131条）である。これらが類似必要的共同訴訟とされる根拠として，株主A，Bが共同提訴した株主総会決議不存在確認訴訟で，弁論を分離して別々に審理し，株主Aの敗訴が確定した後に株主Bの勝訴が確定すると，Bの勝訴判決の片面的対世効により株主Aにおいて既判力の矛盾抵触が生ずるから，これを回避するためであると説明されることが一般である。しかし，厳密にいうとこれは正確でない。株主総会決議不存在確認では，取消しの訴えのように出訴期間の定めがないから，まず株主Aが同訴えを提起しAの敗訴が確定した後に，株主Bが提訴し，今度はBの勝訴が確定することが，現実に起こりうる。この場合に，株主Aにおいても株主B勝訴判決を優先させるのが片面的対世効の含意である。反対に，先に株主Bの勝訴が確定すれば，株主Aの訴えの受訴裁判所は株主Aに拡張される既判力に拘束され，同一内容の判決をしなければならない。このことは，株主A，Bが並行して別々に提訴した場合でも，いったん併合提起された後弁論を分離した場合でも，全く同じである（もっとも，現行法では，会社の組織に関する訴えが各別に提起され同時に係属するときは，弁論を併合しなければならないとされている〔会社837条〕）。要するに，既判力の矛盾抵触は既判力の対世効それ自体により防止されている。それにもかかわらず，株主A，Bが共同原告として提起した株主総会決議不存在確認の訴えを類似必要的共同訴訟として扱う理由は，弁論を分離した結果先に株主Aの敗訴が確定して

も，それは結果的には無意味となりうるものであるから，こういう事態をわざわざ発生させる必要はないし，弁論の分離による審理重複という訴訟不経済を発生させる必要もないからである。

第2の類型として，数人の差押債権者による取立訴訟（民執157条1項），数人の株主による役員等の責任追及の訴え（会社847条）では，既判力の対世効は認められないが，一部の原告が提起した取立訴訟等で原告の敗訴が確定すると，民訴法115条1項2号により被担当者に既判力が拡張されるため，その後に同一債権につき取立訴訟等を提起する者はこの既判力の反射効（⇨ *5.2.2.22*）を受ける関係にあるので，数人の原告が共同して取立訴訟等を提起したときは，既判力に対世効がある場合と同様に類似必要的共同訴訟として扱うことが合理的である（株主代表訴訟につき，最判平成12・7・7民集54巻6号1767頁／百選［6版］96）。

類似必要的共同訴訟では，単に弁論の分離が禁止されるだけでなく，判決内容の合一性を確保するため，共同訴訟人独立の原則（39条）が排除される（40条）。

Column ⑦ 弁論の分離が違法とされる場合（その2）
——同時審判の申出がある共同訴訟

代理人を介して締結された契約の履行を本人に請求するとともに，本人が無権代理を主張する場合に備えて無権代理人の責任（民117条1項）を追及するため，本人と代理人とを共同被告として訴えを提起する場合がある。もし，両者を各別に訴えると，本人に対する訴訟では無権代理であると認定されて原告が敗訴し，無権代理人に対する訴訟では代理権ありと認定されて原告が敗訴することがある。実体法上はこうした「両負け」はないはずだが，民事訴訟は紛争の相対的解決を原則とするから，それが起こりうる。原告が共同訴訟を提起するのは，1個の訴訟手続により矛盾のない判決を求めるためであるが，裁判所が任意に弁論を分離できるとすると，審理を担当する裁判官が異なれば同じ証拠の証明力の評価も異なるから，こうした「両負け」の事態が生じうる。

同時審判の申出の制度は，このような原告の「両負け」回避の欲求に応ずるため，現行法が新たに導入したものである（この制度の導入と主観的予備的併合の適否との関係について⇨*Column* ㊳）。

41条による申出があれば弁論と裁判の分離が制限されるだけで，その他の点については，共同訴訟人独立の原則（39条）が適用される通常共同

訴訟である。

---

3. 4. 1. 4
事案解明のための措置

(1) **釈明権**　釈明とは，訴訟関係（事実すなわち争いのない事件の輪郭と争点すなわち証拠による認定を必要とする争いの中核をなす事実）を明瞭にするため，法律上および事実上の事項に関し，当事者に対し問いを発する訴訟指揮上の措置である。これを行う裁判所の権限を釈明権といい，釈明権は裁判長によって行使される（149条1項。「釈明」するのは当事者であるから，本来「発問権」と呼ぶのが適切である。なお，一方の当事者が裁判長による他方当事者に対する釈明権の行使を促す〔149条3項〕行為を「求釈明」という）。釈明権の行使は，当事者の陳述の不明瞭，不十分な点を補充させることを目的とする場合と，事案の適切な解決に必要な申立て，主張，証拠の提出をすることを当事者が看過しているときにその注意を喚起することを目的とする場合とがあり，前者を消極的釈明，後者を積極的釈明という。

(2) **釈明権の行使と弁論主義**　事実および証拠の収集と提出を当事者の責任とする弁論主義が妥当する範囲では，とりわけ積極的釈明を行うことの問題性が指摘されることがある。しかし，釈明さえすれば，当事者が釈明に応じずに主張しない場合でも証拠から認定できる主要事実を裁判の基礎に据えたり，職権で証拠調べを実施したりすることが，許されることにはならない。したがって，裁判所による積極的釈明の実施と弁論主義とは論理的に背馳しない。むしろ，当事者の無知や不慣れによる主張や証拠の提出の懈怠に対しては，釈明によりその提出を促した方が，裁判の適正を確保する観点からも，当事者に十分な攻撃防御を尽くす機会を実質的に保障する（弁論権〔⇨*Column* ㉖〕）観点からも，望ましい。判例（最判昭和45・6・11民集24巻6号516頁／百選〔6版〕48）も，積極的釈明の可否につき，一般論として，釈明は，弁論主義の形式的な適用による不合理を修正し，当事者間におけ

る紛争の真相に適った解決を図ることを目的とした制度であるとした上，原告の申立てに対応して主張される請求原因とこれに基づく法律構成は，それ自体正当であるが，証拠資料から認定できる事実との間に食い違いがあるため，その請求を認容できない場合において，訴訟の経過および収集された訴訟資料，証拠資料に照らして，別個の法律構成を基礎付ける事実関係が主張されたならば，原告の請求を認容でき，紛争の根本的な解決が期待できる場合において，明らかに誤解または不注意により原告がこれを主張しないときは，釈明が別個の請求原因にわたる結果となる場合でも，なお釈明権を行使することが許されるとしている。

(3) **釈明権行使の違法**　とはいえ，行き過ぎた釈明は，裁判所の中立性を疑わせるので，裁判官の忌避（24条1項）という角度から規制される（東京高決昭和46・4・3〔判タ263号226頁〕の事案では忌避事由にあたらないとされた）。これに対し，事実審における行き過ぎた釈明に当事者が応じたことにより訴訟の帰趨が左右されたとして，上告審が，それを判決に影響を及ぼすことが明らかな法令違反（312条3項・325条2項）として破棄することはできない。釈明の行き過ぎが違法だとしても，それに応じた当事者の主張等までが違法となるとはいい難いし，差戻し前の事実審において裁判所の釈明により提出した主張等を差戻し後の事実審において当事者があらためて自発的に提出するのを排斥することもできないからである。

(4) **釈明権不行使の違法（釈明義務）**　それでは，釈明権の不行使，特に積極的な釈明権の不行使が法令違反として上告審における破棄理由となるか，別のいい方をすれば，裁判所の釈明義務を観念できるか。大審院時代の判例は，破棄理由としての釈明義務違反を承認していたが，第二次大戦後，訴訟は当事者間のスポーツであり，裁判官はそのアンパイアであるとの英米の訴訟観念の影響の下で，釈明義務の否定を明言する判例が現れた。しかし，昭和40年頃からは一転して，あ

る土地全体を原告が所有することを前提にした立木の不法伐採を理由
とする損害賠償請求につき，裁判所が，その土地の一部のみが原告の
所有に属するとの心証を得ながら，その一部土地上の立木の伐採数量
に関する立証を促さず，漫然と損害額の立証がないとして請求を棄却
した事案（最判昭和39・6・26民集18巻5号954頁／百選［6版］49），控
訴審が，第一審が認めた詐害行為否認（破160条1項1号）を排斥する
にあたり，その要件事実がほぼ弁論に顕出している対抗要件否認（破
164条）につき当事者の注意を喚起しなかった事案（最判昭和45・8・20
民集24巻9号1339頁／倒産百選［6版］38）等において，破棄理由とし
ての釈明義務違反を認めるようになり，この傾向は今日まで続いてい
る。

Column ⑳ 釈明義務の有無の画定基準 ----------------------------

　第1に，釈明の有無により勝敗が逆転する蓋然性の程度がしん酌される。
それが大であれば，裁判の適正の要請から釈明義務を肯定する方向に働く。
第2に，当事者の主張の法的構成の不備については，法の解釈は裁判官の
職責でもあり，その責めを全面的に当事者に帰するのは妥当でない。弁論
に顕出した事実および証拠調べの結果から，当事者が依拠する法律構成と
は別の法律構成によればその当事者が勝訴するに足りると判断されるとき
は，別の法律構成の可能性を示唆する釈明権の行使がたとえ訴えの変更を
きたす結果となるとしても，これを怠るべきではない。これは法的観点指
摘義務（⇨ *3. 3. 1. 3*(1)）の現れともいえる。本文に記した最判昭和45・
6・11の原審が行った積極的釈明は，こういう趣旨のものであった。第3
に，釈明権を行使せずとも当事者による自発的な申立て，主張，立証の追
加，補充が期待できるかが問題とされる。この点は，取引紛争か非取引紛
争か，本人訴訟か訴訟代理人がいるか等によっても異なるが，本文に記し
た最判昭和39・6・26のような事案では，原告が所有権を主張する土地の
一部にしかその所有権は認められないという裁判所の心証が釈明権の行使
により開示されない限り，その一部に相当する材木の伐採数量の主張，証
明を原告に期待することは，そもそも不可能である。第4に，その事項を
釈明することが，かえって当事者間の公平や実体的正義を損なう結果とな
らないかを検討すべきである。たとえば，時効の援用可能性についての釈

明では，援用が必要とされる根拠が，時効制度が持つ潜在的な反倫理性に
照らし，時効の受益者がそれを望む限りにおいてのみ，時効の効果を認め
るべきであるとの配慮にあるとすれば，裁判所がこれを釈明することは，
反倫理的な紛争解決を誘発する結果となる。また，積極的釈明の意義は，
弁論主義を形式的に適用すると，証拠から認定できる自己に有利な主要事
実を見逃した者が敗訴することとなり，その結果，実体的真実に反する裁
判がなされるので，これを回避することにあるが，消滅時効の場合，裁判
官が請求権の存在を確信しているのに，その援用可能性の釈明を裁判官に
義務付けると，裁判官の主観的確信に反して，真に義務を負う者をしてそ
れを免れさせる判決を下すよう強いることになる。時効の援用についての
釈明義務が一般的に否定されるのは，こうした配慮によるのであり，そう
だとすると，権利抗弁に関する釈明義務も，最判昭和 27・11・27（民集
6 巻 10 号 1062 頁／百選［6 版］47）のように，一律に否定すべきではない
（⇨*Column* ⑦）。

(5) **期日外（間）釈明**　　釈明は口頭弁論または弁論準備の期日にお
いてのみならず，期日外においても行うことができる。ただ，当事者
による攻撃防御方法の追加が，裁判所の釈明に基づくものか否かは，
相手方にとって裁判所の心証のありかを窺い知る材料であり，期日外
において裁判所がいかなる釈明を行ったかを相手方に知らせることは，
相手方に対する一層の防御の機会の保障および手続の透明性確保のた
め必要である（149 条 1 項 4 項）。

(6) **釈明処分**　　釈明処分とは，釈明権行使の 1 つの態様として，
訴訟関係を明瞭にするため，受訴裁判所が行う民訴法 151 条 1 項各号
の措置である。当事者本人・法定代理人または当事者のためその事務
の処理・補助を行う者（法人でいえば紛争の対象を所管する部署の部課長）
を出頭させ陳述を命ずる（151 条 1 項 1 号 2 号）のは，弁論の内容を理
解し事件の輪郭を把握するためであり，鑑定を行う（151 条 1 項 5 号）
のも，鑑定人の専門的知見を争点整理の用に供するためであって，こ
れらの者の供述を係争事実についての心証形成の用に供する証拠調べ

としての証人尋問，鑑定とは，区別しなければならない。

Column ⑧ 手 続 裁 量 ─────────────

　　訴訟指揮に関する措置は，法律の規定または解釈により合法・違法の問題を生ずる場合もあるが，その多くは裁判所の裁量による。また，訴訟指揮に関する措置ではないが，証拠調べにおいて当事者が申し出た証拠の取調べをする必要性の判断も，原則として裁判所の裁量に委ねられる（⇨ *3. 6. 1. 9*）。最近では，訴訟手続を主宰する責任を委ねられた裁判所が，訴訟における適正・公平・廉価という諸要請を満足させるため効率的な審理を目標として，一方では事件の性質，争点の内容，証拠との関連等を念頭に置きつつ，他方では，訴訟の進行状況，当事者の意向，審理の便宜等を考慮し，当事者に対する手続保障の要請にも配慮した上で，当該場面に最もふさわしい合目的的かつ合理的な措置を講ずる際に発揮されるべき裁量を包括的に考察する枠組みとして，「手続裁量」という概念が提唱されている。伝統的な民訴法理論において看過されがちであった問題に光をあて，特定の裁量処分に際し裁判官が考慮すべき要因と考慮すべきでない要因とを列挙した指針の設定を通じて，裁判官の裁量権行使の適正さを確保するための理論的枠組みである。

─────────────────────────────

② 和解の勧試

3. 4. 2. 1
訴訟指揮としての和解の勧試

　　裁判所は，訴訟がいかなる程度にあるかを問わず，和解を試み，または受命裁判官もしくは受託裁判官をして和解を試みさせることができる（89条1項）。和解の勧試も訴訟指揮の一環である（改正後89条4項・148条）。また，裁判所は，争点・証拠の整理が完了する前であれば，職権により事件を調停に付することもできる（職権付調停。争点・証拠の整理の完了後は当事者の同意を要する〔民調20条1項〕）。調停専門部のある裁判所では，付調停により事件は受訴裁判所から調停専門部に回されるのが通常である。これに対し，受訴裁判所による和解の勧試は，判決を下す裁判官が，和解のための事情聴取を行い，和解

案を提示する点で，いくつかの問題を抱えている（⇨ *7. 1. 1. 2,*
7. 1. 3. 2）。

3. 4. 2. 2
**専門的事件における和
解の勧試**

医療過誤や建築瑕疵等の紛争において，紛争
の背景事情を的確に理解し実情に即した和解
案を提示するためには，専門家の協力が必要
な場合が多い。従来から，受訴裁判所は，職権付調停を活用して，専
門家を含む調停委員会に事件を回付することにより，この要請を満た
してきたが，それに加えて，平成15年改正により，受訴裁判所によ
る和解期日に直接専門委員を関与させ，その説明を聴くことができる
ようになった。ただ，専門委員による専門的経験則の提供の過程を透
明化する必要上，専門委員を関与させてする和解期日には，当事者の
双方に立会いの機会を保障する必要がある。和解に専門委員を関与さ
せる場合の手続は，専門委員を争点・証拠の整理手続または訴訟手続
の進行協議に関与させる場合と基本的には同様の規律が適用されるが，
当事者の同意が必要（改正後92条の2第4項）な点に注意を要する（な
お，知的財産に関する事件における和解の勧試では，裁判所調査官に専門委
員と同様の役割を果たさせることが認められているが，この場合には，当事
者の同意もその意見を聴くことも必要でない〔92条の8第3号〕）。

5 狭義の口頭弁論期日の実施

① 第一回期日

3. 5. 1. 1
両当事者出席の場合

原告，被告ともに出席の場合には，口頭主義
の要請上，まず原告に訴状を陳述させ，これ
により訴訟上の請求が呈示される。被告による答弁書陳述の結果，争
いのある事件については，争点・証拠の整理手続を実施するか，実施
するとしてどの手続によるかを，裁判所と当事者との間で協議する。

当事者双方が和解を希望する事案では，直ちに和解手続に入ることもある。このように，第一回期日は通常はその後の手続の振り分けを行う場であるが，第一回期日前の準備における当事者の意見聴取の結果いかんでは，第一回期日を開かないで，事件を弁論準備手続または書面による準備手続に付したり（規60条1項。ただし，弁論準備手続に付するのは当事者の異議がないときに限る），和解を試みたりすることも，許されないわけではない。

3.5.1.2　当事者欠席の場合　　(1)　**当事者一方の欠席**　　原告が欠席した場合，口頭主義を徹底すると，訴訟上の請求が裁判所に対し呈示されないから，期日は無駄に終わる。これを避けるため，原告による訴状の陳述を擬制する。原告欠席の場合にこういう便宜を図る以上，当事者間の公平を保つ必要があるので，被告の欠席の場合にも，被告が事前に提出した答弁書その他の準備書面の陳述を擬制する（158条）。この限りで，口頭主義は後退している。被告から第一回期日の直前に事件を受任した訴訟代理人が，準備が間に合わないため，答弁書を提出して欠席する戦術に出ることは，実務上まれでない。答弁書等の中に，原告の請求を棄却するとの判決を求め，原告主張の請求原因事実を争う旨の記載があるときは，被告のその旨の陳述が擬制されるから，当該期日（当該期日での訴状に証拠申出の記載のない証拠の取調べの許否につき⇨ *3.5.2.1*）または続行期日において，争いある事実につき証拠調べを実施する。これに対し，被告が答弁書等を提出しないまま欠席すると，原告が訴状に記載した請求原因事実につき擬制自白が成立する（159条3項）。したがって，請求原因事実の記載に漏れがなければ，直ちに判決に熟する（243条1項）ので，裁判所は，結審した上，電子判決書を作成しないで原告の請求を認容する判決を言い渡すことができる（電子調書による判決〔改正後254条〕）。ただし，訴状の送達が公示送達によったときは，被告が欠席しても擬制自白は成立しない（159条3項但書）ので，この期日で結審して判決を言い渡すには，

あらかじめ原告に対し請求原因事実の証明に必要な証拠を持参させて
おく必要がある（254条）。

Column ㊷　欠席判決主義と対席判決主義

　　当事者一方の欠席の場合に，欠席の事実を理由に欠席者に不利な判決を
する規律（欠席判決主義）と，158条が規定するように，欠席者について陳
述を擬制しそれに基づく判決を可能にする規律（対席判決主義）とがある。
明治23年旧々民訴法は，当時のドイツ民訴法に倣い，第一回期日と続行
期日とを問わず，当事者一方の欠席の場合，出席者の申立てにより欠席者
敗訴判決を言い渡し，欠席者のこれに対する故障の申立てにより訴訟は欠
席前の原状に復する旨を定めていた。故障の申立てには理由を要せず，同
一審級内で何度でもこの手続の繰り返しを認めており，訴訟引延しの絶好
の武器となっていたため，大正15年旧民訴法は，欠席判決制度を全廃し，
対席判決主義に移行した（続行期日における当事者一方の欠席につき⇨ *3. 5. 3.
3*）。

---

(2)　**当事者双方の欠席**　　原告，被告ともに欠席したときは期日を終
了するほかない。1か月以内に期日指定の申立てがなければ訴え取下
げが擬制される（263条。「休止満了」という）が，裁判所が日時を定め
ず「期日は追って指定する」ことにより，手続の進行を事実上止める
こともある。

②　口頭弁論期日の準備

3. 5. 2. 1
当事者による準備

(1)　**準備書面**　　口頭弁論は，書面により準
備しなければならない（161条1項。口頭主義
との関係につき⇨ *3. 1. 3. 4*）。その記載事項は，攻撃防御方法（事実に関
する主張はできる限り主要事実と間接事実を区別して記載し，立証を要する
事実ごとに証拠を記載しなければならない〔規79条2項4号〕）と相手方の
それに対する陳述（否認には理由を付さなければならない〔規79条3項〕）
である（161条2項）。準備書面は，その記載事項につき相手方が準備
をするのに必要な期間をおいて，裁判所に提出する（規79条1項）と

ともに，相手方に（ファクシミリ等の方法により）直送しなければならない（規83条。それを受領した旨を相手方が記載した準備書面を直送者が裁判所に提出するか，直送された相手方が，受領した旨を記載した書面を直送者に対して直送しかつ裁判所に提出しなければならない〔規47条5項〕）。

期日前に準備書面から知りえた相手方の陳述予定事実をみる限り大きな不利益はないと判断した当事者が，当該期日への欠席を決めたところ，準備書面に記載されていない主要事実を突如として相手方に陳述され，擬制自白が成立（159条3項）してしまったり，準備書面に記載されていない重要な間接事実を陳述され，これに対して適切な防御ができないというのでは，不意打ちとなる。そこで，当事者は，相手方が在廷しない期日においては，準備書面に記載のない事実を主張することができないこととしている（改正後161条3項。なお，令和4年改正により，相手方が在廷しない口頭弁論において準備書面に記載した事実を主張できる場合として，その準備書面が相手方に送達された場合〔同項1号〕と相手方からその準備書面を受領した旨を記載した書面が提出された場合〔同項2号〕に加えて，相手方が電磁的訴訟記録に記録された準備書面の内容を表示したものを裁判所で閲覧した場合，および，自ら使用する端末にダウンロードした場合が追加された〔同項3号〕）。ただし，準備書面に相手方の主張に対する否認の記載がなくとも，期日において相手方が否認することは予期しうるので，出頭した当事者は否認の陳述をすることは許される。しかし，否認の陳述に加えて反証のため準備書面に記載のない証拠の申請があった場合，欠席当事者の証拠調べへの立会権（証拠抗弁の提出，反対尋問，証拠調べの結果についての陳述）を奪うことになるので，証拠の申出としては適法であるが，その取調べは続行期日に回さなければならない。この限りで，改正後161条3項の「事実」には「証拠の申出」が含まれる。もっとも，準備書面に証拠申出の記載がなくとも，それにより証明すべき事実が過去の期日で陳述済みであるか当該準備書面に記載されているときは，ここでも相手方は当該期

日における証拠の申出を予見しうる立場にあるから，準備書面に記載のない証拠の申出は許されるだけでなく，書証についてはその期日での取調べも許される（最判昭和27・6・17民集6巻6号595頁／百選ⅠA24）。

(2) **当事者照会** 期日における攻撃防御の準備のため，相手方の協力が必要な場合がある。相手方が所持する文書が証拠として必要であれば，それが提出義務のない文書（220条）にあたらない限り，裁判所に対し文書提出命令を申し立てる（219条・221条）ことができるが，そのほかに，当事者は，主張または立証を準備するために必要な事項について，相手方に対し相当の期間を定めて，書面または電磁的方法で回答するよう，書面または電磁的方法で照会することができる（改正後163条。照会書・回答書の書式および送付方法につき，規84条参照）。

ただし，具体的または個別的でない照会，相手方を侮辱または困惑させる照会，すでにした照会と重複する照会，意見を求める照会，相手方が回答するために不相当な費用または時間を要する照会，相手方が196条または197条の規定により証言を拒絶することができる事項と同様の事項についての照会は，許されない。逆にいえば，改正後163条1項各号に該当する照会でなければ，相手方は訴訟法上照会に回答すべき義務を負っている。しかし，当事者照会は，文書提出義務のように，裁判所が当事者の間に介在して，回答義務の有無を審査し義務違反には何らかの制裁を科すという制度としては，設計されていない（回答義務に違反した回答の拒絶を，弁論の全趣旨〔247条⇨ *4. 2. 1. 2*〕として，事実認定にあたり拒否者に不利にしん酌できるとの見解があるが，当事者照会は口頭弁論から全く切り離された事象であり，疑問である。ただ，訴訟代理人による依頼者に対する回答拒絶の慫慂は弁護士倫理違反であるとして，弁護士会内で自律的に規制することは可能であるし，当事者照会は本来そうした手段による実効性確保を期待した制度である）。当事者としても，裁判所を通じて相手方への釈明を求めた方が，釈明に応じないことが

弁論の全趣旨となるため実務的には効果的なこともあって，当事者照会の利用に積極的でないといわれている（提訴前の照会につき⇨ *2. 1. 5. 3*）。

(1) **争点・証拠の整理の必要性**　大正 15 年旧民訴法の下での民事訴訟実務は「漂流型審理」，「五月雨式審理」などと揶揄されていた。若干漫画的に叙述すると，それは次のようなものであった。

　まず，原告側，被告側のいずれも，その訴訟代理人は，依頼者からごく概略的な話を聴いただけで，非常に抽象的な主要事実だけを記載した（「骨と皮」だけの）準備書面を作成し，裁判所に提出する。そこでは，当事者から聴いた大まかな話から想定されうる，複数の法律構成に基づいた仮定的な主要事実が数多く記載される。こういう準備書面が口頭弁論期日でいきなり提出されるため，そこに記載された相手方の主張に対し，当事者は直ちには適切な答弁ができない。その結果，期日は自ずからこの種の準備書面の交換と次回期日の日程調整（受訴裁判所の開廷日と両訴訟代理人の都合上，次回期日までに 1 か月以上の間隔が空くことが普通である）で終わる（「3 分間弁論」）。どの程度まで間接事実と証拠とによって裏付けられているかわからない主要事実の主張に対しては，相手方もまた，同じように根拠の確かでない否認や抗弁による対処が容易である。

　結局，この種の準備書面の交換が数回の期日にわたって繰り返されても，紛争の核心がどこにあるのか当事者にも裁判所にも不明なまま，むしろそれが明らかにされることを期待して，人証の取調べを実施する。要証事実を絞りこまないで行われる証人尋問は，1 人の証人の主尋問に 1 回の期日を費やすほど冗長であり，しかも，反対尋問のための次回期日はまた 1 か月以上先になる。こうした人証の取調べが何人かにつき実施されたあげく，紛争の実態が何であるかについて裁判所も要領を得ないまま，結審する。

　尋問におけるやり取りの記憶がとうに薄れた裁判官は，証人尋問調書を読んで心証を形成し，判決を起案するが，その過程で，当事者が主張していない主要事実が見つかることがある。だからといって，弁論を再開して釈明により主張を補充させるわけでもなく，主張があったものとして判決に記載してしまう（「判決釈明」）。

　このような事態が望ましくないことはいうまでもない。その発生を防止するためには，次のような取り組みが必要である。

　まず，訴訟代理人は，依頼者から事件を受任した早い時点で依頼者本人と密接に連絡を保ち，紛争のうち本案を構成する事実のみならず，その背景事情や相手方との事前交渉の有無およびその内容まで含めて，十分に情報を収集し，これに基づき，主要事実のみならず，これを裏付ける間接事実を記載し，相手方が争うことが予想される事実につきいかなる証拠があるかまで示した（書証についてはその写しをも添付した）詳細な準備書面を，相手方の訴訟代理人と裁判所との間で，その検討に必要な十分な時間をおいて交換し合う。

　その後に，裁判所および両訴訟代理人が一堂に会し，口頭でのやり取りを通じて，争いのない事実，争いはあるが書証によりすでに証明されている事実，争いがあり人証の取調べが必要な事実がそれぞれ何であるかについて，三者が共通認識を形成し，人証の取調べが必要な事実についても，できる限り人証の数を絞り込む。これが，裁判所主導による争点・証拠の整理の意義である。充実した争点・証拠の整理が実践されてはじめて，集中証拠調べ（⇨ *3.6.2.1*）による新鮮な心証に基づく事実認定が可能になるし，事案に対する確かな見通しに基づいた，当事者に受け入れやすい和解案を提示することも可能となる。

Column ⑧⑧　**弁論兼和解** ------------------------------

　(1)　大正15年旧民訴法にも争点・証拠の整理手続として準備手続（旧民訴249条）が存在した。この手続には，争点整理に必要な書証の取調べが許されないことはもちろん，証拠決定，参加の許否，訴訟手続の受継，

弁論の分離・併合といった中間的裁判もできないという制約があった。また，旧法制定当時，地方裁判所の第一審訴訟手続は合議制であり，受命裁判官が準備手続を実施することが予定されていたが，経験不足の若手が受命裁判官となることが多く，はかばかしい成果は挙がらなかった。その一方で，この手続が終結すると強い失権効（⇨ *3.5.3.2*）が生じてしまうため，立法者の意図に反し，準備手続は利用されなかった。

(2) 旧法下の実務においては，「五月雨式審理」，「漂流型審理」とそれに起因する訴訟遅延が，国民の訴訟離れを招いているという反省に基づいて，旧規 27 条が規定する「継続審理」（現行法の集中証拠調べ）を実施する前提として，両当事者の主張がある程度出揃った段階で，法廷以外の場所（和解室，準備室）において，訴訟代理人および当事者本人の出席を求め，主張された主要事実，間接事実および背景事情と書証とを突き合わせ，事案について口頭による実質的な討論を行いつつ，それを通じて裁判所と代理人が得た事件についての見通しを背景に，和解のきっかけを探り，機が熟せば和解の折衝を行う手続が，準備手続に代わって別段の法律上の根拠のないまま行われるようになり，「弁論兼和解」と名付けられていた。

この手続は「弁論」と位置付けられていたため，中間的裁判や書証の取調べについて大正 15 年旧民訴法の準備手続に存在した制約はないが，「弁論」であるのに非公開で，書記官は立ち会っていなかった。法廷以外の場所を用いた理由は，法廷の絶対数が不足し，しかも法廷の構造と雰囲気（法服を着た裁判官が一段高い法壇に座る）が，裃を脱いだ本音のやり取りには適さなかったからである。実質的に口頭弁論にほかならないものを公開の保障のない手続で行うことに疑問が呈される一方で，形式張らない打ち解けた雰囲気でのやり取りには非公開手続こそがふさわしいとする擁護論もあった。また，実務上，弁論兼和解のうち，弁論，すなわち争点・証拠の整理の部分には当事者双方の立会いを求めていたが，和解の部分は交互面接方式であり，この 2 つが交雑することによる手続的な不透明さ（⇨ *7.1.3.2*）に対して，批判も強かった。その一方で，弁論兼和解を口頭主義の復権，再生として評価する向きもあった。

(3) 学説には，弁論兼和解は大正 15 年旧民訴法上の準備手続であり，同法の下で非公開であった準備手続が合憲とされている以上，弁論兼和解もまた違憲ではない，そもそも弁論の準備について一般公開は憲法上も要求されていないとする見解が存在した一方で，弁論兼和解は，広義の口頭

弁論から人証の取調べを除いたもので，その実質は，同法にいう「継続審理」の前段階として準備手続によらないで行われる口頭弁論，すなわち準備的口頭弁論（旧民訴規26条）にほかならないとする見解もあった。この見解も，この手続を法廷以外の場所で行う必要性を否定し難いことを認め，準備手続において要求されていた準備手続終了後の口頭弁論における準備手続の結果の陳述（旧民訴254条）を，弁論兼和解終結後の口頭弁論期日において要求することにより，憲法上の裁判公開の原則との調和を図ろうとしていた。いずれにせよ，弁論兼和解の長所を生かしつつ，それが内包する問題を解決するため，立法的解決が望まれていた。現行法の弁論準備手続はこの要請に応えようとするものである。

(2) **準備的口頭弁論**　裁判所は，争点・証拠の整理を目的とした口頭弁論を行うときは，特にその旨の決定をする（164条）（なお，この決定をしないで，通常の口頭弁論において争点・証拠の整理を行うことも違法ではない）。口頭弁論期日である（ただし，一般の法廷ではなくラウンドテーブル法廷を用いることが普通である）から，争点・証拠の整理という目的のためであれば，一般の口頭弁論でできる行為はすべて行うことができる。書証の取調べはもちろん可能であり，人証の取調べも不可能ではない。その反面，この手続の選択にあたり，法律上は当事者の意見聴取は必要とされていない。この手続が目的を達成して終了するに際して，裁判所は，その後の証拠調べにより証明すべき事実を当事者との間で確認する（165条1項）。裁判所は，裁判所書記官にその事実を調書に記載させ（規86条1項），また，裁判長は，当事者に争点・証拠の整理の結果の要約書面を提出させることができる（165条2項，規86条2項）。当事者が準備的口頭弁論期日に出席せず，または162条1項による裁定期間内に準備書面の提出または証拠の申出を怠るときは，裁判所は手続を終了することができる（166条）。

(3) **弁論準備手続**　大正15年旧民訴法下の準備手続および同法下で実務上行われていた弁論兼和解に代わる手続である。期日への当事

者の立会権は保障されている（169条1項）が，一般公開の保障はない（裁判所は，相当と認める者の傍聴を許可することができ，当事者が申し出た者については，手続の進行に支障を生ずるおそれがあると認める場合を除き，傍聴を許可しなければならない〔169条2項〕）。そこで，裁判所は，この手続を開始するに先立ち，当事者の意見を聴く必要があり，手続が開始された後，当事者双方の申立てがあれば，弁論準備手続に付する決定を取り消さなければならない（168条・172条但書）。また，裁判所は，相当と認めるときは，弁論準備手続に付する裁判を取り消すことができる（172条本文）。

なお，裁判所は，相当と認めるときは，当事者の意見を聴いて，裁判所および当事者双方が音声の送受信により同時に通話できる方法（電話会議）により，弁論準備手続期日における手続を行うことができる。令和4年改正前は，「期日」である性質上，当事者の一方の出席が要求されていたが，改正により，「遠隔の地に居住しているとき」という例示が削除されるとともに，双方当事者とも期日に出頭することなく，電話会議またはウェブ会議の方法を利用することができるようになった。このとき，期日に出頭しないで手続に関与した当事者は，期日に出席したものと擬制される（170条3項4項）。また，現行法の制定当初は，出頭していない当事者は，訴えの取下げ，和解ならびに請求の放棄・認諾をすることができない（ただし，事前に放棄または認諾する旨の書面を提出しているときを除く）とされていたが，本人確認等をするにつき特に電話会議システムであることに伴う問題はなく，和解の意思があるにもかかわらず後日あらためて期日に出頭しなければならないのは不便なこともあり，平成15年改正はこの制約を外した。

弁論準備手続の期日では，裁判所は，当事者に準備書面を提出させることができる（170条1項）ほか，証拠の申出に関する裁判（180条1項）その他口頭弁論の期日外ですることができる裁判，たとえば，補助参加の許否（44条），訴訟手続の受継・続行・中止（128条〜130条），

調査または鑑定の嘱託（186条・218条）などについての裁判をすることができる（170条2項）ほか，釈明処分，弁論の分離・併合・再開，攻撃防御方法についての提出期間の裁定および時機に後れて提出された攻撃防御方法の却下など，審理の整序または事案の解明に必要な訴訟指揮上の行為が許され，また，弁論準備期日への当事者の欠席により，訴状等の陳述擬制および擬制自白の効果が生ずる（170条5項）。重要なのは，書証の取調べができることであり，これに加えて，令和4年改正により，電磁的記録に記録された情報の内容についての証拠調べのほか，調査嘱託の結果，尋問に代わる書面の内容，鑑定人の意見，鑑定嘱託の結果の提示ができるようになった（改正後170条2項）。なお，裁判所は，受命裁判官に弁論準備手続を行わせることができる。この場合，受命裁判官は，裁判所・裁判長の職務を行うことができ，また，調査嘱託，鑑定嘱託，文書および電磁的記録の送付嘱託についての裁判をすることができるが，証拠の申出に関する裁判（文書を提出してする書証の申出および電磁的記録を提出してする証拠調べの申出に関する裁判を除く）その他口頭弁論の期日外ですることができる裁判，訴訟指揮に対する異議申立てについての裁判および審理の計画が定められた場合の攻撃防御方法の却下に関する裁判は，することができない（171条）。

当事者の欠席による手続の終了，手続の終了に際しての証明すべき事実の確認，弁論準備手続の結果の要約書面の提出については，準備的口頭弁論の規定が準用される（170条5項）。なお，弁論準備手続の結果陳述については後述する。

Column ⑭　弁論準備手続における書証の取調べ

大正15年旧民訴法下の準備手続の欠陥の1つが書証の取調べが許されない点にあったことは，先にみた通りである。もっとも，準備手続を行う裁判官は文書を事実上閲読していたが，ある要証事実について，人証の取調べの要否を判断し，明らかに理由のない事実主張はその撤回を求めるな

どの措置をとるには，書証による心証の形成が欠かせない。現行法の立法過程では，非公開の手続における心証形成を認めることになるという批判も加えられたが，民事訴訟における書証の取調べとは裁判官による文書の閲読であり，文書を朗読したり，それを傍聴人に見せたりするわけではないから，過度に公開主義に拘泥することは生産的でない。結果陳述を必要的とした（173条）ため，形式上も公開主義の要請は満たされることもあって，弁論準備手続における書証の取調べが認められることとなった。もっとも，現行法制定当初は，受命裁判官が弁論準備手続を行う場合には，直接主義の要請から，書証の取調べは認められていなかったが，平成15年改正によりそれも許されるようになった。この場合，受命裁判官が，当事者の提出した文書の写しを訴訟記録に編綴するほか，文書の成立の認否および書証の実質的証明力など文書を見ただけでは不明な事項等を調書に記載する方法により，受命裁判官による書証の取調べの内容が受訴裁判所に伝達される（規142条1項は，裁判所は，弁論準備手続を行う受命裁判官が書証の取調べをするにあたり，裁判所に伝達すべき事項を調書に記載すべき旨を定めることができるとしている）。そして，本文中でも触れた通り，令和4年改正により，書証の取調べに加えて，裁判所および受命裁判官は，電磁的記録に記録された情報の内容についての証拠調べができるようになった（改正後170条2項・171条3項）。

---

(4) **書面による準備手続**　　裁判所は，相当と認めるときは，当事者の意見を聴いて，事件を当事者の出席なしに準備書面の提出等により争点・証拠の整理をする手続に付することができる（175条）。これを書面による準備手続という。この手続は，従来，裁判長が行うものとされ，高等裁判所においては受命裁判官に行わせることができたが，令和4年改正により，受訴裁判所が行い，地方裁判所においても受命裁判官に行わせることができるように改められた（改正後176条・176条の2第1項）。受訴裁判所の裁判長または受命裁判官は，準備書面の提出・証拠の申出をすべき期間（改正後176条1項・162条1項）を定めなければならず，争点・証拠の整理のため必要な釈明権を行使し，訴訟指揮に対する異議についての裁判をすることができる（改正後176

条3項）。受訴裁判所または受命裁判官は，必要があると認めるときは，電話会議システムを通じて，争点・証拠の整理に関する事項その他口頭弁論の準備のため必要な事項について協議をすることができ，この場合には，裁判所書記官に協議の結果を記録させることができる（改正後176条2項）。手続の終結にあたっての証明すべき事実の確認および要約書面の提出は，準備的口頭弁論におけるのと同様である（改正後176条3項・177条）。

(5) **専門的知見を必要とする争点・証拠の整理**　　裁判所は，争点・証拠の整理をするにあたり，訴訟関係を明瞭にするため必要があると認めるときは，当事者の意見を聴いて，専門委員を関与させることができる。専門委員の説明は，書面によりまたは口頭弁論もしくは弁論準備手続の期日において口頭によりさせなければならない（92条の2第1項）。また，令和4年改正によって，専門委員は，書面による説明に代えて，書面の内容を裁判所のサーバ上のファイルに記録する方法，または，書面の内容にかかるUSBメモリ等の電磁的記録媒体を提出する方法によって説明をすることができるようになった（改正後92条の2第2項）。専門委員の説明は，裁判所が当事者の弁論の内容を理解することを可能にするためのものであって，訴訟資料でも証拠資料でもない（裁判官が事実認定に必要な専門的経験則を調達するには，証拠調べとしての鑑定〔212条以下〕または鑑定の嘱託〔218条〕を実施しなければならない）。

　裁判所は，相当と認めるときは，申立てまたは職権により，専門委員を関与させる決定を取り消すことができるが，当事者双方の申立てがあるときは，これを取り消さなければならない（92条の4）。専門委員の員数は各事件につき1名以上であり，関与させる専門委員は，裁判所が当事者の意見を聴いて各事件につき指定する（92条の5第1項2項）。専門委員にも鑑定人と同様の中立性が要求される関係で，裁判官の除斥・忌避に関する規定が準用される（92条の6）。受命裁判官が

争点・証拠の整理または進行協議の手続を行うときは，裁判所および裁判長の権限は受命裁判官が行使する（92条の7）。なお，知的財産に関する事件における争点・証拠の整理手続では，裁判所調査官に専門委員と同様の役割を果たさせることが認められている（92条の8第1号ロ）。

③ 争点・証拠の整理手続終了後の口頭弁論期日

3. 5. 3. 1
弁論準備手続の結果陳述

　争点・証拠の整理として弁論準備手続が選択された場合，当事者は，その終了後に開かれる口頭弁論期日において弁論準備手続の結果を陳述しなければならない（173条。性質上口頭弁論である準備的口頭弁論では，結果陳述の必要がない）。

Column ⑧⑤　弁論準備手続の結果陳述の意義

　弁論準備手続は口頭弁論ではないから，その結果を訴訟手続に反映させるためには，口頭主義の要請上結果陳述が必要となる。しかし，弁論準備手続は，形骸化して久しい口頭主義の復活を意図するものであり，そこで口頭による活発なやり取りが実践されている限り，結果陳述はつじつま合わせのための儀式に過ぎなくなる（「弁論準備手続の結果を陳述します」で終わってしまう）のは必然である。

　ところで，大正15年旧民訴法時代に有力であった見解によれば，憲法により公開が要請される「対審」とは，証拠調べ（特に人証の取調べ）に限られ，訴訟資料の陳述とそれに対する認否を中心とする争点・証拠の整理（すなわち，弁論準備手続で行われる手続）は公開の必要がなく（この見解は，この理由によって，大正15年旧民訴法下で履践されていた非公開の弁論兼和解〔⇨*Column* ⑧③〕の合憲性を根拠付けていた），同法が準備手続（⇨*Column* ⑧③）の結果につき陳述を要求していた（旧民訴254条）のは，受命裁判官をして準備手続を実施させる場合のほか，第二次大戦後に，裁判所に事件が殺到し訴訟遅延が常態化していたことへの対策として，準備手続の励行が強調され，各地方裁判所に準備専門部を設置し，そこに所属する練達の裁判官による準備手続の実施が考案されていたこととの関係で，直接主義の観点か

ら要請されたものであり，公開主義とは関係がない。この見解によれば，受命裁判官をして弁論準備手続を実施させる場合は別として，受訴裁判所が自ら弁論準備手続を主宰する場合には，結果陳述の必要はない。しかし，他方では，憲法が争点・証拠の整理手続の公開をおよそ要求していないと割り切ることをためらう見解もあった（この見解は，弁論兼和解につきその結果の口頭弁論における陳述を要求することにより，その合憲性を根拠付けていた）。また，効率的な争点・証拠の整理のためには，弁論準備手続において書証の取調べ（による心証の形成）まで許容する必要がある（⇨*Column* ㉞）が，そうすると，公開主義との調整を図る必要性も増すことになる。

　173条は，この後者の見解に沿って設けられたものであり，結果の陳述をするときは，その後の証拠調べによって証明すべき事実を明らかにすることが求められている（規89条）。しかし，現行法下の実務では，結果陳述は弁論の更新（⇨*3. 1. 3. 3*(2)）と同様に形骸化している。公開主義を実質化するには，これから実施される集中証拠調べで何を証明しようとするかが傍聴人に明らかにされることが重要であり，当事者（実際には訴訟代理人）による内容の充実した結果陳述の励行が望まれる。

---

3. 5. 3. 2
争点・証拠の整理手続終結の効果

争点・証拠の整理手続を経た事件については，裁判所は，準備的口頭弁論の場合にはその終了後，その他の手続の場合にはその終結後における最初の口頭弁論期日において，直ちに証拠調べをすることができるようにしなければならない（証拠調べの準備。規101条）。

　ところで，大正15年旧民訴法には，準備手続が終結しその結果を記載した調書またはそれに代わる準備書面に記載がない事項は，口頭弁論において主張することができない，ただし，著しく訴訟を遅滞させないことまたは故意もしくは重過失なくして準備手続において提出できなかったことを疎明したときは，この限りでないという趣旨の規定（旧民訴255条1項）があった。時機に後れた攻撃防御方法の却下に関する原則規定（157条，旧民訴139条）とは，疎明責任が逆転していたのである。現行法の制定過程においては，争点・証拠の整理手続の

終結の効果として，これと同程度の失権効を認めるべきであるとする意見と，157条の一般規定に委ねれば足りるとする意見とが，鋭く対立した。最終的には，争点・証拠の整理手続の終了後に攻撃防御方法を提出した当事者は，相手方の求めがあるときは，相手方に対し，争点・証拠の整理手続の終了前にそれを提出することができなかった理由を説明しなければならないこととされた（167条・174条・178条）。これは，信義則（2条）に基づく当事者相互の関係の規律であって，職権進行主義に基づく裁判所の訴訟指揮権を定めた157条とは，次元を異にする。したがって，当事者が相手方による攻撃防御方法の出し遅れに対し167条等に基づく求め（講学上「詰問権」の行使と呼ばれる）をしないときでも，157条の要件を満たす限り（なお，争点・証拠の整理手続を実施したときは，その終了後に提出したこと自体をもって，時機に後れたものと認めてよい），裁判所が職権により却下することを妨げるものではない（ただ，当事者の説明の求めに対し相手方から適切な説明がないことは，当事者の申立てまたは職権により157条による却下をするか否かを判断する際に，相手方の故意または重過失を窺わせる資料として利用することはできる）。

3.5.3.3 当事者の欠席

(1) 当事者双方の欠席　第二回以降の口頭弁論期日における当事者双方欠席への対処法は，第1に，第一回期日欠席の場合と同じく，休止満了を待つことであり（263条），第2に，「審理の現状及び当事者の訴訟追行の状況を考慮して相当と認めるとき」（244条。同条は職権探知主義がとられる訴訟では適用されない〔人訴19条1項〕）に終局判決（審理の現状に基づく判決）を下すことである。なお審理を要するため，言い換えれば本来は未だ終局判決を下すに熟した状態（243条1項）にないためその期日が指定されたにもかかわらず，当事者双方が欠席すれば判決に熟したとして弁論を終結し終局判決を言い渡すことが許されるかについて，大正15年旧民訴法下の判例（最判昭和41・11・22民集20巻9号1914頁／百選I91）

はこれを肯定していた。しかし，243条にいう「裁判をするのに熟した」との概念（解明度〔⇨*Column 102*〕）を不明確にするのを避けるため，243条がいう意味で「裁判に熟した」状態でなくとも，所定の要件が具備されるときには終局判決を下すことを認めるのが，244条の趣旨である。休止満了を待つか審理の現状に基づく判決を下すかは，裁判所の裁量に委ねられる。しかし，両当事者が欠席する（つまり，その時点ではいずれも判決を望んでいない）状況の下では，原則として休止満了を待つべきであり，審理の現状に基づく判決は，ある程度主張と証拠が積み重なっている状況の下でそれを無駄にしないという角度から，従来の当事者の訴訟追行の態度に照らし公平に適うと認められるときに，例外的にこれを下すのが適切であろう。

(2) **当事者一方の欠席**　第二回以降の期日については，第一回期日と異なり，口頭主義の原則に戻り，欠席当事者が事前に提出した準備書面の陳述擬制は認められない。したがって，従前の当事者の弁論と出席当事者の弁論を総合して，裁判に熟したときは弁論を終結して終結判決を下し，そうでないときは続行期日を指定する。また，244条は，当事者の一方欠席の場合にも，審理の現状および当事者の訴訟追行の状況を考慮して相当と認めるときは，審理の現状に基づく終局判決による処理を認める。ただし，たとえば，その時点の審理の状況では勝敗が微妙で，審理の現状に基づく判決により出席当事者を勝訴させても，控訴審で新たな攻撃防御方法が審理されれば結論が覆る蓋然性があるならば，かえって出席当事者の利益を損なうので，出席当事者の申出があることが必要である（なお，審理の現状に基づき出席当事者敗訴の判決を下すことは，訴訟追行に熱心な者に不利益を与えることになるから，相当性の要件を満たさないと解すべきである）。

6 証拠調べ期日の実施

① 証拠調べ総論

3. 6. 1. 1
証明と疎明

証明と疎明は，一般には証明度（⇨ *4. 2. 1. 3*）の相違による区別とされている。すなわち，証明とは，裁判官がある事実につき高度の蓋然性をもってその存在を確信した状態，または，裁判官の心証をその状態にまで到達させるよう働きかける当事者の行為をいい，疎明とは，裁判官がある事実が存在するらしいと一応推測しうる状態，または，裁判官の心証をその状態にまで到達させるよう働きかける当事者の行為をいう。判決手続における主要事実の認定には証明が必要であるが，民事保全の手続では，被保全権利についての疎明で足りる（民保13条2項）。また，判決手続においても，判決の基礎となる事実以外の迅速な処理を要する事項や派生的な手続事項の基礎となる事実の認定について，疎明で足りるとする例は多い（35条1項・44条1項・91条2項〜4項・92条1項）。ただ，疎明においては証拠方法が即時に取り調べることができるもの（在廷する証人，出席当事者の手持ち書証等）に限られる（188条）。つまり，証明と疎明とでは証明度に差はなく，両者の相違は，証拠方法に即時性が要求されるか否かに起因する，裁判官が獲得する情報の疎密（解明度〔⇨*Column 02*〕）であるとの見解がある。

3. 6. 1. 2
本証と反証

自己が証明責任を負う主要事実につき裁判官の心証を証明度に到達させるための証明活動およびそれにより達成された証明状態を本証，証明責任を負わない者が裁判官の心証を真偽不明の程度まで引き下げるための証明活動およびそれにより達成された証明状態を反証という（⇨ *4. 2. 2. 6*(3)）。

3. 6. 1. 3
厳格な証明・
自由な証明

厳格な証明とは，180条から242条までの規定により行う証明であり，この法定の手続によらない証明を自由な証明という（厳密にいうと，証人尋問，当事者尋問，鑑定，書証〔電磁的記録に記録された情報の内容に係る証拠調べを含む〕，検証の5種だけが厳格な証明であり，調査嘱託〔186条〕，鑑定嘱託〔218条〕〔⇨*Column* ⑧⑦〕は，法律に規定された証拠資料の収集手段ではあるが，厳格な証明ではない）。証明の程度に違いはなく，自由な証明は疎明ではない。職権調査事項に属する訴訟要件の前提事実，経験則，外国法の証明などは，自由な証明で足りるとする見解が有力である。この区別は，刑事訴訟の分野で提唱されたもので，訴訟条件（民訴法でいう訴訟要件）の前提事実および量刑に影響する情状について，裁判所を伝聞証拠に関する証拠能力の拘束から解放する実益があるとされている。

　しかし，訴訟条件の前提事実につき自由な証明を認めることには，刑事訴訟法学の中においても批判があり，伝聞法則の拘束がない民事訴訟において，訴訟要件の前提事実について自由な証明を認める（当事者の立会権を否定する）必要があるとは考えられない。また，経験則については，通常人が当然有するものについては，公知の事実に準ずるものとして証明は不要と解してよいが，専門的な経験則の証明は，当事者の申出があれば鑑定によるべきであり，法律が許容する調査嘱託・鑑定嘱託は別として（厳格な証明としての鑑定と鑑定嘱託の関係につき⇨*3. 6. 2. 5*(1)），それ以外の方法による自由な証明（裁判官が自分で専門書を読む等）を許容すべきでない。要するに，非訟事件手続と異なり，民事訴訟において，調査嘱託・鑑定嘱託を別として，事実および経験則に関しては自由な証明を認める余地はないと解すべきである。

Column ⑧⑥　**外国法の証明** --------------------------------------

　法規の存在および内容については，国内の制定法に関する限り，裁判官は法律の専門家としての訓練を経ているから，証拠調べの必要がない。日

本の裁判所において外国法の適用が問題となる場合も，それが法の適用に関する通則法という制定法上の規定による準拠法の指定により，当該事案における法規範としてその適用が裁判所に義務付けられるものであるから，裁判所は，職権により外国の官公署に調査嘱託（186条）または鑑定嘱託（218条）をするほか，自分で外国法に関する文献を調査する（自由な証明）など，適宜な方法でその存在と内容を探知することができる。しかし，専門的経験則（⇨ *3. 6. 2. 5*(1)）との類似性から，当事者が特に外国法の証明のため証拠調べとしての鑑定を申し出たときは，手続の透明性確保という観点から，厳格な証明としての鑑定を実施すべきである。ただし，事実と異なり，外国法については，その内容が不明であっても証明責任により解決する（当該準拠外国法に基づく請求または当該準拠外国法に基づく抗弁を排斥する）ことはできない（解決方法として，法廷地実質法による，当該外国法上の条理すなわち基本的価値秩序による，民族的，経済的，政治的に似た国または当該外国が立法の際に模範とした国の法による，補充的な準拠法の探求により決定される第二次的な準拠法〔たとえば，段階的連結を定めた法の適用に関する通則法25条によれば，夫婦の共通本国法の存在も共通常居所地法の存在も不明の場合であれば，夫婦に最も密接な関連を有する地の法が準拠法として指定される〕による等の学説がある）。

Column ⑧⑦　調査嘱託・鑑定嘱託

　裁判所は，官庁もしくは公署，外国の官庁もしくは公署または学校，商工会議所，取引所その他の団体に必要な調査を嘱託することができる（186条）。一定の日時の天候につき気象台に，ある商品の一定時期の価格変動につき商品取引所に，外国法の内容につき外国の大使館に，ある取引についての一定地域の慣習につきその地の商工会議所に，調査を嘱託するのがその例である。調査嘱託は証拠資料の収集手段であり，前二者は証人尋問または書証に，後二者は鑑定に，それぞれ代わるものであるが，職権でできること，反対尋問，鑑定人質問，書証の証明力に関する規律等が適用されない点で，これら厳格な証明と異なる。なお，嘱託に対する回答は，当事者に意見陳述の機会を与えるため弁論に上程する必要はあるが，当事者による援用がなくとも当然に証拠資料となる（最判昭和45・3・26民集24巻3号165頁／続百選67）。また，裁判所は，必要があると認めるときは，官庁もしくは公署，外国の官庁もしくは公署または相当の設備を有する法人に鑑定を嘱託することができる（218条1項）。鑑定嘱託も，職権でできること，官庁等が指定した者（実際に鑑定に携わった担当者）をして口頭弁

論期日において鑑定内容の説明をさせる場合，この者は官庁等との間の労務契約に基づく指示により口頭弁論に出頭するのであり，証人でも鑑定人でもなく，証人尋問や鑑定人質問に関する規定の適用はないこと，説明をさせることにつき当事者には申立権が与えられていないこと等に照らし，厳格な証明としての鑑定ではなく，相当な研究調査の上でなければ結論が出ないような事項について，相応の学識経験者と施設を有する団体に対してする，調査嘱託の特例として位置付けられる。したがって，当事者が厳格な証明としての鑑定を申し出ている場合に，鑑定嘱託ができることを理由にその必要性を否定すべきではない（⇨ *3. 6. 2. 5*(1)）。要するに，調査嘱託，鑑定嘱託は，法律に規定された証拠資料の収集方法ではあるが，これを厳格な証明と捉えるのは不適切である。

---

3. 6. 1. 4
証拠方法・証拠資料・証拠原因

証拠方法とは裁判官がその五感の作用により取り調べることができる対象となるものをいう。大きく人証と物証に分かれ，人証はさらに証人，当事者，鑑定人に，物証は文書，電磁的に記録された情報，検証物に分かれる。証拠資料とは証拠方法の取調べにより感得された内容（供述，鑑定意見，文書の記載内容等）をいう。証拠原因とは裁判官の心証形成の基礎となった資料・状況をいい，これには証拠資料のほか口頭弁論の全趣旨（247条）が含まれる（⇨ *4. 2. 1. 2*）。

3. 6. 1. 5
証明を要しない事実

(1) **自白された事実**　自白のある事実については証拠調べを要しない（179条）。弁論主義の第2テーゼ（⇨ *3. 2. 4. 1*）により自白された事実は真実とみなされるからである（間接事実・補助事実の自白に証明不要効があるか否かにつき⇨ *3. 2. 4. 1*，*4. 2. 1. 6*(2)）。なお，ある主要事実につき主張責任を負わない当事者がこれを主張し，相手方がこれを援用せずかえって争う場合に，この事実につき証明の必要があるかについては争いがある（⇨ *Column ⑰*）。

(2) **顕著な事実**　179条が証明を不要とする「顕著な事実」とは，

公知の事実と裁判所に顕著な事実とに分かれる。公知の事実とは，通常の知識経験を有する一般人が疑いを差し挟まない程度に知れ渡っている事実（歴史上の事件，天災等）であり，裁判所に顕著な事実とは，その裁判所の裁判官（合議体の場合はその過半数）がその職務上の経験から知った明白な事実（過去に自分が下した判決等）である。これらの事実は，証拠調べを省略してこれを裁判の基礎に据えても裁判の適正さを疑わせないことが，証明不要の理由である。裁判官がその職務を離れて知った事実の利用は，この理由から許されない（裁判官の私知利用の禁止）。なお，公知の事実に反する自白がある場合には，裁判の威信を損なうことにならぬよう，自白の効果を認めるべきではない。

3. 6. 1. 6
職権証拠調べの禁止
——弁論主義の第3テーゼ

弁論主義の第3テーゼは，職権証拠調べの禁止，すなわち，争いのある事実を証明する必要がある場合でも，裁判所は当事者がその取調べを申し出た証拠のみを取り調べることができるということである。ただし，職権証拠調べは，その立法論的当否は別として，断片的にではあるが，法律上許容されており（管轄に関する事項〔14条〕，当事者尋問〔207条〕，検証の際の鑑定〔233条〕，係属中の事件についての証拠保全〔237条〕。大正15年旧民訴法には，その制定当初「裁判所ハ当事者ノ申出テタル証拠ニ依リテ心証ヲ得ルコト能ハサルトキ其ノ他必要アリト認ムルトキハ職権ヲ以テ証拠調ヲ為スコトヲ得」〔旧261条〕との一般規定があったが，第二次大戦後の改正で削除された），職権証拠調べの禁止を弁論主義の内容として掲げることに疑問を呈する学説もある。

3. 6. 1. 7
証拠共通の原則

(1) **原告・被告間における証拠共通**　原告・被告間において主張共通の原則が妥当する（⇨ *3. 3. 1. 5* (1)）のと同様に，裁判所が証拠調べを実施した結果得た証拠資料は，当該証拠調べを申し出た当事者の主張事実を認定するための証拠原因とすることができるだけでなく，相手方の主張事実を認

定するための証拠原因とすることもでき，そのために，相手方は当該証拠調べの結果を援用する必要はない。当事者の側からみれば，自己が申し出た証拠調べの結果は，自己の利益にも相手方の利益にも働く。これを原告・被告間の証拠共通の原則という。弁論主義の第3テーゼは，裁判所は当事者が取調べを申し出た証拠のみを取り調べることができるということに尽きており，当事者が取調べを求めたすべての証拠方法から得られるすべての証拠資料から自由心証主義により事実を認定するのは，裁判所の職責である。この原則との関係で，証拠調べの申出は，取調べが開始された後は相手方の同意がなければ撤回できない。

(2) **共同訴訟人間の証拠共通**　　通説は，主張については，共同訴訟人間の主張共通の原則 (⇨ *3.3.1.5*(2)) を否定するのに対し，証拠については，共同訴訟人の1人が申し出た証拠方法から得られた証拠資料は，他の共同訴訟人の格段の援用を要することなく，共同訴訟人間に共通の事実を認定する証拠原因として利用できるとして，共同訴訟人間の証拠共通の原則を肯定する。その理由として，「自由心証主義の下では，歴史的に1つしかない事実については，認定判断も1つしかありえない」こと，ある証拠資料を，特定の共同訴訟人の主張事実についてのみ証拠原因とし，他の共同訴訟人が主張する同じ事実については証拠原因としないよう裁判官に命ずることは，その自由心証の制約となることが，挙げられている。

しかし，弁論主義および共同訴訟人独立の原則の下では，1つの事実であっても共同訴訟人間で同じ事実認定がなされる保証はない。それは，相手方主張に係る主要事実につき，ある共同訴訟人は自白したが，他の共同訴訟人が争うため証拠調べをした結果，相手方主張事実が認められない場合，争った当事者と相手方との関係ではその事実は存在しないとされるが，自白した共同訴訟人と相手方との間ではその事実は存在するとされることから，明らかである。また，共同訴訟と

して提起されうる関係にある事件が別訴として提起され，これらを同じ裁判官で構成される受訴裁判所が審判する場合には，2つの事件に共通する事実であっても，それぞれの訴訟で提出される証拠方法から得られる証拠資料をもとにして裁判するほかなく，この2つの事件が共同訴訟として提起された場合に同じ取扱いをすることは，裁判官に不可能を強いるものでもない。通説が共同訴訟人間の証拠共通を肯定するために挙げる先の2つの論拠は，必ずしも十分でない。

　最近では，共同訴訟人独立の原則が働く通常共同訴訟でも，証拠調べ期日は共通であり，共同訴訟人各自に期日への立会権が保障されているから，たとえば1人の共同訴訟人が申請した証人を尋問したところ，相手方に有利な証拠原因となる証言がなされた場合でも，他の共同訴訟人には，その証言の信用性を揺るがすための尋問を行う機会が保障されている。こうした手続保障の存在が，共同訴訟人の1人が提出した証拠から得られた証拠資料も共同訴訟人全員のために証拠資料となしうることを正当化する（反対に，こうした手続保障がない限り証拠共通の効果は認められない），と説く見解が有力である。

3. 6. 1. 8
証拠申出の適法性

(1) **時機に後れた証拠申出**　主張についてと同じく157条により規律される。

(2) **証拠能力**　刑事訴訟（刑訴320条～324条）と異なり，伝聞証拠（反対尋問の機会がなかった供述）の証拠能力を否定する法律上の規定はない。したがって，また聞きの供述であれ，当事者・第三者の供述を録取した書面（「陳述書」につき⇨*Column* ㉔）であれ，その証明力は別として，その証拠申出が違法とされることはない（入院中の当事者本人の臨床尋問が主尋問だけで打ち切られた場合の尋問調書の証拠能力を肯定したものとして，最判昭和32・2・8民集11巻2号258頁／百選［6版］62）。しかし，違法収集証拠については，司法の廉潔性の確保および違法行為の誘発防止の角度から，民事訴訟においても，その証拠能力を当然に肯定すべきではない。刑法犯に該当する行為により獲得された証拠

の証拠能力は，特段の違法性阻却事由がない限り否定すべきである。これに対し，話者に無断で録音されたテープ，作成者に無断でされた文書のコピー等については，人格権侵害の程度（内容が全くの私的なものか挙証者と話者の間の業務に関するものかにより，人格権侵害の程度は左右される）と，挙証者が他の証拠により当該事実を証明することの困難さの程度とを勘案して，証拠能力の有無を事案ごとに判定すべきである（⇨ *4. 2. 1. 2*）。

(3) **模索的証明の禁止**　判決手続における主張とその認否の段階と証拠調べの段階とを日本よりも厳格に区別するドイツの実務では，具体性を欠いた事実主張についての証拠調べの申出は不適法とされている（認知訴訟の被告とされた男性が，子の母の不貞を抽象的に主張してその尋問を求める場合から出発して，憶測に基づく主張・手当たり次第の主張は許さない，挙証者が主張責任を負う事実を具体化するために証拠資料を相手方から引き出すことを目的とした証拠申出は許さないといった方向に，議論が拡がった。主張責任を負う当事者に主張の具体化を期待できない事情があるときには，模索的証明を許容する，または，事実の具体化責任を相手方に課すといった理論〔主張・証明責任を負わない当事者の事案解明義務〔⇨ *3. 3. 2. 5*〕〕は，その歯止めとして発展してきたものである）。

これに対し，五月雨式審理（⇨ *3. 5. 2. 2*(1)）が常態化していたわが国では，要証事実が具体化されないまま証人尋問を実施することに違和感はなかった。しかし，争点・証拠の整理と人証の集中的取調べとの段階的区別を強化した現行法の下では，主張責任を負う当事者に対し，争点整理段階において入念な準備に基づき主張を具体化する努力をまず求めるべきである。

> **3. 6. 1. 9**
> 証拠調べの必要性

適法な証拠申出についてその取調べの必要性の判断は裁判所の裁量に委ねられる。また，証拠調べに不定期間の障害があるときも，証拠調べをしないことができる（181条）。しかし，この裁量権の制約として，判例により「唯一

の証拠の法理」が形成されている。すなわち、証拠申出をした当事者にとって、当該証拠が唯一の証拠方法であるときは、証拠申出をした当事者が正当な理由なく証拠調べ期日に欠席する（最判昭和39・4・3民集18巻4号513頁）、その当事者が証拠調べの実施に協力しない（最判昭和35・4・26民集14巻6号1111頁）かまたは本人尋問の期日に本人が欠席を繰り返す（最判昭和39・4・3民集18巻4号513頁）、証人の呼出不能など不定期間の障害がある（最判昭和30・9・9民集9巻10号1242頁）など、特段の事情がない限り、これを取り調べなければならない（最判昭和53・3・23判時885号118頁／百選Ⅱ125）。

| *3. 6. 1. 10* |
| 証明妨害 |

ある事実につき証明責任を負う当事者の相手方の故意または過失による作為または不作為（その時期は訴訟係属の前後を問わない）の結果、当事者による証拠の提出が妨害され、その結果事実が真偽不明となった場合、証明責任の原則を適用し、当該事実の不存在擬制による不利益を妨害された当事者に帰するのは、公平を害する。この不都合を回避する必要上、証明を妨害した相手方に何らかの不利益を課す規律が必要である（証明妨害の効果が法定されたものが、208条・224条である）。

不利益を課す根拠として、一般的には当事者間の訴訟上の信義則（2条）が挙げられるが、実体法上の証拠保存義務（見本売買における見本の保存義務等）が認められるときはこれに根拠を求めることもできる。妨害者に課される不利益としては、不利な証拠だからその湮滅を図ったのだという経験則を適用して、当事者の主張事実の存在を事実上推認する（ただし、この経験則による処理は過失による証明妨害には馴染まない）、その証拠により証明されるべき事実に関する証明度（⇨ *4. 2. 1. 3*）を通常の場合に要求されるそれより引き下げる、証明責任を妨害者に転換するなどがある。裁判所は、妨害行為の態様、妨害者の帰責の程度、妨害に係る証拠の重要性等を勘案して、この中から適切なものを選択できる（東京高判平成3・1・30判時1381号49頁／百選［6版］58）。

3. 6. 1. 11 証拠調べの手続	証拠申出は期日および期日外においてすることができるが，証明すべき事実を特定してする必要がある（180条）（要証事実の具体性につき⇨*3. 6. 1. 8*(3)）。証拠申出も取効的訴訟行為であるから原則として撤回できるが（⇨*Column*㉚），取調べ（証人尋問なら主尋問）の開始後は，相手方の同意がないと撤回できず（証拠共通の原則との関係につき⇨*3. 6. 1. 8*(1)），取調べの終了（書証であればその閲読）の後は，裁判所が形成した心証を白紙に戻すという意味での撤回は，もはや許されない。

　証拠申出については，それを不適法・不必要として却下する場合も採用する場合も，その旨の決定（証拠決定）をするのが，実務の取扱いである。ただし，証拠決定に理由の付記は必要でない。

　また，証拠調べ期日も口頭弁論期日である以上，当事者に立会権が認められる。具体的には，相手方による証拠調べの申出につき適法性および必要性を争ったり，証拠調べの結果について証明力を否認したりする（「証拠抗弁」という）ことができるし，人証の取調べについては，反対尋問（202条・210条）または鑑定人質問をする権利（215条の2第2項）が認められる。しかし，狭義の口頭弁論期日と異なり，証拠調べ期日は，当事者の一方が欠席した場合はもちろん，双方が欠席した場合でも，実施することができる（183条）。証拠方法から証拠資料を引き出しそれに基づき心証を形成する主体は裁判所であるから，当事者には証拠調べ期日への立会権を保障すれば足り，また，証人尋問についても，現行法の下で充実した争点整理が実施される限り，それにより立証すべき事項が何かについては裁判所も具体的な認識を有しており，またいわゆる陳述書（⇨*Column*㉞）が提出されている場合も多いので，交互尋問（⇨*3. 6. 2. 2*(5)）の実施主体である当事者の双方が欠席しても，裁判所主導で尋問を実施することは可能だからである。ただし，期日を開かずに休止満了（263条）を待つ措置が妨げられるわけではない。

Column ⑱　受命裁判官・受託裁判官による証拠調べ ーーーーーーーーーー

　直接主義の要請上，証拠調べは受訴裁判所自ら行う。ただし，裁判所外で証拠調べを行う場合においては，受命裁判官・受託裁判官に証拠調べをさせることができる（185条1項。なお，令和4年改正により，裁判所外で証拠調べを実施するときは，ウェブ会議の方法によることができる〔改正後185条3項〕）。もっとも，証人または当事者の尋問は，出頭義務がないか正当な理由により出頭することができないとき，出頭に不相当な時間・費用を要するとき，現場における尋問が事実の発見に必要であるとき，当事者に異議がないときに限る（195条・210条）が，大規模訴訟では，当事者に異議がなければ，裁判所内でも受命裁判官に証人または当事者の尋問をさせることができる（268条）。また，最初の口頭弁論期日が指定されまたは事件が弁論準備手続・書面による準備手続に付された後，口頭弁論終結までの間の証拠保全は，受命裁判官にさせることができる（239条）。

Column ⑲　証拠調べへの専門委員等の関与 ーーーーーーーーーーーーーー

　証拠調べにあたり，訴訟関係または証拠調べの結果の趣旨を明瞭にするため必要があると認めるときは，裁判所は，当事者の意見を聴いて，証拠調べの期日において専門的な知見に基づく説明を聴くために，専門委員を関与させる決定をすることができる。この場合において，証人・当事者の尋問または鑑定人質問の期日において専門委員に説明させるときは，裁判長は，当事者の同意を得て，訴訟関係または証拠調べの結果の趣旨を明瞭にするために必要な事項について専門委員が証人，当事者または鑑定人に対し直接に発問することを許すことができる（92条の2第3項）。受命裁判官が行う証拠調べの期日に専門委員を関与させるときは，専門委員を関与させる決定およびその決定の取消しならびに専門委員の指定は受訴裁判所が行う（92条の7但書）。なお，知的財産に関する事件における証拠調べでは裁判所調査官に専門委員と同じ役割を果たさせることが認められているが，この場合には，関与させることについて当事者の意見を聴くことも，直接発問することにつきその同意を得ることも，要求されていない（92条の8第2号）。

ーーーーーーーーーーーーーーーーーーーーーーーーーーーーーーーーーー

② 証拠調べ各論

3. 6. 2. 1.
人証の取調べ

争点・証拠の整理手続を経た場合の証人尋問および当事者尋問は，できる限りその終了後に集中して，すなわち少ない回の期日でかつ各期日の間隔を密にして，行わなければならない（182条）。これを集中証拠調べという。同一の期日に複数の人証の取調べをするなら，現行法上原則とされる隔離尋問（ある証人の尋問中は後に尋問すべき証人を別室で待機させる。ただし，必要があると認めるときは，後に尋問すべき証人の在廷を許すことができる。規120条）の方法によっても，先の証人の尋問と後の証人の尋問との内容に食い違いがあれば，先の証人を再度尋問することもでき，また，複数の証人を同席させて質問をする方法（対質。規118条）の採用も可能である。仮に人証の取調べが複数期日にわたる場合でも，その間隔が密であれば，人証の取調べの過程で得た新鮮な心証に基づいた事実の認定という直接主義の狙いを，忠実に実現できる。

Column ⑨ **継続審理主義と併行審理主義**

前者は，訴訟事件の処理にあたり1つの事件について継続的・集中的に審理を行い，その事件の終了後にはじめて他の事件の審理に入る建前をいい，後者は多数の事件を併行して処理する建前をいう。事実認定を民間人から選出される陪審員に委ねる英米の訴訟法の下では，陪審員を長期間にわたり拘束することはできないので，必然的に事実審理（trial）は短期間に集中させざるをえず，かつ，その事件の審理を終了し評決が下されれば陪審員はその任務を終えるので，自ずと継続審理主義となる。これに対し，事実認定を裁判官の担当とし，1人の裁判官が何百件もの単独事件のほか合議事件を抱えているわが国の現状の下では，事件の処理全体としては，併行審理主義をとらざるをえない。しかし，人証の取調べに限っていえば，直接主義の形骸化を避けるため，短期間にそれを集中して行うことが望ましい。

<table>
<tr><td>3. 6. 2. 2
証 人 尋 問</td></tr>
</table>

(1) **意義**　証人とは，自己が過去に見聞した事実を裁判所に報告することを命じられた第三者である。証人尋問とは，証人に対し口頭で質問しその口頭による供述を得てこれを証拠資料とする証拠調べをいう。特別の専門的な学識経験を有する者であっても，その学識経験があるがゆえに知りえた過去の事実を報告する（たとえば，死体を解剖した監察医が，死者の相続人による損害賠償請求訴訟において，解剖の際見聞した死体の状況を報告する）場合は，鑑定人ではなく証人（鑑定証人）であり，証人と同じ手続で尋問する（217条。これに対し，その監察医が，解剖時に見聞した事実をもとにして，死因が何であるかについて意見を述べる場合は，鑑定意見である）。

(2) **証人能力**　自然人である限り証人となる能力に制限はない。ただし，当事者本人または法定代理人については，当事者尋問による証拠調べが予定されている（211条）ので，証人能力がない。

(3) **証人義務**　わが国の裁判権に服する者は，特別の定めがある場合を除いて，証人として証言する義務を負う（190条。一般義務）。ただし，公務員または公務員であった者を職務上の秘密について尋問する場合には，監督官庁の承認（この承認は，公共の利益を害しまたは公務の遂行に著しい支障を生ずるおそれがある場合を除いて，拒むことができない）がない限り，証人義務が免除される（191条）。証人義務は，出頭義務，宣誓義務，証言義務に分かれる。出頭義務は，過料および罰金により担保される（192条・193条）だけでなく，刑事訴訟法の規定による勾引も可能である（194条）。宣誓義務も過料および刑罰により担保されるが，16歳未満の者または宣誓の趣旨を理解できない者には宣誓義務が免除され，また，自己または自己と証言拒絶権を与えられる関係にある者に著しい利害関係がある事項につき尋問を受ける場合には宣誓を拒絶できる（201条）。証言義務も過料および罰金により担保される（200条）。また，宣誓した証人が虚偽の陳述をしたときは，

偽証罪（刑169条）に処せられる。

(4) **証言拒絶権**　証人は，その証言がその証人，その証人と配偶者，4親等以内の血族もしくは3親等以内の姻族の関係にあるかまたはあった者，その証人と後見人または被後見人の関係にある者が，刑事訴追を受け，もしくは有罪判決を受けるおそれがある事項またはこれらの者の名誉を害すべき事項に関するとき（196条），証人が，公務員であるか公務員であった場合において職務上の秘密につき尋問を受けるとき（197条1項1号），証人が，医師，歯科医師，薬剤師，医薬品販売業者，助産師，弁護士（外国法事務弁護士を含む），弁理士，公証人，宗教，祈禱もしくは祭祀の職にある者であるかこれらの職にあった者であって，職務上知り得た事実で黙秘すべき義務を負う事項につき尋問を受けるとき（同項2号。上記の法定専門職の従事者は，依頼者等の秘密を保護するために法令上の守秘義務が課されていることに鑑み証言拒絶権を与えられたものと解されることから，依頼者等の秘密を保護する趣旨から法令上の守秘義務を課されているものには同項2号が類推適用されるという見解があり，最決令和3・3・18〔民集75巻3号822頁／重判令3民訴4〕は，電気通信事業に従事する者は利用者の通信に関する秘密につき守秘義務を負うことから，同項2号の類推適用により職務上知り得た事実で黙秘すべきものについて証言を拒絶できるとする），証人が，技術または職業の秘密に関する事項につき尋問を受けるとき（同項3号）は，証言を拒絶することができる（黙秘の義務を免除された場合を除く。同条2項）。報道記者は，その取材源につき当然に証言拒絶権が認められるわけではなく，これを開示することにより将来その取材活動に著しい支障が生ずるおそれが必要であり，かつ，その証言拒絶の当否は，公正な裁判の実現という利益と取材源秘匿により得られる利益との比較考量により決せられる（最決平成18・10・3民集60巻8号2647頁／百選［6版］64）。証言拒絶には理由の疎明が必要であり（198条），公務員または公務員であった者が職務上の秘密につき尋問を受ける場合を除き，証言拒絶

の当否については，受訴裁判所が決定で裁判し，この決定については即時抗告をすることができる（199条）。証言拒絶に正当な理由がないとする裁判が確定した後に証人が正当な理由なく証言を拒絶するときは，過料の賦課または罰金の科刑による制裁を受ける（200条）。

(5) **尋問の方法**　尋問の順序はその申出をした当事者（主尋問），他の当事者（反対尋問），裁判長（補充尋問）の順による。これを「交互尋問」というが，裁判長は，適当と認めるときは，当事者の意見を聴いて，この順序を変更することができる（202条）。証人は，裁判長の許可を受けた場合を除き，書類またはその他の物（タブレット端末など）に基づき陳述することができない（203条）。裁判所は，証人の住所，年齢，心身の状態その他の事情により裁判所への出頭が困難な場合，証人が裁判長等の在席する場所において陳述するときは圧迫を受け精神の平穏を著しく害されるおそれがある場合，または当事者に異議がない場合であって相当と認めるときには，最高裁規則の定めるところにより，隔地者が映像と音声の送受信により相手の状態を相互に認識しながら通話することができる方法によって，尋問をすることができる（改正後204条，規123条。その他，証人の付添いにつき203条の2，証人尋問における遮へいの措置につき203条の3参照）。裁判所は，相当と認める場合において，当事者に異議がないとき（つまり反対尋問権を放棄するとき）は，証人尋問に代え，書面の提出をさせることができる（改正後205条1項。証人は，書面に記載すべき事項を裁判所のサーバ上のファイルに記録またはUSBメモリ等の電磁的記録媒体を提出することで，尋問に代わる書面を提出したものとみなされる。同条2項）。

3.6.2.3 証人尋問と直接主義

証人尋問においては，供述の内容だけでなくその態度も心証形成の重要な資料となるから，特に直接主義を徹底させる必要性がある。単独の裁判官が交替または合議体を構成する裁判官の過半数が交替した場合において，その前に尋問された証人につき当事者がさらに尋問を申し出たとき（249条3

項）（同項は当事者尋問には準用されないとするのが判例〔最判昭和42・3・31民集21巻2号502頁〕である。また，判例〔最判昭和27・12・25民集6巻12号1240頁〕によると，この規定は，ある審級の審理の途中で裁判官が交替した場合についてのもので，控訴の提起によって裁判官が交替する場合に，同項の申出により第一審で尋問済みの証人の再尋問が必要的となるわけではない〔⇨ *5. 1. 4. 5*〕），証拠保全において尋問した証人につき当事者が口頭弁論における尋問を申し出たとき（242条）は，裁判所は当該証人を尋問しなければならない（⇨ *3. 6. 2. 11*）。また，当事者を異にしかつ担当裁判官を異にする事件につき弁論が併合された場合において，その前に尋問された証人につき尋問の機会がなかった当事者が尋問を申し出たとき（152条2項）も，裁判所は当該証人を尋問しなければならない。この制度の趣旨は，直接的には反対尋問権の保障にあるが，併合された事件を新たに担当することとなった裁判官との関係では，直接主義を実質化する意義をも有している。

3. 6. 2. 4
当事者尋問

当事者尋問とは，当事者を証人と同様の証拠方法として，その見聞した事実につき尋問しその供述を証拠資料とする証拠調べをいう。当事者尋問には原則として証人尋問の規定が準用される（210条）が，宣誓は必ずしも必要でなく（207条1項後段），不出頭，宣誓，陳述拒絶に対する制裁は，証人の場合のように過料や刑罰ではなく，裁判所が尋問事項に関する相手方の主張を真実と認める（208条）ことである（証明妨害〔⇨ *3. 6. 1. 10*〕の効果が法定された例である）ので，勾引により当事者の出頭を確保する必要もない。宣誓した当事者による虚偽陳述に対する制裁は，過料である（209条）。また，職権による当事者尋問が許容されている（207条1項前段）。当事者が訴訟無能力者である場合，その法定代理人の尋問には当事者尋問の規定が準用されるが，この場合無能力の当事者本人を尋問することは妨げられない（211条）。法人または法人格のない社団・財団が当事者となる場合の代表者・管理人の尋問も当事者尋問

の規定の準用による（37条)。なお，口頭弁論または弁論準備手続の期日に自発的に同行したまたは出頭命令（151条1項1号）により出頭した当事者本人に，事実について発言させる（57条）のは，訴訟資料の提出，すなわち主張であって，証拠資料としての供述ではない（撤回の可否，自白の成否において両者は異なるので，注意すべきである)。

Column (91) 当事者尋問の補充性

当事者本人を証拠法上は証人と同視するのが近代の欧米諸国の民事訴訟法の大勢であるが，1877年ドイツ民訴法は，当事者を証拠として扱うことをせず，弁論および証拠調べの結果，証明すべき事実の真偽について心証を形成できないときは，裁判所は当事者のいずれか一方にその事実につき宣誓させることができることとしていた（当事者宣誓。当事者宣誓は1933年に証拠方法としての当事者尋問に改正されたが，なお職権証拠調べが許され，心証形成不能という要件も維持された)。明治23年旧々民訴法は，一方では，当時のドイツ法と異なり，証拠方法としての当事者尋問を定めていたが，他方では，他の証拠を取り調べた結果真偽不明であることを要件（当事者尋問の補充性）とし，かつ，職権による当事者尋問を認めていた（旧々民訴360条)。大正15年旧民訴法は，これを維持し，さらに，補充性を要件とする職権証拠調べをその他の証拠方法にも拡げた（旧民訴261条。一般的な職権証拠調べを認めたこの規定は，昭和23年に削除された)。

当事者尋問の補充性の根拠としては，当事者の供述の証明力は低いこと，その利害に関する事項につき尋問するのは酷であることが挙げられていたが，必ずしも当事者の供述の証明力は低いとはいえない，むしろ当事者は裁判所に話を聴いて欲しがるものであって，とりわけ事件の早い段階で当事者尋問を行うことは，事件の全体像の把握と争点の明確化に役立つという批判があった。後者については，釈明処分により代理人の陳述を当事者本人に補正させれば対応できるのであって，この批判は訴訟資料としての当事者本人の主張と証拠資料としての当事者尋問における供述とを混同するものである。しかし，前者については，供述の証明力の評価は自由心証に委ねれば足り，補充性の要件を積極的に維持すべき根拠にはならない。実務上も，補充性の要件は緩和して運用されていた。現行法は，証人と当事者の尋問を行う際に，原則として証人尋問を先行させることとし（207条2項)，裁判所の心証に係らしめられた補充性の要件を廃止した。この

ように，真偽不明の場合の非常の証拠方法という性質を失った当事者尋問について，職権証拠調べを認めることの合理性は再検討が必要である。

---

3. 6. 2. 5

鑑　定

(1) **意義**　鑑定とは，事実ではなく事実認定に必要な経験則であって，専門性があるため裁判官が通常有していないものを提供させることを目的とした証拠調べであり，鑑定人はその証拠方法である（なお，外国法や慣習法の証明も，専門的経験則に準じて鑑定の対象となると解してよい）。

経験則は法規と共通性があり，法の解釈適用は裁判所の職責であることに照らし，鑑定については職権証拠調べができるとする有力説がある（ドイツ法では明文上できる）が，通説は消極的である（ただし，検証の際の鑑定については明文で職権証拠調べが許容されている〔233条〕）。

職権による鑑定の許否と関係するが，専門的な経験則を調達する方法は鑑定に限るという見解と，経験則は法規に準ずるものであるから，職権により適当な方法（たとえば，裁判官が自分で専門書を読む，裁判官が医師や建築士の資格をもっている等）で専門的経験則を調査できる（自由な証明〔⇒ *3. 6. 1. 3*〕を許す）とする見解（ただし，専門的経験則の調達過程の透明性を確保するため，裁判所はいかなる専門的経験則に依拠したかを当事者に開示することを要するとの限定を付す見解もある）とが対立している。厳格な証明としての鑑定のほか職権による鑑定嘱託（218条1項）（⇒*Column* ㉘）が法律上認められる以上，前説は純粋な形では維持できないが，他方で，裁判官の私知利用禁止（⇒ *3. 6. 1. 5*(2)）の趣旨に照らし，鑑定または鑑定嘱託以外の方法による専門的経験則の調査は，事実認定過程の透明性を損なうため，認めるべきではない。また，当事者が鑑定を申し出ていて，かつ，鑑定の必要が認められる場合，裁判所が職権で鑑定嘱託することは妨げられないが，これを理由として鑑定の申出を却下することも認めるべきではない。

(2) **鑑定の手続**　鑑定に必要な学識経験を有する者は，鑑定人と

なる義務（鑑定義務）を負う（212条1項）。公務員等に対する職務上の秘密についての鑑定についての監督官庁の許可，鑑定人による鑑定拒絶権については，証人に準じて規律され，正当な理由のない鑑定もしくは宣誓の拒絶または不出頭に対しては，証人と同様の制裁がある（216条）。ただし，証人の証言と違い，学識経験には代替性があるので，鑑定人について勾引は認められない（216条は194条を準用していない）。このことと関連して，鑑定人となることができるのは自然人に限られる（鑑定の嘱託〔218条〕は官庁その他の団体に対してすることができるのと異なる）。鑑定人は受訴裁判所が指定する（213条）が，経験則と法規とが共通性を有するということから，鑑定人には裁判官に準じた中立性が要求されるため，誠実に鑑定することを妨げる事情があるときには，当事者に忌避申立権が与えられている（214条）。

　鑑定意見の陳述方式は書面または口頭によるが（215条1項），書面で意見を述べることに代えて，書面に記載すべき事項を裁判所のサーバ上のファイルに記録しまたはUSBメモリ等の電磁的記録媒体を提出することで，書面により意見を述べたものとみなされ（改正後215条2項），口頭により意見を陳述させる場合には，原則として，裁判長，その鑑定の申出をした当事者，その相手方の順で鑑定人に質問をすることができる（鑑定人質問。215条の2）。また，裁判所は，鑑定人に意見を述べさせた場合において，当該意見の内容を明瞭にしまたはその根拠を確認するため必要があると認めるときは，申立てによりまたは職権でさらに鑑定人に意見を述べさせることができる（改正後215条3項）。

Column ㉒　鑑定人選任の難しさ

　平成15年改正前においては，鑑定人に口頭で意見を述べさせる場合，交互尋問によっていた。特に医療過誤訴訟において，鑑定意見の内容が原告患者側に有利でないときに，患者側の医師全体に対する不信感も相まって，鑑定人である医師に対し，その人格を攻撃したりその能力を侮辱した

りするような尋問が行われることも，まれではなかった。そのため，学術論文の執筆に匹敵する努力をして鑑定書を作成したあげく，裁判所に呼び出されて侮辱されるのは御免だという意識が，医師の世界に広がり，鑑定人の選任は困難を極めていた。鑑定人質問の制度の導入は，鑑定人の選任困難への対策の１つである。最近では，最高裁判所と日本医学界との間で，鑑定の重要性の啓蒙と適切な鑑定人選任のための情報収集体制の確立を目的として，意見交換の場が設けられており，各地の地方裁判所と管内の大学病院との間でも，同様の意見交換が活発化している。また，自分の意見が訴訟の帰趨を左右するという鑑定人の精神的負担を軽減するため，複数の鑑定人を選任する，複数の鑑定人に対し書面としては結論と要旨のみの提出を求め，複数の鑑定人と当事者が一堂に会して裁判所の訴訟指揮の下で口頭により協議し，その結果の録音反訳書をもって鑑定書に代えることにより，鑑定書作成の負担を軽減する（カンファレンス方式）といった対策も講じられている。

そして，令和４年改正により，鑑定人に口頭で意見を述べさせる場合において，裁判所が相当と認めるときは，ウェブ会議の方法によって意見を述べさせることができるようになった（改正後215条の3）。本来の職務で多忙を極める鑑定人が所属病院等を離れて出頭することが困難であったことが，鑑定人の確保の支障となっていたことから，「遠隔の地に居住しているときその他相当と認めるとき」（改正前215条の3）という要件を緩和し，鑑定人の手続関与を促進することとなった。

Column (93) 私鑑定・私鑑定書

実務上，専門的経験則，外国法または国内法の解釈などにつき，当事者が，私的に専門家に依頼して文書を作成させ（私鑑定），これを書証（私鑑定書）として提出し，必要なら作成者である専門家を証人尋問する取扱いが行われている。専門家証人（expert witness）を一般の証人と区別せず，その証言の証明力を交互尋問で検証する英米の訴訟法の下では，ごく普通の取扱いであるが，わが国が属する大陸法系の法制では，現行国内法に関する知識および事実認定に必要な一般的経験則は，当然これを具有していることが職業裁判官に期待されるが，専門的経験則，外国法や慣習法に関する知識についてはそうでないため，鑑定人をしてこれを補充させるのであり，鑑定人は裁判官の補助者と位置付けられている。私鑑定についての先に記した実務上の取扱いは，この建前と整合しないし，鑑定人忌避制度

の潜脱にもつながる。したがって，私鑑定書は，専門的経験則や法規の存在・内容についての当事者の主張の補充，すなわち準備書面の一部として扱うべきである。

---

3. 6. 2. 6
物証の取調べ──書証

(1) **意義**　書証とは，文書を閲読してそこに記載された意味内容を証拠資料として取得するための証拠調べである（文書の紙質や筆跡を検査するのは検証である）。文書とは，文字その他の記号の組み合わせにより思想的意味を表現した紙片その他の有形物をいう。録音テープその他磁気テープ上に電磁的符号の組み合わせにより思想的な意味を持つ音声や画像を記録したものは，文書に準じて取り扱う（231条）。また，令和4年改正により，USBメモリなどの電磁的記録媒体に電磁的に記録された情報の内容に係る証拠調べの申出の規定が新たに設けられ，この申出は，電磁的記録媒体を提出しまたは電磁的記録を利用する権限を有する者にその提出を命ずる申立てによりなされ，その提出は，電磁的記録媒体を提出する方法または裁判所のサーバ上にアップロードする方法によることとし（改正後231条の2），この手続にも書証の規定が準用される（改正後231条の3）。文書には，公務員がその権限に基づき職務上作成した公文書とそれ以外の私文書，法律上の行為がその文書によってなされた処分文書とその他の文書，特に作成者の見聞，意見，感想等を記載した報告文書，原本，正本（公証権限を持つ者が特に正本として作成した原本の写し），謄本（原本の記載内容を全部謄写したもの。公証権限を有する者が原本と相違ない旨を付記したものを認証謄本という），抄本（原本のうち関係ある部分を抜き写したもの）等の区別がある。

Column ⑨④　陳述書

　当事者本人または証人となる第三者の見聞した事実に関する供述が記載された文書を，実務上陳述書と呼んでいる。その性質は報告文書である。わが国の民事訴訟には伝聞証拠の禁止法則がないので，その証拠能力は否定されない。実務でも書証として取り扱われている。

　陳述書が愛好される理由は次の点にある。まず，わが国の民事訴訟では，両当事者に対し中立的な証人というのはまれであって，ほとんどの証人は当事者の一方と友好関係にある。したがって，尋問に先立ち，両者の間で証言内容が入念に調整される結果，主尋問は儀式に終わりがちである。尋問の前に陳述書が提出されていれば，主尋問は主要な点についてのみ実施し，空いた時間を充実した反対尋問に充てることができる。また，相手方は，事前に陳述書を入手することにより主尋問の内容を把握できるから，反対尋問の準備に役立つ（集中証拠調べの実施が最も難しいとされる医療過誤訴訟でも，証人として予定される被告側の担当医や原告の転院先の後医の陳述書が主尋問前に提出されていれば，主尋問において新たな事実が供述され，それへの対応のため，反対尋問の先送りを余儀なくされる事態の発生を防止できるという）。また，集中証拠調べにおける心証形成とは，裁判所が争点・証拠の整理の結果ならびに陳述書を基礎として形成した，原告，被告それぞれのストーリーを，反対尋問を経てなお維持できるかどうか検証する作業である。

　陳述書の持つこれらの効用は否定し難いが，陳述書を争点整理の早い段階で書証として提出させ，それにより得られた心証に基づいて争点を切り詰める取扱いをすると，公開法廷での人証の集中的取調べの意義を損なうおそれがある。

---

(2)　**形式的証明力・実質的証明力**　　形式的証明力（形式的証拠力）とは，文書が挙証者の主張する特定人の思想の表現であると認められることをいう。文書が挙証者の主張する特定人の意思に基づいて作成されたことを，成立の真正という。文書の成立の真正は，書証の申出をした当事者が証明する必要がある（228条1項）。ただし，公文書の成立の真正は推定され（228条2項），相手方が成立の不真正を証明する責めを負う。私文書については，文書中の印影が本人または代理人の印章により顕出された事実が認定されれば，反証がない限り，その印影は本人またはその代理人の意思により成立したものと推定され（最判昭和39・5・12民集18巻4号597頁／百選［6版］68），この推定の結果，その私文書は228条4項にいう「本人又はその代理人の……押印があ

るとき」という要件を充たすことになるため，同項により文書の全体が真正に成立したことが推定される（いわゆる「二段の推定」）。故意または重過失により真実に反して文書の成立の真正を争った者に対しては，過料の制裁がある（230条）。このようにして成立の真正が証明されれば，通常その文書には形式的証明力が認められるが，習字を目的として作成した文書は，成立は真正でもなお形式的証明力を欠く。実質的証明力（実質的証拠力）とは，特定人の思想の表現としての文書の記載内容が，要証事実の証明に，そもそもまたはどの程度役に立つかという問題である（⇨ *4. 2. 1. 1*）。

(3) **書証の申出**　文書の提出または所持者に対する文書提出命令の申立て（219条）による（なお，商業帳簿については，訴訟当事者の申立てがある場合のほか，裁判所の職権により書証としてその提出を所持人である当事者に命ずることができる〔商19条4項〕）。文書提出命令の申立てには，文書の表示，文書の趣旨，文書の所持者，証明すべき事実，文書提出義務の原因を明らかにしなければならない（221条1項）。申立人（挙証者）において，文書の表示または趣旨を明らかにすることが著しく困難な場合には，その申立ての時においては，これらの事項に代えて，文書の所持者が申立てに係る文書を識別できる事項を明らかにすれば足りる。この場合には，所持者に対し文書の表示または趣旨を明らかにするよう裁判所に申し出なければならない（222条）。ただし，文書提出命令の発令の時までに，所持者が裁判所に対して文書の表示または趣旨を明らかにしないときに，裁判所がそれらを不特定としたまま文書提出命令を発令することが許されるわけではない。そして，所持者がこうした事項の特定に対し協力しないことに対し，法律上格段の制裁は用意されていない。もっともこの点につき，所持者が特定に協力しない場合において，特定の困難さおよび申立人による特定のための努力の程度，識別可能性の程度，他の手段で情報を得る可能性の有無，所持者側の事情等を総合考慮して，裁判所は，場合によ

っては特定が不十分でも文書提出命令を発令しうるとする見解がある。挙証者が証明責任を負う事実について相手方当事者が文書を所持するときは，証明責任を負わない当事者の事案解明義務（⇨ *3. 3. 2. 5*）の一環として，先に記した要件の下で，相手方当事者の文書特定への協力義務の存在を肯定できるから，こうした取扱いも正当化でき，この場合には進んで，その提出命令違反に対する 224 条 1 項 3 項の発動も認められる余地があろう。

　なお，書証の申出は，219 条の規定にかかわらず，文書の所持者にその文書の送付を嘱託することを申し立ててすることができる（226 条。文書送付の嘱託。これは，厳格な証明としての書証の申出方法であり，調査嘱託・鑑定嘱託とは性質を異にする。なお，令和 4 年改正により，電磁的記録の送付の嘱託が，電磁的記録に記録された情報の内容に係る証拠調べ〔⇨ *3. 6. 2. 6*(1)〕の方法により行うことができるようになった〔改正後 231 条の 3 第 1 項 2 項〕）。ただし，当事者が法令により文書の正本または謄本の交付を求めることができるときは，この限りでない。送付嘱託を受けた官公署は，秘密の保持義務がある場合を除き，嘱託に応ずべき国法上の義務がある。私人の場合も応ずべき義務はあるが，それに対する制裁はない。

　(4)　**書証の取調べ**　書証の取調べの方法は閲読である（合議体の場合には裁判官全員に回覧させる）。書証の原本，正本または認証謄本を閲読した後これを挙証者に返却し，その写しを訴訟記録に編綴する。なお，裁判所は必要があると認めるときは，提出または送付に係る文書を留め置くことができる（227 条）。

3. 6. 2. 7
文書提出義務　　220 条によれば，当事者が訴訟において引用した文書を自ら所持するとき（1 号文書），挙証者が所持者に対し文書の引渡しまたは閲覧を求めることができるとき（2 号文書。たとえば，株式会社の株主または債権者は，会社の計算書類の閲覧請求権を有する〔会社 442 条 3 項〕），文書が挙証者の利益のためまた

は挙証者と所持者との間の法律関係につき作成されたとき（3号文書。「利益文書」または「法律関係文書」という），その他の文書であって，文書の所持者または所持者と196条各号所定の関係を有する者について同条所定の事項の記載がある文書（イ），公務員の職務上の秘密（判例〔最決平成17・10・14民集59巻8号2265頁／百選［6版］A21〕はこれを「公務員が職務上知り得た非公知の事項であって，実質的にもそれを秘密として保護するに値すると認められるもの」と定義している。なお，国立大学法人の役員および職員は「公務員」に含まれる〔最決平成25・12・19民集67巻9号1938頁／重判平26民訴3〕）に関する文書でその提出により公共の利益を害しまたは公務の遂行に著しい支障を生ずるおそれがある文書（ロ），197条1項2号に規定する事実または3号に規定する事項で，黙秘の義務が免除されていないものの記載がある文書（ハ），専ら文書の所持者の利用に供するための文書（国または地方公共団体の所持する文書で公務員が組織的に用いるものを除く）（ニ），刑事事件に係る訴訟に関する書類もしくは少年の保護事件の記録またはこれらの事件において押収されている文書（ホ）のいずれにも該当しないとき（4号文書）には，所持者は文書提出義務を負う。ただし，4号所掲の場合を文書提出義務の原因とする文書提出命令の申立ては，書証の申出を文書提出命令の申立てによってする必要がある場合でなければ，することができない（221条2項）点に注意が必要である。

Column (95) 文書提出義務の一般義務化

大正15年旧民訴法では，220条1号ないし3号に掲げる文書についてのみ，文書提出義務が認められていた（「限定義務」）。特に3号文書については，その文書またはそこに記載された情報が挙証者と所持者に共有されているものであること（共通文書性）が，提出義務の根拠とされていた。このように，証言拒絶事由がない限り証人は証言義務を負う証人尋問（「一般義務」）と異なり，文書提出義務を限定義務とするのは，ドイツ法に由来するが，公害，製造物責任，医療過誤，行政事件など，構造的に被告や第三者に証拠が集中している紛争では，原告の立証活動に支障が生じる

ことがあった。旧法下の下級審裁判例は，3号文書の利益または法律関係の概念の拡大解釈によってこれに対処していたが，その一方で，専ら所持者が自己使用の目的で作成した「内部文書」は，共通文書性を欠くとする解釈を確立していた。他方で学説は文書提出義務の一般義務化の必要性を強調していた。現行法の立法過程においては，旧法下の下級審裁判例による拡大解釈を明文化する案と文書提出義務を一般義務化する案とが対置された。現行法は，文書提出義務を一般義務化したといわれることがあるが，証人の場合，証人の側が証言拒絶の理由を疎明しないと証言義務を免れないのに対し，220条4号は，その文言上，挙証者の側に提出義務阻却事由の不存在の主張・証明責任を負わせており（そうしないと，1号から3号までを残した意味がなくなるからであるが，挙証者によるこの立証は困難であり，緩和措置が必要である〔⇨*Column* ⑱〕），文書提出義務は証言義務と同じ意味で一般義務であるとはいえない。また，旧法下の判例により確立されていた内部文書概念との連続性を窺わせる4号ニ（「自己専利用文書」）が置かれていることが，その内容の理解を難しくしている。一方には，旧法の下で解釈上内部文書とされていたものは現行法の下でも自己専利用文書として提出義務を免れるとして，新旧両法の連続性を強調する見解があり，他方には，現行法による文書提出義務の一般義務化を強調して，4号ニの解釈は，限定義務を原則とする旧法下での共通文書性に由来する内部文書の概念とは，無関係になされるべきであるとする立場がある（稟議書の提出義務〔⇨*Column* ⑰〕は，現行法の理解の対立が顕著に影響する問題である）。

Column ⑯ 公務秘密文書該当性に関する監督官庁の意見 --------------------

最決平成17・7・22（民集59巻6号1888頁／重判平17民訴2）は，法務大臣から退去強制処分を受けたパキスタン人の原告が，自分はパキスタン政府から政治犯として手配された難民であると主張して処分の取消しを求めた訴訟において，同国警察の逮捕状等の写しを書証として提出したところ，被告法相が，同文書は偽造であるとの同国政府の回答を得た旨が記載された外務省作成の調査文書を書証として提出したため，原告が，同国政府への照会に際し法務省が外務省に交付した依頼文書と外務省が同国政府に交付した照会文書の控えおよび同国政府による回答文書の提出命令を申し立てた事案である。決定要旨は，外相および法相の意見が相当であるかを判断するにあたっては，依頼文書には同国政府に伝えられていない事項が記載されており，照会文書と回答文書は，秘密扱いの表記がある上，外交慣

例上公開されない形式の文書により交換されており，これらが公開されると，他国との信頼関係が損なわれ，今後の難民に関する調査の遂行に著しい支障を生ずるおそれがあることを踏まえるべきであるとした。

また，国防等への支障が生じない一般の公務文書については，本文で引用した最決平成 17・10・14 は，安全配慮義務違反を理由とする損害賠償請求訴訟において，労災事故の調査官が調査結果を取りまとめて労働基準監督署長に提出した災害調査復命書の提出命令が申し立てられた事案において，労災事故調査に対する協力義務は罰則により担保されており，本件復命書の開示により将来の事故調査に具体的な支障が生じるおそれはないとした。

Column (97) 稟議書の自己専利用文書該当性

大正 15 年旧民訴法下の下級審裁判例では，企業がその内部的意思決定の過程で作成する，いわゆる稟議書は内部文書であるとして，その提出義務を否定するのが大勢であった。そして，稟議書は，現行法の下でも 4 号ニに該当し提出義務がないというのが，現行法の制定段階での立案当局による説明であった。これに対し，学説では一般に，文書提出義務の一般義務化の意義を強調し，自己専利用文書は，旧法の下で限定義務の根拠であった共通文書性の阻却要件として理解されていた内部文書とは異質の概念であり，稟議書といえども当然に提出義務を免れるわけでないとする見解が有力である。

この問題について，判例は，金融機関の貸し手責任が主張される訴訟において貸出稟議書の提出が求められた事案について，「貸出稟議書は，専ら銀行内部の利用に供する目的で作成され，外部に開示することが予定されていない文書であって，開示されると銀行内部における自由な意見の表明に支障を来し銀行の自由な意思形成が阻害されるおそれがある」として「特段の事情がない限り」4 号ニに該当するとした（最決平成 11・11・12 民集 53 巻 8 号 1787 頁／百選［6 版］66。これに対し，同種の事案で，特定の金融商品を顧客に推奨するよう求める内容の金融機関の社内通達文書について，最決平成 18・2・17〔民集 60 巻 2 号 496 頁／重判平 18 民訴 3〕は 4 号ニ該当性を否定している）。この特段の事情につき，最決平成 13・12・7（民集 55 巻 7 号 1411 頁／重判平 13 民訴 1）は，経営が破綻した信用金庫の事業を承継した整理回収機構による融資先に対する貸付金返還請求訴訟において，信用金庫が作成し現在整理回収機構が所持する貸出稟議書の提出を命じたとしても，作成

者たる信用金庫は清算中でもはや貸出業務を行うことはないし，その現在の所持者である整理回収機構は法律により貸出債権の回収にあたっているだけなので，同機構の自由な意思形成が阻害されるおそれはないとしている。

Column ⑱　技術または職業の秘密（4号ハ）の意義　--------------

(1)　最決平成 12・3・10（民集 54 巻 3 号 1073 頁／百選 [3 版] 76／百選 [6 版] A20）によれば，「技術又は職業の秘密」とは，その事項が公開されると，当該技術の有する社会的価値が下落しこれによる活動が困難になるものまたは当該職業に深刻な影響を与え以後その遂行が困難になるものをいうとし，電話機メーカーが所持する電話機の回路図，信号流れ図の提出命令申立てについて，所持人に対しその開示により具体的にどういう内容の不利益が生ずるかの主張を求めている。提出義務阻却事由が不存在であることの証明責任を挙証者が負担することに起因する証明困難の緩和策として，注目される。

(2)　また，最決平成 20・11・25（民集 62 巻 10 号 2507 頁／百選 [6 版] 65）は，メインバンクによる取引先の支援表明を信じて信用取引を継続した者が，当該取引先の経営破綻により回収不能となった債権額につきメインバンクに対して損害賠償を請求した事案において，被告が作成し所持する取引先に対する貸付債権の自己査定資料一式の提出命令が申し立てられた事案である。決定要旨は，まず自己査定資料を，取引先の非公開財務情報を記載した部分とそれを基礎として被告が行った取引先の財務，経営等の状況についての分析評価を記載した部分に分ける。その上で，前者については，取引先の財務状況につき被告にこれを秘匿する固有の利益はなく，取引先がその開示を受忍すべき場合には金融機関は訴訟手続においてこれを開示しても守秘義務違反とならないことを前提として，民事再生手続開始決定を得た取引先にとって，これを開示されることによりその業務の遂行に生ずる不利益は軽微であり，原告が取引先の再生債権者であることに照らせば，取引先は，裁判所からその財務状況を記した文書の開示を求められれば技術または職業の秘密を根拠としてこれを拒否できない関係にあるため，被告もまた守秘義務を根拠にその提出を拒絶することができないとした（最決平成 19・12・11 [民集 61 巻 9 号 3364 頁／百選 [4 版] A23] も，遺留分減殺請求訴訟において，被告の取引金融機関に対し，その所持する被告との間の取引履歴が記載された取引明細書の提出命令が申し立てられた事案において，被告

自身がこれを所持していたならば民訴法220条4号のいずれによっても提出を拒絶できない場合には，所持者はこれを秘匿する独自の利益はないとして，提出義務を肯定した）。他方で，後者については，一般論として，顧客の財務状況等についての金融機関の分析・評価情報は，これが開示されると顧客と金融機関との信頼関係が破壊されるなど，その業務の遂行に著しい支障が生ずるから，技術または職業の秘密に該当するとしつつ，保護に値する秘密であるか否かは，その情報の内容・性質，その情報が開示されることによる不利益の内容・性質，当該民事事件の証拠として当該文書を必要とする程度等の諸事情の比較衡量により定まり（証言拒絶事由としての取材源の秘匿につき，最決平成18・10・3民集60巻8号2647頁／百選〔6版〕64 ⇨ *3.6.2.2*(4)），本件文書の本案訴訟における証拠価値は高く，代替証拠が存在しないことと，本件分析評価が取引先の経営破綻前の財務状況等に基づくもので，取引先がその開示により被る不利益が軽微である以上，被告の業務への悪影響も軽微であることに照らして，4号ハ該当性は否定されるとした。

Column ⑨⑨ **刑事事件関係記録の3号文書該当性** --------------

(1) 220条4号ホは刑事事件関係記録を定型的に一般義務文書から除外しているが（裁判所が文書の内容等を個別的に検討して判断すべきものではない〔最決令和2・3・24判時2474号46頁①事件／重判令2民訴3②〕），なお，1号ないし3号，特に3号の法律関係文書として，その提出義務が肯定される余地はある。というのも，公判の開廷前は刑訴法47条本文によりその公開は禁止され，同条但書により例外的に開示を認めるか否かの判断はそれを保管する機関の裁量に委ねられており，事案によっては，同条を根拠として提出を拒絶することが裁量権の濫用，逸脱と評価される可能性があるためである（最決平成16・5・25〔民集58巻5号1135頁／百選〔6版〕67〕は，一般論としてこう述べる）。ただし，この場合にはインカメラ手続は実施できない。

(2) 国，千葉県等を標的とした時限式発火装置による放火等事件につき警視庁の警察官による捜索差押えを受けた者が，これを違法として東京都に対し国賠法1条1項に基づく損害賠償を求めた訴訟において，被疑者不詳として原告の住居につき発せられた捜索差押許可状および同許可状の請求書につき提出命令を申し立てた事案について，最決平成17・7・22（民集59巻6号1837頁／重判平17民訴1）は，捜索差押許可状は，原告の住居を捜索しその所有物を差し押える権限を捜査機関に授与し，原告にその受忍

を義務付ける意味で，原告と被告との間に法律関係を生じさせる文書であり，その請求書は許可状の発付を求めるため法律上作成が要求される文書であるから，いずれも 220 条 3 号の法律関係文書に該当するとした上，許可状は，法律上その執行にあたり原告への呈示が義務付けられているから，原告に対し秘匿されるべきものではなく，刑訴法 47 条を根拠にその提出を拒否した被告の判断には裁量権の濫用，逸脱があるとした。他方で，捜索差押許可状請求書については，被疑者未検挙の現状と捜査が困難で長期化しがちな組織犯罪という被疑事件の特質とに照らし，本件請求書には，犯行の態様等の捜査上の秘密や被害者等のプライバシーに属する事項が記載されている蓋然性が高いから，その提出を拒否した被告の判断に裁量権の濫用，逸脱があるとはいえないとした。インカメラ手続を利用できないもどかしさを実感させる事例である。

(3) その一方で，最決平成 19・12・12（民集 61 巻 9 号 3400 頁／重判平 20 民訴 5）は，検察官による原告の勾留請求の違法を理由とする国家賠償請求訴訟において，勾留請求の基礎資料となった被害者の告訴状および供述調書の提出命令が申し立てられた事案において，これらの文書は原告・被疑者と国との間の刑事訴訟法律関係文書として 220 条 3 号に該当するところ，勾留の裁判は取り消されており，勾留請求の基礎となったこれらの文書を取り調べる必要は高く，被害者が原告に対し本件被疑事実（強姦）による損害につき賠償請求訴訟を提起しており，本件本案訴訟においても被害者の供述内容を記載した陳述書が提出されている状況に照らすと，これらの文書が開示されても被害者のプライバシーが侵害されるおそれはなく，同様の事件の捜査や公判に不当な影響は生じないから，国が刑訴法 47 条を根拠にその提出を拒絶することは，裁量権の濫用，逸脱にあたるとした。

(4) また，最決平成 31・1・22（民集 73 巻 1 号 39 頁／重判令元民訴 4）は，都道府県警察の違法捜査を理由とする国家賠償請求訴訟において都道府県が所持する捜査関係書類の写しにつき 220 条 1 号の引用文書または同条 3 号の法律関係文書該当性が争われた事案について，当該文書が所持者に引用されたことにより当該文書自体が公開されないことによって保護される利益のすべてが放棄されたとはいえず，前掲最決平成 16・5・25 の一般論に従い，文書を公開するかどうかは保管者の合理的な裁量に委ねられるとしつつ，提出拒絶の理由がその裁量権の逸脱・濫用と認められるときは，当該写しの原本を検察官が保管している場合であっても，当該写しの所持

者にその提出を命ずることができるとした（なお，都道府県の機関が保管する文書の提出命令の相手方とされる文書の所持者は，実際に文書を保管する機関ではなく，その活動に係る権利義務の主体である都道府県である。最決平成29・10・4民集71巻8号1221頁／重判平29民訴4）。

　(5)　最決令和2・3・24（民集74巻3号455頁／重判令2民訴3①）は，司法警察職員から鑑定の嘱託を受けた者が鑑定のために必要な処分として行った死体の解剖の写真に係る情報が記録された電磁的記録媒体であって，司法警察職員が所属する地方公共団体が所持する準文書について，220条3号の法律関係文書該当性が争われた事案において，法律関係文書に該当するかどうかは220条3号後段の文言および沿革に照らし，当該文書の記載内容やその作成経緯および目的等をしん酌して判断すべきとの基準を示しつつ，挙証者である死体の遺族には司法解剖において死体が不当に傷つけられないことに法的利益があり，当該文書は司法解剖が適切に行われたことを示す資料になりうることから法律関係文書に該当するとした。法律関係文書の該当性の判断は緩やかな解釈の下になされる傾向が指摘される。

---

3. 6. 2. 8
インカメラ手続

　　220条1号ないし3号所定の文書は，通常はその性質やそれが作成される一般的な趣旨等の外形的事情からそれに該当するか否かの判断が可能である。これに対し4号文書では，イないしニ所定の事由があるか否かは，実際に文書の内容を見ないと判断できないことが多いので，裁判所は，必要があると認めるときは，文書の所持者に文書を提示させることができ，この場合には，何人もその提示された文書の開示を求めることができない。これをインカメラ手続という（223条6項。刑事事件関係記録はインカメラ手続の対象から外されている）。また，4号ロに該当しないことを主張する文書提出命令の申立てがあったときは，裁判所は，その該当性につき監督官庁の意見を聴かなければならず，監督官庁が，その開示により，国の安全が害されるおそれ，他国・国際機関との信頼関係が損なわれるおそれ，他国・国際機関との交渉上不利益を被るおそれ，または，犯罪の予防・鎮圧・捜査，公訴の維持，刑の執行その他

公共の安全と秩序の維持に支障を及ぼすおそれがあり，4号ロにあたるとする意見を述べたときは，裁判所は，その意見について相当の理由があると認めるに足りない場合に限り，文書提出命令を発令することができる（223条3項4項）。

　所持人が第三者であるときはその審尋が必要であり，文書提出命令の申立てに関する決定に対しては，即時抗告することができる（223条2項7項）。

Column ⑩　インカメラ手続の問題点

　現行法のインカメラ手続には，次のような問題点が指摘されている。

　事実認定を行う主体と証拠の証拠能力，証言拒絶事由・文書提出義務阻却事由の存否を審査する主体とが別（たとえば陪審制）であれば生じない問題であるが，わが国では，受訴裁判所自らが事実認定と拒絶事由・提出義務阻却事由の有無の判断の双方に関わるため，文書提出命令の申立人をして，同事由の判断のため文書を閲読したことにより得られた心証を本案の事実認定に流用しているのではないか，との懸念を抱かせることとなる。立案過程では，受訴裁判所裁判官とは別の裁判官に提出義務阻却事由を判断させることも検討されたが，刑事訴訟では，受訴裁判所の裁判官が，被告人の捜査段階における自白の任意性を検察官面前調書等の内容に立ち入って証拠能力を判断していることに照らし，民事訴訟で受訴裁判所裁判官への不信に依拠した制度を設計するのは困難であった。

　第2に，被告が原告の特許権を侵害して医薬品を製造しているとして提起された差止請求訴訟において，原告が，当該医薬品の製造承認を求めて被告が国に提出した申請書の提出命令を申し立てたところ，被告が企業秘密である被告独自の製法の記載があると主張したため，インカメラ手続を経て，提出義務阻却事由があるとして申立てが却下された。その後，原告主張の事実は原告提出に係る他の証拠からは証明できないとして，請求が棄却されたとする（東京高決平成10・7・16金商1055号39頁参照）。この場合，原告は，判決文の通り証明責任で敗訴したのか，原告の特許権と抵触しない独自の製法を被告が有しているというインカメラ手続において得られた心証により敗訴したのか，疑心暗鬼となる。文書提出命令の申立人が同手続から排除されていることに伴う問題点であり，立案過程では，訴訟代理

人に限り同手続への立会いを認めることも検討されたが，本人訴訟の当事者を差別するわけにはいかないので，見送られた（この点では，平成16年改正知的財産関係2法が，文書提出命令申立人に対する秘密保持命令の発行と併せて，所持人が提出した文書を同人に開示し意見陳述の機会を与えた〔特許105条3項等〕ことが，注目される）。

<hr>

3. 6. 2. 9
文書提出義務違反の効果

当事者である所持者が，提出命令に従わないとき，または，提出義務ある文書を相手方の使用を妨げる目的で使用不能な状態にしたときは，裁判所は，当該文書の記載に関する相手方の主張を真実と認めることができる（224条1項2項）。のみならず，相手方が，当該文書の記載に関して具体的な主張をすることおよび当該文書により証明すべき事実を他の証拠により証明することが著しく困難であるときは，裁判所はその要証事実に関する相手方の主張を真実と認めることもできる（224条3項）。3項がなかった大正15年旧民訴法下での下級審裁判例（東京高判昭和54・10・18判時942号17頁／百選Ⅱ131）がこうした効果を認めていた。これは，証明妨害（⇨ *3. 6. 1. 10*）に関する明文規定の1つであり，その効果として証明度の軽減を認めたものといえる。これに対し，第三者である所持者が提出命令に従わないときは，過料の制裁が科される（225条1項）。

3. 6. 2. 10
物証の取調べ——検証

検証とは，裁判官が，五感作用により直接に事物の性状，現象等を検査して，その結果を証拠資料にする証拠調べである。わが国の裁判権に服する者には証人義務と同様の一般的な検証受忍義務が課されている。検証の申出は検証の目的を表示してする（規150条）。検証受忍義務違反の効果は，文書提出義務の場合と同様であって，当事者については真実擬制（232条1項による224条の準用），第三者については過料の制裁（232条2項）である。検証に際し必要があると認めるときは，職権による鑑定がで

きる（233条）。なお，令和4年改正により，当事者に異議がない場合
であって，裁判所が相当と認めるときは，ウェブ会議を利用した検証
を実施することができる（改正後232条の2）。

3. 6. 2. 11
証 拠 保 全
裁判所は，訴訟の係属中において，あらかじ
め証拠調べをしておかなければその証拠を使
用することが困難となる事情があると認めるときは，申立てにより
（234条）または職権で（237条），証拠調べを行うことができる（証拠
保全の証拠開示的運用につき⇨ *2. 1. 5. 1*）。この証拠保全の申立ては，そ
の証拠を使用すべき審級の裁判所にしなければならないが，最初の口
頭弁論が指定されまたは事件が弁論準備手続・書面による準備手続に
付された後口頭弁論終結までの間は，受訴裁判所にしなければならず
（この場合の証拠調べは受命裁判官にさせることができる），急迫の事情が
ある場合には，尋問を受けるべき者，文書を所持する者もしくは電磁
的記録を利用する権限を有する者の居所または検証物の所在地を管轄
する地方裁判所または簡易裁判所にすることができる（改正後235
条・239条）。証拠保全の申立ては相手方を指定することができないと
きでもすることができるが，この場合には裁判所は相手方となるべき
者のため特別代理人を選任することができる（236条）。証拠保全とし
ての証拠調べ期日には申立人および相手方を呼び出さなければならな
いが，急速を要する場合はこの限りでない（240条。証拠保全としての
証人尋問と直接主義の関係につき⇨ *3. 6. 2. 3*）。

7 口頭弁論の終結

① 口頭弁論終結の要件

243条1項は「訴訟が裁判をするのに熟したとき」に裁判所に終局
判決をすることを認めている。これは，裁判所が口頭弁論を終結する

ために具備すべき要件でもあり，具体的には，これ以上証拠調べを重ねても結論が覆る蓋然性が低いと判断される状態を意味する。この状態を「解明度」または「審理結果の確実性」と呼ぶ学説がある（証明度との相違につき⇨*Column* ⑩）。ただし，裁判に熟するとは，この審理結果の確実性，すなわち，裁判所が獲得した情報の量的側面のほかに，審理の過程で裁判所による適切な釈明権の行使等により，当事者に十分な攻防の機会が保障されていたか否かを問う側面もあることが，指摘されている）。裁判所が，まだこの段階に達しておらずさらに証拠調べを重ねる必要があると判断して，いったんは期日を指定した場合でも，当事者の一方または双方が当該期日に欠席した場合，審理の現状および当事者の訴訟追行の状況を考慮して相当と認めるときは，244条は裁判所にその期日において口頭弁論を終結することを認めている（⇨*3. 5. 3. 3*）。

② 既判力の基準時

口頭弁論が終結し，その後言い渡された本案の終局判決がそのまま確定すると，既判力の作用（⇨*5. 2. 2. 4*）により，当事者は口頭弁論の終結前に存在した攻撃防御方法を主張して終局判決における訴訟上の請求についての判断を覆すことはできなくなる。この意味で，口頭弁論終結の時は既判力の基準時となる（したがって，口頭弁論終結の日は電子判決書の必要的記録事項である〔改正後252条1項4号〕）。換言すれば，すでに存在する攻撃防御方法は，口頭弁論終結までにすべて提出しておかなければならない。

③ 口頭弁論の再開

ということは，最終の事実審たる控訴審において，いったんは裁判に熟したとして口頭弁論が終結された場合，ある攻撃防御方法がその終結前に存在していたが，当事者がそれを提出できなかったことに相当な理由がある場合，弁論を再開してそれをしん酌すれば判決の結論

が覆る可能性があるにもかかわらず，そのまま判決を言い渡しその判決が確定すれば，既判力によりその提出は遮断されることになる（この原則の調整の可否につき⇨ *5.2.2.8*）。いったん終結した口頭弁論を再開するか否かは裁判所の裁量判断（⇨ *3.4.1.3*）であり，当事者には弁論再開の申立権は認められていない（最判昭和23・11・25民集2巻12号422頁）。しかし，この裁量権は絶対無制限のものではなく，当事者に対して攻撃防御方法の提出の機会を与えることが手続的正義の要請上必要と認められる特段の事情があるときは，弁論を再開しない措置は違法とされる。

Column ⑩① **弁論を再開しない事実審の措置が違法とされた例** ┈┈┈

最判昭和56・9・24（民集35巻6号1088頁／百選［6版］39）は，不動産の売買契約が無権代理であると主張する本人が，当該売買を原因とする所有権移転登記を有する者を被告として，抹消登記手続を求め，被告が，代理権の存在または基本代理権に基づく表見代理を主張している訴訟において，口頭弁論終結前に，本人である原告が死亡し，本人により無権代理人と指摘された者が本人を相続していたが，原告に訴訟代理人がいたため，訴訟手続の中断・受継がなく，当事者が変更されることもないまま弁論が終結された後，その相続の事実につき善意・無過失であった被告が，本人を相続した無権代理人は自己の行為につき責任を負うべきであるとして，弁論の再開を求めたにもかかわらず，弁論を再開せず，被告の抗弁をすべて斥けた控訴審の措置を違法とした。

SUMMARY

　本章では，裁判の種類，判決の基礎となる事実の確定および判決に関する諸事項のうち判決の効力を除く事項について扱う。

　まず，判決・決定・命令という裁判の種類およびそれらの異同について概観する（**1**）。

　次に，口頭弁論・証拠調べを経て判決の基礎とすべき事実を認定する過程について概観する。事実認定の際に用いることができる証拠資料や経験則（自由心証主義），および自由心証を尽くしても事実の存否不明の場合の対応（証明責任）が問題となる（**2**）。

　最後に，判決の種類，本案判決と訴訟判決の区別および訴訟要件の意義，請求認容判決における申立事項の制約について概観した後，仮執行宣言等判決に付随する裁判および判決の成立から送達に至るまでの手続を概観する（**3**）。

1 判決とそれ以外の裁判

　裁判とは，一般に，法定の形式による裁判機関の判断・意思の表示行為をいう。裁判には，裁判機関および成立手続の違いから，判決，決定および命令の3種類がある。判決とは，裁判所が，原則として必要的に口頭弁論に基づいて（87条1項本文，例外：78条・140条・256条2項・290条・319条・355条1項・359条）する裁判である。決定は，裁判所が，口頭弁論を経ずにする裁判である。命令は，裁判長，受命裁判官または受託裁判官が，口頭弁論を経ずにする裁判である。決定，命令ともに口頭弁論を裁量的に開くことはできるが，実務上は皆無で

ある。裁判所が単独制の場合には，裁判官が，裁判所の権限を行使して判決や決定を，そして裁判長等の権限を行使して命令をすることになる（⇨ *2. 4. 1. 1～2*）。

判決は，最も慎重な手続に基づく裁判であるため，訴えの申立ておよび判決への不服申立てに対する応答として用いられる。不服申立ての方法は，第一審判決に対しては控訴，控訴審判決に対しては上告である。さまざまな角度からの判決の分類については本章 **3** **①** を参照。決定および命令は，簡易迅速な性格を持つことから，判決手続に派生して発生する事項についての裁判（たとえば文書提出命令〔223 条 1 項〕）あるいは訴訟指揮のための裁判（たとえば期日指定〔93 条 1 項〕）に用いられる。不服申立てができないものおよび判決に対する不服申立ての中であわせて不服申立てをすることができるものを除いて，決定および命令に対しては，抗告により不服を申し立てることができる（再抗告ができる場合について裁 16 条 2 号，最高裁への特別抗告・許可抗告について 336 条 1 項・337 条 1 項）。裁判の内容から「命令」と呼ばれるが，性質上は「決定」である裁判（たとえば文書提出命令〔223 条 1 項〕）があることに注意が必要である。

判決の成立には，電子判決書（改正後 252 条 1 項，判決書〔改正前 253 条 1 項〕）に基づく言渡し（改正前 252 条，改正後 253 条）が必要であり（ただし 254 条のいわゆる調書判決），また電子判決書等は当事者に送達をしなければならない（255 条）のに対して，決定・命令の場合には必ずしも電磁的記録を作成する必要はなく，また相当と認める方法により告知すれば効力を生ずる（119 条）。

法は，判決について詳細に規定を設け，決定および命令には，別途特則がある場合を除いては，その性質に反しない限り，判決に関する規定を準用することとしている（122 条）。

2 事実の認定

① 自由心証主義

4.2.1.1
　　　意　義

裁判所は，判決をするにあたり，口頭弁論の全趣旨および証拠調べの結果をしん酌して，自由な心証により，事実についての主張を真実と認めるべきか否かを判断する（247条）。この建前を自由心証主義と呼ぶ。すなわち，第1に，事実認定の際に用いる証拠方法を制限せず，第2に，証拠資料や間接事実・補助事実から他の間接事実や主要事実を推認させる力を証明力というが，その判定にあたって経験則の取捨選択を裁判官の裁量に委ねる建前である。これに対して，証拠方法を制限し（たとえば，特定の契約の成立は書証によってのみ証明されうる），あるいは証明力を法定する（たとえば，証人2人の一致した証言があれば必ずその事実を認定しなければならない）建前を法定証拠主義と呼ぶ。かつてドイツでは法定証拠主義がとられていた時代もあったが，その後ドイツ・フランスを含めて近代の民事訴訟法が自由心証主義を採用するに至ったのは，社会が発展し紛争や紛争における係争事実が複雑化してくるにつれて，法定された証拠方法の利用のみで真実の発見をするのは困難になってきたこと，および正確な事実認定をするために事案に応じた経験則を選択することができるという裁判官への制度的信頼が確立されてきたことによる。

4.2.1.2
　証拠調べの結果・弁論
　の全趣旨

判決の基礎となるべき事実の存否の確定のためには，証拠調べの結果と弁論の全趣旨とがしん酌される。

　（1）　**証拠調べの結果**　　適法な証拠調べから裁判所が得た資料をいう。民事訴訟においては，原則として証拠能力の制限はないため，証拠調

べが適法である限り，そこから得られた資料を事実認定に用いること
ができる。もっとも，刑事訴訟との対比から，次の2つの点で証拠能
力が問題となる。第1に，無断録音テープのような違法収集証拠の証
拠能力については，原則として証拠能力を肯定することができるもの
の，著しく反社会的な手段を用いて，人の精神的肉体的自由を拘束す
る等の人格権侵害を伴う方法によって収集されたものである場合には，
証拠能力そのものを否定すべき場合がある（東京高判昭和52・7・15判
時867号60頁／百選［3版］71）（非公開で録音をしないで実施される大学ハ
ラスメント防止委員会における秘密保護の必要性が高い審議内容を無断で録
音することの違法性の程度は高く，その内容を記録した電磁的記録媒体を証
拠として提出することが信義則に反するとして証拠から排除されたものとし
て，東京高判平成28・5・19判例集未登載〔LEX/DB 25542758／百選［6版］
63〕⇨ *3. 6. 1. 8*）。窃取された文書についても，真実発見の要請等から
原則として証拠能力を認めるべきである（神戸地判昭和59・5・18労民
集35巻3・4号301頁／百選［5版］66）。第2に，交互尋問（202条）を
経ていない伝聞証拠（たとえば，Aが「○○」と言っていた，というBの
証言における「○○」の部分）であっても，証明力の評価の際に伝聞証
拠である旨を考慮に入れれば足り，証拠能力を否定する必要は原則と
してない（最判昭和27・12・5民集6巻11号1117頁／民事事実認定15，最
判昭和32・2・8民集11巻2号258頁／百選［6版］62）。例外的に，証拠
方法が制限される場合がある（規15条・23条1項，改正前160条3項本
文，改正後160条4項本文・188条・352条・371条）。なお弁論主義の下
では，当事者間の公平に基づいて，真実擬制が認められる場合がある
（208条・224条・229条4項）。

(2) **弁論の全趣旨**　　証拠調べの結果に基づく証拠資料を除く，訴
訟の過程における一切の模様状況をいう。主張の変遷や矛盾，攻撃防
御方法の提出あるいは撤回のタイミング，当事者や代理人の主張の際
の様子，通常共同訴訟における他の共同相続人の自白等が含まれる。

判例は，判決書では弁論の全趣旨の内容の説示は不要であるとするが（最判昭和 36・4・7 民集 15 巻 4 号 694 頁／百選 II 115），特に上訴との関係ではなるべく具体的な説示がされることが望ましいとの指摘もある。

(3) **経験則**　　証拠調べの結果と弁論の全趣旨とから事実を推認する際に用いられる経験則の選択は，原則として裁判官の裁量による。しかしその裁量は無制約ではなく，事実の推認に高度の蓋然性があり，他の結論は生じえないことが確実とみられるような経験則に違反した事実認定は，自由心証主義の内在的拘束を超えるものであり，「法令違反」として法律審である上告審での原判決の破棄事由となりうる（最判昭和 36・8・8 民集 15 巻 7 号 2005 頁／百選［6 版］109，最判平成 16・2・26 判時 1853 号 90 頁，最判平成 18・1・27 判時 1927 号 57 頁，最判平成 18・11・14 判時 1956 号 77 頁，最判平成 22・7・16 判時 2094 号 58 頁）（⇨ *5. 1. 5. 2*，*5. 1. 5. 3*）。

4. 2. 1. 3
証明度

証明度とは，ある事実が証明されたと判断するのに必要かつ十分な心証の程度をいう。民事訴訟における証明度については，「一点の疑義も許されない自然科学的証明ではなく，経験則に照らして全証拠を総合検討し，特定の事実が特定の結果発生を招来した関係を是認しうる高度の蓋然性を証明することであり，その判定は，通常人が疑を差し挟まない程度に真実性の確信を持ちうるものであることを必要とし，かつ，それで足りるものである」（最判昭和 50・10・24 民集 29 巻 9 号 1417 頁／百選［6 版］54），という高度の蓋然性説が伝統的な考え方である。もっとも近時では，特に証明責任を負わない当事者に主張立証の誘因を与え，結果として審理を充実させるために，高度の蓋然性は不要であり優越的蓋然性で足りる，という考え方も主張されている。しかし，判決で権利を認める（たとえば建物収去土地明渡請求を認容する）ということは現状の変更を最終的には強制執行により実現することにつながりうるのであり，これを正当化するためには高度の蓋然性が必要であると考える

べきであろう。

　ある事項の存否を証拠調べから明らかにすることを広義の証明と呼び，上記のように証明度について高度の蓋然性が必要なものを狭義の証明と呼ぶ。この狭義の証明と対比されるのが疎明であり，一応確からしいという心証を抱くべき状態，あるいはその状態をめざした当事者の証拠提出行為をいう。手続上の派生的事項でその確定を迅速に行うべき場合について疎明が用いられる（35条1項・44条1項・91条2項等）。疎明は，在廷証人や当事者が期日に持参した文書等，即時に取り調べることができる証拠方法によってしなければならない（188条）（⇨ *3. 6. 1. 1*）。

Column ⑩　解明度

　近時は，証明度とは区別して，当該事実についてどの程度立証活動が尽くされたかの程度（審理結果の確実性）を解明度と呼ぶ考え方がある。この考え方によれば，証明と疎明とは証明度の差によるものではなく，むしろ疎明は証拠方法の制限がある点で解明度が低い，と説明することになる。また，「訴訟が裁判をするのに熟したとき」（243条1項）とは必要とされる解明度に達したときである，という説明をすることになる。

---

4. 2. 1. 4　事実上の推定

　推定（広義）とは，ある事実から他の事実を推認することをいう。推定には，法律上の推定と事実上の推定とがある。法律上の推定は後述するとして（⇨ *4. 2. 2. 5*），ここでは事実上の推定を扱う。

　事実上の推定とは，自由心証の範囲内で経験則に基づいてある前提事実から別の事実を推認することをいう（「事実上の」とは，事実に関する，という意味ではなく，法律上の事実推定と対比しての表現である）。用いられる経験則の蓋然性が高度であればあるほど，推認される事実についての心証は証明度に近づく。このように証明度に近づいた状態を一応の証明，あるいは表見証明と呼ぶことがある。たとえば，注射の直後からその部位が腫れたという事実から注射について何らかの過失が

あったことを高度に推認することができる（最判昭和 32・5・10 民集 11巻 5 号 715 頁／百選［3 版］68／民事事実認定 12 ①）。また，仮処分命令が被保全権利の不存在を理由に保全異議等の手続により取り消され，あるいは本案訴訟で原告敗訴の判決が確定した場合には，他に特段の事情のない限り，仮処分債権者に過失があったものと推認するのが相当である（最判昭和 43・12・24 民集 22 巻 13 号 3428 頁／百選［6 版］57／民事事実認定 11）。

Column ⑩　　**過失の一応の推定** -------------------------------

　　過失の一応の推定が認められる場合には，原告の過失の主張はある程度概括的で足り，被告たる医師側で過失を否定するために，具体的な事実を主張しなければならず，またその事実の証明により何らかの注意義務違反の存在についての心証を証明度に達しないようにしなければならない（⇨ *4. 2. 1. 5*）。また判決においても，概括的あるいは択一的な認定をすることができる。上記の最判昭和 32・5・10 は，注射液の不良または注射器の消毒不良を診療行為の過失と認定できる，と判示した。同様に，過失の概括的認定を認めた判例として，最判昭和 39・7・28 民集 18 巻 6 号 1241頁／百選［6 版］56 がある。

---

4. 2. 1. 5
　　間 接 反 証

ある主要事実（A）について証明責任を負担する者が，その主要事実を推認するのに十分な間接事実（a, b, c）を証明した場合に，相手方は，敗訴を避けるために，それらの間接事実とは別の（a, b, c とは両立可能な）間接事実（d）を証明することで主要事実の存在の推認を妨げて存否不明にしようとする証明活動をすることになる。この相手方の証明活動を間接反証と呼ぶことがある。この議論は，「過失」や「因果関係」という抽象的規範的な要件そのものを主要事実と捉える考え方に基づいている。もっとも，上記の場合，当該別の事実（d）は間接事実である以上，その証明責任もその転換も観念できず，上記は自由心証に基づく事実認定一般に妥当するのであり，間接反証という特別の概念で説明する

必要はない。

(1) 弁論主義の第1テーゼ　弁論主義の第1テーゼは，主要事実について適用されるが，他方で間接事実や補助事実には適用されない（⇨第3章**2 ③**）。すなわち，裁判所は，当事者が口頭弁論において主張していない間接事実や補助事実を証拠から認定することができるのである。間接事実や補助事実は主要事実の推認の基礎となるという意味で証拠と同様の機能を有し，当事者の主張がなくても認定できるとすることで，裁判官の自然な事実認定を可能にするためである。弁論主義の第1テーゼは，判決において認定できる事実について当事者のコントロールを認める建前であるところ，間接事実や補助事実については当事者のコントロールよりも裁判官の自由心証を優先するということである。

　たとえば，貸金返還請求訴訟において，被告は原告主張の請求原因事実を認めた上で弁済の抗弁を提出し，原告が被告の弁済の主張を否認しており，当事者はこれら以外の事実を主張していない場合に，裁判所は，証人の証言から，被告は弁済をしたがそれは別口債務への弁済である，という事実を認定して原告の請求を認容することは弁論主義の第1テーゼに抵触しない。弁済の抗弁については，特定債務への弁済であるという事実まで被告が主張・証明責任を負うのであり，弁済は別口債務へのものであったという事実は，原告の請求に係る債務への弁済がないという事実を推認させる間接事実である（理由付否認の理由の部分である）。証人が，「被告の弁済は別口債務に対してなされたものである」という証言をして，裁判所がこの証言を信頼できるとの心証を有するに至った場合に，当事者からの主張がないという理由で弁済は別口債務へのものであるという間接事実を認定できず，その間接事実から弁済の事実はなかったという推認をできないとすれば，裁判官に不自然な事実認定を強いることになってしまうので，間接事

実については当事者の主張がなくても証拠から認定してよい，とされるのである。また，弁済の抗弁を主張している被告としても，請求に係る債務への弁済という事実の主張・証明責任を負っている以上，原告からの主張がなくても，別口債務への弁済ではない点についても視野に入れた訴訟追行をすべきであって，主張のない間接事実が判決で認定されたとしても不意打ちにはならないのである。

より一般的に言えば，「被告が原告の主張する請求原因事実を否認し，または原告が被告の抗弁事実を否認している場合に，事実審裁判所が右請求原因または抗弁として主張された事実を証拠上肯認することができない事情として，右事実と両立せず，かつ，相手方に主張立証責任のない事実を認定し，もって右請求原因たる主張または抗弁の立証なしとして排斥することは，その認定にかかる事実が当事者によって主張されていない場合でも弁論主義に違反するものではない」（最判昭和46・6・29判時636号50頁／百選［6版］A13）。

(2)　**自白の拘束力**　　一方当事者が主張した間接事実の存在を相手方当事者が認めても（間接事実の自白），裁判所も自白した当事者も拘束しない，とするのが判例の立場であり（最判昭和41・9・22民集20巻7号1392頁／百選［6版］51。「建物の売買」は，抗弁である主要事実「債権譲渡」の存在を推認する間接事実），学説上も伝統的な考え方である。裁判所に対する拘束力を否定する根拠は自由心証主義であり，裁判官が自白された事実が真実に反すると疑っている場合でもその事実を基礎に主要事実を推認しなければならないとするのは，自由心証を制限する不自然な事実認定を裁判官に強いるものである，また裁判所に対する拘束力を否定する以上，自白した当事者への拘束力を認めるのは酷である，というのである。もっとも，自白された間接事実を前提にしてこれを打ち消すに足る別の間接事実が認められない限り，（疑いを持っているにしても）自白された間接事実から主要事実を推認することはそれほど無理なことではない，特に重要な間接事実について手続が進

行してからの自白の撤回を認めるとすると，自白された間接事実についても証拠を収集・保持しておかなければならないことになる，また自白があっても撤回ができる限り争点から排除されないことになるから，特に争点整理手続（⇨ *3. 5. 2. 2*）により早期に争点を絞り込む現行法の建前とは抵触する，として間接事実の自白について裁判所および当事者を拘束する，という反対説も有力に主張されている。否定説は裁判官の自由心証を重視するのに対して，肯定説は自白を通じた当事者による事実認定過程の支配を強調するものである。

　補助事実の自白の効力についても議論がある。判例（最判昭和52・4・15民集31巻3号371頁／民事事実認定9）は，文書の成立の真正（文書の形式的証明力〔⇨ *3. 6. 2. 6*(2)〕に関する事実ゆえ補助事実）についての自白は裁判所を拘束しない，と判示した。裁判所に対する拘束力を否定する根拠は，ここでも自由心証主義であり，裁判官が文書の成立の真正を疑っている場合でもその文書の形式的証明力を前提として主要事実を推認しなければならないとするのは，自由心証を制限する不自然な事実認定を裁判官に強いるものである，というのである。これに対しては，文書の成立の真正は独立の確認の訴えの対象となることが認められていること（134条の2），少なくとも処分証書についてはその成立の真正が認められると文書の内容である法律上の行為がされたことが証明されたことになるから，主要事実に準じて扱うべきであり，したがって自白の拘束力も認めるべきである，という考え方も有力である。もっとも，この考え方に従うとしても，証人の証言の信用性に関わる事実等文書の成立の真正以外の補助事実については，自由心証を根拠に自白の拘束力を否定すべきであろう。

4. 2. 1. 7
損害額の証明

損害が生じたことは認められるが，しかし損害の性質上その額を立証することが極めて困難であるときは，裁判所は，口頭弁論の全趣旨および証拠調べの結果に基づき，相当な損害額を認定することができる（248条）。この規律

は平成 8 年の民事訴訟法の全面改正の際に新たに設けられたものである（同条創設前における価格協定に起因する損害額の立証について，最判平成元・12・8 民集 43 巻 11 号 1259 頁／百選［3 版］67）。

　立案担当者の解説は，本条の趣旨について，損害賠償請求訴訟においては損害の発生および損害額についての証明責任は原告が負うため，原告が損害の発生自体は証明できたとしても損害額の証明（高度の蓋然性）に成功しない場合には，請求は棄却されることになるが，原告にとっては不当に不利益になることがあることから，損害額については証明度を軽減して，裁判所が相当な損害額を認定できるとしたものである，と説明する。次に，具体的な適用場面として，性質上額の立証が極めて困難な慰謝料および幼児の逸失利益を想定している，とする。

　もっともその後の学説・判例は，本条の趣旨および具体的な適用場面について分かれている。まず本条の趣旨は事実認定に係る証明度の軽減ではなく，損害額についての法的評価（裁判所の自由裁量）を認めたものであるという考え方があり，具体的には慰謝料および幼児の逸失利益は裁判所の裁量的評価で損害額を認定する，と説明することになる。

　また具体的な適用場面についても，店舗兼住宅の火災による店舗用備品や家財道具の焼失から生ずる損害の額は，本来は個々の動産について経年を考慮した減価等を行い，これを全動産について積み上げて算定することになるが，性質上その証明は極めて困難であるとして，本条の適用を認め，損害保険における査定基準であるモデル家庭の標準的評価表の家財道具の価額に基本的に依拠して損害額を認定した裁判例がある（東京地判平成 11・8・31 判時 1687 号 39 頁／百選［3 版］69）。さらに，裁判例には，競争入札における談合による損害額は，談合されていなければ形成されていたであろう落札価格に基づく契約金額と現に締結された請負契約に係る契約金額との差額分であるが，この損

害額の立証は性質上極めて困難であるとして，248条により相当な損害額を認定できると判示するもの（東京高判平成21・5・28判時2060号65頁／百選〔5版〕58）や，高層リゾートマンションの建築確認申請に必要な構造認定申込書に特定行政庁の担当者が署名捺印せず，その結果計画した建築物が建築できなくなった場合は，損害が生じたことが認められるが，損害の性質上その額を立証することが極めて困難であるときにあたるので，248条により相当な損害額を認定するもの（東京高判平成13・7・16判時1757号81頁）がある。

慰謝料，幼児の逸失利益，焼失家財その他の類型に248条が適用されるのか（適用範囲），また適用を認める場合に証明度の軽減，裁判所の裁量のいずれで説明するのか（法的性質）については，学説上考え方はさまざまに分かれている。

損害賠償請求訴訟において，損害の発生は認められるものの，損害額の立証が極めて困難であるときは，裁判所は，248条により，口頭弁論の全趣旨および証拠調べの結果に基づいて相当な損害額を認定すべきであって，248条を適用せずに損害額の立証がないとして請求を棄却することは，判決に影響を及ぼすことが明らかな法令違反に該当する（最判平成20・6・10判時2042号5頁／重判平20民訴6）。

② 事実の真偽不明への対応

4.2.2.1
証明責任の意義

判決の基礎となる事実のうち，自白された事実を除いては，最終的に判決内容を確定するために，審理を経てその存否を確定する必要がある。もっとも証拠資料等の心証形成の材料の不足等から，裁判官が判決内容の確定のために必要な事実を存否いずれとも確定しえない場合がありうる。しかしそのような場合にも，裁判を拒否して紛争を放置するわけにはいかないので，裁判官の心証において存否不明の事実の存否を確定して判決を可能にする規律が必要となり，この規律が証明責任である。当事者

の方からみれば，証明責任とは，自由心証を尽くしても事実の存否が不明（ノン・リケット）の場合に，その事実を要件とする自己に有利な法律効果の発生が認められないという一方当事者の不利益をいう（「責任」という言葉が用いられているものの，当事者の証明すべき「義務」という意味はなく，専らノン・リケットの場合の実体法の適用〔不適用〕が当事者に投影された結果としての「不利益」を意味する）。

たとえば，貸金返還請求訴訟において，金銭の授受について存否不明の場合には，当該事実について原告が証明責任を負うことから（「証明責任の分配」〔⇨ *4. 2. 2. 2*(3)，*4. 2. 2. 3*〕），金銭の授受を要件の1つとする貸金返還請求権の発生という効果は認められないことになり，請求は棄却されることになる。また，被告が消費貸借の成立を認めた上で主張した弁済の事実が存否不明の場合には，弁済の事実についての証明責任は被告が負うから，弁済を要件とする貸金返還請求権の消滅という効果は認められないことになり，請求は認容されることになる。

自由心証の尽きたところから証明責任の働きは始まるが，自由心証主義が証明責任の論理的な前提であるわけではない。法定証拠主義の下でも，証拠能力や証明力の制限の下で要証事実の存否不明という事態は生じうるからである。自由心証主義をとる方が柔軟な事実認定が可能な分，要証事実の存否不明という事態が生じにくい，というにすぎない。

また弁論主義が適用される訴訟のみならず，職権探知主義が適用される訴訟においても証明責任は必要である。職権探知主義の下では，事実証拠の収集の権能が当事者のみならず裁判所にもあるとしても，証拠資料の不足等から要証事実の存否不明という事態は生じうるからである。

4. 2. 2. 2
具体的内容

(1) **事実**　証明責任は主要事実について定められる。判決内容を確定するためには，訴

訟物たる権利の発生・変更・消滅の要件となる事実の存否が決まれば足りるからである。間接事実についての心証が主要事実について要求される証明度に達しない場合にも，不存在を擬制するのではなく，そのようなものとして主要事実の存否を推認すれば足りる。

(2) **当事者**　　ある事実について証明責任を負うのは当事者の一方（のみ）である。ある事実について両方の当事者が証明責任を負うとすると，その事実についてノン・リケットの場合にどのような法律効果を発生させるか決まらなくなるからである。たとえば，貸金返還請求訴訟において金銭の授受について原告が，金銭の授受がなかったことについて被告がそれぞれ証明責任を負うとしたら，金銭の授受という事実の存否不明の場合に請求を棄却するのか認容するのか決まらなくなってしまうのである。

より正確には，ある事実について一方当事者のみが証明責任を負担するのは特定の訴訟物との関係においてである。したがって訴訟物が異なれば，同一の事実について両当事者が証明責任を負担することもありうる。たとえば，売買代金請求が本訴，目的物の引渡請求が反訴の場合の売買契約成立についての証明責任は，本訴については原告，反訴については被告が負担する（「同一の事実」といっても売買契約の内容には争いがある場合である）。仮に売買契約の成立がノン・リケットならば，両請求とも棄却されることになる。

(3) **証明責任の分配**　　ある事実についていずれの当事者が証明責任を負担するかは，訴訟物である実体法上の権利との関係で決まる。したがって，ある事実についての証明責任の分配は訴訟物が定立された時点で決まり，訴訟の途中で分配が変動することはない。この点で，証明の必要，すなわち訴訟の進行において相手方の証明が成功しそうな場合に敗訴を避けるために反対方向の証明をする必要（「証明の必要」〔⇨ *4. 2. 2. 6*(3)〕）とは区別される。

4.2.2.3 証明責任の分配の基準	証明責任の分配について一般的な考え方である法律要件分類説は，以下のようにして実体

法上の要件となる事実の証明責任の分配を定める。

　まず実体法の条文をその効果から以下のように分類する。各当事者は自己に有利な法律効果の発生を定める法条の要件に該当する事実について証明責任を負う。本文・但書という条文の書き分けも考慮に入れる。

　① 　権利の発生を定める規定（権利根拠規定）の要件となる事実（権利根拠事実）は，その権利を主張する者が証明責任を負う。たとえば，貸金返還請求権について金銭の授受・返還約束（民587条），売買代金請求権について売買契約の成立（民555条），不法行為に基づく損害賠償請求権について故意過失・権利侵害・因果関係・損害（民709条）の各事実は，各権利を主張する者が証明責任を負う。通常の給付訴訟なら原告であるが，債務不存在確認訴訟なら被告（原告から自称権利者と名指された者）ということになる。

　② 　いったん発生した権利の消滅を定める規定（権利消滅規定）の要件となる事実（権利滅却事実）は，権利の不存在を主張する者が証明責任を負う。たとえば，弁済，取消権行使，解除権行使，消滅時効の完成の各事実は，権利の不存在を主張する者が証明責任を負う。

　③ 　権利根拠規定に基づく法律効果の発生の障害を定める規定（権利障害規定）の要件となる事実は，その法律効果の発生を争う者が証明責任を負う。また権利消滅規定に基づく法律効果の発生の障害を定める規定（障害規定）の要件となる事実も，その法律効果の発生を争う者が証明責任を負う。前者の例として，通謀虚偽表示（民94条1項）による無効や錯誤（民95条）による取消しがあり，後者の例として，消滅時効の完成猶予（民147条ほか）がある。民法94条についていえば，同条1項の効果を主張する者が通謀虚偽表示についての証明責任を負い，同条2項の効果を主張する者が自己の善意についての証

明責任を負う（最判昭和 35・2・2 民集 14 巻 1 号 36 頁／百選［5 版］63）。
賃借人が無断転貸した場合には民法 612 条 2 項の解除権が発生すると
ころ，転貸借が「賃貸人に対する背信行為と認めるに足りない特段の
事情」があれば賃貸人は解除権を行使しえないと解されており，当該
事情は解除権の発生を妨げる権利障害事由（抗弁事由）であって，賃
借人が証明責任を負う（最判昭和 41・1・27 民集 20 巻 1 号 136 頁／百選
［6 版］A18）。労働契約法 20 条（平成 30 年改正前のもの）にいう「不合
理と認められるもの」とは，有期契約労働者と無期契約労働者との労
働条件の相違が不合理であると評価することができるものであること
をいうと解するのが相当であり，両者の労働条件の相違が不合理であ
るか否かの判断は規範的評価を伴うものであるから，当該相違が不合
理であるとの評価を基礎付ける事実については当該相違が同条に違反
することを主張する者が，当該相違が不合理であるとの評価を妨げる
事実については当該相違が同条に違反することを争う者が，それぞれ
主張立証責任を負う（最判平成 30・6・1 民集 72 巻 2 号 88 頁／百選［6 版］
61）。

　以上のような証明責任の分配は，おおむね実質論としても妥当なも
のである。すなわち，上記に従えば，ある事実について証明責任を負
うのは，自己に有利な効果を欲する者，現状の変更を求める者，ある
いは蓋然性の低い事実を主張する者となるからである。また，ある事
実の不存在の証明は一般には困難であり，当事者に不可能を強いて敗
訴させるのは不当であるから，通常はある事実の存在を主張する側が
証明責任を負うことになる。

4. 2. 2. 4 証明責任の転換

　　　　　　　　証明責任の分配の一般原則とは異なり，特別
の場合に相手方に反対事実の証明責任を負担
させることを証明責任の転換という。

　たとえば，不法行為に基づく損害賠償請求では，被告の過失につい
ては民法 709 条により原告がその存在の証明責任を負担するのが一般

原則であるところ，自動車事故による生命・身体に係る損害の賠償請求では，自賠法3条但書により，被告側が注意を怠らなかったという事実の証明責任を負担することになる。これは法律の規定による証明責任の転換であり，人身損害に係る被害者が，過失の証明が困難であるため証明責任の一般原則により損害賠償を受けられないという事態をなるべく生じさせないようにし，もって被害者救済を図るという立法政策に基づくものである。

　さらに，明文の規定がなくても解釈上証明責任の転換を認めるべき場合があるのではないかが議論されており，具体的には証明妨害の効果として証明責任の転換を認めることができるかが議論されている（⇨ **3.6.1.10**）。明文の規定がある場合（224条等）のほかは自由心証の範囲内で考慮すれば足りる（証明を妨害する以上，不利な事実が存在したとの推認が可能である）という考え方が伝統的であるが，下級審の裁判例には，一般論として，証明妨害があった場合，要証事実の内容，妨害された証拠の内容や形態，他の証拠の確保の難易性，当該事案における妨害された証拠の重要性，経験則などを総合考慮して，挙証者主張事実の推定や真実擬制の可否，挙証者の立証責任の軽減の要否のほかに，立証責任の転換をすべきかどうかを決すべきである，と判示するものがある（東京高判平成3・1・30判時1381号49頁／百選[6版]58）。

4.2.2.5
法律上の推定

(1) 意義　法規の適用として，ある事実（前提事実）から別の事実（推定事実）を推認することを法律上の推定という。「法律上の」とは，法律の規定に基づく，という意味である（自由心証に基づく事実上の推定と対比される）。法律上の推定には，権利推定と事実推定とがある。

　権利推定とは，Aという法律効果の本来の発生原因事実である甲事実とは異なる乙事実を推定の前提事実として，「乙事実があればAがあると推定する」と定めるものである。たとえば，民法229条は，

境界標等が境界線上に設けられていることを前提事実として，境界標等の共有を推定する。共有を争う側の当事者は，反証により前提事実を存否不明にすることで推定規定の適用を妨げるか，あるいは推定規定の適用を前提として共有関係の解消をもたらす事実を証明することになる（ほかに民188条・250条・762条2項等）。

　事実推定（法律上の事実推定）とは，「甲事実があればAという法律効果が発生する」という条文がある場合に「乙事実があれば甲事実があると推定する」と定めるものである。乙事実を前提事実，甲事実を推定事実という。Aという法律効果の発生を容易にするために，必ずしも証明の容易ではない甲事実の証明がなくても，経験則や当事者の公平等を考慮して乙事実（通常は甲事実よりも証明の容易な事実）の証明があればAという法律効果の発生を認めるという立法政策に基づくものである。たとえば，民法162条2項は10年間の占有の継続を取得時効の要件の1つとしているところ，10年間占有が間断なく継続している事実そのものを証明するのは容易ではないことから，民法186条2項はある時点での占有とその時点から10年前の時点での占有とを証明すれば，その間の10年間の占有の継続が推定され，民法162条2項の取得時効の証明が容易になるのである（ほかに民619条1項前段・629条1項前段・772条1項，商23条2項・28条2項，会社423条2項，破15条2項・47条2項等）。

　(2)　**効果**　　法律上の推定の第1の効果は，挙証者に証明主題の選択を許す点にある。すなわち，先述（(1)）の例でいえば，Aという法律効果を発生させるためには，挙証者は甲事実，乙事実のいずれを証明してもよいことになる。

　第2の効果は，証明責任の転換である。すなわち，先述（(1)）の例でいえば，「乙事実があればAという法律効果が発生する。ただし，甲事実が存しない場合にはこの限りではない」と規定するのと類似の機能を果たすから，甲事実について証明責任を転換したことになる。

この場合，Aという法律効果の発生を妨げるためには，乙事実の存在の証明を不成立にもちこむか，あるいは乙事実の存在が証明されたことを前提に甲事実の不存在について本証をするか，いずれかをする必要がある。

Column ⑭ 「推定」の語の多義性 --------------

　条文上「推定」の語が用いられていても法律上の推定とは異なる意味で用いられる場合がある。意思表示の解釈を示した規定や（民136条1項・420条3項・569条・573条他），法定証拠法則（事実認定の根拠となる事実が法定されているもの）を定めている規定（228条2項4項〔⇨ *3.6.2.6*(2)〕）のほかに，暫定真実を定めている規定もある。暫定真実とは，ある実体規定の要件となっている事実を，無条件に，すなわち前提事実なしに存在するものとして扱うことによって，その実体規定の要件の不存在の証明責任を相手方に負担させる立法技術であり，前提事実がない点が法律上の推定とは異なる。たとえば，民法186条1項が定める占有者の所有の意思・平穏・公然の推定は，民法162条1項の所有の意思・平穏・公然について取得時効の効果を争う側の当事者に証明責任を転換したのと同じ効果を有する（⇨ *4.2.2.6*(1)～(3)）。別のいい方をすれば，民法162条1項は，「20年間他人の物を占有した者は，その物の所有権を取得する。ただし，その占有が所有の意思をもって，平穏に，又は公然とされなかった場合にはこの限りでない」と規定するのと同じ意味になる。

4.2.2.6
証明責任の役割　　証明責任が本来機能するのは証拠調べ等の審理が尽きた段階である。しかし，以下の手続上の事項は証明責任の分配により決まるという意味で，証明責任は訴え提起段階から判決の作成段階までその役割を果たし，民事訴訟のバックボーンとして機能する。

(1) **請求原因・抗弁・再抗弁の区別**　　請求原因とは，訴訟物たる権利の発生に最小限必要な原告が証明責任を負担する事実であり，権利根拠事実（請求を理由づける事実〔規53条1項〕）である。抗弁とは，権利発生の障害または発生した権利の消滅を導く被告が証明責任を負担

する事実であり，権利障害事実または権利滅却事実である。再抗弁とは，抗弁により発生する効果の障害・消滅を導く原告が証明責任を負担する事実である（⇨ *3. 2. 3. 3*(2)）。

(2) **否認と抗弁の区別（被告の防御方法）**　被告の防御方法のうち，否認は，原告に証明責任のある事実を争う主張であり，請求原因事実とは両立しない。他方，抗弁は，被告に証明責任のある事実の主張であり，請求原因事実とは両立しうる。たとえば，貸金返還請求訴訟において，金銭の授受あるいは返還約束の事実を争う被告の主張は否認であり，他方，弁済あるいは相殺の主張は，抗弁となる（⇨*Column* ㉖）。

(3) **本証と反証・証明の必要**　本証とは，自己が証明責任を負う事実を証明するための証明活動・証明状態であり，功を奏するためには心証が証明度以上に至る必要がある。これに対して反証とは，相手方が証明責任を負う事実（否認の対象事実）を証明するための証明活動・証明状態であり，真偽不明に持ち込めば功を奏したことになる（⇨ *3. 6. 1. 2*）。

挙証者が本証に成功したら，相手方は敗訴を避けるためには反証をして裁判官の心証を証明度未満に至らせる必要が生じるが，これは相手方に証明責任が転換されたのではなく，ただ相手方に証明の必要が生じただけであり，また不存在について証明度以上に至る必要はない。

(4) **主張責任**　証明責任と主張責任との関係については，前述（⇨*Column* ㊾）参照。

(5) **釈明権行使の指針**　ある事実について主張・証明をすべきは，一次的には主張・証明責任を負う当事者であることから，主張の不足・不明確，あるいは立証の不足の場合に裁判長が釈明権を行使する先の当事者は，原則としてまず証明責任を負担する当事者となる。

3 判　　決

① 判決の種類

裁判所は，訴えによる原告の判決の要求（あるいは上訴による上訴人の判決要求。以下同じ）について審理を行い，「訴訟が裁判をするのに熟した」（243条1項）状態に達すると，終局判決により判断を示す。ある審級での審理を完結させる判決を終局判決といい，請求の当否について判断を示す本案判決と不適法な訴えを理由とする却下判決とに分かれる（**②**, **③**）。二当事者対立構造が消滅した場合や，訴訟上の和解や訴えの取下げの効力が争われ，裁判所が有効であると判断した場合には，訴訟終了宣言判決をするが，これも終局判決の一種である（⇨ *6. 1. 1. 2*(1), *7. 1. 4. 3*, *7. 3. 4. 1*）。

　以上に対して，中間判決とは，訴訟係属中に当事者間で争われた事項について裁判所が終局判決に先立って判断を示す裁判であり，審理の整理や訴訟関係の明瞭化に資するための制度である。中間判決は，次述の中間判決事項（①〜③）について，裁判所が必要かつ適切であると判断したときにすることができる（245条）。

　① 独立した攻撃防御方法　　独立の法律効果を生じさせる攻撃防御方法について判断を示すことで審理の整序と集中化とを図る趣旨から中間判決事項とされている。たとえば，所有権に基づく建物明渡請求訴訟において，原告の所有権を基礎付けるための前主からの譲受けおよび仮定的な取得時効の各主張や，同訴訟における被告の抗弁としての原告の所有権の喪失および賃借権の各主張である。この例で，抗弁が認められるのであれば請求棄却の終局判決をすることができるから，被告主張の攻撃防御方法について中間判決がされるのはこれらの

主張が認められない場合である。請求原因事実についても同様である。

　②　中間の争い　　訴訟手続に関する事項のうち口頭弁論に基づいて判断すべきものをいう。中間の争いであっても，決定で判断すべき場合（例，50条1項）はこれに含まれない。中間の争いとは，たとえば訴訟要件・上訴要件の存否，国際裁判管轄の存否，訴え取下げの効力についての当事者間の争いである。訴訟要件や国際裁判管轄の不存在あるいは訴え取下げの有効という判断に至れば終局判決をすることができるから，中間判決がされるのは訴訟要件や国際裁判管轄の存在あるいは訴え取下げの無効という判断がされる場合である。

　③　請求の原因　　ここでいう請求の原因とは，訴訟物特定のための訴状の必要的記載事項（134条2項2号〔⇨ *2. 2. 2. 1，Column ⑥⓪*〕）や原告が証明責任を負う請求を理由付けるための主要事実（⇨ *4. 2. 2. 6*(1)）とは異なり，訴訟物たる権利の額や範囲を度外視した，請求を生じさせる原因のみをいう。たとえば，交通事故に基づく損害賠償請求訴訟において，原告の逸失利益や慰謝料の額の審理をしばらく措いて，過失，権利侵害および因果関係の存在を判断する際に中間判決をすることができる（いずれかが不存在の場合には請求棄却の終局判決をすべきである）。

　以上の事項について中間判決がされると，その審級の裁判所は終局判決をする際に中間判決に拘束され，これと異なる判断をすることはできず，当事者も以後その判断に反する主張をすることができない（もっとも中間判決以降の事由については別である）。したがって，裁判所は，中間判決をする旨を事前に当事者に知らせて不意打ちを防ぐべきであろう。

　中間判決に対しては独立の上訴は認められず，終局判決に対する上訴を通じて終局判決と一緒に上級審の判断を受けることになる（283条本文）。上級審判決が，終局判決のみを取り消して事件を原審に差し戻した場合には，取り消された終局判決の前提となった中間判決は，差戻し後の原審裁判所を拘束する（大判大正2・3・26民録19輯141頁／

百選〔初版〕58）。

終局判決が事件を完結する範囲によって，全部判決と一部判決の区別がある。全部判決とは，同一訴訟手続で審判される事件の全部を同時に完結する判決である。一部判決とは，同一訴訟手続で審判される事件の一部のみを完結する判決であり（243条2項3項），残部についてはさらに裁判をするのに熟するに至るまで審理がされることになる。残部についての終局判決を残部判決という。

訴訟の一部のみが裁判をするのに熟した場合に，一部判決をすることにより早期に当事者に救済を与えることができることから，裁判所はその裁量的判断により一部判決をすることができる（243条2項）。しかし他方，一部判決に対する上訴がされた場合の上訴審の判断と残部判決における判断とが抵触する可能性がある場合には，一部判決をすべきではない。訴訟物が異なる場合に重複起訴の禁止の規律（142条）を及ぼす場合と問題の状況は類似する（⇨ *2. 3. 3. 3*(2)⑤）。具体的には以下の通りである。

1つの請求の一部（たとえば，500万円の損害賠償請求のうち被告が争っていない300万円部分）や併合された複数の請求の一部（たとえば，3口の独立の貸付に係る貸金返還請求のうち特定の1口に係る請求）について一部判決をすることができる（243条2項3項）。これに対して，同一建物についての明渡請求と明渡しまでの賃料相当額の損害金請求とが併合されている場合には，基礎となる原告の所有権について争いがある限りはその判断が一部判決と残部判決とで食い違うと統一的な紛争解決ができなくなるから，一部判決をすべきではない。また，買主が売主に対して，主位的に売買契約に基づく目的物の引渡請求，予備的に契約無効なら支払済みの代金の返還請求をしている場合に，契約無効が明らかになったことを理由に主位的請求を棄却するだけの一部判決をすると，残部判決において予備的請求が契約の有効を理由に棄却さ

れて，先行する一部判決との間で判断の矛盾を生ずるおそれがあることから，一部判決をすべきではない。反訴が本訴の目的である請求または防御の方法と関連する請求を目的とする場合（146条1項）（⇨ *6. 2. 1. 2*(2)①）には，本訴あるいは反訴のみについての一部判決は，関連する事項について残部判決との内容的な矛盾のおそれがあることから，することはできないのが原則である。しかし，本訴請求と反訴請求との間に関連性はないが原告（反訴被告）が反訴に同意した場合には，一部判決をすることができる。

② 訴訟判決

4. 3. 2. 1
訴訟要件

原告が審理判断を求めた権利の存否の判断をする判決を本案判決という。原告が訴えを提起しても，常に本案判決を得られるとは限らず，訴えそのものが適法な場合にのみ，裁判所は本案判決をするのである。本案判決をするための要件を訴訟要件という。訴訟要件の存否の審理は，本案についての審理に先行する必要はなく，両者を併行して行ってもよいので，訴訟要件は本案審理の要件ではない。審理の過程で訴訟要件のいずれかが欠けていることが判明した場合には，裁判所は訴え却下の終局判決（訴訟判決）をする。

Column ⑩ **訴訟要件存否不明のままの請求棄却判決の可能性** --------

　訴訟要件は本案判決の要件であるという建前から，伝統的には，訴訟要件の存否不明のまま請求に理由のないことが判明しても直ちに請求棄却判決をすることはできない，と理解されてきた。これに対して，近時の有力な見解は，被告の利益保護を趣旨とする抗弁事項や紛争解決の必要性・実効性を吟味するための訴えの利益および当事者適格については，その存否が不明でも請求に理由のないことが判明しているのであれば，訴訟要件の審理を続けて被告に応訴の負担を負わせ続ける意味がないから，請求棄却判決をすることができる，訴訟判決よりも請求棄却判決の方がその効力において被告保護にも資する，とする。もっとも，被告は訴えの利益の欠缺

を主張する利益を有すること，既判力が第三者に拡張される場合の当事者
適格については第三者の利益を保護する必要があること等を理由に，伝統
的な見解を維持すべきであるとの指摘もされている。

　訴訟要件には多様なものがあるが，以下のようにまとめることもで
きる。
　①　訴え提起の適法性　　訴え提起・訴状送達の有効性（訴訟能
力・代理権等）
　②　裁判所　　被告・事件が日本の裁判権・審判権に服すること，
受訴裁判所が管轄権を有すること（これを欠く場合には訴え却下ではなく
移送をする）
　③　当事者　　当事者の実在，当事者能力，当事者適格
　④　訴訟物　　訴えの利益（142条に抵触しないこと等を含む）
　これらの間では，特に審理の順序はなく，事件ごとに審理の容易な
ものから判断すれば足りる。

4. 3. 2. 2
職権調査事項と抗弁事項

訴訟要件は，当事者が問題とするか否かにか
かわらず裁判所が職権でその存否を調査すべ
き職権調査事項と，被告が問題としない限り
審理する必要のない抗弁事項とに分かれる。訴訟要件の大半は，本案
判決による紛争解決の必要性・実効性を吟味する必要があることから
職権調査事項であり，ただし仲裁合意（仲裁14条1項柱書本文），不起
訴の合意（⇨*Column ㉕*）および訴訟費用担保提供の申立て（75条4
項）は，専ら被告保護を目的とするものであることから抗弁事項とさ
れる。
　職権調査事項か抗弁事項かはだれのイニシアティブでそれを問題と
するかの違いであるが，これとは異なる次元で，判断の基礎となる資
料の収集をだれの権能かつ責任とするかが問題となる。職権調査事項
である訴訟要件について，その存否を判断する資料の収集は上記のよ

うな公益的性格から職権でも行うべきであるのが原則であるが，任意
管轄，訴えの利益および当事者適格については私的利益に関わる性質
のものであって裁判所が職権で資料を収集すべきとまではいえないこ
とから，当事者の弁論に現れた事実のみからその存否を判断すべきで
ある。

③ 本 案 判 決

4. 3. 3. 1
請求認容──申立事項
による制約（処分権主
義（その2））

訴訟要件の具備が確定し，さらに原告の請求
に理由があること（被告が抗弁を主張した場合
にはその抗弁が認められず，あるいは抗弁が認め
られても原告の主張する再抗弁が認められること

等）が判明した場合には，裁判所は，原告の請求を認容する本案判決
をする。

　裁判所は，原告が訴えで示した申立事項以外の事項について判決を
することができない（246条）。したがって，裁判所は原告の申立事項
を超えた認容判決をすることはできないという意味で，申立事項が請
求認容の上限を画すことになる。このように，原告が訴え提起および
審判の範囲の限界付けをする権能と，当事者が意思に基づいて判決に
よらずに訴訟を終了させる（訴えの取下げ，請求の放棄・認諾，訴訟上の
和解）権能（⇨第7章）とを認める建前を処分権主義という。この処分
権主義は請求の次元での当事者主義の現れであり，事実・証拠の次元
での当事者主義の現れである弁論主義（⇨*Column* ㊼）と対置される。

　246条は，利益主張の限度を画する権能，そして請求が全部棄却さ
れた場合の不利益の上限を画する権能を原告に認めると同時に，請求
が全部認容された場合の不利益の上限を被告に示すという機能も有す
る。したがって，246条の解釈にあたっては，原告の合理的な意思に
反しないかどうかという視点とともに，被告にとって不意打ちになら
ないかどうかという視点からも検討をする必要がある。具体的には，

以下のような点が問題となる。

① 訴訟物あるいは救済形式の異同　　原告が訴えにより特定した訴訟物たる権利とは異なる権利について判決をすることは敗訴当事者にとって不意打ちとなるから，246条違反である。もっとも，旧訴訟物理論と新訴訟物理論とで訴訟物の拡がりが違ってくる事案においては，旧説では246条違反でも新説では246条違反とならない場合が生じる（⇨ *2. 2. 2. 2*）。たとえば，建物明渡請求訴訟において所有権に基づく明渡請求権のみが主張されている場合に，賃貸借契約終了に基づいて明渡請求権があるとして請求認容判決をすることはできるかどうかである。弁論主義の問題は別として，新訴訟物理論によれば246条には抵触しないことになるのに対して，旧訴訟物理論では246条違反となる（これを回避するためには，裁判所は，原告に訴えの追加的変更あるいは交換的変更を釈明して賃貸借契約終了に基づく明渡請求をさせることになる）。

交通事故の被害者が加害者を被告として損害賠償請求訴訟を提起し，治療費50万円・逸失利益200万円・慰謝料100万円の合計350万円を請求した事案において，審理の結果，裁判所は，治療費50万円・逸失利益250万円・慰謝料50万円との心証を得た場合には，それぞれの損害の発生原因や被侵害利益が共通であることから，訴訟物は（損害費目ごとに観念するのではなく）1個と観念すべきであり，逸失利益については原告主張の額を超える額の認定をすることになるとしても，総額350万円を超えない限りは246条違反とはならない（最判昭和48・4・5民集27巻3号419頁／百選［6版］69）。

また，訴訟物たる権利が同じでも，原告が確認判決を求めている場合に給付判決をする，あるいはその逆は246条に違反する。現在の給付の訴えに対して将来の給付判決をするのは，将来給付の訴えの利益の存否および条件あるいは期限について両当事者に争う機会が保障されて，不意打ちのおそれがない場合には，246条には違反しない。

　境界確定訴訟においては，公法上の境界の画定を目的とする特殊性から246条の適用はなく，原告が特定の境界線を主張したとしても，それより原告に有利な境界線を確定することができる，とするのが伝統的な考え方である（⇨*Column ⑲*）。

　②　一部認容　　訴えによる原告の利益主張の一部のみに理由があるとき，たとえば100万円の損害賠償請求で70万円についてのみ理由があるときには，一部でも認容判決を欲するのが原告の通常の意思に合致し，被告にも不意打ちにならないから，一部のみを認容する判決は246条違反とはならない。80万円の支払により「正当事由」（借地借家28条）が認められることになると主張して建物賃貸人が賃借人に対して「80万円の支払と引換えに建物を明け渡せ」を請求の趣旨とする訴訟を提起した場合に，裁判所は，「正当事由」を認めるためには120万円の支払が必要であると判断したときには，原告の負担を増やす点で経済的には等価であるという意味で一部認容と同視することができ，120万円という金額が原告の意思を超えるものではない限りは，120万円の支払と引換えの建物明渡しを命ずる判決は246条違反とはならない（最判昭和46・11・25民集25巻8号1343頁／百選［6版］70）。逆に，「正当事由」を認めるために30万円で足りるとの判断に基づく「30万円の支払と引換えに建物を明け渡せ」という判決は，原告の利益主張よりも原告に有利な判決であるから246条に違反する。無条件の給付の訴えに対して，被告の限定承認の抗弁を認めて「相続財産の限度で支払え」と判決することは，責任財産の範囲を限定するという意味で一部認容判決であり（最判昭和49・4・26民集28巻3号503頁／百選［6版］80），限定承認について十分な審理がされている限りでは246条違反とはならない。

　将来の介護費用について一時金による損害賠償の支払の申立てがされた場合に，貨幣価値の変動等には117条（⇨ *5. 2. 2. 10*）による対処が可能であること，加害者が損害保険会社と任意保険契約を締結し

ており被害者は加害者の資力悪化の危険を負担しないことから，裁判
所は，定期金による支払を命ずることができる（東京高判平成 15・7・
29 判時 1838 号 69 頁／百選［5 版］A25）。もっとも，損害保険会社の経
営破綻の可能性もあるので定期金賠償方式によると履行確保の不確実
性があること，および定期金賠償方式によると紛争の一回的解決が図
れず，加害者と被害者との関係が長期に固定されるのは耐え難いこと
を理由に被害者が一時金賠償方式を求めている場合には，定期金賠償
を命ずるべきではない，とする裁判例（福岡高判平成 23・12・22 判時
2151 号 31 頁）もある。

特定債務について「60 万円を超えては存しない」ことの確認を求
める訴訟において，裁判所が残債務の額が 60 万円を超えると判断し
た場合には，裁判所は，単に請求を棄却するのではなく，一部認容判
決として，残存額の不存在の限度，すなわち残債務の額を確定すべき
である（最判昭和 40・9・17 民集 19 巻 6 号 1533 頁／百選［6 版］71）。同
じ訴訟について，裁判所が残債務の額を 60 万円未満とする判決をす
ることは，申立事項を超え，246 条違反となる。

Column ⑯　債務不存在確認訴訟と 246 条

上記の最判昭和 40・9・17 は，消費貸借に係る債務の不存在の範囲が争
われた事案についての判示であった。これに対して，ある下級審裁判例
（東京地判平成 4・1・31 判時 1418 号 109 頁）は，不法行為に基づく損害賠償債
務の一部不存在確認訴訟について，損害額の算定に関しては裁判所にかな
りの裁量が認められており，しかも，相当な治療期間や症状固定時期のよ
うな医学的判断を要する事項についても医師により見解が異なることもま
まありうることから，加害者側である原告も被害者側である被告も，その
損害額を正確に把握することは困難であるとの特質があり，この特質を考
慮するならば，損害賠償債務の一部不存在確認訴訟においては，貸金債務
の一部不存在確認訴訟とは異なり，被告の対応に応じて原告の主張する不
存在額を超える損害が生じているかどうかだけを判断し，損害が原告の主
張する損害を下回っているときはその請求を認容し，超えているときは請

求を棄却することで足りる，と判示している。

③　引換給付判決　　無条件の給付の訴えに対して，引換給付判決をすることは，引換給付に係る原告の負担を増している点で一部認容判決と同視できるから，その負担が原告の通常の意思の範囲内である場合には，そのような引換給付判決は246条に違反しない。たとえば，無条件の抵当権登記抹消手続請求訴訟において，残債務の弁済と引換えでの請求認容判決をすることは，原則として246条違反とはならない。さらに，売買代金請求訴訟において，買主（被告）が売買契約の成立を認めつつ買主が「代金支払は目的物の引渡しと引換えに行う」旨の約定があるとの主張をし，裁判所がこれを認める場合には，売主は目的物引渡しについて履行の提供をしない限り代金は請求できないとして請求を棄却するのではなく，目的物の引渡しと引換えの代金の支払を命ずる引換給付判決をすべきである。このような判決に基づく強制執行においては，引換給付関係を可及的に維持するために，債権者が反対給付またはその提供のあったことを証明したときに限り，強制執行を開始することができるとされている（民執31条1項）。

4. 3. 3. 2　請求棄却

原告の主張する権利の存在が認められない場合には，裁判所は請求棄却の本案判決をする。判決主文における訴訟物たる権利の不存在という判断に既判力が生ずる（114条1項）。ただし，弁済期未到来（あるいは停止条件未成就）という理由で請求が棄却された場合には，請求権の不存在そのものに既判力が生ずるとすると原告に不利益であることから，弁済期未到来ゆえの請求棄却（一時的棄却と呼ばれる）という判断に既判力が生じ，弁済期の到来を主張すれば前訴判決の既判力に抵触することなく第2の訴えを提起することができる，と解すべきである。

④ 終局判決に付随する裁判

4. 3. 4. 1
仮執行宣言

(1) **意義**　仮執行宣言とは，未確定の終局判決に執行力を付与する裁判である。判決は確定してはじめて執行力を有するに至るのが原則であるところ，敗訴者の上訴（特に執行をとりあえず回避するための濫用的な上訴）により判決の確定が遮断されて勝訴者の権利実現が遅れる事態を防ぐ必要があることから，個別の裁判によって未確定の終局判決に執行力を付与できることとして，上訴による敗訴者の救済と勝訴者の早期の権利実現との調整を図るものとされている。

(2) **要件（259条1項）**　第1の要件は，財産権上の請求に関する（未確定）判決であることである。未確定判決は上訴により取り消される可能性があり，その場合には仮執行の結果の原状回復が必要になるところ，財産権上の請求であれば，原状回復が容易であるかあるいは金銭賠償が可能であるからである。また，広義の執行力を発生させるために必要な場合もあるので，給付判決に限らない（たとえば，請求異議の訴えにおける請求棄却の判決において，その前にされた執行停止の裁判を取り消した場合〔あるいは請求認容の判決において，その前にされた執行停止の裁判を認可した場合〕には，即時にその効果を生じさせるのが望ましいことから，仮執行宣言をしなければならないとされている〔民執37条1項後段〕）。

第2の要件は，仮執行の必要性である。上訴による終局判決の変更の可能性や執行の具体的内容と原状回復の難易・金銭賠償の適否，さらに即時の権利実現の必要性（たとえば原告の生活の困窮等による）等の事情を総合的に考慮して，また次述の立担保（(3)）の有無や仮執行免脱宣言（(5)）等も考慮に入れて事案ごとに判断するほかない。

(3) **手続・方式**　仮執行宣言は，申立てによりまたは職権ですることができ（259条1項），判決主文に掲げられる必要がある（259条4

項）。判決主文に含まれる事項でありながら職権でもすることができるのであり，処分権主義の及ばない事項であるということである。手形金の請求を認容する判決（手形訴訟である必要はない）については，迅速な権利実現が類型的に必要であると認められることから，職権で必ず仮執行宣言をしなければならない（259条2項）。

　仮執行宣言は，無条件ですることもできるし，仮執行によって被告に生ずる損害についての賠償請求権を担保するために，勝訴者は担保を供した上ではじめて仮執行できる，とすることもできる。ただし，手形金の請求を認容する判決については，原則として無担保での仮執行を認めなければならない（259条2項）。

　(4)　**仮執行宣言の効果**　　仮執行宣言は，これを主文に含む判決の言渡しの時点で判決に執行力を生じさせる（その主観的範囲について115条2項）。給付判決であれば債務名義となり（民執22条2号），強制執行をすることができる（民執25条）。その強制執行は，保全執行とは異なり，最終的な権利実現の段階にまで進む通常の強制執行である。ただし，強制執行による満足は，判決または仮執行宣言が取り消されることを解除条件としている。したがって，仮執行後に上級審が請求の当否について判断する際には，仮執行の結果としての権利の満足を度外視すべきである。たとえば，請求認容の第一審判決を控訴裁判所が正しいと判断したら，控訴を棄却すべきであり，すでに履行済みとして原判決取消しの上，請求を棄却する判決をしてはならない。原判決が取り消されると仮執行宣言が失効して原状回復等が必要となってしまい（260条1項2項），請求認容の原判決が正しいという判断とは矛盾する結果が生じてしまうことから，控訴裁判所は仮執行の結果を度外視すべきなのである（第一審判決の仮執行宣言に基づく強制執行によって建物が明け渡されているときに，控訴裁判所が当該建物の明渡請求の当否を判断する場合はもちろん，これと併合されている賃料相当損害金等の支払請求の当否等を判断する場合でも，建物明渡し済みの事実を考慮すべきで

はなく，建物の明渡しによる実体法上の効果は，確定判決に基づく強制執行の手続において考慮されるべきである。最判平成24・4・6民集66巻6号2535頁／重判平24民訴3)。

(5) **仮執行免脱宣言・執行停止**　　裁判所は，申立てによりまたは職権で，担保を立てて仮執行を免れることができることを宣言することができる（259条3項）。この担保は，判決確定に至るまで勝訴原告が仮執行をすることができなかったことによる損害のみを担保するものであって，本案の請求それ自体までも担保するものではない（最判昭和43・6・21民集22巻6号1329頁／続百選76)。

　仮執行宣言付判決に対して不服申立てがされた場合には，裁判所は，判決の変更可能性等を考慮して，仮執行宣言付判決に基づく強制執行の停止・取消しを命ずることができる（403条1項2号～5号)。執行停止の要件は，勝訴者の利益保護のために，概して上級審裁判所の判決に対する不服申立てであるほど厳しく設定されている。

(6) **失効**　　仮執行の宣言は，その宣言または本案判決を変更する判決の言渡しにより，変更の限度においてその効力を失う（260条1項)。仮執行宣言のみの変更とは，上級審で仮執行宣言のみが取り消される場合が典型的である。仮執行宣言の失効には遡及効はなく，将来に向かって未確定判決の執行力をなくするのみである。

　本案判決を変更する場合には，裁判所は，被告の申立てにより，その判決において，仮執行の宣言に基づき被告が給付したものの返還および仮執行によりまたはこれを免れるために被告が受けた損害の賠償を原告に命じなければならない（260条2項)。これは，迅速な執行を認める反面で被告保護のために原告に無過失責任を負わせるものである（大判昭和12・2・23民集16巻133頁／百選［初版］69)。被告が，仮執行宣言付判決に対して上訴を提起し，その判決によって履行を命じられた債務の存否を争いながら，同判決で命じられた債務につきその弁済としてした給付は，それが全くの任意弁済であると認めうる特別

の事情のない限り,「仮執行の宣言に基づき被告が給付したもの」に該当する（最判昭和47・6・15民集26巻5号1000頁）。

4.3.4.2
訴訟費用の裁判

訴訟費用には,訴えや上訴提起等の申立てに必要な手数料,送達費用,証人・鑑定人の旅費・日当等,当事者が裁判所に納付する裁判費用と,当事者や代理人の口頭弁論への出頭のための旅費・日当等や訴状・準備書面の作成費用等の当事者費用が含まれ（民訴費2条各号）,その額は民事訴訟費用等に関する法律により定められている。これらの訴訟費用は,とりあえずは各当事者が支出するが,最終的には公平の観点から,原則として敗訴者が負担し（61条）,ただし例外的に裁判所が個別の事情を考慮して負担割合を定めることができる場合がある（62条〜66条）。たとえば,一部敗訴の場合には,負担割合は裁判所の裁量で定めるが,一方当事者にのみ負担させることもでき（64条）,また権利の伸張・防御のために不必要な行為等があった場合,あるいは不適切な時期の主張等により訴訟が遅滞した場合には,裁判所は勝訴当事者に訴訟費用の全部または一部を負担させることができる（62条・63条）。

訴訟費用の負担割合を定める裁判は,原則として,終局判決において,職権でしなければならない（67条1項）。具体的な費用額の確定は,申立てにより裁判所書記官の処分により行い（71条1項）,この処分については裁判所に対して異議という形式で不服申立てをすることができる（改正前71条3項〜7項,改正後71条5項〜8項）。もっとも,弁護士報酬は原則として訴訟費用には含まれないことから,訴訟費用額の確定手続が行われることはあまりないといわれている。

⑤ 判決の成立およびその後の手続

4.3.5.1
判決の成立

裁判所は,訴訟が裁判をするのに熟したときは,終局判決をする（243条1項）。直接主義の原則から,判決の内容は,その基本となる口頭弁論に関与した裁判

官が確定する（249条1項）（⇨ *3.1.3.3*）。判決内容は，単独制の場合
にはその裁判官が確定するが，合議制の場合には，裁判長が主宰する
非公開の評議（裁75条）を経て，最終的には過半数による多数決で確
定される（裁77条1項，なお2項1号）。

<table>
<tr><td>*4.3.5.2*
判決の様式</td></tr>
</table>

判決の内容が確定したら，後述の調書判決
（254条2項）の場合を除いて，電子判決書を
作成する。電子判決書の必要的記載事項のうち重要な部分は以下の通
りである。

(1) **主文（252条1項1号）**　　訴えまたは上訴に対する応答の結論
である。申立てが，不適法の場合あるいは理由がない場合にはそれぞ
れ（申立ての）「却下」あるいは「棄却」となり，また理由がある場合
には申立て内容に対応した内容を記すことになる（⇨**2**，**3**，*5.1.4.8*）。
たとえば，金銭の給付請求であれば，「被告は原告に対して金〇円を
支払え」という文言となる。一部棄却の場合には，認容文言に続いて，
「原告のその余の請求を棄却する」という文言となる。

(2) **事実・理由（252条1項2号・3号）**　　事実の記載においては，
請求（訴訟物）を明らかにし，かつ，主文が正当であることを示すの
に必要な限りで主張を摘示しなければならない（改正前253条2項，改
正後252条2項）。たとえば，主位的主張と予備的主張とが提出された
場合でも，主位的主張が認められる場合には，主文に影響しない予備
的主張は記載する必要はない。理由とは，事実について裁判所が形成
した心証および法適用に基づいて主文の結論を導いた過程を示す部分
である。敗訴当事者にとっては，上訴するかどうかの判断をするため
に重要な記載である。実務上広く用いられているいわゆる新様式判決
では，充実した争点・証拠の整理がされていることを前提に，網羅的
で冗長な記載を避け，争点を中心とした記載にするために，事実と理
由の記載を「事実及び理由」と一体化し，「事案の概要（争いのない事
実と中心的争点以外の周辺部分の事実認定）」と「争点に対する判断（中心

的争点に対する裁判所の判断)」という形式で記載されている。

4. 3. 5. 3
判決の言渡し

判決は，言渡しによってその効力を生ずる（250条）。判決の言渡しは，口頭弁論期日において行われ（その通知につき規156条本文），その期日は原則として口頭弁論の終結の日から2か月以内でなければならない（251条1項，ただし訓示規定）。当事者の一方または双方が欠席した口頭弁論期日において，裁判長が判決言渡期日を指定して告知をした場合には，その告知は122条・251条2項により欠席当事者にも効力を有するから，さらに判決言渡期日の呼出状を送達する必要はない（一方当事者の欠席について最判昭和23・5・18民集2巻5号115頁，双方当事者の欠席について最判昭和56・3・20民集35巻2号219頁）。

判決の言渡しは，電子判決書に基づいて，主文を朗読して行う（改正前252条，改正後253条，規155条1項）。もっとも，当事者間に実質的に争いのない事件においては，迅速な言渡しを可能にするためにより簡易に，電子判決書に基づかない言渡しができる。すなわち，被告が口頭弁論において原告の主張した事実を争わず，その他何らの防御の方法をも提出しない場合（請求原因事実について自白・擬制自白が成立し，抗弁の主張のない場合。254条1項1号），および被告が公示送達による呼出しを受けたにもかかわらず口頭弁論の期日に出頭しない場合で答弁書等の陳述擬制（158条）がないとき（請求原因事実について自白・擬制自白は成立しないので原告による証明は必要だが被告側は争っていない場合。254条1項2号）には，電子判決書によらない言渡しをすることができ，この場合には，裁判所は，裁判所書記官に，当事者および法定代理人，主文，請求ならびに理由の要旨を，判決の言渡しをした口頭弁論期日の電子調書に記録させ，これを電子判決書の作成に代える（254条2項，いわゆる調書判決）。なお，少額訴訟においては，原則として，口頭弁論の終結直後に，電子判決書によらずに判決の言渡しがされ，電子判決書に代わる電子調書が作成される（374条2項）。

電子判決書またはこれに代わる電子調書は，当事者に送達しなければならない（255条1項）。送達は，当事者に判決内容を確実に知らせて，上訴するかどうかを判断する機会を保障するために行われる。送達は，電子判決書等の記録事項を記載した書面を送達する方法または電子情報処理組織（109条の2）により送達する方法による（255条2項）。判決に対する控訴・上告期間は，当事者が電子判決書等の送達を受けた日から起算される（285条・313条）（⇨*5.1.4.2*, *5.1.5.4*）。上訴期間は当事者ごとに計算するから，たとえば原告と被告とで送達日が異なる場合には，控訴期間の満了日も異なることになる。送達については，前述参照（⇨*Column* ㉒）。

第5章 第一審判決送達後の訴訟の推移

SUMMARY

　本章では，第一審判決が当事者に送達された後の訴訟手続を扱う。まず，上訴の提起によって開始される上訴審の手続を概説する（*1*）。次に，確定した判決の効力について概説する（*2*）。

　第一審判決に対して上訴の利益（*1* ③）を有する当事者は，控訴期間内に，控訴を提起することができる。控訴の提起により，第一審判決の確定は防止され，事件は控訴審へ移審する（*1* ②）。控訴審は第2の事実審であり，第一審との関係については続審主義と呼ばれる考え方が採用されている（*1* ④）。控訴審の終局判決に対してはさらに上告をすることができる。最高裁判所への上告は，憲法違反または絶対的上告理由を主張する場合に限られ，原判決の法令違反については上告受理申立ての可能性があるだけである（*1* ⑤）。

　上訴の手続を経て判決が確定したときは，当該確定判決に既判力，形成力，執行力が生じる（*2* ②，③，④）。既判力については，どの時点における裁判所の判断に生じるか（時的限界），判決中のどのような判断について生じるか（客観的範囲），既判力によって拘束される者はだれか（主観的範囲）などが重要な論点となる。

1 上訴の提起

① 上訴の概念・種類

5. 1. 1. 1
上訴と他の不服申立ての比較

　上訴とは，裁判が確定する前に，上級裁判所に対して，その裁判の取消しまたは変更を求める不服申立てである。不当な裁判からの当事者の救済を目的とする制度である（最高裁判所への上告・上告受理申

立てと許可抗告は，これに加えて法令解釈の統一も目的とする）。

　確定判決の取消し・変更を求めるには，再審（⇨第8章）または確定判決の変更を求める訴え（⇨ *5. 2. 2. 10*）による。また，上級裁判所に対してではなく，判決をした裁判所に対してされる不服申立ては，異議と呼ばれる（357条・367条2項・378条）。このほか，再審と同様の特別の不服申立てとして，特別上告と特別抗告がある。

Column ⑩⑦　**特別上告・特別抗告** ------------------------------

　　特別上告は，高等裁判所が上告審としてした終局判決および少額訴訟の終局判決に対する異議後の終局判決に対して，憲法違反を理由として最高裁判所にする上告である（327条・380条2項）。特別抗告は，地方裁判所および簡易裁判所の決定・命令で不服申立てのできないものならびに高等裁判所の決定・命令に対して，憲法違反を理由として最高裁判所にする抗告である（336条，裁7条2号）。特別上告と特別抗告は特別上訴と呼ばれるが，最高裁判所に上訴をすることができない裁判について最高裁判所の法令審査権（憲81条）を保障するために特に認められたもので，確定遮断の効力（⇨ *5. 1. 2. 1*）がなく，本来の上訴ではない。

5. 1. 1. 2
上訴の種類

　　　　　　　　　　上訴には，控訴，上告または上告受理申立て，抗告という区別があり，不服申立ての対象となる裁判の種類に対応している。

　(1)　判決に対する上訴は，控訴および上告である。上告受理申立ては，受理の決定がされれば上告があったものとみなされるので（318条4項），上告に準じる上訴である。

　(2)　決定および命令に対する上訴は，抗告である。控訴・上告に対応して，最初の抗告と再抗告がある。抗告のうち，抗告期間の定めのあるものを即時抗告といい，定めのないもの（原裁判の取消しを求める利益がある限り，いつでもすることができるもの）を通常抗告という。即時抗告は，民訴法に規定がある場合に限って認められ，裁判の告知を受けた日から1週間の不変期間内にしなければならない（332条）。原

裁判の執行停止の効力が認められるのは，即時抗告のみである（334
条1項。なお，通常抗告の場合にも，抗告裁判所または原裁判をした裁判所
もしくは裁判官は，原裁判の執行停止などの処分を命じることができる。同
条2項）。なお，高等裁判所がした決定・命令に対しては，その高等
裁判所が許可をした場合に限り，最高裁判所に特に抗告をすることが
できる（337条，裁7条2号）。これを許可抗告という。

Column ⑩⑧ **許可抗告** ---

現行民訴法の制定前は，高等裁判所の決定・命令に対する最高裁判所へ
の抗告は特別抗告に限定されていた。しかし，民事執行法や民事保全法の制
定に伴い，決定で判断される事項に重要なものが増え，重要な法律問題に
ついて抗告審たる高等裁判所の判断が分かれる事態が生じたことから，最
高裁判所による法令解釈の統一を図るため，許可抗告の制度が設けられた。

許可抗告は，原裁判をした高等裁判所の許可があった場合に最高裁判所
への抗告を認めるものである（337条1項）。高等裁判所は，原裁判が判例
違反その他の法令の解釈に関する重要な事項を含むと認められるときは，
許可をしなければならない（337条2項。許可理由は，*5.1.5.3*で述べる上告受
理申立ての理由〔318条1項〕と同じである）。最高裁判所による抗告受理制度
ではなく，原裁判所の許可によるものとしたのは，抗告受理では最高裁判
所の負担が過重になることが懸念されたためである。許可があると，最高
裁判所への抗告があったものとみなされ（337条4項），最高裁判所は，原
裁判に影響を及ぼすことが明らかな法令違反があるときは，原裁判を破棄
することができる（337条5項）。

高等裁判所の決定・命令のうち，以下のものは許可抗告の対象にならな
い。①再抗告裁判所としての裁判および許可の申立てについての裁判
（337条1項括弧書）。前者については，すでに三審制の保障があること，後
者については，許可の申立ての繰返しを防止する必要があること（却下の
裁判），不服申立てを認める必要性に乏しいこと（許可の決定）を理由とす
る。②地方裁判所がしたとすれば抗告が許されない決定・命令（337条1
項但書）。ただし，保全抗告について高等裁判所のした決定（民保41条3項
参照）は，許可抗告の対象となる（最決平成11・3・12民集53巻3号505頁／
百選〔3版〕A50／執保百選〔3版〕93）。

----

② 上訴の効果

5. 1. 2. 1
　確定遮断の効力・移審
　の効力

　上訴期間内に上訴が提起されると，上訴期間が経過しても原裁判は確定せず（116条2項），事件の係属は原裁判所から上訴裁判所へと移る。以上を確定遮断の効力（確定遮断効）および移審の効力（移審効）という。移審に伴い，原裁判所から上訴裁判所に事件が送付されるが，それは，原裁判所の裁判所書記官が上訴裁判所の裁判所書記官に訴訟記録を送付することによって行われる（規174条・197条2項・199条2項）。

5. 1. 2. 2
　上訴不可分の原則

　確定遮断および移審の効力は，上訴人の不服申立ての範囲にかかわらず，上訴の対象となった裁判全体について生じる。これを上訴不可分の原則という。この結果，不服申立てのない部分についても裁判は確定せず，上訴審に移審する。不服申立てのない部分は，そのままでは上訴審の審判の対象とはならないが，上訴人が不服申立ての範囲を拡張し，被上訴人が附帯上訴をすることによって，審判の対象とすることができる。

　上訴不可分の原則の具体的な適用は，以下の通りである。

　(1)　たとえば，1000万円の貸金返還請求の一部（700万円）を認容する第一審判決に対して原告のみが控訴し，残りの300万円について請求認容判決を求めたとする。この場合に，確定遮断および移審の効力は，300万円の部分だけでなく，1000万円全部について生じる。原判決に仮執行宣言が付されていない限り，不服申立てのない700万円部分に執行力は発生せず，控訴裁判所は，この部分について申立てにより決定で仮執行宣言をすることができる（294条）。被告（被控訴人）は，附帯控訴（⇨ *5. 1. 4. 4*）をすることにより，この部分について控訴審の審判を求めることができる（293条1項）。

　(2)　訴えの客観的併合（⇨ *2. 2. 1. 10*(1)）の場合に併合請求の全部に

ついて1個の判決がされ，原告または被告が，いずれか1つの請求に関する部分について控訴したとする。この場合でも，すべての請求について確定遮断および移審の効力が生じる（ただし，単純併合については，上訴不可分の原則が適用されない場合があるとの指摘もある。なお，予備的併合の場合の控訴審の審判の範囲については⇨*Column* ⑫）。

(3) 共同訴訟人全員について1個の判決がされ，これに対して共同訴訟人の1人のみが（または相手方がこの者のみに対して）上訴をした場合に関しては，通常共同訴訟と必要的共同訴訟とで扱いが異なる。通常共同訴訟においては，共同訴訟人独立の原則（39条）が適用される結果，他の共同訴訟人に対して上訴の効果は及ばず，上訴不可分の原則は働かない。必要的共同訴訟においては，合一確定の要請から，1人の共同訴訟人による（またはこの者に対する）上訴は他の共同訴訟人に対しても確定遮断および移審の効力を及ぼす（40条1項2項。最決平成23・2・17家月63巻9号57頁／重判平23民訴4によれば，類似必要的共同訴訟において，共同訴訟人の1人が上告の提起および上告受理の申立てをした後に，他の共同訴訟人がした上告の提起および上告受理の申立ては，二重上告・二重上告受理の申立てであって，不適法とされた〔⇨*Column* ㊴〕）。独立当事者参加訴訟において敗訴者の1人のみが上訴した場合についても，同様である（47条4項による40条1項の準用。なお，上訴しなかった敗訴者に有利に原判決を変更することの可否については⇨*Column* ⑫）。

③ 上訴の利益

上訴裁判所は，上訴人の不服申立て（原裁判の取消し・変更の申立て）の当否について審判するが，そのためには上訴が適法でなければならない。上訴の適法要件（上訴要件）としては以下のものがあり，その判断の基準時は，上訴審の審理の終結時である。

① 原裁判が不服申立ての許される裁判であり，かつ，その裁判に

適合した上訴が提起されていること

② 上訴提起行為が所定の方式に従い，かつ有効であること

③ 上訴期間が経過していないこと

④ 不上訴の合意や上訴権の放棄がないこと

⑤ 上訴人に上訴の利益（原裁判に対する不服の利益）があること

　これらの要件を満たしていても，上訴人が訴訟を遅延させることのみを目的として上訴を提起したと認められるときは，上訴権の濫用として，上訴提起の手数料の 10 倍以下の金銭の納付を命じることができる（303 条・313 条・327 条 2 項・331 条・336 条 3 項。なお，上訴の提起が上訴権の濫用にあたり不適法であるとした判例として，最判平成 6・4・19 判時 1504 号 119 頁／重判平 6 民訴 6 がある）。

> ### *Column* ⑩⑨　違式の裁判に対する上訴
>
> 　上述の①については，原裁判所が本来するべき裁判とは異なる種類の裁判（違式の裁判）をしている場合に，どのような上訴をすべきかが問題となる。判決で裁判すべき事項について決定・命令で裁判されたときは，この裁判に対して抗告をすることができる（328 条 2 項）。これは，本来するべき裁判の種類を判定する負担を当事者に負わせないために，現にされた裁判の種類に対応する上訴を許したものと解されている。したがって，これとは逆に，決定・命令で裁判すべき事項について判決で裁判されたときは，控訴または上告によるべきことになる（補助参加の申出を決定〔44 条 1 項〕ではなく判決で却下した場合には，控訴を申し立てるべきとした判例として，最判平成 7・2・23 判時 1524 号 134 頁／百選 [6 版] A41 がある）。

5. 1. 3. 2
上訴の利益の判断基準

いかなる場合に上訴の利益が認められるかについては，かつては，上訴審における訴えの変更や反訴により原裁判よりも有利な裁判が得られる可能性があれば，上訴の利益が認められるとする見解（実体的不服説）も提唱されていた。しかし現在の通説は，当事者の申立てと裁判とを比較し，後者が前者よりも小であるときに上訴の利益が認められるとしている（形式

的不服説)。この見解からは，以下の原則が導かれる。

(1)　第一審において本案の申立てを全部認容された当事者（請求を全部認容する判決を得た原告または全部棄却する判決を得た被告）には，訴えの変更または反訴のために控訴する利益はない。

(2)　(1)の場合に当事者に判決理由中の判断に不服があっても，控訴の利益はない（同旨，最判昭和31・4・3民集10巻4号297頁／百選［6版］105)。

(3)　被告にとって訴え却下の判決は，訴訟物たる権利義務の存否につき既判力を有するものではなく，再訴の余地を残している点で請求棄却判決よりも不利であるから，請求棄却を申し立てた被告は，訴え却下の第一審判決に対して控訴する利益を有する（同旨，最判昭和40・3・19民集19巻2号484頁／続百選89)。これとは逆に，請求棄却判決に対して被告が訴え却下の判決を求めて控訴する利益はない（ただし，法律上の争訟性などの裁判所での紛争解決の可否に関する訴訟要件の欠欠を主張する被告については，請求棄却判決に対して訴え却下の判決を求めて控訴する利益を認める見解も有力である）。

以上のうち，(1)および(2)については，通説も以下の例外を認めている。

①　離婚訴訟において請求棄却判決を得た被告は，離婚の反訴を提起するために控訴する利益を有する。第一審判決が確定してしまうと，被告は自ら離婚の訴えを提起することができなくなるからである（人訴25条2項）。

②　（黙示の）一部請求を全部認容する判決を得た原告は，控訴審で請求を拡張するために控訴する利益を有する。第一審判決が確定してしまうと，その既判力により残部請求をすることができなくなるからである（同旨，名古屋高金沢支判平成元・1・30判時1308号125頁／百選［6版］A37。一部請求後の残部請求の可否については⇨*5. 2. 2. 9*)。

③　予備的相殺の抗弁が認められて請求棄却判決を得た被告は，同

じく請求棄却判決であっても，相殺以外の理由（例，弁済・無効）で訴
求債権が存在しないとする判決を求めて控訴する利益を有する。第一
審判決が確定してしまうと，被告の反対債権の不存在につき既判力が
生じるからである（114条2項⇨ *5. 2. 2. 12*）。

④　第一審判決に対し取消差戻判決を求める控訴がされ，控訴審が
申立て通りの判決をした場合でも，控訴人は，取消しの理由となった
判断を争うために上告する利益を有する。その判断は，差戻し後の第
一審，控訴審および上告審を拘束するため（裁4条），上告して争って
おかないと，争う機会を失ってしまうからである（同旨，最判昭和
45・1・22民集24巻1号1頁／続百選90）。

これらの例外を含めて上訴の利益を説明するために，近時は，裁判
を取り消しておかないと既判力その他の判決の効力の作用により不利
益を受ける場合に，上訴の利益が認められるとする見解（新実体的不
服説）も提唱されている。

④　控　　訴

控訴とは，第一審終局判決に対する第2の事
実審裁判所への上訴である。控訴をした当事
者は控訴人，その相手方は被控訴人と呼ばれ
る。

控訴をすることのできる裁判は，終局判決に限られる（281条1項本
文）。中間判決（245条）その他の中間的裁判（例，50条1項）に対して
独立して控訴をすることはできない（終局判決に対する控訴の理由とし
て，これらの裁判に対する不服を主張することはできる。283条本文。ただし，
不服申立てが許されない裁判〔例，10条3項・25条4項〕や抗告により不服
を申し立てることができる裁判〔328条1項〕については，不服を主張するこ
とができない。283条但書）。

控訴裁判所は，地方裁判所が第一審としてした終局判決および家庭

裁判所の終局判決については高等裁判所であり，簡易裁判所の終局判決については地方裁判所である（裁16条1号・24条3号）。

控訴の提起は，控訴期間内に控訴状を第一審裁判所に提出してしなければならない（286条1項）。控訴期間は，第一審の判決書（令和4年改正後252条の施行後は電子判決書）または判決書に代わる調書（令和4年改正後254条2項の施行後は電子調書）の送達を受けた日から2週間の不変期間である（285条本文。ただし，判決言渡し後送達前に控訴を提起することはできる。同条但書）。控訴状には，当事者および法定代理人のほか，第一審判決の表示およびその判決に対して控訴をする旨を記載しなければならない（286条2項）。このほか，不服の範囲や理由も記載することが望ましい（規179条の準用する規53条）。控訴状に不服の理由を具体的に記載しなかった場合には，控訴人は，控訴の提起後50日以内に控訴理由書を控訴裁判所に提出しなければならない（規182条。ただし，控訴理由書が期間内に提出されなかったとしても，そのために控訴が不適法とされることはない）。

控訴の提起により，第一審判決の確定は防止され，事件の係属は控訴裁判所へと移る（⇨ *5. 1. 2. 1*）。しかし，仮執行宣言の付された第一審判決の執行力が当然に停止されるわけではない。仮執行宣言付判決に基づく強制執行を停止するためには，判決の取消し・変更の原因となるべき事情がないとはいえないこと，または執行により著しい損害を生ずるおそれがあることを疎明して，執行停止の裁判を得なければならない（403条1項3号）。

控訴が不適法でその不備を補正することができないことが明らかである場合（例，控訴期間経過後の控訴）には，第一審裁判所において，決定で控訴を却下する（287条1項）。それ以外の場合には，控訴状を含む訴訟記録は裁判所書記官によって控訴裁判所に送付される（規174条）。控訴状は，控訴裁判所の裁判長による審査を受ける（訴状に

ついてと同様に，必要的記載事項の記載がない場合には，裁判長は補正を命じ，控訴人が補正に応じないときは，命令で控訴状を却下する。控訴提起の手数料の納付がない場合にも，裁判長は命令で控訴状を却下する。令和 4 年改正後 288 条による 137 条・137 条の 2 の準用）。

適式な控訴状は，被控訴人に送達され（289 条 1 項），裁判長は，第一回口頭弁論期日を指定し，被控訴人を呼び出さなければならない（297 条による 139 条の準用）。

5. 1. 4. 3 控訴権の放棄・不控訴の合意

第一審判決に対して控訴の利益を有する当事者には，控訴を提起する権能（控訴権）が認められる。控訴権は，第一審判決の言渡しとともに発生するが，控訴期間の経過によって消滅するほか，第一審判決後に控訴権の放棄または不控訴の合意がされた場合にも消滅する。

控訴権の放棄（284 条）をするには，控訴の提起前は，第一審裁判所に対する申述により，控訴の提起後は，控訴の取下げとともにする，訴訟記録の存する裁判所に対する申述によらなければならない（規 173 条 1 項 2 項）。

不控訴の合意は，当事者双方がともに控訴権を放棄する旨の合意である。特に上告をする権利を留保した不控訴の合意は，飛越（飛躍）上告の合意と呼ばれる。飛越上告の合意は，第一審判決言渡し後にされるものに限られるが（281 条 1 項但書），その他の不控訴の合意については，第一審判決言渡し前でもすることができる（この場合には，控訴権は発生しない）と解されている。不控訴の合意には，管轄の合意に関する規定（11 条 2 項 3 項）が準用される（281 条 2 項）。

控訴権の放棄または不控訴の合意の後に提起された控訴は不適法であり，却下される。

5. 1. 4. 4 附帯控訴

被控訴人は，控訴期間の経過や控訴権の放棄により自らの控訴権が消滅した後であっても，控訴審の口頭弁論が終結するまでの間，原判決に対する不服申立てを

し，原判決を自己に有利に変更することを求めることができる。被控訴人のするこの不服申立てを，附帯控訴という（293条1項）。

　附帯控訴には控訴に関する規定が準用される（293条3項本文，規178条）。附帯控訴を提起するには，附帯控訴状を提出しなければならないが，提出先については，控訴の場合と異なり，第一審裁判所のほか控訴裁判所に提出することもできる（293条3項但書）。

　附帯控訴は，控訴によってすでに開始されている手続を利用してする不服申立てであるから，控訴が取り下げられまたは不適法として却下されたときは，その効力を失う（附帯控訴の従属性。293条2項本文）。ただし，附帯控訴であっても控訴の要件を備えるものについては，独立の控訴としての効力が認められる（独立附帯控訴。293条2項但書）。

Column ⑩　附帯控訴についての不服の利益の要否

　原告の請求を一部認容する第一審判決に対し原告のみ（または被告のみ）が控訴した場合において，一部敗訴した被告（または原告）は附帯控訴をすることができる。これに対して，第一審で全部敗訴した当事者が控訴した場合に，原判決に対して不服の利益を有しない被控訴人が附帯控訴をなしうるかについては，争いがある。

　判例（最判昭和32・12・13民集11巻13号2143頁／百選［2版］115／［6版］A39）は，不服の利益のない被控訴人も，附帯控訴の方式により請求の拡張（訴えの変更または反訴の提起）をなしうるとする。通説もこの見解を支持し，附帯控訴は控訴審における特殊な攻撃方法であって，控訴の性質をもたないと説明する。

　これに対して近時の有力説は，附帯控訴は一定の変容を受けた控訴（いったんは消滅した控訴権を回復するもの）であり，不服の利益の存在を要すると解している（控訴審における訴えの変更〔297条による143条の準用〕や反訴〔300条〕は，附帯控訴がなくてもなしうるとする）。

---

5. 1. 4. 5
控訴審の構造

　控訴審の審判の対象は，第一次的には，控訴の適否と第一審判決に対する当事者の不服申立て（原判決の取消し・変更の申立て）の当否である。不服申立てを認

めて第一審判決を取り消す場合（305条・306条）にはじめて，請求自体について判断を示す必要が生じ，控訴裁判所自らするか，または第一審裁判所にその判断を命じることになる（⇨ *5. 1. 4. 8*(3)）。

　控訴審は上告審のような法律審ではなく，第2の事実審として審判に必要な範囲で自ら事実認定を行う。事実認定の資料となるのは，第一審において提出された資料に控訴審で新たに提出された資料を加えたものである（第一審でされた訴訟行為は控訴審においても効力を有する。298条1項）。これを続審制（続審主義）という。ただし，控訴審の裁判官は第一審手続には関与していないので，第一審で提出された資料を控訴審判決の資料とするためには，第一審における弁論の結果を当事者が陳述しなければならない（296条2項）。これを弁論の更新といい，裁判官が交代した場合の弁論の更新（249条2項）と同様に，直接主義（⇨ *3. 1. 3. 3*）の要請に基づくものである（ただし，控訴審になり第一審の裁判官とは異なる裁判官に交代したからといって，249条3項が適用されることにはならない）。

<u>*5. 1. 4. 6*
控訴審の審理</u>　控訴審では，控訴が不適法でその不備を補正することができない場合を除き，口頭弁論を開かなければならない（87条1項）。*5. 1. 4. 5*で述べたように，控訴審における審判の対象は第一審判決に対する不服申立ての当否であるから，口頭弁論も，当事者が第一審判決の変更を求める限度においてのみ行われる（296条1項）。控訴審においても，訴えの変更，反訴の提起または選定者に係る請求の追加をすることができる（後二者については，相手方の審級の利益を保護するため，原則として相手方の同意が必要である。300条⇨ *6. 2. 1. 2*(2)⑤，第6章 **2** ②）。

　続審制の下で，当事者は，第一審で提出しなかった攻撃防御方法を提出することができる（297条・156条・156条の2）。これを控訴審における弁論の更新権という。ただし，弁論の更新権を無制限に認めると，第一審において充実した審理がなされず，審理の重点が控訴審に移動

して訴訟遅延が生ずるおそれがあるため，時機に後れた攻撃防御方法は却下される（297条・157条・157条の2）。時機に後れたかどうかは，第一審・控訴審を通じて判断される。続審制の下では，口頭弁論の一体性（⇨ *3.1.3.5*）は第一審・控訴審を通じて観念され，控訴審の弁論は第一審の弁論の続行とみられるからである（控訴審の第一回口頭弁論期日に提出された攻撃防御方法であっても，時機に後れたものとして却下されることがある。大判昭和8・2・7民集12巻159頁／百選［初版］38）。このほか，争点整理手続の終了後に攻撃防御方法を提出した当事者の負う説明義務は，控訴審においても存続する（298条2項・167条・178条）。また，控訴裁判所の裁判長は，当事者の意見を聴いて，攻撃防御方法の提出，訴えの変更，反訴の提起または選定者に係る請求の追加をすべき期間を定めることができる（301条1項。期間の経過後にこれらの行為をした当事者は，期間内にすることができなかった理由を裁判所に説明しなければならない。同条2項）。

Column ⑪　控訴審における攻撃防御方法の提出・証拠調べの対象

控訴審の審理に関しては，続審制のほか，覆審制と事後審制がある。これらのいずれを採用するかによって，控訴審における新たな攻撃防御方法の提出の可否や証拠調べの対象に違いが生ずる。

覆審制は，第一審の審理とは無関係に，控訴審で提出された資料に基づいて事実認定を行う方式である。覆審制の下では，攻撃防御方法の提出は，第一審の段階で提出が可能であったか否かを問わず許される。証拠調べは，第一審では提出されなかった証拠のほか，第一審ですでに取り調べられた証拠についても行うことができる。

他方，事後審制の下では，控訴審は自ら事実認定をやり直すことはせず，第一審の資料から第一審判決の事実認定が適法に基礎付けられるか否かを判断する。控訴審において新たな攻撃防御方法を提出することはできないし，証拠調べも原則として行われない。

続審制は，控訴審における新たな攻撃防御方法の提出を認める点では覆審制に近い。ただし，すでに述べたように弁論の更新権には制限があり，

時機に後れた攻撃防御方法は却下される。また，控訴審において証拠の申出がされても，第一審の証拠調べの結果をしん酌した結果，証拠調べが実施されないこともある。こうして控訴審で追加される資料が制限されれば，審理は事後審のそれに近づく。なお，実務においては，控訴審における新たな主張を時機に後れた攻撃防御方法として却下することには慎重であるものの，第一審で取り調べられた人証で証拠調べの必要性のないものの再度の取調べはしないという運営がされているといわれる。

5. 1. 4. 7 不利益変更禁止の原則

控訴裁判所が第一審判決の取消し・変更をすることのできる範囲は，控訴または附帯控訴によってされた不服申立ての限度内に限られる（304条）。これを控訴人の立場からいえば，被控訴人から控訴または附帯控訴がない限り，第一審判決を自己に不利益に変更されることはなく，最悪の場合でも控訴棄却の判決がされるにとどまる。このことを指して，不利益変更禁止の原則という。また，控訴人が不服を申し立てなかった部分について控訴人に有利に第一審判決が変更されることもない。これを利益変更禁止の原則という。

不利益変更禁止の原則が適用される結果，以下の具体例においては控訴棄却の判決がされる（いずれの場合にも，被告は控訴も附帯控訴もしなかったとする）。

［例1］ 被告に対し金100万円の支払を求める原告の請求を50万円の限度で認容した第一審判決に対して原告が控訴し，100万円全額の支払を求めた。控訴裁判所が，訴訟物たる金銭債権は30万円しか存在しないとの心証を得たとしても，第一審判決を変更して，原告の請求を30万円の限度で認容する判決をすることはできない。

［例2］ 原告の貸金返還請求に対して被告が弁済の抗弁と予備的相殺の抗弁を提出した。予備的相殺の抗弁を採用して請求を棄却する第一審判決がされ，これに対して原告が控訴し，請求認容判決を求めた。控訴裁判所が，訴求債権は弁済により消滅したとの心証を得たとして

も，それを理由に第一審判決を取り消して請求棄却判決をすることは，控訴した原告に不利益になる（反対債権の不存在について既判力を得られなくなる）ため許されない（最判昭和 61・9・4 判時 1215 号 47 頁／百選 [6 版] 107）。

　これらの例が示しているように，不利益変更禁止の原則は，当事者の不服申立てがない限りそれに対応する裁判をすることはできないという意味において，控訴審における処分権主義（246 条）の発現である。したがって，通説・判例によれば処分権主義が適用されない境界確定訴訟には，不利益変更禁止の原則も適用されない（最判昭和 38・10・15 民集 17 巻 9 号 1220 頁／百選 [2 版] 117）。人訴法 32 条による財産分与についても，判例は不利益変更禁止の原則の適用を否定している（最判平成 2・7・20 民集 44 巻 5 号 975 頁／重判平 2 民訴 1）。

　不利益変更禁止の原則が妥当するのは，裁判所が当事者の申立てに拘束される事項に限られる。職権調査事項については，控訴裁判所は，当事者の申立てがなくても自らの判断により原判決を変更することができる。たとえば，原告の請求を一部認容する判決に対して原告のみが控訴した場合に，控訴裁判所が当該請求は訴えの利益を欠くとの判断に至ったときは，原判決を取り消して訴えを却下する判決がされる。

　訴え却下の第一審判決に対して原告のみが控訴し，被告は控訴も附帯控訴もしなかったところ，控訴裁判所は，訴訟要件の存在を認め，かつ，原告の請求に理由はなく，第一審に差し戻す必要もない（307 条但書）との判断に至った場合に，第一審判決を取り消して請求棄却の本案判決をすることができるかについては，議論がある。判例（最判昭和 60・12・17 民集 39 巻 8 号 1821 頁）は，控訴した原告にとって請求棄却判決は訴え却下判決よりも不利益であるから，請求棄却判決をすることは不利益変更禁止の原則に抵触し，許されない（控訴棄却にとどめるべきである）としている。これに対して有力な見解は，原告の控訴は請求について本案判決を求める趣旨であること，訴え却下の原

判決が確定した場合には原告が再訴してくる可能性があり，その再訴において請求棄却の本案判決をするのは訴訟経済上好ましくないことを理由に，請求棄却判決をなしうるとする。しかし，訴え却下の第一審判決に対して被告は控訴する利益を有していたのであり（⇨ *5.1.3.2*(3)），請求棄却判決を求めて控訴または附帯控訴をすることができたはずである。その被告が控訴も附帯控訴もしていないのに第一審判決を取り消して請求棄却判決をすることは，被告にとって有利な変更となるため，許されないというべきである。

最判平成 27・11・30（民集 69 巻 7 号 2154 頁／百選［6 版］A38）は，第一審が，訴訟上の和解は無効であるという被告の主張を排斥して訴訟終了宣言判決をし，これに対して被告のみが控訴し原告が控訴も附帯控訴もしなかった場合において，控訴審が第一審判決を取り消して原告の請求の一部を認容する本案判決をすることは，不利益変更禁止の原則に違反して許されない，とした。訴訟上の和解による訴訟終了宣言判決は，訴訟が終了したことだけを既判力をもって確定する訴訟判決であるから，これと比較すると，原告の請求の一部を認容する本案判決は，当該和解の内容にかかわらず，形式的には被告にとってより不利益であることを理由としている。原告のみが控訴した場合についての上記の判例と整合的な判断といえよう。

Column ⑫　予備的併合の控訴審における審判 --------------------------

　予備的併合は，法律上両立しえない複数の請求に順位をつけてする請求の併合であり，請求の間に密接な関連性があるため，弁論の分離が許されない（⇨ *3.4.1.3*）。控訴審の審判に関しても，控訴審に移審する請求の範囲はどこまでか，控訴または附帯控訴がされていない部分は控訴審の審判の対象となるか，第一審で認容されなかった請求について控訴審が認容判決をする場合，原告の控訴または附帯控訴は必要か，などの問題をめぐって議論がある。

　(1)　主位請求を認容する第一審判決に対しては，被告のみが控訴の利益を有する。被告の控訴により，第一審では判断されていない予備的請求も

含むすべての請求が控訴審に移審する。控訴審が主位請求を棄却すべきと判断したときは，予備的請求について審判することになる（大判昭和11・12・18民集15巻2266頁／百選［初版］27，最判昭和33・10・14民集12巻14号3091頁／百選ⅡA49）。原告の意思は，主位請求が棄却される場合には予備的請求について審判を求めるというものだからである。また，予備的請求について第一審の判決はされていないから，控訴審で予備的請求を認容するのに原告の附帯控訴は必要でない。予備的請求については控訴審ではじめて審判されることになるが，予備的請求を基礎付ける事実は主位請求についてのそれと密接に関連しているため，被告の審級の利益を害することにはならない。

(2) 主位請求を棄却し予備的請求を認容する第一審判決に対しては，原告・被告双方が控訴の利益を有する。いずれか一方の控訴によりすべての請求が控訴審に移審することは，(1)についてと同様である。原告・被告双方または原告のみが控訴した場合に，控訴審が第一審判決を取り消して主位請求認容の判決をなしうることには争いがない。被告のみが控訴し，原告が控訴も附帯控訴もしなかった場合に，第一審判決の主位請求に関する部分が控訴審の審判の対象となるかについては，見解が分かれている。

多数説・判例（最判昭和54・3・16民集33巻2号270頁／百選［2版］121，最判昭和58・3・22判時1074号55頁／百選［6版］106）は，原告が控訴も附帯控訴もしない場合には，主位請求に関する部分は控訴審の審判の対象にならないとする。この見解によれば，控訴審が主位請求を認容する判決をすることはできず，予備的請求認容部分を棄却に変更するにとどめなければならない。

他方，原告の控訴・附帯控訴がなくても，控訴審は主位請求認容の判決をなしうるとする見解もある。両請求が密接な関係にある予備的併合において統一的な解決を確保しようとの趣旨に基づくものと思われる。しかし，主位請求棄却の部分に対して原告が不服の意思を表明していないにもかかわらずこれを請求認容に変更することは，控訴した被告にとって不利益な変更になるので許されない。主位請求棄却部分を認容に変更するには，原告の控訴または附帯控訴を必要とするというべきである。この場合に，控訴裁判所は，主位請求を認容しうるとの心証が得られたならば，原告に附帯控訴の機会を与えるために釈明権を行使することが望ましい。

控訴裁判所は，控訴または附帯控訴に対し終局判決で応じなければならない。控訴審の終局判決には，以下のものがある。

(1) **控訴却下判決**　控訴が不適法でその不備を補正することができないときは，控訴裁判所は，控訴を不適法として却下する判決をする。この場合に，口頭弁論を経ることは必要ではない（290条）。

(2) **控訴棄却判決**　控訴または附帯控訴によって申し立てられた不服に理由がなく，第一審判決を相当とする場合には，控訴または附帯控訴を棄却する判決をする（302条1項・293条3項）。第一審判決の理由が不当であっても，他の理由から第一審判決の結論を支持することができる場合には，やはり控訴を棄却する判決をする（302条2項・293条3項）。

(3) **控訴認容判決**　申し立てられた不服に理由があり，第一審判決を不当とするとき（305条），または第一審の判決の手続が法律に違反するとき（306条。具体的には，249条・250条・252条・253条違反がこれにあたる）には，第一審判決を取り消さなければならない。取り消した後には，請求について審判するため，自判，差戻しまたは移送の判決をしなければならない。

① 自判　控訴審は事実審であるため，控訴裁判所自ら請求についての判決をするのが原則である（この点で，上告と異なる）。第一審判決を変更することのできる範囲については，*5. 1. 4. 7*を参照。

② 差戻し　訴えを不適法として却下した第一審判決を取り消す場合には，審級の利益を保障するため，事件を第一審裁判所に差し戻して請求についての審判を行わせなければならない（必要的差戻し。307条本文）。ただし，第一審で本案についての審理が尽くされていたなどの理由により事件につきさらに弁論を行う必要がないときは，自判をすることができる（同条但書）。

第一審判決が本案判決であった場合でも，控訴裁判所が事件につき

さらに弁論をする必要があると判断したときは，自判をせず，事件を第一審裁判所に差し戻すことができる（任意的差戻し。308条1項）。

　第一審裁判所における訴訟手続が法律に違反したことを理由として事件の差戻しがされたときは，その訴訟手続は取消差戻判決によって当然に取り消されたものとみなされる（308条2項）。これ以外の第一審の訴訟手続は，差戻し後も効力を有する。

　③　移送　　専属管轄違背を理由として第一審判決を取り消すときは，事件を管轄裁判所に移送しなければならない（309条。任意管轄違背および6条1項の規定による専属管轄違背は取消しの理由にならないことに注意。299条1項2項）。

| *5. 1. 4. 9* |
| 控訴の取下げ |

控訴人は，控訴審の終局判決があるまで控訴を取り下げることができる（292条1項）。控訴の取下げは，控訴の申立てを撤回する旨の控訴人の意思表示であり，訴訟記録の存する裁判所に原則として書面でしなければならない（292条2項・261条3項，規177条1項。令和4年改正後132条の10・132条の11の施行後は，控訴の取下げの書面についてもオンライン提出が可能になり，改正後132条の11第1項各号に掲げる者はオンライン提出を義務づけられる）。控訴の取下げにより，控訴の効果は控訴提起時に遡って消滅する（292条2項・262条1項）。控訴の取下げの後，控訴期間内に再び控訴が提起されることがなければ，第一審判決は控訴期間の経過によって確定する。訴えの取下げと異なり，控訴の取下げは被控訴人に不利益を及ぼさないので，被控訴人の同意は必要ではない（292条2項は261条2項を準用していない）。なお，控訴審の口頭弁論期日に当事者双方が欠席したときは，控訴の取下げが擬制されることがある（292条2項・263条）。

⑤ 上　　告

　　　　　　　　　上告は，控訴審の終局判決に対する法律審へ
の上訴である。ただし，高等裁判所が第一審
管轄権をもつ場合や飛越上告の合意（281 条 1
項但書⇨ *5. 1. 4. 3*）がある場合には，第一審の終局判決に対して上告
をすることができる。上告の申立人を上告人，その相手方を被上告人
という。

　上告裁判所は，第一審裁判所が地方裁判所または高等裁判所である
場合には，最高裁判所であり，第一審裁判所が簡易裁判所である場合
には，高等裁判所である（311 条，裁 7 条 1 号・16 条 3 号）。

　　　　　　　　　（1）上告に理由があるものと認めて上告審が
原判決を破棄することのできる事由を上告理
由という。上告人は上告理由を主張しなければならず，上告理由の主
張を欠く上告は不適法である（上告理由の主張は書面でしなければならな
い〔⇨ *5. 1. 5. 4*〕）。

　上告審が法律審であることから，上告理由は，原判決の判断または
原審手続の憲法違反・法令違反に限られる。事実関係については，上
告審は原審が適法に確定した事実に拘束され（321 条 1 項），ただ事実
の確定に違法がある場合に原判決を破棄しうるにすぎない（ただし，
飛越上告の合意があるときは，第一審の事実認定の結果を争わないものとみ
られるので，事実の確定の違法は上告理由にならない。321 条 2 項）。

　（2）上告理由には，憲法違反，絶対的上告理由，および判決に影響
を及ぼすことの明らかな法令違反の 3 種類がある（312 条）。

　(a)　憲法違反については，法文上判決の結論への影響が要求されて
いない（312 条 1 項参照）。そのため，判決への影響の有無を問わず，
上告理由になるとの解釈もあるが，有力な見解は，判決に影響を及ぼ
さないことが明らかな憲法違反は上告理由にはならないと解している。

(b) 絶対的上告理由は，一定の重大な手続上の過誤（訴訟法規違反）について，判決への影響の有無を問わずに破棄の事由としたものである。手続上の過誤については，それが判決に影響を及ぼすことが明らかでないことが多いが，それを理由に原判決を破棄できないとすると，下級審の重大な手続上の過誤が放置される結果となる。これを防止するのが絶対的上告理由の趣旨であり，以下の事由が挙げられる（312条2項）。

① 判決裁判所の構成の違法（1号） 欠格事由のある者が判決裁判所を構成していた場合や合議体の構成員数が誤っていた場合などがこれにあたる。裁判官の交代に際して弁論の更新がされなかった場合（最判昭和33・11・4民集12巻15号3247頁／百選［3版］50）や原判決がその基本となる口頭弁論に関与した裁判官によりされたことが明らかでない場合（最判平成11・2・25判時1670号21頁）も，本号に該当する。

② 法律上判決に関与できない裁判官の判決関与（2号） 除斥原因のある裁判官または忌避の裁判のあった裁判官が判決の評議および原本作成に関与した場合などがこれにあたる。

③ 日本の裁判所の管轄権の専属に関する規定違反（2号の2）

3条の5は，国際裁判管轄（⇨ *1.5.2.2*）が日本の裁判所に専属する場合を定めている。すなわち，(1)日本の法令に準拠して設立された会社，一般社団法人・一般財団法人または社団・財団の組織に関する訴え等（同条1項），(2)登記または登録をすべき地が日本国内にあるときの登記または登録に関する訴え（同条2項），(3)設定の登録により発生する知的財産権の登録が日本においてされたものであるときの当該知的財産権の存否または効力に関する訴え（同条3項）については，外国の国際裁判管轄は排除され，日本の裁判所のみに管轄権が認められる。この場合には，日本の裁判所が裁判権を行使することに高度の公益性が認められることから，原審がこの規定に違反して日本の国際裁判管轄を否定し，訴えを却下したことは，絶対的上告理由となる。

④　専属管轄違反（3号）　　6条1項各号に定める裁判所（東京地方裁判所・大阪地方裁判所）のうち，同項によれば管轄権を有しない裁判所が第一審判決をした場合の専属管轄違反は除かれる（3号括弧書）。

⑤　法定代理権，訴訟代理権，代理人が訴訟行為をするのに必要な授権の欠缺（4号）　　原判決が破棄されるまでの間に本人による追認があったときを除く（312条2項但書）。本号は，氏名冒用訴訟における被冒用者のように，攻撃防御の機会を不当に奪われた者が原判決の取消しを求める場合にも類推される。

⑥　口頭弁論公開の規定の違反（5号）　　憲法82条および裁判所法70条に違反した場合である。口頭弁論公開の事実は，口頭弁論調書（令和4年改正法の施行後は電子調書）によってのみ証明される（改正後160条4項）。

⑦　判決の理由不備・理由の食違い（齟齬）（6号）　　判決には理由を付さなければならない（改正後252条1項3号）。これに違反して，理由の全部または一部を欠いている場合，または理由に矛盾があるため，主文の判断を導くことができない場合には，本号の上告理由がある。

⒞　判決に影響を及ぼすことの明らかな法令違反は，高等裁判所への上告の理由にはなるが，最高裁判所への上告の理由にはならない（312条3項）。ここでいう「法令」とは，法律および命令（政令・省令など）のほか，条例，裁判所規則，慣習法，条約，外国法規などを含む。経験則が法令にあたるかについては争いがあるが，経験則違反が自由心証主義の限界を超えるときは，247条違反として法令違反となる（通説。経験則違反を上告理由と認めた旧法下の判例として，最判昭和36・8・8民集15巻7号2005頁／百選［6版］109，最判昭和50・10・24民集29巻9号1417頁／百選［6版］54がある。なお，法令違反を最高裁判所への上告の理由から除いた現行法の下で，経験則違反が上告受理申立ての理由になりうるかについては，議論がある〔⇨ *5. 1. 5. 3*〕）。

Column ⑬　審理不尽

　判例は，大審院時代から「審理不尽」という用語を，原判決破棄の理由として慣用的に用いてきた。明文の規定に基づくものではなく，その内容は，結局は，法令の解釈適用の誤り（312条3項），理由不備・理由の食違い（312条2項6号），釈明義務違反や経験則違反に基づく違法な事実認定のいずれかに帰着するとして，学説は，審理不尽を独立の上告理由とすることに批判的であった。しかし近時は，審理を尽くした上で判決をすることは訴訟手続の基本原則である（243条参照）として，審理不尽を，法令違反としての上告理由とみる見解も有力である。

　もっとも，現行法の下では審理不尽を最高裁判所への上告理由とすることはできず，上告受理申立ての理由となりうるかが問題となるにすぎない。

---

5. 1. 5. 3　上告受理申立て

　5. 1. 5. 2 で述べたように，最高裁判所への上告は，憲法違反または絶対的上告理由を主張する場合でなければすることができない。これは，最高裁判所への上告を制限し，その負担を軽減することによって，最上級裁判所たる最高裁判所に法律審としての機能を十分果たさせることを目的としたものである。他方で，上告理由から除かれた判決に影響を及ぼす法令違反について，最高裁判所が統一的な解釈を示す必要が認められることもある。そうした必要に応じるために，最高裁判所がその裁量で上告審として事件を受理する制度が，上告受理申立てである。すなわち，最高裁判所は，原判決に判例違反その他の法令の解釈に関する重要な事項が含まれていると認められる場合には，当事者の申立てに基づいて上告審として事件を受理する決定（上告受理決定）をすることができる（318条1項）。経験則違反が「重要事項を含むと認められる法令違反」として上告受理申立ての理由になるかについては争いがあるが，多数説は，重要な経験則についての判断を統一することも最高裁判所の責務であるとして，積極に解している。

　上告受理決定がされると，事件について上告があったものとみなさ

れる（318条4項）。上告審として事件を受理しない場合には，不受理の決定をしなければならない（当事者に上告受理の申立権を認めた以上，それに対する裁判を行う必要があるからである）。

　上告と上告受理申立ては，上告が，上告理由のある場合に当事者の権利として認められる上訴であるのに対し，上告受理申立ては，上告理由のない場合に最高裁判所がその裁量で事件を受理し，上訴審として審理する点で異なる。もっとも，上告受理申立ての手続は，以下に述べる上告の手続に準じて進められる（318条5項）。

5. 1. 5. 4　上告の提起

　上告の提起は，上告期間内に上告状を原裁判所に提出してしなければならない（314条1項）。上告期間は，控訴期間と同様に2週間の不変期間である（313条・285条）。上告の提起によっても，仮執行宣言の付された原判決の執行力は当然には停止されず，上告人は，原判決の破棄の原因となるべき事情および執行により償うことができない損害を生ずるおそれを疎明して，執行停止の裁判を得なければならない（403条1項2号。控訴に比べて執行停止の要件が加重されていることに注意）。

　上告状が提出されると，原裁判所の裁判長が上告状を審査し，必要な補正を命じる。上告人が補正に応じない場合には，命令で上告状を却下する（314条2項・288条・289条2項・137条）。上告提起の手数料の納付がない場合にも，命令で上告状を却下する（314条2項・288条・137条の2）。上告期間が徒過しているなど，上告が不適法でその不備を補正することができないときは，原裁判所が決定で上告を却下する（316条1項1号）。これらの場合を除いて，当事者に上告提起通知書が送達され，被上告人には上告状も送達される（規189条1項2項）。

　上告人は，上告状に上告理由を記載しなかったときは，上告提起通知書の送達を受けた日から50日以内に原裁判所に上告理由書を提出しなければならない（315条1項，規194条）。上告理由の記載は，民訴

規則 190 条ないし 193 条の定める方式によらなければならない（315条 2 項）。以上に違反することが明らかな場合には，原裁判所は，決定で上告を却下する（316 条 1 項 2 号。上告理由の記載が方式に違反している場合には，決定で相当な期間を定めて補正を命じ，上告人が補正に応じないときに上告却下の決定をする。規 196 条。上告状にも上告理由書にも上告理由が記載されていないときは，補正を命じる余地がないから，原裁判所は直ちに上告却下の決定をすべきである。最決平成 12・7・14 判時 1723 号 49 頁）。

　原裁判所は，上告状却下の命令または上告却下の決定があった場合を除き，事件を上告裁判所に送付する。この場合に，原裁判所は，上告人が上告理由中に示した訴訟手続に関する事実の有無について意見を付すことができる（規 197 条 1 項）。

5. 1. 5. 5
上告審における審理の範囲

　上告審の審判の対象は，原判決に対する不服申立ての当否であり，その判断に必要な調査は，上告理由として主張されたものについて行われる（320 条）。被上告人は，附帯上告をすることができ（313 条・293 条。ただし，新たな上告理由を主張する附帯上告をなしうるのは，上告理由書提出期間内に限られる），それによって上告審における審理の範囲は拡張される。

　上告審は法律審であるから，原判決において適法に確定された事実に拘束され（321 条 1 項），事実についての審理をすることはできない（⇨ **5. 1. 5. 2**(1)）。

　職権調査事項については，以上の例外が認められている。すなわち，職権調査事項については，上告理由として主張されていなくても審理することができ，原審までに適法に確定された事実に拘束されず，自ら事実認定をすることができる（322 条）。

5. 1. 5. 6
上告審の裁判

　上告裁判所は，316 条 1 項各号に該当すると認めるときは，口頭弁論を開かず，決定で上告を却下することができる（317 条 1 項）。上告裁判所が最高裁判所で

ある場合には，上告理由が明らかに憲法違反または絶対的上告理由に該当しないときは，やはり決定で上告を棄却することができる（317条2項）。

上告状，上告理由書，答弁書その他の書類から，上告を理由がないと認めるときは，上告裁判所は，口頭弁論を開かず，判決で上告を棄却することができる（319条）。

以上のように，上告審においては，まず書面審理が行われる。書面審理によって上告を却下または棄却することができない場合に，口頭弁論が開かれる。上告を認容して原判決を破棄する場合については，特別の定めがないため，口頭弁論を開かなければならない（87条1項。ただし，判例は例外的に口頭弁論を開かなくてよい場合があるとする。最判平成14・12・17判時1812号76頁［不適法でその不備を補正できない訴えにつき本案判決をした原判決を破棄して，訴えを却下する場合］，最判平成18・9・4判時1948号81頁［判決で訴訟の終了を宣言する前提として，原判決を破棄する場合］，最判平成19・1・16判時1959号29頁［判決の基本となる口頭弁論に関与していない裁判官が判決をした裁判官として署名押印していることを理由に原判決を破棄し，事件を原審に差し戻す場合］，最判平成19・3・27民集61巻2号711頁［職権探知事項にあたる中断事由が存在することを確認して原判決を破棄する場合］）。

口頭弁論を開いた後の終局判決としては，上告を不適法とする上告却下，上告を理由なしとする上告棄却，上告を理由ありとする原判決破棄の3種類がある。上告理由があるときは，原則として原判決破棄の判決がされるが（325条1項），上告に理由があっても，他の理由により原判決が正当であるときは，上告棄却の判決がされる（313条・302条2項）。

上告裁判所が最高裁判所であるときは，単なる法令違反は，上告理由にも上告理由とみなされる上告受理申立ての理由（318条4項）にもあたらないため，職権調査事項の場合を除き，最高裁判所には法令違

反について調査する義務はない（320条）。しかし，実体法を正しく適用することは裁判所の当然の職責であることから，判決に影響を及ぼすことが明らかな実体法の適用の誤り（これを「判断上の過誤」と呼ぶことがある）を発見したときは，最高裁判所は，上告理由がなくても原判決を破棄する権限を有する（325条2項。有力な見解によれば，法文上「破棄することができる」とあるのは，最高裁判所には破棄する権限があるという趣旨であり，破棄するかどうかについての裁量を最高裁判所に認めたものではない，と解されている）。

　原判決を破棄する場合に上告裁判所のとりうる措置は，①事件を原裁判所に差し戻す，②原裁判所と同等の他の裁判所に移送する，③自ら事件について判決をする（自判），のいずれかである（325条1項2項・326条）。すでに述べたように，上告審においては，職権調査事項に関する場合を除き事実審理をすることができないため，自判がされるのは，(1)原判決で確定された事実に基づいて事件についての裁判をすることができる場合（326条1号），または(2)事件が裁判所の権限に属しないことを理由として原判決を破棄する場合に限られる（326条2号。本号は，当事者能力や訴えの利益などの訴訟要件の欠缺の場合にも類推される）。

　自判する場合には，上告審が控訴審に代わって事件についての判決をすることになる。これには，①第一審判決に対する控訴を認容した原判決を破棄し，控訴を棄却または却下する場合，②第一審判決に対する控訴を棄却した原判決を破棄し，控訴を認容して第一審判決を取り消し，自ら事件についての裁判（訴え却下，請求棄却または請求認容）をする場合，③②と同様に控訴を認容して第一審判決を取り消し，事件を第一審へ差戻しまたは移送する場合，がありうる。

| *5. 1. 5. 7*
破棄判決の拘束力 | 事件の差戻しまたは移送を受けた裁判所は，新たに口頭弁論を開いて裁判をしなければな |

らない（325条3項前段）。その場合には，差戻しまたは移送を受けた

裁判所は，上告裁判所が破棄の理由とした事実上および法律上の判断に拘束される（325条3項後段）。この拘束力の法的性質をめぐって見解が対立するが，審級制度を維持するために認められた上級審の裁判の拘束力（特殊効力説，裁4条参照）というべきである（通説）。

拘束力が生じる事実上の判断とは，職権調査事項に関するものを指し，本案に関する判断を含まない（通説。判例として，最判昭和36・11・28民集15巻10号2593頁／百選Ⅱ195）。法律上の判断とは，法令の解釈・適用に関する判断で，破棄の理由となったものをいう（別の法律構成により差戻し前の原判決と同一の結論を導くことは，拘束力に抵触しない。最判昭和43・3・19民集22巻3号648頁／百選［6版］110）。

原判決に関与した裁判官は，差戻し後の口頭弁論に関与することができない（325条4項）。これは，破棄判決の拘束力を実効性あるものとするためには，先入観のない他の裁判官に裁判をさせるのが好ましいという趣旨である。差戻し後の口頭弁論は，差戻し前の口頭弁論の続行であるが，差戻し前の口頭弁論に提出された資料を裁判の基礎資料とするには，弁論の更新の手続（249条2項）が必要となる。

2 判決の確定と確定判決の効力

① 判決の確定（形式的確定力）

判決がいったん言い渡されると，判決をした裁判所自身も，自由に撤回したり変更したりすることができなくなる。これを判決の自己拘束力または自縛力という（その例外として，判決に法令違反があった場合には，言渡し後1週間以内に限り，裁判所は変更の判決をすることができる。256条。また，計算違い，誤記などの表現上の誤りを訂正する判決の更正決定は，いつでもすることができる。257条）。その結果，たとえ内容が不当な判決であっても，こ

れを取り消すには当事者の上訴を待たなければならない。判決に対して上訴をすることができなくなったときは，もはやその訴訟手続内で判決を取り消すことはできない（再審〔⇨第 8 章〕の可能性を残すのみとなる）。こうして判決が上訴によって取り消される可能性がなくなった状態のことを，判決の確定といい，判決に形式的確定力が生じたという。判決の内容に認められる効力である既判力（または実質的確定力），執行力，形成力も，原則として判決の確定を待って発生する。

***Column* ⑭ 判決の確定証明** --------------------------------

　　判決の確定により，既判力が生じ，また，戸籍の届出（戸 63 条・69 条）や登記の申請（民執 177 条，不登 63 条 1 項）をすることができる。判決が確定していることは判決の正本からは明らかにならないので，その証明が必要な場合には，第一審裁判所の裁判所書記官または上訴裁判所の裁判所書記官に申請して，判決の確定証明書の交付を受けることができる（規 48 条）。

----

5. 2. 1. 2
判決の確定時期 ＞ 判決が確定するのは，判決に対して上訴をすることができなくなった時である。

(1)　上訴が許されない判決は，その言渡しと同時に確定する。上告審の判決（ただし，破棄差戻しの場合を除く）がその例である。手形・小切手訴訟の本案判決や少額訴訟の終局判決に対しては上訴をすることができないが（356 条・377 条），判決書または調書（令和 4 年改正法の施行後は，電子判決書または電子調書）の送達の日から 2 週間以内に異議の申立てをすることができ（357 条・378 条），この間は確定しない（116 条 1 項）。

(2)　上訴が許される判決に対して上訴期間内に上訴が提起されれば，判決の確定は遮断され（116 条 2 項），上訴棄却の判決の確定とともに原判決も確定する。

(3)　当事者が上訴期間内に上訴を提起しなかったときは，上訴期間が満了した時に判決は確定する。上訴を提起したものの，上訴期間の経過後に上訴を取り下げ，または上訴却下の判決を受けてこれが確定

した場合も遡って上訴がなかったことになるので，同様である。

(4)　上訴期間の経過前に，上訴権を有する当事者がこれを放棄したときは（284条），上訴権の放棄の時に判決は確定する。

(5)　終局判決の前または後に当事者間で不上訴の合意をすることもできる（⇨*5. 1. 4. 3*）。不上訴の合意が終局判決前にされた場合には上訴権は発生しないから，(1)と同様に，言渡しと同時に判決は確定する。不上訴の合意が終局判決後にされた場合には，合意の時に判決は確定する。

②　判決の既判力（実質的確定力）

5. 2. 2. 1
既判力の概念

既判力とは，確定した終局判決の内容たる判断の通用性をいい，実質的確定力または実体的確定力とも呼ばれる。民事訴訟は，当事者間の紛争を国家機関たる裁判所が取り上げ，終局判決において公権的な判断を示すことによって，強行的に紛争を解決しようとするものである。終局判決が確定すると，当事者はその内容たる判断に拘束され，同一事項についてこれと異なる主張をすることができなくなる。同様に，後訴裁判所も前訴確定判決の既判力ある判断に拘束され，同一事項についてこれと矛盾する判断をすることができない。仮にこうした効力が認められないとすれば，同一事項についての訴訟が際限なく繰り返され，訴訟制度を設けた意味が失われてしまうであろう。

既判力制度のこのような趣旨から，既判力の存在は，職権調査事項とされている。当事者が既判力を援用しない場合でも，裁判所は職権で既判力の存在を指摘し，判決の基礎としなければならない（どのような判決がされるかについては⇨*5. 2. 2. 4〜5*）。当事者が既判力の内容に反する訴訟上の合意をしても無効であり，裁判所はこれには拘束されない（ただし，判決の確定後，当事者が既判力の内容と矛盾する実体法上の合意をした場合には，基準時後の新事由として考慮される〔⇨*5. 2. 2. 7*〕）。

Column ⑮　既判力の本質論と根拠論 ------------------------------

　当事者および後訴裁判所が既判力によって拘束されるのはなぜか。この問題は，既判力の本質論と呼ばれ，特に不当な判決にも既判力が生じる理由をめぐって議論されてきた。代表的な見解としては，実体法説と訴訟法説がある。

　実体法説とは，判決が確定すると，それによって当事者間の実体法上の権利関係が判決内容と同一のものに変更されるとみる考え方である。たとえ不当な判決でも確定すれば，当事者間で和解契約が締結された場合と同様に，判決内容の通りに権利関係が変更され，当事者も後訴裁判所も変更後の権利関係を前提とせざるをえないと説かれる。

　訴訟法説とは，既判力の拘束力は，裁判所間の判断の統一を図るための訴訟法上のものであり，実体法上の権利関係とは無関係であるとみる考え方である。既判力によって直接拘束されるのは後訴裁判所であるが，当事者もそのことを前提として行動せざるをえないため，間接的に既判力による拘束を受けると説明される。

　実体法説のバリエーションとしては，権利実在説（具体的法実在としての権利関係は訴訟を通じてはじめて形成されるのであり，確定判決前には権利の仮象があるにとどまるとする）があり，訴訟法説のバリエーションとしては，新訴訟法説（既判力の根拠を紛争解決の一回性の要請，すなわち，一事不再理の理念に求める）がある。

　今日では，既判力の本質論に実益は乏しいといわれているが，説明のための議論として考えた場合には，実体法説は，既判力が原則として当事者間にしか及ばないこと（既判力の相対性〔⇨*5.2.2.13*〕）や既判力の存在が職権調査事項であることを説明するのに難があり，訴訟法説の方が優れている。

　いずれの見解をとっても，当事者は，自己に不利な判決の既判力の拘束をも受けることになる。その正当化根拠は，当事者の地位につくことによって，訴訟物たる権利関係の存否について弁論し，訴訟追行する機会を与えられたこと（当事者に対する手続保障）に求められる。

> **5.2.2.2**
> 既判力をもつ裁判

既判力をもつ裁判としては，(1)確定した終局判決，(2)外国裁判所の確定判決，(3)決定が挙げられる。

(1)　中間判決は，その判断を前提として終局判決を行う受訴裁判所を拘束するが，別訴において他の裁判所を拘束する既判力を有するものではない。終局判決のうち，原告の請求を認容または棄却する判決（本案判決）は，確定すれば既判力を有する。形成判決（形成訴訟における請求認容判決）については，形成力のみを認め，既判力を否定する見解もあるが，形成権または形成原因が基準時に存在していたことを確定する必要があるとして，既判力を肯定する見解が多数である（たとえば，離婚判決が確定すれば基準時における離婚原因の存在に既判力が生じる。被告が，離婚原因は存在せず離婚判決は不当であると主張し，前訴原告に損害賠償を請求することは，既判力によって排斥される）。

訴訟要件の欠缺を理由として訴えを却下する判決（訴訟判決）に既判力が認められるかについても争いがあるが，有力な学説は，裁判権，訴えの利益または当事者適格の不存在の判断には，既判力を認めるべきであるとしている（これに対して，訴訟能力や訴訟代理権は起訴行為の有効要件であり，これらを欠くとして訴えが却下された場合でも，再び訴えが提起されれば，その起訴行為の有効性をあらためて判断せざるをえないから，既判力を論ずる意味はない）。

(2)　外国裁判所の確定判決も，118条の要件を満たしわが国においてその効力が承認される場合には，既判力が認められる（⇨第5章 2 **5**）。

(3)　決定については，原則として既判力が認められないが，たとえば訴訟費用の負担に関する決定（69条・73条）や支払督促に対する異議を却下する決定（394条）のように，実体関係につき終局的な判断をした決定が確定した場合には，既判力が認められる。

5.2.2.3
判決の無効

判決に重大な瑕疵がある場合には，たとえ確定しても既判力その他の判決の効力を発揮できない。たとえば，裁判権に服さない者に対する判決，実在しない当事者を名宛人とする判決，判決の効力が一般第三者に拡張される場合（例，人事訴訟〔人訴24条〕，会社の組織に関する訴え〔会社838条〕）にお

いて，当事者適格のない者を当事者としてなされた判決などがこれに
あたる。これらの判決は，無効な判決と呼ばれるが，有効な判決の外
観を有しているため，上訴によってその取消しを求めることができる。

　訴えを取り下げる旨の当事者間の合意に反して原告が訴えを取り下
げず，被告欠席のまま原告の請求を認容する判決がされて確定した場
合のように，当事者の一方が，相手方の権利を害する意図の下に相手
方の訴訟への関与を妨げて確定判決を得ることは，確定判決の不当取
得（騙取・詐取）と呼ばれる。問題は，こうして得られた確定判決に
基づき相手方に対する強制執行が行われた場合に，相手方は，再審の
訴えを提起することなく，別訴で判決の無効を主張して損害賠償を求
めることができるかである（この問題については⇨*Column* ⑭）。なお，氏
名冒用訴訟についても再審の要否に関する議論がある（⇨*2. 2. 3. 4*(2)(a)）。

| 5. 2. 2. 4 既判力の作用——消極的作用・積極的作用 | 既判力の作用には，消極的作用と積極的作用がある。どちらも，既判力によって拘束される者の間の後訴において問題となる。 |

　消極的作用とは，既判力の生じた判断に反する主張や証拠の申出を
当事者がすることを許さず，たとえそうした主張・証拠申出がされて
も，裁判所はその当否の審理に入らないことを指す（これは，既判力本
質論における一事不再理の観念に対応する）。たとえば，［例1］不動産の
所有権確認訴訟（前訴）で原告の請求を認容する判決が確定したのち，
前訴被告が前訴原告との間の後訴で，前訴の基準時前に当該不動産を
時効取得していたと主張することは，消極的作用によって排斥される。
この場合に基準時後の新事由（例，原告から被告への当該不動産の譲渡）
が存在しなければ，裁判所は，前訴判決の内容に沿った本案判決をす
ることになる（前訴の「基準時」については⇨*5. 2. 2. 7*）。

　積極的作用とは，後訴裁判所は既判力の生じた判断を前提として裁
判をしなければならないことを指す。たとえば，［例2］不動産の所
有権確認訴訟（前訴）で請求認容判決を得た原告が，判決の確定後に

前訴被告に対して移転登記手続を求める訴え（後訴）を提起した場合
には，後訴裁判所は，前訴の基準時において原告に所有権があったこ
とを前提として本案判決をしなければならない。

　以上の通り，既判力ある確定判決が存在していても，そのことによ
って訴えが不適法になるわけではなく，基準時後の新事由についての
判断を合わせて請求棄却または認容の本案判決がされる（既判力の存
在は消極的訴訟要件ではない）というのが，現在の通説である。

5.2.2.5
既判力が作用する場面
──訴訟物同一・先決
関係・矛盾関係

　既判力は，原則として判決主文中の判断，す
なわち，訴訟物たる権利関係の存否の判断に
ついて生じる（114条。詳細は⇨ *5.2.2.11*）。
　前訴判決の既判力の作用が後訴において問題

となる場合としては，①前訴と後訴の訴訟物が同一である場合，②前
訴の訴訟物が後訴の訴訟物の先決（前提）問題となっている場合，③
前訴と後訴の訴訟物が矛盾対立する関係にある場合，の３種類が考え
られる。

　①は，たとえば，［例3］不動産の所有権確認訴訟で請求棄却判決
を受けた原告が再度，同一の被告に対して同一不動産の所有権確認を
求める場合である。後訴裁判所は，基準時前に存在した事由の主張・
立証は排斥し，基準時において原告に所有権はなかったという既判力
ある判断を前提として，基準時後に新たに生じた事由（例，原告が被
告から当該不動産を買い受けた）が主張されれば，その当否を審理した
結果を加えて，請求認容または棄却の本案判決をすべきである。［例
4］不動産の明渡請求訴訟で請求認容判決を得た原告が再度，同一の
被告に対して同一の請求をする場合には，通常は，後訴は訴えの利益
を欠くものとして却下されるが，例外的に訴えの利益が認められると
きは（⇨ *2.2.1.7*(1)），［例3］と同様の方法で，本案判決がされる。

　②は，［例2］のような場合であり，後訴裁判所は，前訴判決の既
判力ある判断を前提として，これに基準時後の新事由についての判断

を合わせて，本案判決をすべきである。

　③は，たとえば，［例5］不動産の所有権確認訴訟で原告の請求を認容する判決が確定したのち，前訴被告が前訴原告に対して同一不動産の所有権確認を求める場合である。前訴と後訴の訴訟物は同一ではないが，実体法上両立しえない関係にあるため，後訴裁判所は，［例3］と同様の方法で，本案判決をすべきである。

<table>
<tr><td>5.2.2.6
既判力の双面性</td><td>既判力ある判断は，通常は前訴で勝訴した当事者に有利に働くが，不利に働くこともある。</td></tr>
</table>

たとえば，［例6］建物の所有権確認訴訟で勝訴した原告は，被告から建物収去土地明渡しを請求された場合に，その建物の所有者ではないと主張することはできない。これを既判力の双面性という。

<table>
<tr><td>5.2.2.7
既判力の時的限界</td><td>(1)　訴訟物たる権利関係は時間の経過とともに変化しうるものであるから，既判力の生じ</td></tr>
</table>

る判断についても，いつの時点における権利関係の存否に関するものであるかが問題となる。この時点を既判力の標準時または訴訟の基準時といい，事実審の口頭弁論終結時とされている（民執35条2項）。この時点まで当事者は事実に関する資料を提出することができ，また，確定判決の基礎となる資料も，この時点までに提出されたものに限られるからである。

　既判力ある判断は，基準時における権利関係の存否に関するものであり，それ以前またはそれ以後の権利関係を確定するものではない。既判力の範囲がこのように時間的に限定されていることを指して，既判力の時的限界という。

　(2)　既判力の時的限界の効果として，前訴の基準時後に新たに生じた事由であれば，後訴においてこれを主張することは前訴判決の既判力に抵触しない。これに対して，前訴の基準時までに存在した事由を主張して前訴判決の既判力ある判断を争うことは許されない。このことは，当事者が前訴でその事由を主張したか否か，主張しなかったこ

とに過失があったか否かを問わない（ただし，前訴で主張することがおよそ期待できなかった事由については，別に考える余地がある〔⇨*5.2.2.8*〕）。当事者が基準時前に存在した事由（例，弁済・契約の無効）を主張しても，既判力の消極的作用により，後訴裁判所はそれについて審理してはならない。これを，既判力の遮断効，失権効または排除効という。

(3) 既判力による遮断が問題となるものとして，基準時後の形成権の行使がある。すなわち，取消権，解除権，相殺権などの形成権については，当事者の意思表示を待ってその効力が生じるため，形成原因は基準時前から存在していても，形成権が行使され，権利関係が変動したのは基準時後であることもある。形成権を行使するか否か，いつの時点で行使するかは当事者の意思に委ねられているとみれば，基準時後の形成権行使は遮断されないことになりそうであるが，前訴において形成権を行使することができたにもかかわらず，それをしないでおいて，前訴判決の確定後，強制執行がされた段階で行使することが果たして許されるかが問題となる。また，すべての形成権にあてはまる統一的な判断基準があるか，形成権の種類によって判断が異なってもよいかをめぐっても，見解が分かれている。

Column ⑯　**基準時後の形成権行使の可否** --------------------------------

　通説は，取消権および解除権の基準時後の行使は，既判力によって遮断されるが，相殺権の行使は遮断されないとする。取消権が遮断される理由としては，①基準時後の行使が遮断されないとすると，より重大な瑕疵である無効の主張が遮断されることと均衡を失する，②基準時前には取消権を行使せず，その後の強制執行の段階で（請求異議の訴えの方法で）取消権を行使することにより相手方の権利の実現を妨げようとする当事者は，保護に値しない，などが挙げられている。他方で，相殺権の行使が遮断されない理由については，①反対債権の存否は，取消権のように訴訟物たる権利に付着した瑕疵ではなく，これとは別個独立の紛争である，②相殺は債務を消滅させるために自己の反対債権を犠牲に供するものであるから，相

殺権を行使するか，いつ行使するかは債務者の判断に委ねられるべきである，③相殺を許さないとした場合でも，反対債権が失われるわけではなく，相殺権を行使できなかった債務者は，反対債権を実現するためにあらためて判決手続と執行手続を経ることになるので不経済である，などが指摘されている。判例も通説と同様に，詐欺による取消権について遮断されるとし（最判昭和55・10・23民集34巻5号747頁／百選［6版］72），相殺権については遮断されないとしている（最判昭和40・4・2民集19巻3号539頁／続百選77）。

　通説に対しては，相殺権が遮断されないのに取消権が遮断されるのは不合理であるとする批判がある。この見解の論拠は，①基準時における判断は，取り消される可能性のある権利に関するものであって，将来においても取消権が行使されないことまで確定するものではない，②取消権が遮断されると解すると，実体法が取消権について行使期間（5年。民126条）を設けた意義が失われる，③濫用的な取消権の行使は，信義則違反を理由に排斥すれば足りる，というものである。しかし，②に対しては，前訴で取消権の行使が可能であった場合でも，5年間は取消権の行使を保障しなければならないか，③に対しては，信義則による遮断では，前訴勝訴者の主張立証の負担が重くなるのではないか，などの疑問が提起されている。

　判例はさらに，基準時後の白地手形の補充権の行使は遮断されるとし（最判昭和57・3・30民集36巻3号501頁／百選Ⅱ143／［6版］A23），建物買取請求権の行使は遮断されないとしている（最判平成7・12・15民集49巻10号3051頁／百選［6版］73）。白地手形の補充権が遮断される理由としては，前訴で白地を補充することは容易になしえたはずであることが挙げられよう。建物買取請求権が遮断されない理由については，訴訟物たる建物収去土地明渡請求権に付着した瑕疵ではなく，別個独立の権利であるという点で，相殺権に近いこと，借地人の保護のためには基準時後の行使を認めるべきであること，が指摘されている。

---

5. 2. 2. 8
既判力の修正・調整

すでに述べたように，基準時前に存在していた事由は，前訴での当事者の主張の有無や主張しなかったことについての過失の有無を問わず，既判力によって遮断される。しかし，前訴で主張することに期待可能性がなかった事由

については，例外的に遮断されないというべきである。たとえば，基準時にはおよそ予測することのできなかった後遺症により基準時後に損害が拡大した場合には，そのことを理由に後訴でさらに損害賠償を請求しても既判力には反しない。これを一部請求後の残部請求として許容する考え方もあるが（たとえば，最判昭和 42・7・18〔民集 21 巻 6 号 1559 頁／百選［6 版］77〕は，前訴における治療費の損害賠償請求と後訴における後遺症による損害賠償請求とは訴訟物を異にするから，前訴確定判決の既判力は後訴に及ばないとする），後述するように（⇨ *5. 2. 2. 9*），一部請求とは，前訴で原告が債権全額を請求することが可能であったにもかかわらず，その一部のみに限定して請求した場合に関するものであり，前訴で予測できなかった後遺症にあてはまる議論ではない（なお，定期金賠償を命じた確定判決の基準時後に後遺障害の程度などの損害額算定の基礎となった事情に著しい変更が生じた場合には，訴えによって既判力を修正することが認められている〔⇨ *5. 2. 2. 10*〕）。

| *5. 2. 2. 9* |
| 一部請求後の残部請求 |
| の可否 |

原告がその主張する金銭債権全額のうちさしあたり 100 万円に限定して支払を求めるというように，数量的に可分な債権の一部について訴えを提起することは，処分権主義の下で許されている。問題は，この訴訟の判決が確定した後，残部の請求をすることが既判力に抵触しないかであり，前訴の訴訟物の範囲（一部に限定されるのか，債権全体に及ぶのか〔⇨ *2. 2. 1. 2*(1)〕）とも関連して，見解が分かれている。

　前訴の訴訟物は債権の一部のみであると考えれば，確定判決の既判力は残部請求訴訟には及ばないことになり，前訴が原告勝訴，敗訴のいずれであったかを問わず，残部請求は可能である。この考え方によれば，資力の不十分な原告は，提訴手数料を節約するため債権の一部に限定して試験的に訴えを提起し，勝訴すればさらに残部を請求するという戦術をとることもできる。他方で，被告は再度の応訴を強いられ，また，裁判所の審理が重複して不経済・非効率であることも考慮

しなければならない。そこで，前訴の訴訟物は債権全体であったとみて，残部請求を否定する見解（全面否定説），前訴で一部であることを明示した場合には訴訟物はその部分のみに限定され，既判力は残部請求に及ばないとして残部請求を肯定する見解，前訴で原告が勝訴した場合に限り，残部請求を肯定する見解（その理由付けとしては，前訴判決が請求棄却または一部認容であった場合には，残部が存在しないことも既判力をもって確定されている，この場合に残部請求をすることは信義則に反するなどがある）が提唱されている。

　なお，債務不存在確認訴訟における原告の自認部分（例，原告が，特定の金銭債務が金 10 万円を超えて存在しないことの確認を求めているときの 10 万円の部分）につき，判決確定後に原告がその不存在の確認を基準時後の事由に基づかずにすることの可否についても，以上と同様の議論がされている。

Column ⑰　一部請求に関する判例の検討

　最判昭和 32・6・7（民集 11 巻 6 号 948 頁／百選［6 版］76）は，前訴で請求の一部であることが明示されていなかった場合につき，残部請求を否定した。他方で，最判昭和 37・8・10（民集 16 巻 8 号 1720 頁／百選［4 版］81①）は，明示の一部請求の場合には訴訟物はその一部のみであり，残部には既判力が及ばないとして，残部請求を許容した。この 2 つの判決から，判例は，一部請求であることが明示されていた場合に限って残部請求を肯定する見解をとっていると考えられた。しかし，最判平成 10・6・12（民集 52 巻 4 号 1147 頁／百選［6 版］75）は，前訴で一部請求であることが明示されていたが，その一部請求を全部棄却する判決がされた事案において，残部請求は特段の事情がない限り信義則に反するとした。そのように解する理由については，①数量的一部請求の当否を判断するためには，債権全部について審理判断することが必要である，②数量的一部請求を全部または一部棄却する旨の判決は，債権全部について行われた審理の結果に基づくものであり，残部請求が存在しないとの判断を示すものである，③この判決が確定した後に残部請求の訴えを提起することは，実質的には前訴で認められなかった請求・主張の蒸し返しであり，前訴で債権全部について

紛争が解決されたとの被告の合理的期待に反し，被告に二重の応訴の負担を強いるものである，といった点を指摘している。

　最判平成 10・6・12 の射程は，前訴で原告の請求が全部認容された場合に及ぶものではない。しかし，一部請求の当否を判断するために債権全部について審理判断する必要があることはこの場合においても同様であり，また，残部請求を許容すれば被告の応訴の負担や重複審理の不経済が生ずることも共通である。資力の乏しい原告の提訴手数料の負担は，訴訟救助（⇨ *2.1.4.3*）を利用することにより解決することができるし，一部請求を全部認容された原告にも控訴の利益（⇨ *5.1.3.2*）を認めて控訴審で請求を拡張できるようにすれば，残部請求を否定しても原告にとって酷ではない。前訴における審理判断が債権全体に及ぶことは，一部請求であっても訴訟物は債権全体であるとする残部請求全面否定説と整合する（なお，判例は，一部請求において確定判決の既判力は請求されていない残部には及ばないとしつつ，被告から相殺の抗弁が提出された場合には，請求されていない残部を含めた債権総額から自働債権の額を控除するいわゆる外側説を採用している〔最判平成 6・11・22 民集 48 巻 7 号 1355 頁／百選［6 版］108〕。しかし，訴訟物が一部請求部分に限定されることと，外側説をとることが整合するかについては，疑問が残る）。

5.2.2.10
確定判決の変更を求める訴え

5.2.2.7 でも述べたように，既判力の生じる判断は基準時（事実審の口頭弁論終結時）における権利関係の存否に関するものである。権利関係の存在が既判力をもって確定されても，その後の事情の変更によって当該権利関係が消滅しまたはその内容に変更が生じることはある。そうした基準時後の新事由の存在は，別訴または請求異議の訴え（民執 35 条）において主張することができる。

　これに対して，確定判決の変更を求める訴え（117 条）は，基準時において損害賠償請求権の存在を認めて定期金による賠償を命じた確定判決について，基準時後に損害額の算定の基礎となった事情に著しい変更が生じた場合に，給付額の増額または減額を請求するために確定判決の変更を求める訴えである。定期金の額は，基準時における将

来の予測に基づいて算定され，既判力をもって確定されているから，これを増額または減額することは，既判力に抵触し許されないはずである。しかし，後遺障害の程度や賃金水準などの損害額算定の基礎となった事情が著しく変動し，もとの定期金の額を維持することが不相当になった場合にまで既判力による拘束を続けるのは適切ではない。そこで，そのような場合には既判力による拘束を解除し，新たに相当な定期金の額を定めることにしたのが，この訴えの趣旨である（訴えの性質は，訴訟法上の形成の訴えと解されている）。

　この訴えは，口頭弁論終結前に生じた損害について定期金賠償が命じられた場合に関するものである（一時金賠償を命じる判決の確定後，後遺症により損害が拡大した場合については⇨ *5. 2. 2. 8*）。たとえば「土地の明渡しに至るまで毎月○円の損害金を支払え」というように，将来発生すべき損害について定期金賠償を命じた判決（将来の給付判決）を対象とするものではないが，その場合にも 117 条の類推適用を認める見解が有力である（なお，原告は追加請求の別訴を，被告は減額のための請求異議の訴えを提起することができるという考え方もある。最判昭和 61・7・17〔民集 40 巻 5 号 941 頁／百選［6 版］78〕は，一部請求の理論により原告による別訴を認めている）。

<u>*5. 2. 2. 11*</u>
　　既判力の客観的範囲

(1)　既判力の客観的範囲とは，判決において示される判断のうち，どの部分に既判力が生じるか，という問題である。

　既判力の生ずる判断は，原則として，判決主文に包含されるものに限られる（114 条 1 項）。相殺の場合（114 条 2 項）を除き，判決理由中の判断には，既判力は生じない（ただし，既判力類似の効力が問題とされることはある〔⇨ *5. 2. 2. 19*〕）。判決主文は，訴状における請求の趣旨（⇨ *2. 2. 1. 1*），すなわち，訴訟上の請求（訴訟物）に対応するから，既判力の客観的範囲は，訴訟物の範囲と一致することになる。

Column ⑪⑱ 　訴訟物と既判力の客観的範囲 ---------------

　訴訟物の範囲と既判力の客観的範囲が同一であるという上記原則について も，調整の余地がないかが論じられている。

　判例（最判昭和51・9・30民集30巻8号799頁／百選［6版］74）は，訴訟物 を超えて後訴を遮断する理論として信義則を用いている（⇨ *5. 2. 2. 21*）。 また，最判平成9・3・14（判時1600号89頁／百選［6版］A24）における福 田博裁判官の反対意見は，前訴と後訴の訴訟物の間に同一性が認められ， 前訴判決の既判力が後訴に及ぶ場合であっても，具体的事情によっては後 訴における既判力に抵触する主張を例外的に許容すべきであるとし，そう した事情として相手方当事者の信義則に反する対応を挙げている（本判決 は，共同相続人の1人が提起した土地の所有権確認・移転登記手続請求訴訟〔前訴〕 において，当該土地は被相続人の所有に属するとして請求棄却判決がされ確定した 後，前訴被告が当該土地の所有権を主張し遺産帰属性を争ったため，前訴原告およ び他の共同相続人が，前訴被告に対して，当該土地が遺産に属することの確認と共 有持分権に基づく移転登記手続を求める訴え〔後訴〕を提起した事案に関するもの である。多数意見は，前訴判決の確定により，前訴の基準時において原告が当該土 地の所有権を有していない旨の判断につき既判力が生じるから，原告が基準時前に 生じた所有権の一部たる共有持分の取得原因事実を後訴で主張することは，前訴判 決の既判力に抵触するとした）。

　これらの最高裁判決における訴訟物の理解には異論もありうるが，学説 上は，既判力の範囲が訴訟物の範囲よりも拡張または縮減することを一般 論として認める見解も有力である（ただし，いかなる要件の下にこれを認める かについては見解が一致していない）。

----

　(2)　判決理由中の判断に既判力が生じないのは，理由中の判断が， 訴訟物に関する判決主文の判断に対して手段的ないし二次的な地位を 有しているためである。当事者の直接の関心は，自己に有利な判決主 文の判断を得ることにあり，理由中の判断はそのための手段にすぎな い。当事者にとっては，いくつかある争点の中から判決主文の判断に とって必要なもの，適切なものを選択し，それ以外の争点については 深くは争わなかったり，自白したりすることができた方が，迅速かつ

効率的に結論に到達できる点で望ましい。仮に理由中の判断にも既判力が生じるものとした場合には，当事者は，将来の別の訴訟のことも想定して，当面は重要でないと思われる争点についても争わなければならなくなるであろう。そうなれば，裁判所としても，当事者の指定した順序に従って各争点を審理せざるをえず，手続は硬直化する。たとえば，原告が債務の履行を求めた訴訟において，被告が主位的に債務の不成立を主張し，予備的に消滅時効を主張した場合に，裁判所にとっては，債務の不成立よりも消滅時効の方がより容易に認定できると思われたとしても，債務の不成立についての審理を行わずに，消滅時効のみを認定して被告を勝訴させることはできない。これに対して，理由中の判断には既判力が生じないという前提であれば，訴訟物の前提問題については，裁判所は当事者の指定した順序や実体法の論理的な順序に拘束されずに，弾力的・効率的な審理を行うことができる（なお，前提問題についても既判力ある判断を得ようとする当事者は，中間確認の訴え〔145条⇨ **6. 2. 1. 3**〕を利用することができる）。

5. 2. 2. 12
相殺の抗弁と既判力　（1）　判決理由中の判断には既判力が生じないという原則の例外として，被告から相殺の抗弁が提出され，裁判所がその当否について判断した場合には，相殺をもって対抗した額（訴求債権を消滅させるために必要な額）に限り，相殺のために主張した請求（反対債権）の不存在について既判力を生じる（114条2項。条文には反対債権の「成立又は不成立の判断」とあるが，下記の例のように，反対債権が当初から不存在であった場合，存在したが相殺により消滅した場合のいずれについても，基準時において反対債権が存在しないことにつき既判力を生じる）。理由中の判断であるにもかかわらず，相殺の抗弁に関する判断に既判力が生じるのは，そうしないと，反対債権が二重に行使されることを阻止できないからである。

　［例1］　100万円の訴求債権に対して，被告から100万円の反対債権による相殺の主張がされたが，反対債権は存在しないと判断されて

請求が認容された場合には，反対債権の不存在につき既判力を生じる。そうでないと，被告が別訴で反対債権を訴求することを阻止できない。

　［例2］　［例1］とは逆に，反対債権は存在すると判断されて相殺の抗弁が認められ，請求が棄却された場合にも，反対債権の不存在につき既判力を生じる。そうでないと，被告は，請求棄却判決がされたのは訴求債権がもともと存在しなかったからであり，反対債権は消滅していないと主張して，別訴で反対債権を訴求することができることになる。

　⑵　［例1］［例2］のいずれにおいても，裁判所は，訴求債権の存在が認められた場合でなければ，相殺の抗弁について判断をすることができない。相殺の抗弁についての判断が容易であったとしても，他の抗弁（例，弁済・時効）についての判断を先にしなければならず，審理の弾力性は損なわれるが，それは，相殺の抗弁によって被告が反対債権を失うことを考慮した結果である。訴求債権が存在しないと判断された場合（当初から存在しなかった場合のほか，弁済により消滅した場合を含む）には，相殺の抗弁の審理をするまでもなく請求棄却判決がされるから，理由中の判断についての既判力は問題にならない。

　訴求債権の存在が認められれば，裁判所は相殺の抗弁について判断するが，相殺の抗弁についての理由中の判断に既判力が生じるのは，原告の請求の当否を判断するために反対債権の存否について実際に判断した場合に限られる。たとえば，相殺の抗弁が時機に後れた防御方法として却下されたり（157条・157条の2），実体法上相殺が許されない（民509条），または相殺適状にないと判断されたりした結果，反対債権の存否について判断されなかった場合には，既判力は生じない。

　⑶　［例2］において，訴求債権の額は30万円，反対債権の額は100万円とされた場合のように，反対債権の額が訴求債権の額を上回る場合には，対当額（30万円）の不存在について既判力が生じる。超過部分（70万円）の存在については既判力が生じない（大判昭和10・

8・24 民集 14 巻 1582 頁)。他方，訴求債権の額は 100 万円であるとされ，反対債権の額は 30 万円であるとされた場合には，被告が主張して対抗した額である 100 万円全額の不存在について既判力が生じる（30 万円は相殺により消滅し，70 万円は当初から不存在であったことが確定される）。

**既判力の主観的範囲
──相対効の原則**

既判力の主観的範囲とは，既判力が及ぶ主体はだれか，後訴において，前訴判決の既判力を受けるのはだれか，という問題である。

すでに述べたように，既判力は，訴訟物についての裁判所の判断に拘束力を認めることにより，同一の訴訟物をめぐる紛争や訴訟物と関連する権利関係をめぐる紛争の解決を図ろうとするものである。それらの紛争の主体となるのは，前訴の当事者であることが多いから，この者には既判力を及ぼす必要がある。また，前訴の当事者は，さまざまな権利（⇨*Column* ㉖）を認められ，既判力ある判断の基礎となる資料（訴訟資料・証拠資料）を提出する機会を与えられていたので，この者に既判力を及ぼしても不当ではない。以上の理由から，既判力は，原則として前訴の当事者間に及び，当事者ではなかった者には及ばない。これを既判力の相対性，または相対効の原則と呼んでいる。

しかし，前訴の当事者でなかった者（第三者）にはおよそ既判力は及ばないものとすると，紛争は解決されず，訴訟物に関する裁判所の判断が無駄になってしまうおそれもある。そこで，第三者に既判力を拡張することが紛争解決のために必要であり，かつ，既判力の拡張を正当化する理由がある場合には，相対効の原則の例外が認められている。①訴訟担当における被担当者（115 条 1 項 2 号），②口頭弁論終結後の承継人（115 条 1 項 3 号），③請求の目的物の所持者（115 条 1 項 4 号）がそれにあたる。また，④人事訴訟や社団関係訴訟においては，法律関係を画一的に確定する必要があることから，第三者に対する既判力の拡張が規定されている（人訴 24 条 1 項，会社 838 条など）。この場合の「第三者」は，①から③のような特定の者ではなく，一般第三

者であることから，この種の既判力拡張は，対世効と呼ばれている（⇨ *5. 2. 2. 17*）。

5. 2. 2. 14
訴訟担当における被担当者への拡張

115条1項2号によれば，他人のために当事者となった者が受けた判決の既判力は，その他人にも及ぶ。ここでいう「当事者」とは，第三者の訴訟担当（⇨ *2. 2. 4. 3*）における担当者であり，「他人」とは，被担当者，すなわち訴訟物についての本来の当事者適格者（本人）である。本人は訴訟物について実質的利益を有しており，訴訟物をめぐる紛争の主体となりうる者であるから，この者にも担当者の受けた判決の既判力を拡張する必要がある。この点は，いかなる種類の訴訟担当についても同様である。これに対して，既判力拡張が正当とされる根拠は，任意的訴訟担当か法定訴訟担当かによって，また，法定訴訟担当の中でも，担当者のための法定訴訟担当か職務上の当事者かによって，異なっている（訴訟担当の種類については⇨ *2. 2. 4. 3*）。

　任意的訴訟担当においては，既判力拡張の根拠は，訴訟担当が本人の授権に基づいて行われることに加えて，担当者に充実した訴訟追行が期待できることに求められる（たとえば，選定当事者は，選定者と共同の利益を有しており，選定者の請求は選定当事者にとって「他人事」ではないことから，適切な訴訟追行が期待できる〔⇨ *Column* ㊱〕。その他の任意的訴訟担当においても，担当者が訴訟の結果について利害関係〔補助参加の利益〕を有していたり，訴訟物たる権利関係の発生・管理につき現実に密接に関与し，その権利関係について本人と同じ程度に知識を有していたりするため，適切な訴訟追行が期待できる）。職務上の当事者（例，人事訴訟における検察官，破産管財人，遺言執行者）についても，担当者が本人の利益を保護すべき職務上の地位にあり本人のため適切な訴訟追行をなしうることに，既判力拡張の根拠が認められる。これに対して，担当者のための法定訴訟担当である債権者代位訴訟においては，担当者（債権者）は，本人（債務者）の意思に基づくことなく法律上当然に訴訟追

行をなしうるのであり，また，担当者が訴訟物たる被代位権利の発生・管理につき密接に関与しているという事情もない。さらに，担当者と本人の利害が対立することもある。そのため，既判力が本人に拡張される根拠ないしは要件をめぐって，見解が対立している。

Column ⑪⑨　債権者代位訴訟における本人への既判力拡張

　この問題については，*Column* ㉞において述べた。既判力拡張の観点から要点を述べれば，以下の通りである。

　本文で述べたように，債権者代位訴訟においては，訴訟物たる被代位権利をめぐり，債権者（担当者）と債務者（本人）の間で利害が対立することがある。そのため，不利な判決（請求棄却判決）の既判力が債務者に拡張されるのは不当であるとして，債務者には有利な判決効のみが拡張されるとする見解（片面的効力拡張説）も提唱された。しかし，これでは被告である第三債務者に対して公平でないことから，通説は，既判力は有利・不利を問わず債務者に拡張されるとしている。その要件としては，債権者が債務者に訴訟告知をすることが提案されてきた。すなわち，期限前の裁判上の代位における訴訟告知（非訟旧88条2項）を類推適用し，訴訟告知が行われたにもかかわらず債務者が共同訴訟的補助参加などをしないときは，既判力が拡張されるとする見解や，債権者が訴訟告知をしたにもかかわらず債務者が権利行使をしない場合にのみ債権者の訴訟担当を認めて，既判力拡張を肯定する見解が提唱されている。また，会社法849条4項の類推により，債権者は提訴後，遅滞なく債務者に対して訴訟告知をすべきであり，被告は債務者に対する訴訟告知があるまでは本案に関する応訴を拒否しうるとする見解もあった。

　以上のように，訴訟告知にどのような効力を認めるかについては違いがあるものの，学説は，担当者である債権者が債務者に対して訴訟告知をし，訴訟への参加または権利行使の機会を与えたことに，既判力の全面的拡張の根拠を見出してきた。なお，平成29年民法改正の結果，債権者代位訴訟を提起した債権者には，提訴後，遅滞なく債務者に対して訴訟告知をすることが義務付けられた（民423条の6）。訴訟告知がされなかった場合の効果については明文の規定がないが，訴えは当事者適格を欠くものとして却下されるとする見解が有力である。

5. 2. 2. 15
口頭弁論終結後の
承継人への拡張

(1) **総説**　115条1項3号により，当事者または訴訟担当における被担当者の口頭弁論終結後の承継人にも既判力が及ぶ。「口頭弁論終結後の承継人」とは，訴訟の基準時である事実審の口頭弁論終結時後に，訴訟物たる権利関係またはそれから派生する権利関係について，当事者または訴訟担当における被担当者と同様の利害関係をもつに至った者をいう。たとえば，訴訟物たる債権を原告から基準時後に譲り受けた者や所有権確認請求の目的物を被告から基準時後に譲り受けた者がこれにあたる。承継の態様としては，相続や合併のように，前主の権利義務一般を承継する一般承継と，特定の権利義務を承継する特定承継とがあり，承継の原因には，任意処分（例，契約・遺贈）のほか，国家の強制処分（例，強制競売・転付命令），法律による当然承継（例，相続）がある（なお，承継が基準時前に行われた場合には，訴訟承継〔⇨ *6. 3. 2. 1*〕の問題となる）。

(2) **既判力拡張の根拠**　基準時後の承継人は，固有の防御方法を提出することはできるものの，前主と相手方の間でされた既判力ある判断には，たとえそれが不利なものであったとしても拘束される。その根拠については，承継人に代替的手続保障があったと説明されることもあるが，前主に手続保障があったことをもって承継人自身の手続保障を不要とする実質的な理由は明らかでない。むしろ，前訴判決主文の判断が承継人と相手方との間ではなんらの拘束力ももたないとすれば，紛争解決の実効性が失われてしまうこと，前訴の基準時においては前主が訴訟物について最も強い利害関係を有していたのであり，その訴訟追行の結果を承継人が争いうるとすれば相手方との関係で公平でないことに，既判力拡張の根拠が認められよう。

(3) **承継の対象**　承継人とは何を承継した者をいうかをめぐっては，議論がある。基準時後に，訴訟物たる権利義務の主体となった者が承継人にあたることについては，争いがない（ただし，訴訟物たる義

務について併存的債務引受けがされた場合に，引受人が承継人として既判力の拡張を受けるかについては，見解が分かれている）。また，土地賃貸借契約終了に基づく建物収去土地明渡請求訴訟の被告（土地賃借人・建物所有者）から基準時後に当該建物を賃借した第三者のように，前訴の訴訟物から基準時後に発展ないし派生したとみられる権利関係についてその主体となった者も，承継人と扱ってよいとされている。問題は，これらの承継人が前主から何を承継したとみるかである。古くは，当事者適格が移転したと説明されていたが，前訴と後訴の訴訟物が異なる場合に，前主から当事者適格の移転を受けたとみることには無理があるとして，紛争の主体たる地位が移転したとする見解も有力である（訴訟承継についてこの表現を用いるものとして，最判昭和41・3・22民集20巻3号484頁／百選 [6版] 104がある）。

(4)　**基準時後の承継人に対して既判力が拡張されることの意味**　　承継人は，前主の相手方と自己との間の訴訟において，自己の請求または自己に対する請求が，前訴判決の主文中の判断を前提として判断される。たとえば，動産の所有権確認訴訟において請求を認容する判決がされ確定したが，基準時後に被告からその動産を買い受けた第三者がいた場合，この者（承継人）は，前訴原告から提起された当該動産の所有権に基づく引渡請求訴訟において，「前訴の原告と被告（前主）の間では，当該動産の所有権者は原告である」ことを争えない。しかし，「自分は，民法192条に基づき当該動産を即時取得した者である」といった，承継人に固有の防御方法を提出することは許される。かつては，こうした固有の防御方法を有する第三者は承継人にあたらないとする見解（実質説）も提唱されたが，それでは，第三者は前訴判決の既判力ある判断をも争いうることとなって妥当ではない。承継人に対する既判力の作用は，固有の防御方法の提出を禁じるものではないので，そうした防御方法を有する第三者を承継人と扱っても，その者の利益を害することにはならない。

Column ⑫0　実質説と形式説の対立 ----------------------------

　本文で述べた実質説に対して，第三者が固有の防御方法を有するか否か
は承継人であるか否かの判断に影響しないとみる見解を形式説という。判
例（最判昭和 48・6・21 民集 27 巻 6 号 712 頁／百選［6 版］82／執保百選［3 版］
6）は，実質説をとっているかにみえる（A の所有名義に登記されていた土地
につき，Y が，A 名義の登記は YA 間の通謀虚偽表示によるもので無効であり，真
の所有者は Y であると主張し，A に対して当該土地の所有権移転登記手続を求めた
訴え〔前訴〕において，Y の請求を認容する判決が確定した。その後に，以上の事
情を知らずに当該土地を競落して所有権移転登記を経由した X に対して，Y が承継
執行文の付与〔民執 27 条 2 項〕を受けて執行し，所有権移転登記を経由した。以上
の事案につき，X は A の Y に対する所有権移転登記義務を承継するものではないか
ら，Y は，X を A の承継人としてこれに対する承継執行文の付与を受けて執行する
ことは許されないと判示している）。しかしこれは，固有の防御方法（民法 94
条 2 項の善意の第三者であるとの抗弁）を有する第三者に対して承継執行文の
付与を受けて執行することを違法としたものであって，既判力拡張の問題
を扱った判例といえるかは疑問である（なお，かつては，既判力の主観的範囲
と執行力のそれとは一致すると考えられていたが，現在では，両者の作用の違いか
ら，固有の防御方法を有する第三者には既判力は及ぶが，執行力は及ばないとされ
ている〔⇨第 5 章 2 ④〕）。
　実質説の前提には，本文の例における民法 192 条の善意無過失の第三者
にも既判力が及ぶとすると，この者に対する所有権に基づく引渡請求も認
容されることになり，保護に欠けるという考慮があったと思われる。しか
しすでに述べたように，こうした第三者は，承継人とされ既判力を拡張さ
れても，固有の防御方法を提出することができる。前主から目的動産を即
時取得したことを主張・立証すれば，原告の請求を斥けることができるの
だから，実質説をとらなくても，第三者の保護を図ることは可能である。

----

5. 2. 2. 16
　請求の目的物の
　所持者への拡張

　115 条 1 項 4 号によれば，当事者，訴訟担当
における被担当者，または基準時後の承継人
のために請求の目的物を所持する者に対して
も既判力が拡張される。ここでいう「請求の目的物」とは，訴訟物が
特定物の引渡請求権である場合における引渡しの対象（不動産，動産）

を指し,「所持する者」とは,その特定物の所持について固有の利益をもたず,専ら当事者等のために所持している者をいう。引渡請求権が物権的請求権であるか債権的請求権であるかは問題とならず,また,所持の開始時期が基準時の前後いずれであるかも問題とならない。請求の目的物の所持者に該当するのは,受寄者,管理人,同居者などであり,賃借人や質権者のように,自己の利益のために目的物を占有する者を含まない。なお,法定代理人や法人の代表者,雇人などは,本人の占有と区別された占有をもたないので,所持者とみる必要はない。

請求の目的物の所持者に既判力が拡張されるのは,この者には保護すべき固有の利益がないため,独自の訴訟追行を保障する必要がないからである。それゆえ,引渡請求の執行を免れる目的で当事者から所有権を仮装譲渡され,目的物を占有している者も,保護すべき固有の利益はないといえるから,所持者として既判力の拡張を受ける。不動産の登記名義人も,専ら当事者本人のために登記名義を保持していると認められれば,所持者としてこの者に既判力が拡張される(大阪高判昭和46・4・8判時633号73頁／百選Ⅱ153／[6版]A26がこのような見解をとる)。

5. 2. 2. 17
対 世 効

婚姻関係・親子関係などの身分関係については,個別的相対的解決を認めると利害関係人の法律生活が混乱し,妥当ではない。そこで,人事訴訟の判決の既判力を一般第三者にも拡張し,法律関係の安定を図っている(人訴24条1項)。しかし,第三者への既判力の拡張が正当と認められるためには,第三者の実体的利益の保護も手続的に保障されていなければならない。そのための具体的な方法としては,①当該身分関係について最も強い利害関係をもつ者に当事者適格者を限定することによって,充実した訴訟追行を期待すること(人訴12条・41条・43条~45条),②処分権主義・弁論主義を制約し,職権探知主義を採用すること(人訴19条・20条),③訴訟係属を第三者に知らせて,その者に訴訟参加の機会を与

えること（人訴 28 条，人訴規 16 条。訴訟参加の形態としては，たとえば，共同訴訟的補助参加が考えられる。人訴 15 条は，共同訴訟的補助参加を認めたものだといわれている。⇨ *6. 3. 1. 8*）がある。このほか，立法論としては，④詐害的な訴訟追行に基づく判決が確定したときは，（共同訴訟的）補助参加をなしうる第三者に再審の訴えを認めることが考えられる（⇨*Column* ⑱。なお，立法例として，行訴 34 条がある）。

　社団関係訴訟（例，会社の組織に関する訴え）においても，利害関係人が多数に上り，法律関係を画一的に確定する必要が高いため，判決の対世効が法定されている（例，会社 838 条）。ただし，人事訴訟の場合と異なり，対世効が認められるのは請求認容判決のみである（片面的対世効）。これは，第三者の利益保護のため，第三者に不利な判決の既判力拡張を否定する趣旨である。人事訴訟におけるのと同様に，当事者適格者が限定され（例，会社 828 条 2 項），第三者の訴訟参加も認められる。ただし，かつては訴訟参加の機会を与えるための訴え提起の公告の制度があったが（商旧 105 条 4 項・247 条 2 項・252 条など），現在では廃止されている（なお，対世効が定められた訴えではないが，役員等の責任追及の訴えにおいては，会社への訴訟告知と株主への公告または通知が法定されている。会社 849 条 4 項 5 項）。

<table><tr><td>5. 2. 2. 18
法人格否認の法理と
既判力拡張</td><td>いわゆる法人格否認の法理が適用される事例においては，当事者とは法人格を異にする第三者に対しても判決の既判力や執行力が拡張</td></tr></table>

されるかが問題となる。典型的な例は，X の A 会社に対する給付訴訟の係属中に，A が債務の支払を免れるために新たに Y 会社を設立して資産を Y に移転してしまった場合である。その後に X 勝訴の判決が確定したとして，その既判力が Y に拡張されるならば，Y は X からの別訴において前訴の既判力ある判断を争うことができなくなる。さらに執行力も拡張されるならば，X は Y に対して別訴（給付の訴え）を提起するまでもなく，前訴判決に基づいて Y の資産に対して

強制執行をすることができる（執行力拡張については⇨第5章**2**④）。

　判例は，Yの設立がAによる法人格の濫用と認められる場合には，実体法律関係についての法人格否認の法理の適用により，XはYに対しても前訴の訴訟物である債務の履行を求めることができるが，Aに対する判決の既判力・執行力はYには拡張されないとしている。訴訟手続・強制執行手続の明確性・安定性を理由とする（最判昭和53・9・14判時906号88頁／百選［6版］83）。

　学説においては，判例と同様に訴訟法律関係への法人格否認の法理の適用を否定する見解と，肯定する見解が対立している。また，肯定説の中でも，適用の効果（既判力拡張のみに限るか，執行力拡張も認めるか），要件（判決効拡張を法人格の形骸化事例のみに限定するか，濫用事例にも認めるか），理論構成（実質的当事者，口頭弁論終結後の承継人，信義則のいずれをとるか）をめぐって，見解が分かれている。

5. 2. 2. 19
既判力類似の効力

　最判昭和49・4・26（民集28巻3号503頁／百選［6版］80）は，相続債務の支払請求訴訟において被告から限定承認の抗弁が提出され，これを認めて相続財産の限度での支払を命じる判決が確定した後，原告が基準時前に存在した民法921条所定の事由を主張して，相続財産の限度にかかわらず債務の支払を求める訴えを提起した事案において，限定承認の存在および効力についての前訴の判断には「既判力に準ずる効力」があるとした。このほかにも，既判力そのものではないが，前訴確定判決の当事者間または当事者と特定の関係にある第三者に既判力類似の効力が及ぶ場合として，争点効，信義則による遮断および反射効が論じられている。

5. 2. 2. 20
争 点 効

　争点効は，判決理由中の判断について，これに反する主張立証を許さず，これと矛盾する判断を禁止する効力である。争点効が問題となるのは，たとえば，前訴の請求は売買契約に基づく不動産の明渡しであり，後訴の請求は売買契約の無効を理由とする移転登記の抹消であるというように，前訴

と後訴の訴訟物が異なる場合である。この場合に，両訴に共通の争点（売買契約の有効性）について前訴で両当事者が真剣に争い，裁判所がそれに対して判断を示したにもかかわらず，後訴でその判断を争うことができるとすれば，当事者間の信義に反し公平ではない。このように，争点効は信義則ないし当事者間の公平の理念を根拠とするが，信義則の個別的な適用にとどまるものではなく，信義則が類型化されて判決の制度的な効力として定着したものと解されている。

争点効の発生要件としては，5つが挙げられている。すなわち，①前訴と後訴の請求の判断過程で主要な争点とされた事項についての判断であること，②当事者が前訴でその争点について真剣に争ったこと（自白，擬制自白，証拠契約等のために主張立証が尽くされなかった場合を除く），③裁判所がその争点について実質的な判断をしていること，④前訴と後訴の係争利益がほぼ同等であるか，または前訴の係争利益の方が大きいこと（前訴の係争利益が後訴よりも少額であった場合には，後訴において期待されるほどの主張立証が尽くされたとはいえないから，争点効を生じさせるべきではない），⑤後訴で当事者が争点効を援用したこと，である。

争点効については，判決理由中の判断には既判力が生じないという原則（114条1項⇨ *5. 2. 2. 11*）との関係が問題となる。しかしすでに述べたように，争点効は，当事者が前訴で主要な争点として真剣に争い裁判所が判断した事項に限って後訴における拘束力を認めようとするものである。争点効を認めても，当事者の争わない自由や裁判所の審理の弾力性が損なわれることはなく，上記原則と抵触するものではない。

争点効に対する学説の評価は分かれるが，判例は，最判昭和44・6・24（判時569号48頁／百選［6版］79）において争点効を明示的に否定している。

争点効を否定する一方で，判例は，最判昭和
51・9・30（民集30巻8号799頁／百選［6版］
74）において，後訴で前訴とは異なる訴訟物が主張されていても実質
的には前訴の蒸し返しであると認められる場合には，信義則を用いて
後訴を却下することができるとした。このほか，一部請求後の残部請
求に関する最判平成10・6・12（民集52巻4号1147頁／百選［6版］75）
も，後訴の提起は信義則に反し許されないとしている（この最高裁判
決については⇨*Column⑪*）。

　最判昭和51・9・30は，前訴で主要な争点とされておらず，裁判所
の判断も示されていなかった事項（係争土地の買収処分の無効）が後訴
で主張された事案に関するものであった。争点効が機能しない場面に
おいて，信義則の適用により後訴を遮断したものといえよう。ただし，
信義則適用の効果については，判例のように後訴請求そのものを却下
するのではなく，後訴において信義則に反する主張を排斥し，本案判
決をする方法も提唱されている。

反射効とは，当事者間に既判力の拘束のある
ことが，当事者と実体法上，特定の関係にあ
る第三者に対して，反射的に有利または不利な影響を及ぼすことをい
う。反射効が問題となる典型例としては，以下の場合がある。

　①　主債務者と債権者の間の貸金返還請求訴訟で主債務者勝訴の判
決が確定した後，債権者が保証人に対して保証債務の履行を求めた訴
訟において，保証人が前訴判決を援用し，保証債務の付従性（民448
条1項）を根拠に保証債務の履行を拒絶する（第三者に有利な反射効）。

　②　連帯債務者の1人が債権者との間の訴訟で相殺の抗弁を認めら
れその勝訴判決が確定した後，他の連帯債務者が債権者との間の訴訟
において前訴判決を援用し，相殺の絶対的効力（民439条）を根拠に
自己の債務の履行を拒絶する（第三者に有利な反射効）。

　③　持分会社と債権者との間で会社債務に関する判決（請求認容判

決または棄却判決）が確定した後，債権者または持分会社の社員がその判決を援用し，会社法580条・581条を根拠に持分会社の社員の責任を追及しまたは債権者に対して抗弁を対抗する（第三者に不利または有利な反射効）。

④　ある財産について原告の所有権を確認する判決が確定した後，原告の一般債権者がその判決を援用し，前訴被告に対して当該財産が原告の所有に属することを主張する（第三者に有利な反射効）。または，ある財産が原告の所有に属さないことを確認する判決が確定した後，前訴被告がその判決を援用し，原告の一般債権者に対して当該財産が原告の所有に属さないことを主張する（第三者に不利な反射効）。

これらの場合に反射効が認められれば，前訴判決の既判力に抵触する主張立証は禁じられ，裁判所も既判力に反する判断をすることができない。前訴で敗訴した当事者が第三者に対してさらに訴えを提起し，前訴判決と実体法上矛盾する判決を得る，という結果は，反射効によって防止することができる。その反面で，第三者に不利な反射効については，第三者の手続保障を損なうおそれがあるため，前訴の敗訴当事者と第三者の間にどのような関係があれば反射効が認められるかを検討する必要がある。

Column ⑫　反射効をめぐる判例の動向 --------------------------------

判例は，最判昭和31・7・20（民集10巻8号965頁／百選［初版］76）において反射効を「法理上の根拠に乏しい」として否定したほか，最判昭和51・10・21（民集30巻9号903頁／百選［6版］85）（本文①の事例）および最判昭和53・3・23（判時886号35頁／百選［6版］84）（本文②の事例）においても反射効を否定している。ただし，前掲最判昭和31・7・20は，土地の賃貸人と賃借人の間で賃借権を否定する判決が確定した後に，賃貸人が転借人に対して土地の明渡しを求めた事例に関するものであり，反射効が問題となる場合ではないとの指摘もある。また，前掲最判昭和51・10・21も，債権者が主債務者と保証人を共同被告とした訴訟において弁論が分離され，保証人の敗訴判決が確定した後，主債務者の勝訴判決が確定したと

いう事例に関するものであり，保証人にとって主債務者勝訴判決の確定は
基準時後の新事由にあたるか，弁論を分離し保証人敗訴の一部判決をした
ことは適切であったか，といった反射効とは別の論点も問題となっていた
ことに留意すべきである。

③ 形 成 力

　形成力とは，形成判決によって宣言された通りの権利・法律関係の
変動を生じさせる効力をいう。離婚判決による離婚，株主総会決議取
消判決による決議の取消しなどがこれにあたる。形成力も既判力と同
様に，判決の確定を待って生じるが，形成の効果が将来に向かっての
み生じる場合（例，離婚判決）と過去に遡る場合（例，認知判決）があ
る。なお，形成判決に形成力のほか既判力が認められるかについては，
5.2.2.2 を参照。

④ 執 行 力

　執行力には，狭義の執行力と広義の執行力とがある。狭義の執行力
とは，給付判決またはそれと同一の効力を認められる和解調書等の債
務名義（民執22条）に掲げられた給付義務を，強制執行手続によって
実現することのできる効力をいう。広義の執行力とは，強制執行以外
の方法で判決内容に適合した状態を実現する効力をいう（たとえば，
確定判決に基づいて当事者が戸籍訂正の申請や登記申請をすることができる
のは，広義の執行力によるものである）。確認判決や形成判決には，狭義
の執行力は生じないが，広義の執行力は生じることがある。執行力は，
原則として判決の確定を待って生じるが，まだ確定していない判決で
あっても，仮執行宣言（259条⇨ *4.3.4.1*）によって執行力が付与され
ることがある。
　確定判決の執行力の主観的範囲（民執23条）は，既判力の主観的範

囲（115条）とほぼ同一であるが，口頭弁論終結後の承継人の範囲については，既判力の場合と異なり，形式説をとるべきではないとされている。それは，既判力と執行力の作用の違いを理由とする。すなわち，固有の防御方法を有する第三者は，既判力を拡張されても，前主の相手方との間の訴訟において固有の防御方法を主張し相手方からの請求を斥けることができる（⇨ *5.2.2.15*(4)）。しかし，この者に執行力まで拡張されることになると，相手方は前主を名宛人とする債務名義に第三者に対する承継執行文の付与（民執27条2項）を受けて強制執行を開始しうることになる。その結果，たとえ相手方の第三者に対する請求が実体法上成り立たない場合であっても，強制執行を停止するためには第三者の側で請求異議の訴え（民執35条）を提起しなければならないことになる。これでは第三者の利益保護が十分でないことから，固有の防御方法を有する第三者は，執行力拡張を受ける承継人ではないと解されている。ただし，固有の防御方法を有する第三者かどうかをいかなる手続において審理判断するかをめぐっては，見解が分かれている。

⑤ 外国判決の効力の承認

外国裁判所の判決（外国判決）も，わが国において承認されるものはわが国において効力を有する。承認の要件は，①法令または条約により外国裁判所の裁判権が認められること，②敗訴被告が訴訟開始に必要な呼出しもしくは命令の送達を受けたこと，またはこれを受けなかったが応訴したこと，③判決の内容および訴訟手続が日本における公序良俗に反しないこと，および④相互の保証があること，である（118条1号～4号）。

①は，外国裁判所の属する国（判決国）が，承認国であるわが国の国際民事訴訟法の原則からみて，その事件について国際裁判管轄を有することであり，この国際裁判管轄を「間接管轄」という。人事に関

する訴え以外の訴えにおける間接管轄の有無の判断基準について，最判平成 26・4・24（民集 68 巻 4 号 329 頁／国私百選［3 版］92）は，基本的にわが国の民訴法の定める国際裁判管轄に関する規定に準拠しつつ，個々の事案における具体的事情に即して，外国裁判所の判決をわが国が承認するのが適当か否かという観点から，条理に照らして判断すべきものとしている。

　③の公序に関して，最判平成 9・7・11（民集 51 巻 6 号 2573 頁／百選［3 版］A54）は，懲罰的損害賠償を命じる外国判決は，わが国の公序に反するからその効力を有しないとしている。また，最判平成 31・1・18（民集 73 巻 1 号 1 頁／重判令元民訴 6）は，外国判決に係る訴訟手続において，当該外国判決の内容を訴訟当事者に了知させることが可能であったにもかかわらず，実際には訴訟当事者にこれが了知されず，または了知する機会も実質的に与えられなかったことにより，不服申立ての機会が与えられないまま当該外国判決が確定した場合，その訴訟手続は，わが国の法秩序の基本原則ないし基本理念と相いれないものとして，公序に反するとしている。

　外国判決の効力のうち，執行力については，これが認められるためには執行判決を得る必要がある（民執 22 条 6 号）。執行判決を求める訴えにおいて裁判所が承認の要件の存否を審理し，承認の要件があると判断すれば，判決主文において外国判決による強制執行を許す旨が宣言される（民執 24 条 6 項）。

　執行力以外の判決の効力（既判力，形成力等）は，承認の要件さえ満たされていれば，執行判決のような特別な手続を経ることなく，法律上当然に発生する（自動的承認の原則）。わが国の訴訟手続において外国判決の効力が問題となったときは，受訴裁判所は，承認の要件の存否を本案の先決問題として判断することができる。

第**6**章　訴訟中における手続の中断
および請求・当事者の変動

SUMMARY

　民事訴訟の訴え提起から判決に至るまで，主体である当事者にも客体である請求にも変動がなく，また訴訟手続がとぎれることなく続く場合が最もシンプルな民事訴訟である。本章では，そうではない訴訟手続の規律を学ぶ。まず，訴訟係属中に訴訟手続を法律上進行させることができなくなる場合について概観した後（**1**），訴訟係属中に請求が変動する場合を（**2**），当事者が変動する場合を（**3**）それぞれ概観する。当事者の変動には，新たに主たる当事者が加わる場合（独立当事者参加・共同訴訟参加），従たる当事者（補助参加人）が加わる場合のほかに，実体上の法律関係の変動等により当事者が交替する場合がある（訴訟承継・任意的当事者変更）。

1 訴訟手続の中断

① 中　断　事　由

6. 1. 1. 1
　　中断の意義

　訴訟手続の中断とは，訴訟係属中に，当事者の一方に訴訟追行をする者の交替事由が生じた場合に，新しい訴訟追行者が訴訟に関与できるようになるまで訴訟手続の進行を停止することをいう。双方審尋主義の要請から，当事者の手続関与の機会を実質的に平等に保障することを趣旨とする。法定の中断事由の発生により当然に中断の効果が生じ，受継または続行命令によりその効果が解消する。

　訴訟外の実体関係の変動（相続，合併）により当然に当事者の交替

が生ずる場合には，中断とともに当然承継も生ずる（⇨ *6. 3. 2. 2*）。も
っとも手続の中断は，訴訟追行者の手続の機会の保障を目的としてい
るのに対して，当然承継は訴訟状態の引き継ぎをさせる制度であって，
一方では当事者の交替により当然承継は生ずるが中断は生じない場合
（たとえば，訴訟代理人がある場合〔124条2項〕）が，他方では当事者の
変更はないが中断は生ずる場合（たとえば，訴訟能力の喪失の場合〔124
条1項3号〕）があることから，両者は次元の異なる問題である。

6. 1. 1. 2
個別の中断事由

(1) **当事者の消滅** 当事者である自然人の
死亡（124条1項1号），当事者である法人の
合併による消滅（124条1項2号）の場合である。もっとも，当事者の
死亡の場合，相続人が相続放棄をすることができる間は，相続人が包
括承継をしない可能性があるので，受継をすることができない（124
条3項）。また訴訟物との関係で当事者たる地位が一身専属的である
場合には，一方当事者の消滅により二当事者対立構造がなくなるので，
訴訟は中断せず，訴訟終了宣言判決（⇨ *4. 3. 1. 1*）により終了するこ
とになる（最大判昭和42・5・24民集21巻5号1043頁〔朝日訴訟〕／百選Ⅱ
A46）。なお，「合併をもって相手方に対抗することができない場合」
（124条4項）は，現行の会社法には存しないため，少なくとも会社法
上の会社との関係では適用されることはない。

(2) **当事者の訴訟能力の喪失または法定代理人の死亡もしくは代理権の消
滅（124条1項3号）** もっとも，訴訟代理権が消滅した場合には，
本人が直ちに訴訟追行をする（あるいは別の訴訟代理人を選任する）こと
ができるので，中断事由とはされていない。

(3) **信託財産に関する訴訟の当事者である受託者等の任務終了（124条1
項4号イ～ハ）** 新たな受託者または信託財産管理者もしくは信託財
産法人管理人等の信託財産の管理処分権を有するに至る者が新たな当
事者適格者として受継をすることになる。

(4) **一定の資格を有する者で自己の名で他人のために訴訟の当事者となる**

ものの死亡その他の事由による資格の喪失（124条1項5号）　　法定訴訟担当者が死亡しまたは訴訟担当を基礎付ける資格を喪失した場合には，新たに同一の資格を有する者が新たな訴訟担当者として受継をすることになる。もっとも法定訴訟担当のうち，代位債権者（民423条）や取立権を有する差押債権者（民執157条），代表訴訟における原告株主（会社847条3項）は，自己の権利を保護するために当事者適格が認められているのであって，担当者のための訴訟担当であり，当事者適格が消滅した場合（たとえば代位債権者の有する債権が消滅した場合）に同一の資格者が新たに現れることは予定されていないから，訴えは却下されることになり，中断の問題は生じない。したがって，中断・受継が問題となる法定訴訟担当とは，権利主体が自ら訴訟行為を行うことが困難な場合に訴訟を可能にするための職務上の当事者，具体的には人事訴訟における検察官（人訴12条3項）や成年後見人・成年後見監督人（人訴14条1項2項），海難救助料訴訟における船長（商803条2項），および他人の財産の包括的な管理処分権を付与された者であり，具体的には破産管財人（破78条1項）や再生手続・更生手続における管財人（民再66条, 会更72条1項），遺言執行者（民1012条）である（⇨ *2. 2. 4. 3. Column* ㉟）。

　(5)　**選定当事者全員の資格喪失（124条1項6号）**　　選定当事者のうち一部の者のみが資格を喪失した場合には，残りの選定当事者が訴訟追行をすることができるから（30条5項），中断は生じない。

　(6)　**所有者不明土地管理命令等の発令およびその取消し（125条）**　　所有者不明土地に関するその所有者を当事者とする訴訟の係属中に所有者不明土地管理命令が発令された場合には，その訴訟は中断する。この場合には，所有者不明土地管理人が受継することができる。当該命令が取り消されたら，所有者不明土地管理人を当事者とする所有者不明土地に関する訴訟は中断し，所有者は受継しなければならない。所有者不明建物についても同様である。

(7) **民事訴訟法以外の法令に基づく中断**　倒産手続の開始による財産管理処分権の帰属の変更あるいは倒産債権の個別行使の禁止の帰結として中断が生じることがあり，倒産債権に係る訴訟以外の訴訟については倒産手続における財産の管理処分権を有する手続機関（破産管財人等）等が受継することになる（破44条1項2項・45条1項2項，民再40条1項・40条の2第1項2項，会更52条1項2項・52条の2第1項2項）。

6. 1. 1. 3　中断の例外

上記（*6. 1. 1. 2*）(1)から(5)の中断事由が生じても，中断事由が生じた当事者について訴訟代理人がいる場合には，当該訴訟代理人が訴訟の実情に通暁しており，一般にそのまま訴訟を追行させたとしても当事者の利益を害するおそれがないことから，訴訟手続の中断事由が生じたときでも，訴訟代理権は消滅しないとともに（58条1項4号参照），訴訟手続は中断しないこととされている（124条2項）。

(2)の中断事由が生じても，被保佐人または被補助者が単独で訴訟行為をすることができる場合には中断しない（124条5項）。

6. 1. 1. 4　中断の効果

(1) **訴訟行為**　中断中は，原則として当事者も裁判所も訴訟行為を有効にすることはできない。たとえば，攻撃防御方法の提出や上訴の申立て，証拠調べや裁判等をすることはできず，仮にしたとしても手続上の効果は生じない。ただし，以下のような例外がある。

第1に，口頭弁論終結後に中断が生じた場合には，判決に向けた当事者の訴訟行為は必要ないこと，および早く判決をする方が当事者にとっても望ましいことから，裁判所は判決の言渡しをすることはできる（132条1項）。もっとも判決の送達は，中断中は送達の受領権者が判然としないことがあるので，中断解消後にすべきである。以上に対して，口頭弁論終結前に中断が生じた場合に，弁論を終結してなされた判決は，当事者が適法に代理されずになされた判決に準じて，上訴または再審により取り消すことができる（312条2項4号・338条1項3

号)。

　第2に，中断を解消するための受継申立てやこれに対する裁判あるいは続行命令は，性質上当然に，中断中でもすることができる。

　第3に，相手方に無関係な当事者の訴訟行為（たとえば訴訟委任あるいはその解除）は中断中でもすることができる。

　裁判所が中断中にした無効な訴訟行為も，両当事者が責問権（90条〔⇨ *3.3.3.1*〕）を放棄あるいは喪失すれば，有効となる。一方当事者の訴訟行為について，相手方当事者の責問権の放棄・喪失があった場合も同様である。

　(2) **期間の進行**　　訴訟手続の中断があったときは，期間（上訴期間等）は，進行を停止する。この場合には，訴訟手続の受継の通知またはその続行の時から，新たに全期間の進行を始める（132条2項）。

② 中断の解消

6.1.2.1
受　　継

　受継とは，中断している訴訟手続を続行させる手続である。受継申立てをすべき者は，中断事由の生じた当事者側の新たな当事者（124条1項後段・同項各号下段・125条1項後段・2項後段）および相手方当事者（126条）である（規51条1項2項参照）。受継申立ては，中断時点で訴訟が係属していた裁判所にすべきである。終局判決後に中断事由が生じた場合には，判決を言い渡した裁判所（128条2項）に受継の申立てと上訴の申立てとを（同時にまたは前者を先に）することになる。

　一方当事者から受継の申立てがあった場合には，受継の当否について相手方に主張の機会を与え，かつ訴訟手続の進行が再開した時点を明確にするために，裁判所は受継申立てがされた旨を相手方に通知しなければならない（127条）。裁判所は，受継の要件や申立人が新たな当事者に該当するか等を職権で調査し，理由がないと認めるときは受継申立てを却下する決定をする（128条1項）。この決定に対しては通

常抗告をすることができる（328条1項）。逆に，理由があると認める
ときに，第1に，終局判決送達後に受継申立てがされた場合には，判
決をした裁判所が受継申立てを認める決定をする（128条2項）。これ
は，判決の名宛人を明らかにし，かつその者との関係で上訴期間の進
行が開始する時点を明らかにするためであり，このような趣旨から，
口頭弁論終結後に受継申立てがされた場合も128条2項の対象となる
と解すべきである。第2に，口頭弁論終結前に受継申立てがされた場
合には，裁判所は，期日を指定して審理を続行することになる。受継
の要件の存在についての争いは，終局判決において当事者適格等との
関係で判断されることになる。実際には承継人ではない者が受継して
審理を続行しても，真の承継人との関係では訴訟は中断中であるから，
その真の承継人が中断した段階での訴訟を受継することができる。

6. 1. 2. 2
続 行 命 令

受継申立てをすることができるにもかかわら
ず，いずれの当事者からも受継申立てがされ
ない場合には，裁判所は職権で訴訟手続の続行を命ずることができ
（129条），この命令により，訴訟が再度進行することになる。

③ 訴訟手続の停止および中止

6. 1. 3. 1
訴訟手続の停止

訴訟手続の停止とは，訴訟の係属中に手続の
進行を法律上させることができない状態をい
う。裁判所が期日指定をしないために事実上手続が停滞している状態
とは異なり，停止中は訴訟行為を有効にすることができない等の法律
上の効果を伴う。停止には，先述（①）の中断のほかに中止があり，
さらに特殊なものとして除斥・忌避の申立てがあったときの停止（26
条）がある。なお，現行法は職権進行主義を基調としているため，当
事者の合意による休止の制度（旧々民訴188条）は設けていない。

6. 1. 3. 2
中 止

天災その他の事由によって裁判所が職務を行
うことができないときは，訴訟手続は，その

事由が消滅するまで中止する（130条）。また，当事者が不定期間の故障（天災による交通途絶等）により訴訟手続を続行することができないときは，裁判所は，決定で，訴訟手続の中止を命ずることができ（131条1項），故障が解消したと認めるときには中止命令を取り消すと，訴訟手続が続行する。

さらに，他の手続との関係で訴訟手続が中止する場合がある。調停の申立てのあった事件について訴訟が係属するとき（民調20条の3第1項，家事275条1項），特許審判が係属中の訴訟の先決関係にあるとき（特許168条2項），倒産手続開始の申立てがされて債務者の財産関係訴訟の中止命令がされたとき（破24条1項3号ほか），認証紛争解決手続が実施されておりまたは当事者間に当該手続によって紛争の解決を図る旨の合意があって紛争当事者の共同の申立てがあるとき（裁判外紛争解決26条1項）である。

中止の効果は，判決言渡しの可能性（132条1項）を除いて中断と同じであり，したがって裁判所も当事者も原則として訴訟行為を有効にすることはできず，また期間は進行せずに中止の解消後にあらためて全期間が進行する。

2 請求の変動

この節では，訴訟の係属中に請求が変動する場合について扱う。**1**は当事者のイニシアティブによる変動，**2**は訴訟外の者の選定行為を契機とする変動，**3**は裁判所のイニシアティブによる変動である。

1 訴えの変更・反訴・中間確認の訴え

訴え提起の時点から複数の請求について審判を求める場合（訴えの客観的併合）については先述した（⇨ *2.2.1.10*）。以下で扱うのは，訴

え提起後に当該訴訟手続の中で訴訟上の請求が変動する場合である。いずれも既存の手続で収集された訴訟資料・証拠資料を利用して関連紛争の統一的な解決を図る制度であり，制度の利用は当事者の権能であると同時に，主要な争点を共通にする関連紛争を効率的に矛盾なく解決する制度としても理解すべきである（⇨ *2. 3. 3. 2. Column* ㊹）。

| *6. 2. 1. 1* 訴えの変更 |

(1) **意義**　訴え提起後に，原告が訴えによって特定した審判対象である訴訟上の請求を変更することをいう。訴訟手続内の訴え提起の一種である。

請求または請求の原因を変更すること（143条1項）であり，請求の同一性の範囲内で利益主張の量的範囲を拡張または縮減する場合（たとえば損害賠償請求の額を増額または減額する場合）には，請求の原因は変更せずに請求の趣旨のみを変更することになる。請求の同一性に変更がある場合には，従来の請求を維持しながら別個の請求を追加する場合（追加的変更，たとえば建物明渡請求訴訟の係属中に賃料相当額の損害金の請求を追加する場合）と従来の請求に代えて新たな請求を定立する場合（交換的変更，たとえば動産引渡請求訴訟の係属中に目的物が滅失したため損害賠償請求に切り替える場合）とがある。追加的変更の場合には，訴えの後発的な客観的併合となるから，単純併合，予備的併合（たとえば，売買の目的物の引渡請求に，売買が無効な場合の既払い代金の返還請求を予備的に追加する場合），選択的併合のいずれであるかを申立てにおいて明らかにする必要がある（⇨ *2. 2. 1. 10*(2)）。

請求の同一性について，旧訴訟物理論を前提とすると訴えの変更となる場合でも，新訴訟物理論を前提とすると攻撃防御方法の変更にしかならないことがある。たとえば，医療過誤に基づく損害賠償請求において，当初の債務不履行の主張に不法行為の主張を追加する場合である（⇨ *2. 2. 2. 2. Column* ㉔）。

訴えの変更を利用することは原告の権能であるが，訴えの変更により主張できた事実に基づく別訴が禁じられる場合（人訴25条1項）に

は，訴えの変更が事実上強制されることになる。

当事者を変更すること（⇨本章**3**）は訴えの変更ではない。当事者を変更する場合には，新たに訴訟に入ってくる当事者の裁判を受ける権利との関係で従来の訴訟手続をどこまで利用できるかという，当事者に変動がない場合には生じない問題があることから，区別して議論すべきであるからである。

(2)　**要件**　　関連紛争を一挙に解決するという利点を保ちつつ，新たな請求による手続の混乱を防ぐ必要があることから，次のような要件を満たす必要がある。

①　請求の基礎に変更がないこと（143条1項本文）　　変更可能な幅が大きい方が原告にとっては便宜であるが，しかし請求変更により防御目標が被告にとって予想外のものとなり新たな防御が必要となるという被告の不利益を防ぐために，請求変更に限界を画する必要があり，請求の基礎の同一性が要求されている。以上のような趣旨から，新旧の請求について主要な争点が共通で，既出の訴訟資料・証拠資料の相当部分が新請求にも利用可能であり，新旧の請求の利益主張が社会生活上同一または一連の紛争に関するものとみられる場合には，請求の基礎の同一性があると解すべきであろう。(1)で挙げた例はいずれも請求の基礎の同一性ありと考えられる。他方，同額の売買代金請求でも新旧の請求の基礎となる売買契約が別個のものである場合には，請求の基礎の同一性はない。

また，この要件は被告の保護のためのものであるから，被告が積極的に同意するか，または異議なく新請求に応訴する場合には，この要件を考慮する必要はない。さらに，相手方の提出した防御方法（抗弁や積極否認）に立脚して新たに請求を付加する場合も，被告の方から防御活動についての不利益を主張することは認められないので，この要件を考慮する必要はない（最判昭和39・7・10民集18巻6号1093頁／百選Ⅰ75）。

② 事実審の口頭弁論の終結までに行うこと（143条1項本文）
新請求を審理するためには，訴えの変更は，事実審の口頭弁論の終結前に行われる必要がある。もっとも控訴審での訴えの変更について期間制限が設けられることがある（301条）。また当初の訴状が被告に送達される前は，防御目標変更による被告の不利益は生じないから，訴え変更の要件・手続とは無関係に訴状の記載を変更することができる。上告審では事実審理をすることができないので，訴えの変更は原則としてできない（もっとも最判昭和61・4・11民集40巻3号558頁〔倒産百選 [6版] 73〕は，上告審係属中の給付訴訟の被告が破産手続開始決定を受けた場合に，破産債権確定への訴えの変更を認めた。破産手続開始によって個別の給付訴訟ができなくなり，債権確定のための確認訴訟に変更するのみであって，新たな審理は不要であるからである）。

③ 著しく訴訟手続を遅滞させるものではないこと（143条1項但書）　　上記①②の要件を満たす場合であっても，当初の請求についての審理が終結に近いとか，新請求について新たな審理が相当必要であるとかの事情から，当初請求についての判決が遅れる場合には，迅速な事件処理を妨げるから，訴えの変更をすることは許されない。この場合は，新請求は別訴で審理することになる。

④ 請求の後発的併合となる場合には請求の併合の一般的な要件（136条）を満たすこと（⇨ *2. 2. 1. 10*(1)）

(3) **手続**　　請求の変更は，実質的には新請求についての訴えの提起であるから，書面でしなければならず（143条2項），その書面は，相手方に送達しなければならない（143条3項）。訴額が大きくなる場合には，差額について手数料の追加納付が必要となる（民訴費3条1項／別表第1・5の項下欄）。時効の完成猶予または法律上の期間の遵守のために必要な裁判上の請求は，その書面を裁判所に提出した時に，その効力を生ずる（147条〔⇨ *2. 3. 3. 5*〕）。請求の変更は，電子情報処理組織を使用してもすることができ（132条の10第1項），その旨が裁

判所のサーバ上のファイルに記録された時に裁判所に到達したものとみなされ（同条3項），その送達はファイルに記録された事項に係る電磁的記録の送達による（同条5項）。

(4) **裁判所の対応**　訴えの変更がされたかどうか，および訴えの変更が要件を満たしているかについては，裁判所は職権で調査をする。訴えの変更はされていないと判断すれば，そのまま審理を続行し，必要があれば中間判決（245条〔⇨*4.3.1.1*〕）によりその旨を示すべきである。

訴えの変更がされて，かつ裁判所が適法と認めれば，やはりそのまま審理を続行すれば足り，必要があれば適法である旨の決定をする（143条4項類推）。既存の請求についての訴訟資料・証拠資料は，原則としてそのまま新請求についての審判の資料となる。

これに対して，訴えの変更がされて，かつ要件を満たしていないと裁判所が判断した場合には，申立てまたは職権により訴えの変更を許さない旨の決定をする（143条4項）。この決定は，新請求を既存の請求に係る訴訟手続では審理しないという審理の整序のための中間的裁判であるから，訴えの変更の申立てを取り下げない限りは，新請求はなお係属したままであり，既存の請求について終局判決をすると，新請求を却下した裁判もそこに含まれていることになる。この決定に対しては独立の不服申立てをすることはできず，終局判決に対する上訴の方法によるべきであり（283条本文），控訴審は訴えの変更を認めるべきであったと判断する場合には，不許決定を取り消して自ら新請求に対して自判をするか，審理が不足しているのであれば原審に差し戻すことになる。

<table>
<tr><td rowspan="2">*6.2.1.2*
反　訴</td></tr>
</table>

(1) **意義**　係属する訴訟手続（本訴）中に本訴被告（反訴原告）が本訴原告（反訴被告）に対して提起する訴えである。本訴被告が，本訴の訴訟資料・証拠資料を利用して関連紛争の統一的解決を求めることができるとする制度

である。

　反訴は訴えであるから，単なる攻撃防御方法（たとえば相殺や留置権の抗弁）とは異なり，反訴原告が請求を定立することになる。反訴を利用することは反訴原告の権能であるが，反訴により主張できた事実に基づく別訴が禁じられる場合（人訴25条2項）には，反訴が事実上強制されることになる。関連紛争の解決を本訴に取り込む分，本訴手続の迅速性を損なう可能性があることから，手形訴訟や少額訴訟では反訴が禁じられる（351条・367条2項・369条）。

　反訴には，被告の請求を無条件に定立するものと，本訴の棄却・却下を解除条件とする予備的反訴（たとえば動産売買代金請求訴訟の被告が提起する，請求認容の場合の目的物引渡請求）とがある。

⑵　**要件**

①　反訴請求が本訴請求または防御方法と関連する請求であること（146条1項）　　関連紛争の統一的解決および手続の混乱防止が趣旨であり，原告のイニシアティブで行う訴えの変更における請求の基礎の同一性に対応した要件である（したがって，反訴被告の同意または応訴があれば，この要件は問題とする必要はない）。

　本訴請求と関連するとは，両請求が権利の内容（たとえば目的財産）あるいは発生原因において法律上または事実上共通することをいう。たとえば，同一不動産に関する所有権確認請求と賃借権確認請求，抵当権設定登記請求の本訴に対する被担保債権不存在確認請求の反訴，同一交通事故に基づく相互の損害賠償請求である。また占有保持請求の本訴に対して，所有権に基づく建物収去土地明渡請求を反訴として提起することも認められる（最判昭和40・3・4民集19巻2号197頁／百選［6版］32，民202条1項参照）。注文者の請負人に対する瑕疵修補に代わる損害賠償請求の本訴に対して被告が請負代金請求の反訴を提起した後に，被告が反訴請求債権を自働債権，本訴請求債権を受働債権として相殺の抗弁を提出することもでき，この場合には原則として，

反訴は，反訴請求債権について本訴において相殺の自働債権として既判力ある判断が示された場合にはその部分については反訴請求としない趣旨（すなわち，本訴請求債権が不存在あるいは相殺以外の理由による消滅のため相殺の判断がされない場合にのみ反訴請求をする趣旨）の予備的反訴に変更されたものと解すべきである（最判平成18・4・14民集60巻4号1497頁／百選［5版］A11）（⇨*Column* ㊽）。

　本訴の防御方法と関連するとは，抗弁事実の内容あるいは発生原因において法律上または事実上共通することをいう。たとえば，動産の返還請求の本訴において留置権の抗弁を主張しつつ被担保債権の支払請求をする場合，金銭の支払請求に対して相殺の抗弁を提出し，自働債権について反訴として支払請求をする場合である。

　② 事実審の口頭弁論の終結までに行うこと（146条1項）　反訴請求についての事実審理をする必要があるから，反訴は事実審の口頭弁論終結の前に提起する必要がある。反訴提起後に本訴が取下げあるいは却下になっても，反訴には影響しない。本訴が取り下げられた場合には，反訴原告は反訴被告の本案での応訴後であってもその同意なしに反訴を取り下げることができる（261条2項但書）。反訴は本訴を契機として提起されたものであり，本訴の訴訟係属消滅の後にまで反訴の維持を強制するのは不公平であるからである。本訴が請求の放棄により終了する場合にも上記の規定を類推すべきであろう。

　③ 反訴請求が他の裁判所の法定専属管轄に属するものではないこと（146条1項1号，なお同条2項）　法定専属管轄に属するものでない場合には，反訴の要件を満たすことにより関連裁判籍が生ずる。

　④ 著しく訴訟手続を遅滞させるものではないこと（146条1項2号）・反訴禁止（351条・367条2項・369条）の適用がないこと

　⑤ 控訴審においては反訴被告の同意があること（300条1項）　反訴被告の審級の利益を保障するためである。反訴被告が異議を述べずに反訴の本案について弁論をしたときは，反訴提起に同意したもの

とみなされる（300条2項）。

　反訴の要件である関連性（①）が満たされる限り，本訴請求と反訴請求とは主要な争点を共通にしているから，反訴請求について142条との関係では別訴の提起は望ましくなく，反訴被告の同意を不要とする場合を広く認めるべきである。判例は，所有権に基づく建物収去土地明渡請求訴訟において賃借権の抗弁が主張され，この抗弁を認めて請求を棄却した判決に対して控訴がされて，控訴審で被告が賃借権確認の反訴を提起する場合には，反訴被告が第一審を失うという不利益を与えるものではないことを理由に反訴被告の同意は不要である，とした（最判昭和38・2・21民集17巻1号198頁／百選［初版］93）。このような場合以外に，第一審で主張・立証した相殺の抗弁の自働債権の履行を求める反訴についても相手方の同意は不要であろう。

　⑥　請求の併合の一般的な要件（136条）を満たしていること（⇨ *2. 2. 1. 10*(1)）

　(3)　**手続**　反訴も訴えであるから，その手続は訴えの規定による（146条4項）。提起は，訴状を本訴の係属する裁判所に提出して行い，ただし反訴である旨を明示する必要がある（反訴提起は電子情報処理組織を使用してすることもできる〔132条の10〕）。反訴の目的が本訴の目的と経済的価値において重複する部分については，手数料の納付は不要である（民訴費3条1項／別表第1・6の項下欄但書）。反訴の要件を満たし，本訴請求と反訴請求とが主要な争点を共通にしている限りでは，弁論の分離（⇨ *3. 4. 1. 3*）や一部判決（⇨ *3. 4. 1. 3*）をすることは認められない。他方で，反訴の要件を欠く場合には，独立の訴えとして扱い，必要があれば移送をすべきである。

| *6. 2. 1. 3*
中間確認の訴え | (1)　**意義**　係属中の訴訟における訴訟物たる権利関係の先決関係（前提問題）である法 |

律関係の存否の確認を求める訴えである。たとえば，所有権に基づく建物明渡請求訴訟において，被告が争う原告の建物所有権について原

告が確認を求める場合である。建物明渡請求についての訴訟の終局判決においては，所有権についての判断は判決理由中のものであり，既判力を生じないので（114条1項），建物明渡請求権とともにその先決関係である建物所有権についても既判力ある判断を得るために中間確認の訴えを用いることができる。

(2) **要件** ①「裁判が……法律関係の成立又は不成立に係る」こと，すなわち確認対象の法律関係が訴訟物たる権利関係の先決関係にあること，および，②その先決関係である法律関係が「訴訟の進行中に争いとなっている」ことである（145条1項）。中間確認の訴えは，原告が提起すれば請求の追加的変更であり，被告が提起すれば反訴であるから，請求の基礎の同一性あるいは本訴請求・その防御方法との関連性が必要となるところ，上記のように争いのある先決関係について確認の訴えを提起する場合には，いずれの要件も当然に満たすので，①②の要件の充足のみを考えれば足りる。また訴訟物の先決関係であって争いがあるという事情から，類型的に確認の訴えの利益も認められる。

(3) **手続** 中間確認の訴えは，訴訟内での新たな訴えの提起であるから，書面でしなければならず，その書面は相手方に送達しなければならない（145条4項・143条2項3項）（中間確認の訴えの提起は電子情報処理組織を使用してすることもできる〔132条の10〕）。当初の請求とその先決関係という関係があることから，弁論の分離や一部判決をすることはできない。142条の解釈次第では，先決関係である法律関係の確認を，中間確認の訴えではなく別訴で請求することも142条に触れてできないことになる（⇨ *2. 3. 3. 3*(2)⑤）。

② 追加的選定

係属中の訴訟の原告または被告と共同の利益を有する者で当事者でないものは，その原告または被告を自己のためにも原告または被告と

なるべき者として選定すること（追加的選定）ができる（30条3項）（選定当事者について⇨*Column* ㊱）。もっともこの選定行為は訴訟追行についての授権にすぎないため，請求の定立は別途必要となる。原告となるべき者が選定された場合には，その者は選定者のために請求を追加することができ，被告となるべき者が選定された場合には，原告はその選定者についての請求を追加することができる（144条1項2項）。いずれも訴えの追加的変更であるため，訴えの変更に関する規律が準用される（144条3項）。また控訴審で追加的選定がされた場合には，相手方当事者の審級の利益を保護するために，請求の追加をするためには相手方の同意が必要とされる（300条3項）。

③ 裁判所による弁論の併合（152条）

受訴裁判所は，官署としての同一裁判所に係属している複数の訴訟を1つの訴訟手続で審判することを命じることができる。裁判所のイニシアティブにより後発的に複数請求訴訟となるのであり，同種の手続，同一の審級という請求の併合の要件（136条）を満たす必要がある（⇨*2. 2. 1. 10*(1)）。この要件を満たしている場合に併合を命じるかどうかは，関連請求を一体として審理判断する必要性についての受訴裁判所の裁量的判断にかかる。ただし，関連紛争について統一的な判断をしなければならないことから併合が必要的である場合がある（人訴8条2項，会社837条）。

併合前にそれぞれの訴訟において収集された訴訟資料・証拠資料は，併合後は当然に両請求の審理の訴訟資料・証拠資料となる。たとえば，Xの取得時効を理由とする所有権移転登記手続請求訴訟の被告Yが，Xの他主占有を主張するためにXY間で使用貸借契約があった（YはXに貸していた）と主張していたところ，別訴として係属していたYを原告・Xを被告とする同一土地上の建物の収去と土地の明渡しとを請求する訴訟が上記の訴訟と併合された場合には，XY間の使用貸

借に係る主張および証拠は建物収去土地明渡請求の判断の基礎となる（最判昭和41・9・8民集20巻7号1314頁／百選I 108）。

3 当事者の変動

① 新たな当事者の追加

⑴ **意義**　訴訟の係属中に，第三者が，原告・被告の両方または一方に対して請求を定立して当事者として参加し，原告の本訴請求と統一的な審判を求める参加形態である（47条1項）。共同訴訟参加（⇨ *6. 3. 1. 2*）と同じく，主観的追加的併合（⇨ *6. 3. 1. 9*）の一種である。既存の二当事者間の訴訟に第三者がいずれの当事者からも独立して当事者として介入する点で，共同訴訟参加や補助参加とは区別される。原告の本訴請求と参加人から原告・被告の両方に対する請求とが審判される三面訴訟となる場合と，原告の本訴請求と参加人から原告・被告のいずれか一方のみに対する請求とが審判される片面参加となる場合とがある。たとえば，貸金返還請求訴訟の係属中に，訴訟物たる貸金返還請求権を譲り受けたと主張する第三者が，原告に対しては当該請求権の自己への帰属の確認を，被告に対しては当該請求権の履行をそれぞれ請求して係属中の訴訟に参加する場合のように，三者が相互に対立する紛争を一挙に矛盾なく解決するための制度であり，そのために審判の規律に特色がある（後述⑸参照）。

⑵ **要件**　独立当事者参加は，次の2つの場合に認められる（47条1項）。

第1に，第三者が訴訟の結果によって権利が害されることを主張する場合である（詐害防止参加）。「第三者が……害される」の意味について，かつては判決の効力が第三者に不利益に及ぶ場合と解する学説

（判決効説）も有力であった。しかし，そのような第三者の保護を目的とする共同訴訟参加・共同訴訟的補助参加との役割分担，および詐害再審（旧々民訴483条。現行法では会社853条にあるのみ）の趣旨を訴訟係属中にも及ぼしたものという沿革から，既存当事者の訴訟追行に詐害意思がある場合，さらに答弁書等を提出せずに期日に欠席する等から馴れ合い的な訴訟追行がされている場合と解すべきである。たとえば，土地所有権移転登記抹消請求訴訟の係属中に，被告から抵当権の設定を受けてその登記を得ている者は，判決の効力は受けないが（不登68条参照），被告が口頭弁論期日に欠席をして被告敗訴の判決がされそうな場合には，その敗訴判決の存在により後日抵当権登記の抹消請求が認められる可能性が事実上生じることから，詐害防止参加をすることができる（大判昭和12・4・16民集16巻463頁。原告に対して被告の土地所有権確認請求を定立して本条による参加をした事案）。また同じく土地所有権移転登記抹消請求訴訟の係属中に，被告の債権者で当該土地について強制競売の開始決定を得たものも，被告が口頭弁論期日に欠席をしている等の事情がある場合には，後日原告からその差押債権者への第三者異議の訴えが認められるという不利益が生じうることから，詐害防止参加をすることができる（最判昭和42・2・23民集21巻1号169頁／続百選25。原告・被告の双方に対する被告の土地所有権確認が参加の趣旨の事案）。

　第2に，第三者が訴訟の目的である権利・係争物の全部または一部は自己のものであることを主張する場合である（権利主張参加）。本訴請求と参加人の請求とが論理的に両立しない場合である。たとえば，ある土地の所有権確認訴訟に第三者が自己の所有権を主張して原告・被告の双方に土地所有権確認を求める場合や，貸金返還請求訴訟の係属中に，その請求権を譲り受けていたと主張する第三者が，本訴原告に対して請求権の帰属の確認請求を，本訴被告に対して貸金返還請求をそれぞれする場合である。不動産の二重譲渡の事例で，第2買主か

ら売主への所有権移転登記手続請求訴訟に，第1買主が第2買主への所有権確認請求を，売主に対して所有権移転登記手続請求をそれぞれする場合には，2つの所有権移転登記手続請求はいずれも認容されうるが，いずれか一方への所有権移転登記がされれば他方は所有権を対抗できなくなって害される関係にあることから，権利主張参加を認めてよい（所有権移転登記手続請求がいずれも認容され判決が確定した場合には，早く登記を得た買主が他方に所有権を対抗できることになる）。他方，同じく不動産の二重譲渡の事例で，第1買主が所有権移転請求権保全の仮登記（不登105条2号）を経ている場合には，第2買主の所有権移転登記請求が認容されてその旨の登記がされたとしても，第1買主は仮登記に基づく本登記請求（不登106条）をする際に第2買主の承諾を請求できることから（不登109条1項），第1買主による権利主張参加を認める必要はない（最判平成6・9・27判時1513号111頁／百選[6版]100）。

Column ⑫　二重譲渡と権利主張参加 ------------------------------

　XがYに対して不動産の買受けを理由に所有権移転登記手続請求訴訟を提起した場合に，Yからの買受けを主張するZがYに対する所有権移転登記手続請求（あるいは加えてXに対する所有権確認請求）を定立してXY間の訴訟に権利主張参加できるか，という問題について，一般的な見解は，本文で記したように，所有権移転登記はXまたはZのいずれか一方にしかできないという意味で請求の趣旨のレベルで両立しないと考えて，権利主張参加を肯定する。これに対して，Xの請求とZの請求とは実体法上両立しうるのであり，Zの請求の趣旨（およびこれを基礎付ける事実）からXのYに対する請求の棄却を導きえないことを理由に，権利主張参加を否定する見解も有力である。この否定説に対して上記の肯定説は，Zによる権利主張参加を認めることにより，XYZ間の訴訟において（Z自身の請求を基礎付ける事実の主張に加えて）XY間の売買の効力を否定する主張（錯誤取消し，無権代理等そもそも二重譲渡ではないという主張）をする地位をZに与え，他人（XY）間で自己（Z）の法的地位を事実上害するような判決がされるのを阻止できる，という独立当事者参加の趣旨を貫徹すべきである，

と反論する。

---

(3) **他人間の訴訟の存在**　独立当事者参加をするためには，他人間に訴訟が係属している必要がある。

他人間の訴訟が上告審に係属中の場合には，上告審が事実審ではなく参加人の請求を審理できないことを理由に独立当事者参加を否定するのが判例である（最判昭和44・7・15民集23巻8号1532頁／百選Ⅱ176。もっとも，上告人による上告の放棄や取下げを阻止できることから，上告審でも独立当事者参加を認める有力な見解もある）。

(4) **手続**　参加の申出は，参加の趣旨および理由を明らかにしてしなければならない（47条4項・43条1項）。参加の理由とは，詐害防止参加または権利主張参加の要件に該当する事情をいう。参加の申出は，実質的には訴えの提起であるから，参加の趣旨とは請求の趣旨および原因（改正前133条2項2号，改正後134条2項2号）に相当するものであり，参加の申出は書面で行う必要があり（47条2項・改正後134条1項〔改正前133条1項〕参照），その書面は既存当事者双方に送達する必要がある（47条3項・138条1項参照）（参加の申出は電子情報処理組織を使用してすることもできる〔132条の10〕）。

参加の理由が認められず独立当事者参加が許されない場合には，一般の併合要件を満たせば主観的追加的併合として扱い，その要件を欠けば別訴として扱うことになる。

(5) **審判**　独立当事者参加訴訟の審判には必要的共同訴訟の規律（⇨ *2. 2. 5. 6*）が準用されている（47条4項・40条1項～3項）。その結果，裁判資料および手続進行の両方での統一が確保され，三者間で矛盾なき統一的な内容の判決がされる。

手続進行の統一のために，期日は共通でなければならず，1人について中断・中止事由が生ずれば，訴訟全体が中断・中止する（47条4項・40条3項）。弁論の分離や一部判決はできない。

　裁判資料の統一という点では，共同訴訟の場合とは異なり，原告（X），被告（Y）および参加人（Z）の間には本来の意味での共同関係は存しないものの，相互に対立する三者のうち一部の者の訴訟行為によって他者が不利にならないようにする必要があることから，1人の訴訟行為は全員に有利な場合のみ効力を生じ，他者に不利な行為は効力を生じない（47条4項・40条1項）。たとえば，YがXの主張する請求原因事実を自白することはZの不利になり，YがZの請求を認諾することはXに不利になることから，それぞれ効力を生じない。他方，XのYに対する請求の放棄は，（Zの参加がXの詐害的な訴訟追行を防止するためである場合を除いては）YにもZにも有利な行為であるから，Xに不利な行為であっても効力を認めるべきであるし，二者間での訴訟上の和解も残りの1人を害しない限りでは効力を認めるべきであろう（条件付肯定説）。もっとも，二者間での訴訟上の和解の効力を肯定すると，三当事者間の紛争を矛盾なく解決すべき独立当事者参加訴訟の構造に反することを理由に，二者間での訴訟上の和解は許されない（訴訟終了効は認められない）とする否定説も伝統的には有力である（仙台高判昭和55・5・30判タ419号112頁／百選[6版]102）。

Column ⑫㊂ **独立当事者参加訴訟と二当事者間での訴訟上の和解**

　独立当事者参加訴訟において，二当事者間での訴訟上の和解を無条件に（すなわち残りの当事者を事実上害するかどうかにかかわらず）認める肯定説も近時有力となっている。二者間での訴訟上の和解は残りの当事者を拘束することや害することはないこと，二者間で訴訟外での和解を締結できることは当然であり，それによる実体関係の変動を訴訟上主張することもできて当然であることを理由とする。

　二者間での訴訟の結果が，第三者に法的な不利益をもたらさない場合であっても，事実上の不利益が生ずる場合であれば，第三者は独立当事者参加をして既存当事者の訴訟追行を牽制できるという建前を訴訟上の和解という自主的な紛争解決の場面でも貫くかどうかが考え方の分かれ目であろう。

Column ⑫　独立当事者参加と上訴

　独立当事者参加訴訟における判決では，Xの請求もZの請求も棄却される場合と，いずれかの請求のみが認容される場合とがある。敗訴した当事者のうち1人のみが上訴した場合に，上訴審での合一確定の要請が，利益変更禁止・不利益変更禁止の原則（304条⇨*5.1.4.7*）との関係で問題となる場合がある。たとえば，XのYに対する請求の認容，ZのXおよびYに対する両請求の棄却を内容とする判決に対してZのみが控訴した場合に，控訴審がZの請求を認容すべきであると判断した場合には，ZのXおよびYに対する両請求を認容するために原判決を取り消すのに加えて，統一的な紛争解決のために独立当事者参加という参加形態を認めた趣旨から，YからXへの控訴がないにもかかわらずXのYに対する請求を棄却するために原判決を取り消すべきである。この場合，ZはXのYに対する請求を認容する判決に実質的に不服の利益を有すると考えるべきであろう。Yの控訴がないにもかかわらずXのYに対する請求を棄却に変更することになる点で利益変更禁止の原則（⇨*5.1.4.7*）の例外となる。これと同様に，XのYに対する請求の棄却，ZのXおよびYに対する両請求の認容を内容とする判決に対してXのみが控訴した場合に，控訴審がXの請求を認容すべきであると判断した場合には，ZのXへの請求を棄却し，XのYに対する請求を認容するために原判決を取り消すのに加えて，三者間での合一確定のために，YからZへの控訴がないにもかかわらずZのYに対する請求を棄却するために原判決を取り消すべきである（最判昭和48・7・20民集27巻7号863頁／百選［6版］101）。この場合，XはZのYに対する請求を認容する判決に実質的に不服の利益を有すると考えるべきであろう。

　他方，上記と同じく，XのYに対する請求の棄却，ZのXおよびYに対する両請求の認容を内容とする判決に対してYのみが控訴した場合に，控訴審がXの請求に理由があると判断したとしても，ZのYに対する請求を棄却するために原判決を取り消す一方で，XのYに対する請求の棄却を認容に変更すべきではない。先述の場合とは異なり，自ら請求を定立していたXが上訴していないにもかかわらず，Yの上訴によりXが利益を受けることまでも合一確定の要請は正当化しないのである。

(6) **二当事者訴訟への還元**　　三当事者訴訟が二当事者訴訟になる場合として，本訴あるいは参加申出が取り下げられる場合と，本訴当事者の一方が脱退する場合とがある。

　原告が本訴を取り下げるには，被告の同意（261条2項）のほかに，独立当事者参加訴訟による統一的な判断を得る利益を保障するために参加人の同意も必要である（最判昭和60・3・15判時1168号66頁／重判昭60民訴3）。また参加人が参加申出を取り下げるためには，相手方（原告・被告の両方または一方）の同意が必要である（261条2項）。

　脱退（48条）とは，本訴の原告（X）または被告（Y）が，残存当事者の訴訟追行に基づいて自らに関する請求について判決を受けることを条件に，訴訟当事者としての訴訟追行権の放棄処分をすることを認める制度であり，XまたはYが訴訟活動から降りることを認めつつ三者間での合一確定を保障するものである。たとえば，XY間の貸金返還請求訴訟の係属中にその請求権を譲り受けたと主張するZが権利主張参加をしたとして，Yが債権の存在を認めて，XとZの勝訴した方に債務を履行しようとする場合には，Yは脱退をすることができ，XZ間の判決の効力はYにも及ぶのである。

　第1に，Xが脱退した場合には，ZのYに対する請求が認容（棄却）ならその帰結としてZのXに対する請求も認容（棄却）すべきであり，この判決の効力がXにも及ぶことから，XZ間の紛争の蒸し返しが防止される。またZのYに対する請求が認容される場合はもちろん，Xが権利者であることを理由に棄却される場合でも，脱退を訴訟追行権の放棄と捉えることから，XのYに対する請求は棄却される。

　第2に，Yが脱退した場合には，ZのXに対する請求が認容（棄却）ならその帰結としてZのYに対する請求も認容（棄却）すべきである。ZのXに対する請求が認容される場合には，合一確定のために，XのYに対する請求は棄却される。他方，ZのXに対する請求が棄却される場合には，脱退を訴訟追行権の放棄と捉えることから，

XのYに対する請求は認容される。

　以上のように，XまたはYが脱退しても，残りの二当事者間の判決の効力がXYZの三者に及び，勝訴当事者は脱退の影響を受けずに判決効を享受できることから，「相手方の承諾」（48条前段）は不要であるとの有力な見解がある。

6. 3. 1. 2
共同訴訟参加

　共同訴訟参加とは，係属中の訴訟に，第三者が原告または被告の共同訴訟人として参加する形態であり，第三者のイニシアティブによる後発的な共同訴訟の発生原因の1つである。独立当事者参加（⇨ *6. 3. 1. 1*）と同じく，主観的追加的併合（⇨ *6. 3. 1. 9*）の一種である。

　共同訴訟参加は，訴訟の目的が当事者の一方および第三者について合一にのみ確定すべき場合（52条1項），すなわち係属中の訴訟の判決の効力が第三者にも及び，参加後の共同訴訟が類似必要的共同訴訟（⇨ *2. 2. 5. 3* (2), *Column* ⑱）となる場合に認められる。たとえば，株主総会決議取消訴訟の認容判決の効力は第三者にも及ぶところ（会社831条1項・834条17号・838条），当初原告以外の株主が原告側に加わる場合である。また例外的に，固有必要的共同訴訟において当事者の脱落を治癒するためにも認められる。

　参加人は当事者となることから，請求について当事者適格を有する必要がある。たとえば，株主代表訴訟において，当初原告以外の株主は，原告側に共同訴訟参加できる一方で，被告たる取締役等の側には共同訴訟参加することはできない。同様に，会社設立無効の訴え（会社834条1号・838条）において株主は被告側に共同訴訟参加することはできない。当事者適格を欠く者は共同訴訟的補助参加（⇨ *6. 3. 1. 8*）をすることができるにとどまる。

6. 3. 1. 3
補 助 参 加

　(1) **意義**　　補助参加とは，訴訟の結果について利害関係を有する第三者が，当事者の一方を補助するため，その訴訟に参加する手続形態（42条）をいう。独

立当事者参加や共同訴訟参加とは異なり，参加人は当事者となるわけ
ではなく（したがってその者についての請求も存在せず），主たる当事者
たる被参加人と対比して，従たる当事者とも呼ばれる。

(2) **参加の手続**　補助参加の申出は，参加の趣旨（参加する訴訟お
よび被参加人たる当事者）および参加の理由を明らかにして，補助参加
により訴訟行為をすべき裁判所にしなければならない（43条1項）。
補助参加の申出は，訴訟係属中にできるのはもちろんとして，補助参
加人としてすることができる訴訟行為とともにすることができるから
（43条2項），終了した訴訟について，再審訴訟の提起や和解無効に基
づく期日指定申立て（45条1項）とともにする参加申出も可能である。

被参加人またはその相手方が補助参加について異議を述べたときに
だけ，裁判所は，補助参加の許否（主として参加の利益の有無）につい
て判断をする。この場合には，参加申出人は，参加の理由を疎明しな
ければならない（44条1項）。異議がなければ，参加の利益の有無が
問題とされないまま申出人は補助参加することができる。また異議を
述べないままに弁論をすると異議権は消滅する（44条2項）。補助参
加の許否の決定に対しては，即時抗告をすることができる（44条3
項）。学説においては，通常共同訴訟の共同訴訟人間に，それぞれの
請求との関係で補助参加の利益が認められるのであれば，参加申出が
なくても当然に補助参加関係を認めるべきである，とする見解がある
（⇨*Column* ⑱）。

6. 3. 1. 4
補助参加の利益

補助参加をするためには，参加しようとする
第三者が「訴訟の結果について利害関係を有
する」必要がある。この利害関係は，補助参加の利益あるいは参加の
理由とも呼ばれる。被参加人が補助参加について異議を述べた場合で
も，この利益が認められれば第三者は補助参加して限定的ながら被参
加人のために訴訟行為をすることができ（⇨*6. 3. 1. 5*），被参加人の相
手方もこれに応答しなければならなくなるのであるから，だれでも補

助参加できるとするのは適切ではなく，補助参加できる者の範囲を利害関係によって限定する必要があるのである。

　補助参加の利益は，補助参加人の法的地位が当該訴訟の訴訟物あるいは主要な争点についての判断を前提として決まることから，被参加人の受ける判決の判断によって補助参加人の法的地位が事実上不利な影響を受けるおそれがある関係にある場合に認められる，とするのが有力な見解である（最決平成13・1・30〔民集55巻1号30頁／百選〔3版〕A40〕，最判平成14・1・22〔判時1776号67頁／百選〔6版〕99〕，および東京高決平成20・4・30〔判時2005号16頁／百選〔6版〕97〕は，「当該訴訟の判決が参加（申出）人の私法上又は公法上の法的地位又は法的利益に影響を及ぼすおそれがある場合をいう」と判示する）。かつては訴訟物についての判断によって影響される場合に限定する見解が有力であったが，判決理由中の判断によって影響される場合にも補助参加の利益を認める裁判例も増えている（東京高決昭和49・4・17下民25巻1〜4号309頁／百選Ⅱ169，東京高決平成2・1・16判タ754号220頁／百選〔3版〕106）。

　まず，被参加人が敗訴すれば参加申出人が求償や損害賠償等を請求される関係にある場合には，参加の利益が認められる。たとえば，債権者の保証人に対する訴えと主債務者（保証人からの求償権行使），所有者から買主に対する返還請求訴訟と売主（債務不履行責任追及）のような場合である。被参加人が勝訴すれば参加申出人が求償できる場合も同様である。たとえば，共同不法行為に基づく損害賠償請求訴訟の共同被告の1人は，自らが賠償した場合に他の共同被告の賠償責任も認められればその者に対して求償できることになるから，原告側に補助参加をする利益を有する（最判昭和51・3・30判時814号112頁／百選〔6版〕A30）。

　また，被参加人に対する請求が参加申出人に対する請求の前提問題となっている場合にも，参加の利益が認められる。たとえば，債権者の主債務者に対する訴えと保証人のような場合である。他方で，不動

産についての妨害排除請求の被告側にその隣地の所有者が参加する際
に，原告が参加申出人に対しても同様の請求の訴訟を提起する計画が
あるというだけでは参加の利益は認められず，本訴の判断が次の訴訟
に影響する関係があるかどうかで参加の利益の有無を判断すべきであ
る。

　さらに，当事者の一方と同様の地位あるいは境遇にある者が補助参
加を申し出る場合にも補助参加の利益が認められる場合がある。たと
えば，団体の決議に基づく構成員の義務履行請求訴訟と同一団体の他
の構成員（大決昭和8・9・9民集12巻2294頁／百選［初版］16），不法行
為に基づく損害賠償請求訴訟と同一原因で損害賠償責任を負う可能性
のある者のような場合である。他方で，保険会社を被告とする保険金
請求訴訟において事故の偶発性が争われている場合に，その訴訟の原
告と同一被保険者について同種の保険契約を締結した他の保険会社に
は，係属中の保険金請求訴訟に補助参加する利益はない，同一の争点
（事故の偶発性）についての係属中の訴訟の判断が，他の保険会社を被
告とする保険金請求訴訟が提起された場合にその訴訟において参考に
され事実上影響することがあるにすぎないからである，と判示する裁
判例もある（東京高決平成20・4・30判時2005号16頁／百選［6版］97）。

　Column ⑫⑤　**株主代表訴訟における会社の被告側への補助参加** --------

　株主代表訴訟において会社が原告である株主側に補助参加（あるいは共
同訴訟参加）できるのは当然として，被告たる取締役等の側に補助参加す
ることができるかについて，かつては，会社の意思決定の適法性に影響す
るから会社は取締役の敗訴を防ぐことに法律上の利益を有する（場合がある）
とする考え方と，行使されている会社の取締役に対する損害賠償請求権に
ついては会社と取締役とは実体法上の利害が対立することから補助参加の
利益を否定すべきであるとの考え方とがあり，裁判例も分かれていた。最
決平成13・1・30（民集55巻1号30頁／百選［3版］A40）は前者の考え方を
採用し，会社法849条1項はこの考え方を立法上も採用した。

補助参加人の地位

補助参加人は，被参加人を勝訴させるために，一切の訴訟行為をすることができ（45条1項本文），そのために期日の呼出しや訴訟関係書類の送達は，被参加人とは別に行う必要がある。この面では補助参加人は被参加人から独立した地位を有する。他方で，補助参加人は当事者ではないから，判決の名宛人となることはなく，補助参加人との関係での除斥・忌避事由は裁判官の職務遂行を妨げず，証人能力があり，補助参加人について中断事由が生じても訴訟手続は中断しない。さらに次に述べるような訴訟行為についての制限がある。これらの面では，補助参加人は従属的な地位しか有しないのである。

補助参加人の訴訟行為の制限には以下のようなものがある。

①　参加時に被参加人のできない行為は，補助参加人もすることができない（45条1項但書）。たとえば，時機に後れた攻撃防御方法の提出（157条），被参加人が撤回できない自白の撤回等である。

②　補助参加人が被参加人の行為と抵触する行為をしても効力は生じない（45条2項）。たとえば，被参加人が自白をしているときに補助参加人がその事実を争っても否認の効果は生じない。

③　訴えの取下げや訴えの変更のように訴訟を処分あるいは変更する行為，そして請求の放棄・認諾や自白のように被参加人に不利な行為は，被参加人の勝訴のために補助するという地位の性質上，補助参加人がすることはできない。

④　補助参加人の上訴期間が補助参加人への送達時を起算点とすればなお残っている場合であっても，被参加人の上訴期間は徒過している場合には，補助参加人の従属性から，補助参加人は上訴できないと考えるべきであろう。もっとも，独立性を強調して補助参加人独自に上訴期間を算定すべきであるという見解もある。

また，被参加人がした実体法上の行為（解除権の行使のような形成権の行使や時効の援用等）を補助参加人が主張することはできるが，その

ような実体法上の行為を補助参加人が補助参加関係そのものを根拠にすることはできない。

補助参加のあった訴訟の判決の効力は，補助参加人にも及ぶ（46条）。この判決効の性質についてはさまざまな議論があるものの，被参加人敗訴の場合に，補助参加人が訴訟行為をすることができた限りでは敗訴の責任を補助参加人も分担すべきであることから，その敗訴判決で示された判断について，被参加人と補助参加人とを当事者とする後の訴訟では争えないとする効力である，という点については争いがない。たとえば，保証債務の履行請求訴訟の被告側に主債務者が補助参加して請求が認容された場合，その後の保証人が主債務者を被告として提起する求償訴訟では，主債務者は主債務の存在について争うことは判決の効力により許されないのである。そして，被参加人敗訴の場合に被参加人と補助参加人との間に生ずる効力であること，後述のように46条各号が効力を生じない場合を定めていること，判決理由中の判断にも効力が生ずること（上記の例では訴訟物は保証に係る請求権であり主債務の存否はその前提問題にすぎない），敗訴責任の分担という当事者間の公平に配慮した効力であるので職権調査事項ではなく当事者の援用を待って顧慮すれば足りると解されていることから，この判決効は，既判力とは異なる特殊の効力（参加的効力）であると理解されている（最判昭和45・10・22民集24巻11号1583頁／百選［6版］98）。たとえば，ある財産の売買の後に真の所有者と称する者から買主に対する返還請求訴訟が提起されて，売主が被告である買主側に補助参加したとして，原告の所有権を理由に被告が敗訴した場合には，買主の売主に対する債務不履行責任を追及する後の訴訟においては，売主はその財産が自己の所有物であったことを主張することは参加的効力のためにできないのである。

被参加人敗訴の責任の分担という参加的効力の趣旨から，補助参加

人の訴訟行為に制約があった場合にはその限りで参加的効力は発生しない。具体的には，参加時に被参加人のできない行為（45条1項但書）であったために補助参加人が訴訟行為をすることができなかったとき（46条1号），補助参加人の訴訟行為が被参加人の訴訟行為と抵触するために効力を有しなかった（45条2項）とき（46条2号），被参加人が補助参加人の訴訟行為を妨げたとき（46条3号），そして被参加人が補助参加人のすることができない訴訟行為を故意または過失によってしなかったとき（46条4号）には，参加的効力は生じない。

Column ⑫⑥　補助参加人と被参加人の相手方との間の判決効 ----------

　判決の効力（拘束力）の根拠は主張・立証を尽くすことができる手続上の地位の保障にある，という議論の深化とともに，参加的効力が補助参加人と被参加人との間にのみ生ずると考える必然性はなく，補助参加人が被参加人のため相手方に対して原則として一切の訴訟行為をすることができたことを根拠に，参加人と相手方との間でも46条の効力を認めてよいという考え方が有力に主張されている。主債務者を被告とする訴訟に保証人が補助参加した場合に，①請求が認容されたときに，保証人は後の保証債務履行請求訴訟で原告である債権者との関係で主債務の存在を争えないとすれば，前訴の既判力の補助参加人への拡張と類似の帰結となり，また②請求が棄却されたときに，債権者は後の保証債務履行請求訴訟で主債務の存在を主張できないとすれば，その判決効はいわゆる反射効（⇨ *5. 2. 2. 22*）と交錯することになる。このように，補助参加人と被参加人の相手方との間の判決効を認めるとすれば，各種の判決効の総合的な再編成が必要となろう。

---

6. 3. 1. 7
訴 訟 告 知

(1)　**意義**　訴訟告知とは，訴訟の係属中に，当事者から参加することができる第三者に訴訟係属している旨を法定の方式で通知することをいう（53条1項）。被告知者が訴訟に参加すれば，告知者は訴訟追行について被告知者の協力を得ることができるとともに，被告知者も自己の利益を守ることができる。しかし，被告知者が訴訟には参加しなくても，参加的効力

との関係では参加することができた時に参加したものとみなされるから（53条4項），告知者が敗訴の場合には被告知者に参加的効力を及ぼして，敗訴判決の内容について被告知者が争うことができない状態を作ることができるのであり，その意味で告知者のための制度であるということができる。

たとえば，債権者から保証人への保証債務の履行を求める訴訟について，保証人から主債務者に訴訟告知をすることができる。主債務者が補助参加しなくても，敗訴した保証人から主債務者への後の求償訴訟において，主債務者による主債務不存在の主張を封ずることができる。また，真の所有者と称する者から買主への返還請求訴訟について，買主は売主に訴訟告知をすることができる。売主が補助参加をしなくても，敗訴した買主から売主への債務不履行責任を追及する後訴において，売主が目的物の所有者であった旨の主張を封ずることができるのである。

(2) **要件・手続**　　告知をすることができるのは，当事者および訴訟告知を受けた者である（53条1項2項）。訴訟告知が必要的である場合がある（民423条の6・424条の7第2項，会社849条4項）。被告知者となりうるのは，条文上は，「参加することができる第三者」である（53条1項）。しかし，補助参加の利益を有する者すべてに対して訴訟告知によって参加的効力を及ぼしうるとするのは被告知者の利益保護として不十分であるとの認識から，有力な見解は，参加的効力が生ずる場合を，告知者と被告知者との間に告知者の敗訴が直接の原因となる求償・賠償関係がある場合に限定をする。そのような場合であれば，被告知者が告知者に協力することが期待できるからである。上述の，保証人から主債務者への訴訟告知および買主から売主への訴訟告知は，いずれも補助参加がなくても参加的効力の発生を認めてよい場合である。

Column ⑫ 被告知者が告知者側に補助参加することが期待できない
　　　　　　場合 ---

　不動産の売主から買主に対して，売主側の無権代理を理由に所有権確認
と移転登記とが請求された事案において，原告である売主が代理人に訴訟
告知をしたところ，この代理人が被告側に補助参加し，裁判所は，代理権
の存在は確定できないが表見代理は成立するとして，原告の請求を棄却し
た場合に，その後原告が代理人に対して無権代理を理由に損害賠償請求を
したとして，前訴判決理由中の無権代理の判断に訴訟告知による参加的効
力は発生するか。仙台高判昭和 55・1・28（高民 33 巻 1 号 1 頁／百選［2 版］
111）は，訴訟告知の制度は，告知者が被告知者に参加の機会を与えるこ
とにより参加的効力を取得することを目的とする制度であることから，被
告知者となりうるかどうかは，被告知者の利益ではなく，告知者の主観的
利益を基準とすべきである，と述べて，参加的効力の発生を肯定した。も
っとも，代理人が有権代理を主張する限りでは告知者側に参加することは
期待できないこと，加えて前訴での無権代理の判断は表見代理成立のため
の仮定的なものである可能性があるため後訴に対する拘束力を発生させる
のは適切ではないことから，参加的効力の発生を認めた結論に対しては疑
問を呈する見解がある。

　これに対して，東京高判昭和 60・6・25（判時 1160 号 93 頁／百選 II 172）
は，交通事故に基づく損害賠償請求訴訟において，加害者たる被告が被害
者を治療した病院に対して訴訟告知をしたところ，被告知者たる病院が原
告（被害者の遺族）側に補助参加した事案において，裁判所が，被害者の死
亡は交通事故と病院の医師の過失との競合による異時的共同不法行為によ
るものであるとして，請求を認容した判決が確定した場合に，加害者と病
院とは異時的共同不法行為者として各自全損害について賠償義務を負うの
であって，医師の過失の判断は傍論にすぎないから，訴訟告知による参加
的効力は生じない，と判示した。

　さらに，最判平成 14・1・22（判時 1776 号 67 頁／百選［6 版］99）は，家
具の売主（X）から建物建築の請負人である建築業者（A）への家具の代金
の請求訴訟（前訴）において，原告たる売主（X）が建物の注文主（Y）に
訴訟告知をした場合に，買主は Y であるとの理由で A に対する請求が棄
却されたとしても，このことから X の Y に対する売買代金請求権の有無
が決まるわけではないことを理由として，前訴の「買主は Y である」と

の判断には参加的効力は発生しない，とする。この場合には，主債務者と保証人の間のような実体関係がなく，被告知者（Y）から告知者（X）への協力を期待できないからである。

　訴訟告知は，その理由および訴訟の程度を記載した書面を裁判所に提出して行う（53条3項）（訴訟告知は電子情報処理組織を使用してすることもできる〔132条の10〕）。訴訟告知の書面は，訴訟告知を受けるべき者に送達しなければならず，また相手方に送付しなければならない（規22条1項3項）。

　(3)　**効果**　　訴訟告知の主要な効果は，上述のように，被告知者が参加しなかった場合の参加的効力の発生である（53条4項）。発生すべき参加的効力の及ぶ範囲について，判例は，「判決の主文に包含された訴訟物たる権利関係の存否についての判断だけではなく，その前提として判決の理由中でされた事実の認定や先決的権利関係の存否についての判断などにも及ぶ」「この判決の理由中でされた事実の認定や先決的権利関係の存否についての判断とは，判決の主文を導き出すために必要な主要事実に係る認定及び法律判断などをいうものであって，これに当たらない事実又は論点について示された認定や法律判断を含むものではない」としている（最判平成14・1・22判時1776号67頁／百選〔6版〕99）。

6. 3. 1. 8
共同訴訟的補助参加　　判決効の第三者への拡張が認められる場合に（会社838条，人訴24条1項，行訴32条1項ほか），拡張を受ける第三者が訴訟に参加するとして，第三者が当事者適格を有する場合には共同訴訟参加をすることができる（⇨ *6. 3. 1. 2*）。これに対して判決効の拡張を受ける第三者が当該訴訟の当事者適格を有しない場合には，当事者参加はできず補助参加しかできないものの，判決効の拡張を受けることを理由に，共同訴訟参加人に準じて通常の補助参加人よりも強い（従属性のない）手続上の権能を認めるべきであ

る。以上のような考慮から，明文はないものの，判決効が第三者に拡張される場合の第三者の補助参加は，共同訴訟的補助参加という別個の参加形態として解釈上認められている。たとえば，株主総会決議取消訴訟の被告たる会社（会社834条17号）側に株主が補助参加する場合，あるいは遺言の執行との関係で相続人の法定訴訟担当者たる遺言執行者を当事者とする訴訟に相続人が補助参加する場合である。

　参加人は，手続上，通常の補助参加人よりは共同訴訟参加人に近い地位が認められる。具体的には，共同訴訟的補助参加人は被参加人の行為と抵触する行為をすることができるから，たとえば被参加人が自白をしてもなお否認できるし，上訴期間も参加人への送達時を起算点として独立に計算すべきである（最決平成28・2・26判タ1422号66頁／重判平28民訴4）。参加人に中断事由がある場合の取扱いには議論があるが，共同訴訟的補助参加人の独立性から手続の中断事由となると解する。人事訴訟の確定判決は対世効があるところ（人訴24条1項），検察官を被告とする人事訴訟（死後認知訴訟等）に，訴訟の結果により相続権を害される第三者（利害関係人）が補助参加した場合には，利害関係人は被参加人の行為と抵触する行為をすることができ，利害関係人の行為で有利なものは被参加人のために効力を生じ，利害関係人に中止事由があれば手続は中止する（人訴15条3項4項）。

6. 3. 1. 9 主観的追加的併合

係属中の訴訟に新たに，第三者の当事者に対する請求を併合すること，あるいは当事者の第三者に対する請求を併合することにより，共同訴訟となる場合をいう。独立当事者参加（47条〔⇨ *6. 3. 1. 1*〕）や共同訴訟参加（52条〔⇨ *6. 3. 1. 2*〕），さらに参加承継（49条・51条〔⇨ *6. 3. 2. 4*〕）や引受承継（50条・51条〔⇨ *6. 3. 2. 5*〕）も主観的追加的併合の一種である。

　判例（最判昭和62・7・17民集41巻5号1402頁／百選［6版］91）は，原告が第三者を被告として追加することを求めた事案において，甲が乙を被告として提起した訴訟の係属後に丙を被告とする請求を追加し

て1個の判決を得ようとする場合は，甲は，丙に対する別訴を提起した上で，152条1項による口頭弁論の併合を裁判所に促し，併合につき裁判所の判断を受けるべきであり，仮に両訴訟の目的たる権利または義務につき38条所定の共同訴訟の要件（⇨ *2. 2. 5. 2*）を具備する場合であっても，新訴が152条1項の適用を待たずに当然に旧訴訟に併合されるとの効果を認めることはできない，と判示する。そして，そのような主観的追加的併合を認める明文の規定がないという形式的な理由のほかに，「新訴につき旧訴訟の訴訟状態を当然に利用することができるかどうかについては問題があり，必ずしも訴訟経済に適うものでなく，かえって訴訟を複雑化させるという弊害も予想され，また，軽率な提訴ないし濫訴が増えるおそれもあり，新訴の提起の時期いかんによっては訴訟の遅延を招きやすい」との実質的な理由も挙げる。

　もっとも，学説上は，38条の要件を満たす限りでは，当事者あるいは第三者のイニシアティブによって多数当事者訴訟を作り出すことをより柔軟に認めるべきである，として，原告が第三者を追加的に被告にすること，被告が第三者に対する請求を追加併合すること（たとえば，真の所有者と称する者から買主への返還請求訴訟において，被告買主が売主に対する債務不履行責任追及を併合する。なお，民再138条3項参照），さらに第三者が原告または被告の共同訴訟人となることをそれぞれ認めるべき場合がある，と説く見解が有力である。原告側の共同訴訟人となる例として，航空会社を被告とする航空機事故に基づく損害賠償請求訴訟において原告以外の被害者が新たに原告に加わる場合が考えられる。また被告側の共同訴訟人となる例として，交通事故の加害者を被告とする損害賠償請求訴訟において，損害保険会社が加害者側の共同訴訟人として一定額を超える損害賠償債務の不存在確認を請求する場合が考えられる。

② 当事者の交替

(1) **意義**　訴訟承継とは，訴訟の係属中の訴訟物たる権利の帰属あるいはこれに関係する実体法上の法律関係の変動があったことにより従来の当事者が紛争の主体たる地位を失い，あるいは新たな紛争主体が加わった場合に，その新たな紛争主体を当事者としてこれに従来の当事者が形成してきた訴訟状態を引き継がせる制度をいう。たとえば，当事者が死亡した場合に相続人が訴訟を承継する，訴訟物たる貸金債権が譲渡された場合に譲受人が新たに原告となる，等である。ここで，紛争の主体たる地位とは，訴訟要件としての当事者適格のことではなく，だれを当事者とすれば権利者が勝訴判決を得ることによって紛争が解決するか，というより実体法的な判断による概念である（債権譲渡の例でいえば，譲渡が有効である場合には，当初の原告は自らの権利として給付を求めている以上当事者適格はあるのであって〔⇨ *2. 2. 4. 2* ①〕訴えが却下されるわけではなく，請求棄却となるのである。この場合の譲受人の当事者適格も当初原告から承継されるわけではない）。

　実体関係の変動があったことにより従来の当事者が紛争の主体たる地位を失い，あるいは新たな紛争主体が加わった場合に，従来の当事者のみで訴訟を続行しても紛争の実効的な解決はできず，他方で紛争解決のために新たな紛争主体となった者を当事者とする新たな訴訟を提起しなければならないとすると，それまでの訴訟状態が無に帰することになり，訴訟経済に反することになる。そして，本案について争われたら原告は被告の同意なしに訴えを取り下げられないとして（261条2項）被告にそれまでの訴訟状態を確保できるようにしていることや，口頭弁論終結後の承継人にも既判力を拡張すること（115条1項3号）から，従来の当事者が形成してきた訴訟状態を新たな紛争主体に引き継がせることが正当化できるのである。

(2) **種類**　訴訟承継には，実体関係の変動とともに当然に新たな紛争主体が当然に当事者となる当然承継と，新たな紛争主体による訴訟参加（参加承継）または新たな紛争主体の相手方となるべき既存当事者からの訴訟引受けの申立て（引受承継）によるものとがある。

(3) **効果**　訴訟承継一般に，その効果は，前主が形成してきた訴訟状態を引き継ぐことであると解されている。弁論や証拠調べの結果（勝訴判決あるいは敗訴判決に至る見込み）のみならず，自白の撤回の制限や時機に後れた攻撃防御方法の提出の制限（157条）も新当事者に引き継がれる。

6.3.2.2
当然承継
---

(1) **承継原因**　当然承継の原因を直接定めた規定は存しないものの，新当事者が現れれば，通常はその者に訴訟追行の機会を与えるために訴訟手続の中断をする必要があることから，中断事由から当然承継の原因をみてとることができる。もっとも，訴訟手続の中断・受継は訴訟追行をする者の交替に伴うものであるから，中断はするが訴訟承継は生じない場合（訴訟能力の喪失等〔124条1項3号〕）があり，他方で中断はしないが訴訟承継は生じる場合（訴訟代理人がいる場合〔124条2項〕等）もある（⇨ *6.1.1.1*）。具体的には以下の通りである。

①　当事者の死亡（124条1項1号）の場合には，相続人（ただし124条3項），相続財産管理人，相続財産清算人その他法令により訴訟を続行すべき者（遺言執行者等）が承継人となる。もっとも訴訟物たる権利が一身専属的なもので実体上承継が生じない場合には，訴訟承継も生じず，訴訟は終了する（⇨ *6.1.1.2*(1)）。

②　当事者である法人の合併による消滅（124条1項2号）の場合には，合併によって設立された法人または合併後存続する法人が承継人となる。

③　信託に関する任務の終了（124条1項4号）については，当事者である受託者の信託に関する任務の終了の場合には新たな受託者また

は信託財産管理者もしくは信託財産法人管理人（4号イ），当事者である信託財産管理者または信託財産法人管理人の信託に関する任務の終了の場合には新たな受託者または新たな信託財産管理者もしくは新たな信託財産法人管理人（4号ロ），当事者である信託管理人の信託に関する任務の終了の場合には受益者または新たな信託管理人（4号ハ）が，それぞれ承継人となる。

④　一定の資格を有する者で自己の名で他人のために訴訟の当事者となるもの（破産管財人〔破80条〕や船長〔商803条2項〕⇨ *2. 2. 4. 3*(1)(b)）の死亡その他の事由による資格の喪失（124条1項5号）の場合には，同一の資格を有する者が承継人となる。

⑤　選定当事者の全員の死亡その他の事由による資格の喪失（124条1項6号）の場合には，選定者の全員または新たな選定当事者が承継人となる。なお選定当事者の一部の者の死亡・資格喪失の場合には，他の選定当事者が全員のために訴訟行為をすることができる（30条5項）。

⑥　所有者不明土地に関するその所有者を当事者とする訴訟の係属中に所有者不明土地管理命令が発令された場合には，所有者不明土地管理人はその訴訟手続を受継することができる（125条1項）。当該命令が取り消されたら，所有者は所有者不明土地管理人を当事者とする所有者不明土地に関する訴訟を受継しなければならない（125条2項）。所有者不明建物についても同様である（125条3項）。

(2)　**訴訟の続行**　　当然承継に伴って訴訟手続が中断する場合には，承継人もしくは相手方からの受継申立てに基づく受継決定（124条・126条・128条）または裁判所の続行命令（129条）によって訴訟手続が続行する（⇨第6章 *1* ②）。裁判所は，受継申立てに理由がないと判断する場合には，決定で申立てを却下する（128条1項）。訴訟手続が続行した後，承継人が新たな紛争主体ではないと判明した場合には，真の承継人は，中断した段階に遡って訴訟を引き継ぐことができる。

当然承継に伴って訴訟手続が中断しない場合には，当事者は変動していても訴訟手続はそのまま続行する。訴訟代理人がいるために中断しない場合（124条2項）には，承継原因と承継人が明らかになれば，以後訴訟代理人はその承継人のために訴訟追行をすることになり，また判決も受継を経ずに承継人を当事者として表示すべきである。他方，承継人が明らかではない場合には，訴訟代理人は，形式上は旧当事者のために訴訟追行をすることになるが，判決は実質的には承継人を名宛人とするものと考えるべきである。もっともその判決を債務名義として強制執行をするためには，執行手続の明確性を確保するために承継執行文の付与が必要である（民執27条2項）。

6.3.2.3 訴訟係属中の係争物の譲渡

訴訟係属中に，訴訟物たる権利関係あるいはその権利関係の目的物件の特定承継に基づいて紛争主体が変動した場合のために，現行法は，訴訟承継主義を採用している（⇨*Column* ⑰）。訴訟承継主義とは，紛争主体の変動をそのつど訴訟に反映させ，承継人を当事者として訴訟に加入させて前主の訴訟上の地位を承継させる建前である。これに対する建前が，訴訟係属中に係争物の譲渡があっても従前の当事者がそのまま当事者として訴訟を続け，判決の効力を承継人に及ぼすこととする当事者恒定主義である（訴え提起により当事者が固定されることからこのように呼ばれる）。

現行法では，条文上は，権利（義務）承継人による訴訟参加の場合に，前主による訴え提起時に遡って時効の完成猶予や期間遵守の効力が生ずる（49条・51条）と規定されているのみであるが，これらの規定から，前主の形成した訴訟状態が訴訟係属中に新たに当事者となった者に引き継がれる建前をとっていると解されている。

訴訟承継主義は，実体上の権利関係と訴訟上の当事者とを一致させることができる点で，実質的には，実体関係の変動により当事者が訴訟追行に熱意を失う結果承継人の保護が不十分になるおそれのある当

事者恒定主義よりも優れているといわれる。もっとも，承継原因が発生しても，それがすぐに当事者の交替として訴訟上に反映されるわけではないので，それまでの間にされた訴訟行為（たとえば攻撃防御方法の提出）は新当事者との関係では無効と解さざるをえず，また当事者の交替がされないまま判決がされても口頭弁論終結前の承継人にはその判決の効力を及ぼすことができず（115条1項3号），したがって当事者は訴訟係属中に相手方について承継原因が生じていないかどうかに注意している必要があることになる。当事者の恒定は，占有移転禁止あるいは処分禁止の仮処分によって可能ではあるが（民保25条の2第1項・53条・55条・58条・62条・64条），特定の類型の訴訟における被告の恒定にしか使えず，また仮処分を求めるには担保を立てる（民保14条）という負担もあるので，これで訴訟承継主義の問題点を解消できるわけではない（⇨第2章 1 **6**, *Column* ⑰）。相手方の保護のために，請求の目的物の所持者（115条1項4号）の拡張解釈（大阪高判昭和46・4・8判時633号73頁／百選［6版］A26）や，承継人から従前の当事者への訴訟追行の授権の擬制を認めるべき場合があろう。

　法律関係の特定承継による当事者の変動には，権利承継人（たとえば，売掛債権の譲受けを主張する者）による参加承継（49条），義務承継人（たとえば，貸金返還債務を引き受けたと債権者から主張される者）に対する引受承継（50条）のほかに，義務承継人による参加承継および権利承継人に対する引受承継がある（51条）。義務承継人による参加承継とは，たとえば，訴訟係属中に貸金返還債務を引き受けたと主張する者がその引受け後の弁済による債務の消滅を主張して債権者に対して勝訴判決を得ようとする場合である。権利承継人に対する引受承継とは，たとえば，売掛債権の債務者が同債権を訴訟係属中に譲り受けたと主張する者に対してその後の弁済による債務の消滅を主張して譲受人に対して勝訴判決を得ようとする場合である。

<table>
<tr><td>

6. 3. 2. 4
参加承継

</td><td>

参加承継は，権利主張参加の方式により行う（49条・51条・47条1項）。承継人は，相手方

</td></tr>
</table>

に対する請求を定立する。権利承継人であれば給付または積極的確認の請求であり，義務承継人であれば消極的確認請求となる。さらに被承継人との間で承継の有無について争いがあれば，その確認を請求することになるが，争いがなければ片面参加となる。被承継人が脱退すれば（48条・51条），当事者が交替したことになる。

承継人は，参加時点での訴訟状態を引き継ぐのが原則であり，たとえば前主の自白に拘束されるが，被承継人の訴訟追行が承継人の利益を損なうような場合には例外的に訴訟状態への拘束を否定すべきであるとの有力な見解がある。

被承継人が脱退するまでは，40条1項から3項の規定が準用される結果，権利の有無・帰属について三者間で合一確定が保障されることになる（⇨ *6. 3. 1. 1*(5)）。承継の有無については，終局判決において判断されることになる。

<table>
<tr><td>

6. 3. 2. 5
引受承継

</td><td>

(1) **承継原因**　引受承継の承継原因として，まず訴訟物たる権利関係の特定承継（たとえ

</td></tr>
</table>

ば，貸金返還請求訴訟における返還債務の引受け）が含まれるほかに，従前の訴訟状態を活かして拡大した紛争の実効的な解決を図るという訴訟承継制度の趣旨から，旧請求と新請求とが異なる場合であっても，両請求の主要な争点が共通で，新たな紛争が従来の紛争から派生したものといえる場合には，引受承継が認められる。たとえば，土地賃貸人が土地賃借人に対して提起した賃貸借終了を理由とする建物収去土地明渡請求訴訟の係属中に建物の一部を賃借した者は，「訴訟の目的である義務の全部又は一部を承継した」（50条1項）者ではないが，判例（最判昭和41・3・22民集20巻3号484頁／百選[6版]104）は，「土地賃借人が契約の終了に基づいて土地賃貸人に対して負担する地上建物の収去義務は，右建物から立ち退く義務を包含するものであり，

当該建物収去義務の存否に関する紛争のうち建物からの退去にかかる部分は，第三者が土地賃借人から係争建物の一部および建物敷地の占有を承継することによって，第三者の土地賃貸人に対する退去義務の存否に関する紛争という型態をとって，右両者間に移行し，第三者は当該紛争の主体たる地位を土地賃借人から承継したものと解される」こと，「土地賃貸人が，第三者を相手どって新たに訴訟を提起する代わりに，土地賃借人との間の既存の訴訟を第三者に承継させて，従前の訴訟資料を利用し，争いの実効的な解決を計ろうとする要請」は正当なものであることを理由に，引受承継を肯定した。

(2) **手続**　被承継人の相手方は，承継人に対して訴訟引受けの申立てをすることができる（50条1項・51条）。裁判所は，当事者および第三者を審尋した上で（50条2項），承継関係の有無の判断に応じて，引受決定または申立てを却下する決定をする。却下決定に対しては抗告をすることができるが（328条1項），引受決定に対しては独立の不服申立てをすることはできず，承継関係の有無の判断は終局判決においてされることになる。たとえば，動産引渡請求訴訟の係属中に動産の占有者が変わったとして新占有者に対する引受申立てがされ，これが認められた後に，審理の結果，当該動産は一貫して当初の被告が占有していたことが判明した場合には，引受決定を遡って取り消すのではなく，本案審理の結果としての紛争解決基準を残すために，承継人を被告とする請求棄却判決をすることになる。

原告の被告側承継人に対する引受申立てには，承継人に対する請求が含まれる。貸金に係る債務引受けの場合には従来と同様の請求であるが，土地賃貸人が土地賃借人に対して提起した建物収去土地明渡請求訴訟の係属中に建物の一部を賃借した者（上述(1)）に対しては建物退去請求を定立することになる。他方，給付訴訟の被告が原告側承継人に対して引受申立てをする場合には，被告が債務不存在確認請求を定立するという考え方と，原告側承継人の被告に対する給付請求が擬

制されるとする考え方とがある。処分権主義からは前者の考え方が自然であり，ただし裁判所の釈明等を契機として原告が給付請求を定立することはもちろん可能である。

(3) **引受け後の審判**　引受決定がされ，被承継人が脱退すれば（50条3項・51条・48条），当事者が交替したことになり，二当事者訴訟として審判がされる。他方，被承継人が脱退しない場合には，同時審判の申出がある共同訴訟の規定（41条1項3項）が準用される（50条3項・51条）。給付訴訟における被告側の承継で考えると，当初被告が脱退しない場合とは被告と承継人との間で債務の帰属について争いがある場合であるから，共同被告の一方に対する訴訟の目的である権利と共同被告の他方に対する訴訟の目的である権利とが法律上併存しえない関係にある場合と同様に，同時審判を保障して，判断が区々にならないようにする必要があることが準用の趣旨である（⇨ *2.2.5.5* (2)）。もっとも，参加承継の場合に40条1項から3項の規定が準用される（⇨ *6.3.2.4*）のとは異なっており，訴訟承継のイニシアティブをだれがとるかという点だけが異なるだけで，訴訟承継という点では共通の参加承継と引受承継との間で，訴訟資料の統一および合一確定の保障の程度が異なるのは，均衡を欠いており，立法論として不当であるとの指摘もされている。

6.3.2.6
任意的当事者変更

(1) **意義・手続**　訴訟の係属中に当事者が交替する場合には，当然承継や参加承継・引受承継のように直接法律によって許容される場合のほかに，原告が当初被告以外の者を被告とする場合や当初原告以外の者が当初原告の提起した訴訟の原告となる場合がある。このような場合を任意的当事者変更と呼ぶ。本来当事者とすべきであった者を当事者としないで誤った当事者との間で訴訟が追行された場合に，従来の訴訟を維持しつつ，本来当事者とすべき者を当事者として訴えの当初の目的を貫徹するために行われる。任意的当事者変更か表示の訂正かの区別が，当事者の

確定との関係で問題となる（⇨*Column* ㉗）。

　任意的当事者変更を直接基礎付ける規定が存しないことから（なお，特殊な被告の変更として行訴15条），その法律構成が問題となるが，新訴の追加的併合提起と旧訴の取下げの複合した行為であるとする見解が有力である。この見解により，新当事者の手続保障の必要性を意識しながら，どのような場合にどこまで従来の訴訟状態を新当事者に及ぼすことができるか（許容範囲），あるいはどのような場合にはむしろ別訴で出直すべきかを決すべきことが明確になる。

　(2)　**効果**　　任意的当事者変更がされた場合，納付した提訴手数料の流用が認められるほか，訴え提起による時効の完成猶予の効果も承継される。

　新当事者が従前の訴訟状態を引き継ぐかどうかについては，新当事者と従前の当事者との関係によって分けて考えるべきであろう。閉鎖会社を被告とすべきところ代表者個人を当初被告としたので会社をあらためて被告とする場合のように，両者の間に密接な関連がある場合には，新当事者は従前の当事者による訴訟資料を援用して自己の訴訟資料とすることができるのみならず，旧当事者の自白の拘束等も受けると解すべきである。未成年者を被告とすべきところ法定代理人を当初被告とした場合も同様である。これに対して，新旧の当事者の間に上記のような密接な関連がない場合には，新当事者は従来の訴訟状態を援用したければ自己のために援用できるが，不利な訴訟状態には意に反して拘束されることはない，と解すべきであろう。また控訴審で任意的当事者変更が可能かどうかについても，同様に新当事者と従前の当事者との関係によって分けて考えるべきであろう。

第**7**章 裁判によらない訴訟の終結

SUMMARY

　民事訴訟において審判の対象となる私法上の権利は，身分関係に係るもの等第三者に影響する場合を除いて，原告あるいは被告の意思によって処分可能なものである。本章では，いったん開始された民事訴訟が，判決によらないで終了する場合の規律について概観する。終了事由としては，訴訟上の和解，請求の放棄・認諾そして訴えの取下げがあるところ，原告のみの意思に基づくのが請求の放棄および訴えの取下げ，被告の意思のみに基づくのが請求の認諾，そして両当事者の意思に基づくのが訴訟上の和解である。一方当事者の意思にのみ基づく場合には，相手方の保護を図る必要がある。また，いずれの場合にもその後の紛争の再燃を防ぐための規律が必要となる。

1 訴訟上の和解

● 処分権主義（その3）

① 意義・機能

7. 1. 1. 1
意　義

　訴訟上の和解とは，訴訟係属中の，当事者が訴訟物についての主張を互いに譲り合う旨および訴訟を終了させる旨の期日における合意をいう。訴え提起前に紛争当事者が簡易裁判所の面前で争いについて互譲をする旨の合意である起訴前の和解（275条）と訴訟上の和解とを総称して裁判上の和解といい，同様の効力（267条）が認められる。これに対して，訴訟係属中に当事者が裁判所外で訴訟物について互譲をしても民法上の和解（民695条）の効力しかなく，訴訟法上の効果は認められない。

　両当事者が判決を求めずに紛争を解決する旨およびその内容について合意している以上，訴訟制度としてもその意思を尊重すべきであり，一方では処分権主義の現れの一形態として両当事者の意思に基づいて訴訟を終了させ，他方では訴訟法上の効力を認めて紛争解決の実効性を担保している。

　訴訟上の和解の条項例を1つ挙げておく（動産引渡請求訴訟における和解条項の例）。

1. 被告は，本件売買契約に関し，原告に対して別紙目録記載の品等の鋼材△本を，令和5年10月末日限り，代金○○円と引換えに引き渡す義務があることを認める。
2. 原告はその余の請求を放棄する。
3. 第1項に定める他，原告被告間には何らの権利義務は存在しないことを確認する。
4. 訴訟費用は各自の負担とする。

7. 1. 1. 2　機　能

　訴訟の終了事由において訴訟上の和解が占める割合は高く（たとえば，令和4年司法統計民事・行政編によれば，地裁における第一審通常訴訟既済事件の総数131,794件のうち43,264件〔32.8％〕が和解で終了している），紛争の解決に果たしている役割は大きい。当事者にとっての和解の長所として，訴訟が直ちに終了して上訴もないことから紛争を早期に解決できること，和解内容の任意履行を期待できること，当事者間の将来の関係を良好に保つことが期待しやすいこと，実体法によれば一刀両断の解決しかできない紛争について，訴訟物に制約されずに事案の全体像を踏まえた柔軟な解決内容を定めることができること（たとえば，消費者被害救済型の訴訟において将来に向けた解決策を定めることができること）等が挙げられる。訴訟が和解で終了すれば，裁判官としても漏れのない判決を作成する手間を省けることになり，司法資源の効率的な利用にも資することになる。かつては，「和解判事となるなかれ」という教育が裁判官

養成段階でされていたことからわかるように，訴訟においては判決があるべき紛争解決手段であり，裁判所から積極的に和解を勧めることに対しては権利意識の不十分さの現れであるという消極的な評価がされていた。これに対して近時では，上記のような和解の長所を積極的に評価して，和解による処理も訴訟での紛争解決の1つの方法として肯定的に位置付ける考え方が一般的になっている。

　もっとも，以上のような和解の長所は，当事者の自己決定を実効化するための最適のタイミングおよび内容での和解の勧試が裁判官からされてこそ発揮されるものである（⇨第3章4②）。和解が成立しない場合には，裁判官が判決を作成することになるため，その裁判官自身からの和解勧試の場では，当事者は判決への影響を懸念して，裁判官との間で自由闊達なやり取りをしにくいことがある点に留意すべきである。また特に証拠調べがある程度進んで裁判官が心証を固めつつあるようにみえる段階においては，裁判官の勧める和解内容は，判決をいわば人質にとられている当事者からみれば判決の先取りであって事実上強制の要素がありうることから，当事者の権利を不当に軽視する和解の勧試や判決作成の回避のみを狙った和解勧試は厳に慎むべきである。近時は，最適な和解の成立のための和解勧試の技法について，個々の裁判官の経験的なノウハウにとどめず，広く検証可能な形にするために，和解勧試の技法や裁判官の裁量的判断の規律に関する研究が厚みを増している。

② 要　　件

　訴訟上の和解の要件は以下の通りである。

①　訴訟物について当事者が処分権を有していること

　訴訟上の和解が処分権主義を基礎とするものであることから，訴訟物について当事者が処分権を有していることが必要であり，財産権に関する訴訟であればこの要件が問題となることは原則としてない（問

題になるのは，訴訟担当の担当者が訴訟物について処分権を有しない場合等である）。独立当事者参加訴訟における二当事者間での訴訟上の和解は，残りの1人を害しない限りでは効力が認められるかどうかについて議論がある（⇨ *6. 3. 1. 1* (5)，*Column* ⑫㉓）。

　人事訴訟においては，身分関係が当事者以外の者にも影響するという意味で公益性を有することから，一般には和解をすることは許されておらず（人訴19条2項），ただし，当事者の意思による協議離婚・離縁は可能であることから，離婚・離縁訴訟においては和解をすることが許される（人訴37条1項本文・46条）。

　会社の組織に関する行為の無効の訴えや株主総会決議の効力を争う訴えについては，認容判決の効力が第三者にも及ぶとされているように（会社838条〜845条），対世的な確定が必要であるところ，判決によらずに原告・被告の合意で対世的に法律関係を変動させることはできない以上，被告が請求を認める一方で原告が訴訟費用を負担するという互譲を内容とする和解をしても，（訴訟終了効は別にして）少なくとも対世効は生じない。

　財産関係訴訟でも，株式会社の役員等に対する株主からの責任追及の訴え（株主代表訴訟）においては，原告である株主は訴えを提起する権限は認められているものの，訴訟物たる会社の損害賠償請求権を単独で処分する権限までは有しておらず，株式会社の明示または黙示の承認がないと，和解をしても，（訴訟終了効は別にして）株式会社を拘束しない（会社850条1項〜3項）。

　当事者による訴訟物についての互譲を超える和解も可能である。第1に，当事者は訴訟物外の事項についても処分権を有する限りで和解の内容とすることができる。たとえば，貸金返還請求訴訟における和解において被告である債務者が新たな担保を提供することを定めることができる。第2に，訴訟当事者以外の第三者を和解の当事者とすることもできる。この場合，第三者との関係では起訴前の和解（275条）

がされたものと考えることになる。たとえば、貸金返還請求訴訟における和解において新たに第三者が連帯保証人となる旨を、原告・被告・当該第三者の間で定めることができる。

② 和解の内容である権利義務が公序良俗に反しないこと、その他法令の定めに反しないこと

訴訟上の和解が、裁判所が関与する紛争解決基準であり、給付を内容とする場合にはその内容である権利について強制執行も可能であることから必要とされる要件である。

③ 和解を締結する当事者に訴訟能力があること、あるいは代理人に必要な授権・委任があること

訴訟上の和解は訴訟の終了および紛争解決基準の決定という訴訟法上の重要な効果をもたらす行為であることから、当事者本人が和解を締結する場合には訴訟能力があることが必要である。

同様の趣旨から、被保佐人、被補助人または後見人その他の法定代理人が和解を締結する場合には、本人・後見監督人等の特別の授権が必要であり（32条2項1号）（⇨ *2. 2. 6. 1* (3)）、訴訟代理人が和解を締結する場合には、本人の特別の委任が必要である（55条2項2号）（⇨ *2. 1. 3. 6*）。

訴訟行為には表見法理の適用を認めないという立場（最判昭和45・12・15民集24巻13号2072頁／百選［6版］16）を前提とすれば、代表権のない取締役が締結した訴訟上の和解には表見代表取締役の規定（会社354条）は適用されず、会社には効果が帰属しないという意味で無効となるが（⇨ *2. 2. 7. 2, Column* ㊷）、私法上の和解としては表見代表取締役の規定の適用により有効と考える余地がある（広島高判昭和40・1・20高民18巻1号1頁／百選 I 93）。

通常は、訴訟委任状には和解権限も不動文字で含まれていることから、訴訟代理人は和解権限も有するのが通常である。訴訟代理人の和解権限を訴訟物に関する事項に限定する見解もあるものの、柔軟な紛

争解決方法という訴訟上の和解の利点を生かすために多種多様な内容・態様の互譲を広く認めるべきであることから，訴訟物に関する事項を超えて和解を締結する権限も認められる。たとえば，貸金返還請求訴訟の被告側の訴訟代理人は，期限の猶予を得て分割払いを定めるという訴訟物についての互譲に加えて，担保として抵当権を設定するという訴訟物以外の事項についての定めを訴訟上の和解の内容とすることができる（最判昭和 38・2・21 民集 17 巻 1 号 182 頁／百選［6 版］17）。また建物利用に関する契約上の請求権につき，訴訟上の和解を行うことを含めて訴訟委任を受けた弁護士は，同一の相手方との間に生じた同契約の債務不履行から生ずる損害賠償請求権についても，別に具体的な委任を受けることなく，併せて訴訟上の和解を行う権限を有する（最判平成 12・3・24 民集 54 巻 3 号 1126 頁／重判平 12 民訴 5）（⇨ *2. 1. 3. 6*）。

④　訴訟要件の具備

訴訟上の和解には確定判決と同様の効力が認められる（267 条）としても，主として被告の保護を目的とする訴訟要件（任意の土地管轄等）や判決による紛争解決の必要性と実効性を吟味するための訴訟要件（訴えの利益や当事者適格等）を訴訟上の和解の場面でも求める必要はない。一般的にいえば，本案判決の訴訟要件をすべて具備している必要はなく，ただし確定判決と同一の効力の帰属点を明らかにするために必要な当事者の実在・当事者能力は具備している必要がある（⇨ *4. 3. 2. 1*）。

③　手　　続

7. 1. 3. 1
和解の勧試

訴訟上の和解は，期日における当事者の合意が基本であり，期日には，口頭弁論期日（準備的口頭弁論期日を含む）のほか，弁論準備手続期日，さらに和解のための期日が含まれる。和解のための交渉や和解の締結のためには，訴訟代理人が選任されている事件においても当事者本人が期日に出頭し

ている方が便宜である場合があることから，裁判所は和解のために本人の出頭を命ずることができる（規32条1項）。もっとも不出頭に対する直接の制裁はなく（民調34条参照），和解不成立で判決に至った場合に訴訟費用の負担割合で考慮されうるにとどまる（63条）。なお，和解期日における手続を電話会議等により行うことも可能である（89条2項）。

　和解は，訴訟代理人を含めて両当事者間で自主的に和解案を作成し，この合意を期日において陳述して成立する場合もあるが，裁判所が，あるいは受命裁判官・受託裁判官が和解案を提示して当事者に合意を促すことも実務上頻繁に行われている。このような裁判所等の行為を和解の試み，あるいは和解の勧試（⇨第3章**4 2**）と呼び，裁判所等は訴訟がどのような段階にあっても和解の勧試をすることができる（89条）。紛争の性質や早期解決の必要性，実体法による解決を超えた解決の必要性，審理の進み具合に応じた心証の内容および程度，当事者間で紛争解決のための合意が成立する見込み等の事情一切を考慮して，裁判所等に最も適切なタイミングと和解案の内容の判断を委ねて，和解の試みをさせる趣旨である。訴訟上の和解が紛争解決のために実効的に機能する鍵は，裁判所等の和解勧試の適切さであるということができる。

　もっとも和解勧試についての裁判所の裁量権が広いことから，不適切な和解勧試がされた場合には当事者の権利が適切あるいは迅速に保護されないという事態が生じるおそれがある。和解の技法や手続的規制に関する研究が近時増えているのは，このような懸念をどのようにして解消することができるかという問題意識に基づいている（⇨*7. 1. 1. 2*）。

7. 1. 3. 2
対席と交互面接　　ある程度審理が進み，当事者それぞれに解決の落とし所が見えてきたとしても，その落とし所を相手方当事者の面前で相手方よりも先に明らかにしてしまうと，

そこからさらに譲歩を迫られるのではないかという懸念から，当事者間で本音を出せずに和解内容について直接交渉することが困難な場合がある。このような場合には，裁判所は，当事者の対席が必要ない和解期日を定めて，まず一方当事者の退席を求めて他方の当事者から事情や意見，さらに合意可能な和解案の範囲等について聴き，次にその当事者を退席させて先に退席していた当事者から同様に解決の見込み等について聴く，という手続（交互面接方式という）を経て両当事者の折り合いのつく点を模索することがしばしば行われており，現に多くの和解がこの交互面接方式により成立してきている。

　もっとも交互面接方式によると，退席した当事者からみれば自分の反論できない場で相手方当事者が裁判所に対して述べた内容を知る術はなく，裁判所が当事者ごとに異なる心証を披露している（たとえば主張の強い当事者には厳しめの心証を示唆する）のではないか，すなわち両当事者が情報を共有しないまま和解に至っているのではないかとの疑念を制度的には払拭できない。裁判所に不利な心証を持たれたくない当事者本人・訴訟代理人としては，上記のような事柄を裁判所に面と向かって指摘するのも困難である。また，判決を下す裁判官が交互面接の場で得た和解のための心証を判決に流用するのではないかという懸念も生ずる。この点は，旧法下での弁論兼和解という運用（⇨*Column* ㊃）に対する批判としても強調されていた。しかし，現行法においても特段の制度的な対処はされておらず，職業裁判官は交互面接で得た心証と判決のための心証とを分けることができるという信頼感だけが，手続の公正さを担保することになる。交互面接方式が和解の成立に向けた実効的な方法であることは認めざるをえないとしても，上記のような問題点についても十分に認識した上で用いるべきであり，対席による和解の勧試の意義について十分に留意すべきである。

　口頭弁論期日や弁論準備手続期日においては，両当事者の立会いの機会が保障されていることから（⇨*3. 1. 3. 1*，*3. 5. 2. 2*(3)），上記のよ

うな問題は生じない。弁論準備手続において，争点や証拠の整理をするにつれて両当事者間で合意が見込める状態になった場合に裁判所が交互面接方式で和解の勧試が望ましいと判断したときには，手続の目的を明確にするために，弁論準備手続をいったん終結して，和解期日に切り替える旨の指定をした上で，和解の勧試の手続に入るべきである。旧法下での弁論兼和解の運用を引き継ぐような弁論準備兼和解という運用はすべきではない。

7. 1. 3. 3
和解の成立

和解は，当事者双方が期日において合意内容を陳述して，裁判所が要件 (⇨第7章 **1**②) を満たしていると判断したら，裁判所書記官に和解成立の事実および和解内容を電子調書に記録させることで成立する (267条1項)。

一方当事者が期日に出席することが困難である場合に，その当事者があらかじめ裁判所または受命裁判官・受託裁判官から提示された和解条項案を受諾する旨の書面を提出し，他の当事者が口頭弁論等の期日に出頭してその和解条項案を受諾したときは，当事者間に和解が調ったものとみなす (264条1項)。また，当事者双方が出頭することが困難であると認められる場合において，当事者双方があらかじめ裁判所または受命裁判官・受託裁判官から和解が成立すべき日時を定めて提示された和解条項案を受諾する旨の書面を提出し，その日時が経過したときは，その日時に，当事者間に和解が調ったものとみなす (264条2項)。いずれも当事者の出席困難が和解成立の障害となるのを避けるための制度である。

Column ⑫　裁判所等が定める和解条項 --------------------------

両当事者から，事件の解決のために適当な和解条項を裁判所等が定めることを求める旨の申立てがされ，これに応じて裁判所が和解条項を作成して当事者双方に口頭弁論等の期日において告知がされたときには，当事者間に和解が成立したものとみなされる (265条，規164条)。両当事者間での和解条項についての合意が和解の成立に先行せず，むしろ紛争解決の内容の決定を裁判官に委ねる点で，この和解は仲裁に類似する。当事者間の

交渉が相当程度進行したにもかかわらず，当事者限りでは和解条項の内容
について合意に達することができず，しかし，あとは事案としかるべき解
決とをよく知る裁判官が適切な和解条項を定めてくれればそれに服すると
両当事者が考える場合には，有用な制度である。他方で，事件処理の迅速
に偏する危険がある，あるいは当事者の希望を超えた和解条項が作成され
るおそれがあるという運用上の問題や，錯誤等の瑕疵を主張する方法がな
いという制度上の問題点も指摘されている。

④ 効　　力

7.1.4.1
訴訟終了効・執行力
訴訟上の和解の成立が電子調書に記録される
と，電子調書の記録は「確定判決と同一の効
力」を有する（267条1項）。訴訟上の和解が，訴訟終了効を有するこ
と，および和解条項のうち給付を定める部分が執行力（民執22条7
号）を有することには争いがない。執行力は，和解成立後の承継人に
も及ぶので（民執23条1項3号），和解の当事者（債務者側）の包括承
継人あるいは特定承継人に対する承継執行文の付与を受けて（民執27
条2項・33条1項），和解調書を債務名義として承継人に対して強制執
行をすることができる。

7.1.4.2
既判力
和解調書の記録は「確定判決と同一の効力を
有する」（267条1項）という条文の文言から
は，上記の訴訟終了効・執行力のみならず既判力も生ずるという解釈
が素直である。確かに，証拠調べを済ませて裁判所が相当程度本案に
ついて心証を得てからされた和解の勧試に基づく訴訟上の和解の場合
には，判決に準じた不可争性を認めてもよい場合が実際上はありうる。
既判力を肯定するのであれば，代理権欠缺等法定の再審事由（338条1
項各号）がある場合にのみ和解調書の効力を否定することができ，和
解契約に要素の錯誤があったことに基づく錯誤取消の主張や338条1
項5号に該当しない程度の詐欺があったことに基づく取消しの主張は

認められないことになる。

　しかし，訴訟上の和解が成立に至る過程での裁判所の関与のありかたはさまざまであり，訴訟の早い段階で和解が成立する場合には訴訟上の和解は当事者間の私的な合意を公証するだけのものであること，訴訟上の和解が処分権主義を基礎とするものである以上，当事者の合意に意思表示の瑕疵があれば和解の効力にも影響させるべきであることから，意思表示の瑕疵に基づく和解契約の錯誤取消・詐欺取消等の主張の余地を認めるべきである。再審事由以外に訴訟上の和解の効力を否定する事由を認める以上，訴訟上の和解には確定判決と同じような既判力を認めることはできない。和解が成立したのが，第一回期日なのか，集中証拠調べを経て裁判所が心証を開示した後なのか，等裁判所の関与と当事者が得ている情報の質・量を錯誤等の有無を判断する際に考慮すべきであろう。

　ところで，判例は，裁判上の和解に既判力があるとの判示をする（最判昭和33・3・5民集12巻3号381頁）一方で，訴訟上の和解について要素の錯誤に基づく無効（当時は錯誤は無効原因）の主張を認める判示もしている（最判昭和33・6・14民集12巻9号1492頁／百選［6版］88）。このような判示を理論的に説明するために，訴訟上の和解に意思表示の瑕疵がなく有効な場合には既判力があるとする考え方（制限的既判力説）がある。この制限的既判力説は，拘束力そのもの（①）と，拘束力がいかなる原因によって覆されるか（②）は区別されるべき問題であると述べる。この②について，制限的既判力説に対しては，既判力があれば再審事由以外の事由では拘束力を争う可能性を認めないという理解を前提とすれば，意思表示の瑕疵の主張の可能性を認める以上は既判力があるということはできないとの批判が既判力否定説からされている。

　他方で，①について，既判力否定説は，訴訟上の和解の当事者間では民法696条により和解条項の内容に反する主張が封じられるから，

紛争の蒸し返しは防止できるとするのに対して，制限的既判力説は，有効な和解の内容に反する主張を不適法として排斥せよとの後訴裁判所への拘束力は，和解の確定効（民696条）では説明できず，既判力（消極的作用）による説明が必要であるとする。

訴訟上の和解に既判力を認めるかどうかは，訴訟上の和解成立後の承継人に対する効力をどう考えるかとも関連する。和解当事者の一方に包括承継あるいは特定承継があると和解が紛争解決基準として当然に効力を失うとするのは，承継のあった当事者の相手方当事者が抱く「紛争は解決済み」との期待を裏切る点で適切ではなく，また特定承継による和解の効力の回避を可能にするのも望ましくない。訴訟上の和解について和解成立後の善意の承継人にも拘束力を及ぼすべきであり，そのために115条1項3号の適用を肯定し，前提として訴訟上の和解の既判力を肯定する考え方があり（東京地判平成15・1・21判時1828号59頁），他方で既判力およびその拡張は否定した上で，訴訟上の和解について悪意の承継人には民法696条の効力が及ぶという実体法の解釈論を通じて紛争の蒸し返しを制限する考え方もある。

7. 1. 4. 3
和解の瑕疵を争う方法　訴訟上の和解の瑕疵（代理権欠缺や意思表示の瑕疵等）を主張する方法として次のようなものがある。

まず，和解において債務を負担した者がその債務に係る強制執行を排除するためには，請求異議の訴え（民執35条1項後段）により，暫定的に執行を停止し（民執36条1項），最終的には和解調書の執行力を剥奪する方法がある。

次に，より一般的に訴訟上の和解の効力を争うために，判例は，和解の成立した裁判所に期日指定の申立てをしていったん終了した訴訟の続行を求める方法，および別訴で和解無効確認の訴えを提起する方法を認めており，効力を争う当事者はいずれの方法によるかを選択できるとしている。期日指定の申立てがされた場合，裁判所が和解の効

力を審理して有効と判断したときには，期日指定申立てを却下するのではなく，訴訟終了宣言判決がされるのであり（⇨ *4.3.1.1*），この場面での期日指定の申立ては，裁判所がすべき応答の点において通常の期日指定の申立て（93条1項）とは性質を異にする。和解無効を主張するために期日指定の申立てがされた場合に，判決主文で和解無効を確認するのは246条に違反する（最判平成27・11・30民集69巻7号2154頁／百選［6版］A38）（⇨ *4.3.3.1*）。

　期日指定の申立てにより訴訟が続行する場合には，前訴の訴訟係属が復活するから，従前の訴訟資料・証拠資料や自白の効力等を活かすことができるという長所がある。反面，上級審で和解がされた場合には，和解成立後の新たな権利義務の発生消滅について審級の利益が十分には保障されない，訴訟当事者以外の第三者が和解の当事者となっていた場合には復活すべき前訴の訴訟係属がない，という難点がある。別訴での和解無効確認の長所と難点は，期日指定の申立てによる場合の裏返しとなる。和解の効力を争う当事者としては，以上を考慮して方法を選択すべきである。当事者が選択できる以上，両当事者が異なる方法を選択した場合には相互の調整が必要となる。和解の両当事者が別々の方法を選択した場合には，第一審での和解であれば重複起訴の禁止（142条）を類推して併合審理をし（⇨ *2.3.3.4*），控訴審での和解であれば期日指定申立てに基づく控訴審の審理を続行し，和解無効確認訴訟は期日を入れないことにより事実上中止するという運用が望ましい。

7.1.4.4 和解の解除

　　　　　　　　　　　　　　　訴訟上の和解で定められた債務の不履行等解除原因がある場合には，相手方当事者は訴訟上の和解を解除することができる。この場合，和解で定められた私法上の権利関係が消滅するのみであって，訴訟係属が復活するわけではなく，したがって新たに別訴を提起しても重複起訴の禁止（142条）には抵触しない（最判昭和43・2・15民集22巻2号184頁／百選［6版］

89)。訴訟上の和解の訴訟終了効が解除によって消滅しないのは，解除原因が和解成立後の事情であり新たな紛争である以上，その解決のためには，前訴を復活させるよりも，新たな訴訟手続により図る方が適切であるからである。もっとも，単に和解成立前の権利関係を再度そのまま争う方が適切な場合もありうるから，期日指定の申立てという方法を排除する必要はない。

2 請求の放棄・認諾

● **処分権主義**（その3）

① 意　義

請求の放棄とは，原告が自らの請求に理由のないことを認めて訴訟を終了させる旨の期日における意思表示である。また請求の認諾とは，被告が原告の請求に理由があることを認めて訴訟を終了させる旨の期日における意思表示である。原告自身が自分の権利主張を不当であると認め，あるいは被告が原告の権利主張を正当であると認めて，争わない旨を明らかにしている以上，そのような一方当事者の意思を尊重して，一方では処分権主義の現れの一形態として訴訟を終了させ，他方では一方当事者の意思を紛争解決基準として通用させる手当が設けられている。最後の点は，紛争解決基準を残さない訴えの取下げとは異なる。

訴訟の終了事由において，請求の放棄・認諾が占める割合は極めて低い（たとえば，令和4年司法統計民事・行政編によれば，地裁における第一審通常訴訟既済事件の総数131,794件のうち203件〔0.15%〕が放棄で，457件〔0.35%〕が認諾で終了している）。当事者が紛争を自主的には解決できなかったからこそ訴訟に至っているのが通例であるから，そこで相手方の言い分をそのまま認めるということはまれである。

② 要　　件

　請求の放棄・認諾の要件は，当事者の意思による訴訟の終了事由で
あるという点で共通する訴訟上の和解の要件（⇨第7章**1** ②）と相当
程度重なる。

　①　請求に関する無条件の陳述であること

　請求の放棄・認諾は，一方当事者の意思に基づいて訴訟を終了させ
る行為である。したがって，第1に，請求に理由がある旨あるいはな
い旨の意思表示は無条件でなければならない。陳述に条件が付されて
いる場合には，和解の申出（「代金を支払ってくれたら動産を引き渡す」）
あるいは権利自白（「原告主張の権利は認めるが反対債権で相殺する」）と
して理解すべきである。もっとも，請求が可分である場合には，請求
の一部放棄・認諾は可能である。また第2に，請求そのものについて
理由がある旨あるいはない旨の意思表示でなければならない。先決関
係について認めて争わない旨の陳述は権利自白（⇨ **3. 3. 1. 3** (2)）であ
る。

　②　訴訟物について当事者が処分権を有していること

　請求の放棄・認諾は，原告あるいは被告の意思を基礎とするもので
あり，訴訟物に係る係争利益を処分するのと同様の効果をもつから，
原告あるいは被告が訴訟物について処分権限を有していることが必要
である。

　人事訴訟においては，一般には請求の放棄・認諾をすることは許さ
れておらず（人訴19条2項），ただし，当事者の意思による協議離
婚・離縁は可能であることから，離婚・離縁訴訟においては請求の認
諾をすることが許される（放棄できるのは当然である。人訴37条1項本
文・46条）。もっとも，離婚訴訟における請求の認諾は，財産分与等
の附帯処分や親権者の指定について離婚と同時の解決を求める原告の
利益を保護するために，附帯処分や親権者の指定の裁判が不要である

場合に限ってすることができる（人訴37条1項但書）。

請求認容判決の効力が第三者にも及ぶ会社関係訴訟においては（会社838条〜845条），被告が第三者の利益を処分して法律関係の対世的な確定をすることはできないから，請求の認諾をしても，（訴訟終了効は別にして）少なくとも対世効は生じない。逆に，会社関係訴訟における請求棄却判決の効力は原則どおり当事者間にしか及ばないので，請求の放棄をすることはできる。

③　請求の認諾の内容である権利義務が公序良俗に反しないこと，その他法令の定めに反しないこと

請求の放棄の場合には，原告の主張する権利がないことが紛争解決基準となるから，権利内容の公序良俗違反は問題とならない。逆に，請求が公序良俗に反するもの，その他法令の定めに反するものである場合には，被告が認諾していても，債務名義を残すのは不適切であるから，判決で請求を棄却すべきである。

④　請求の放棄・認諾をする当事者に訴訟能力があること，あるいは代理人に必要な授権・委任があること

和解の場合と同じく，当事者本人が請求の放棄・認諾をする場合には訴訟能力があることが必要である。また，被保佐人，被補助人または後見人その他の法定代理人が請求の放棄・認諾をする場合には，本人・後見監督人等の特別の授権が必要であり（32条2項1号）（⇨ *2. 2. 6. 1*(3)），訴訟代理人が請求の放棄・認諾をする場合には，本人の特別の委任が必要である（55条2項2号）（⇨ *2. 1. 3. 6*）。

⑤　訴訟要件の具備

和解の場合と同じく，本案判決の訴訟要件をすべて具備している必要はなく，ただし確定判決と同一の効力の帰属点を明らかにするために必要な当事者の実在・当事者能力は具備している必要がある（⇨ *4. 3. 2. 1*）。

③ 手 続

　請求の放棄または認諾の陳述は，口頭弁論，弁論準備手続または和解の期日においてするのが原則である（266条1項）。ただし，欠席した当事者が請求の放棄または認諾をする旨の書面をあらかじめ提出している場合には，裁判所等は，期日においてその旨の陳述があったものとみなすことができる（266条2項）。

　請求の放棄または認諾の陳述がされたら，裁判所は要件（⇨第7章2②）を満たしていることを確認して，裁判所書記官に請求の放棄または認諾の電子調書への記録をさせる（規67条1項1号・88条4項）。この記録により請求の放棄または認諾が成立する。

　請求の放棄も認諾も，第一回口頭弁論期日での原告による請求の定立がされた後であればすることができる。請求の放棄に既判力を認めるのであれば，原告が，既判力の双面性を利用して後の別訴で自己に有利な状態を作出するために，被告の請求棄却の申立てのない段階で請求の放棄をするのを防ぐ必要がある。しかし後述（⇨ *7. 2. 4. 2*）のように請求の放棄には既判力を認めない立場をとるのであれば，被告による請求棄却の申立てを待たずに原告が請求の放棄をするのを認めてよい。被告に対する送達が公示送達であり，被告が期日に欠席した場合にも，原告は請求の放棄をすることができる。

　請求の放棄または認諾は，判決が確定するまですることができる。上告審でも可能であるし，口頭弁論終結後は放棄または認諾をするための期日指定申立てをすることになる。

④ 効 力

7. 2. 4. 1
訴訟終了効・執行力

　請求の放棄または認諾が成立すると，電子調書の記録は「確定判決と同一の効力」を有する（267条1項）。請求の放棄または認諾が，訴訟終了効を有すること，

および認諾調書のうち給付を定める部分が執行力（民執22条7号）を
有することは争いがない。

7. 2. 4. 2	
既 判 力	

訴訟上の和解の既判力についての議論
（⇨ *7. 1. 4. 2*）と同じく，請求の放棄または認
諾について，代理権欠缺等法定の再審事由（338条1項各号）がある場
合にのみ和解調書の効力を否定することができるのか，それとも要素
の錯誤があったことに基づく錯誤取消の主張や338条1項5号に該当
しない程度の詐欺があったことに基づく取消しの主張も認めるのかの
問題である。訴訟上の和解と同様に，請求の放棄または認諾も，当事
者間の意思を基礎とするものであり，裁判所の関与も判決による訴訟
の終了の場合と比べて希薄である場合もあることから，既判力を否定
し，錯誤取消や詐欺取消の主張を認め，請求の放棄または認諾がされ
た経緯等を錯誤等の認定において考慮すべきであるとする既判力否定
説が有力であるが，ここでも，請求の放棄・認諾の内容に反する主張
を不適法として排斥するため（既判力の消極的作用），あるいは請求の
放棄・認諾の成立後の承継人をも拘束するために，既判力による説明
が必要であるとする制限的既判力説もある。

請求の放棄がされた後に同一原告が同じ請求をする場合，あるいは
請求の認諾がされた後に前訴被告が同じ請求に係る債務不存在確認請
求をする場合，既判力を肯定するのであればその積極的作用により後
の訴えを封じることができる。他方，既判力否定説によれば，請求の
放棄または認諾に実体的な権利の放棄（たとえば貸金返還請求訴訟にお
ける請求の放棄は貸金返還請求権の放棄）あるいは訴権の放棄（たとえば
会社関係訴訟における請求の放棄）が含まれると解して（民696条類推），
これらの処分行為の効力として後の訴えが遮断されると考えることに
なろうが，権利の放棄の効力が当事者間でしか生じないことの説明は
容易ではなく，この点が既判力否定説の難点である。

請求の放棄または認諾の瑕疵を争う方法も，訴訟上の和解の場合に

準じて（⇨ *7. 1. 4. 3*），請求の放棄または認諾をした裁判所に期日指定の申立てをして終了した訴訟の続行を求める方法，および別訴で請求の放棄または認諾の無効確認の訴えを提起する方法のほか，給付を内容とする請求の認諾の場合には請求異議の訴えにより強制執行を排除する方法もある。

3 訴えの取下げ

● 処分権主義（その 3）

① 意義・機能

7. 3. 1. 1
意　義

訴えによる判決の申立てを遡及的に撤回する旨の原告の裁判所に対する訴訟行為である。

　処分権主義を基礎として，原告の意思のみに基づいて判決によらずに訴訟を終了させるという点では請求の放棄に類似するが，請求の放棄の場合には被告の実質的勝訴を意味する実体的な処分の効果が残るのに対して，訴えの取下げの場合には訴訟係属が遡及的に消滅し（262条1項），当然には後の訴えを遮断しないので，応訴した被告の保護のための手当（被告の同意・再訴禁止）が必要となる。

　審判要求の撤回という点では上訴の取下げと共通しているが，上訴の取下げは上訴審の訴訟係属のみを遡及的に消滅させるものであり（292条2項・262条1項），上訴期間が終了していれば原判決が紛争解決基準として残るのに対して，訴えの取下げの場合には訴訟係属が第一審からすべて消滅する点が異なる。

　原告が被告と訴えの取下げについて合意をした場合の効力については，前述（⇨*Column ⑮*）参照。

7. 3. 1. 2
機　能

訴訟の終了事由において訴えの取下げが占める割合は，判決，和解と並んで多い（たとえば，令和4年司法統計民事・行政編によれば，地裁における第一審通常訴訟

既済事件の総数131,794件のうち23,884件〔18.1％〕が訴えの取下げで終了している）。実際には，訴えの取下げの前提として訴訟外での和解が成立している場合が多いといわれている。

② 要　件

①　取下げについての原告の自由

原告は，判決が確定するまでの間，いつでも訴えを取り下げることができる（261条1項）。訴訟手続が原告のイニシアティブで開始されている以上，訴訟物についての処分権が原告になく請求の放棄の許されない人事訴訟においても，原告は訴えを取り下げることができる。訴えの取下げも訴訟行為であるので（与効的訴訟行為であることについて⇨*Column* ㉒），原告に訴訟能力があるか，あるいは代理人に代理権があることが必要である。固有必要的共同訴訟の場合には，共同原告の1人による取下げまたは共同被告の1人についてのみの訴えの取下げは効力を生じない，とするのが判例（最判平成6・1・25民集48巻1号41頁／重判平6民訴4）である。もっとも，訴えを提起するかどうかは個々の原告が決めることである以上，取下げも個々の当事者ごとに可能であり，結果として必要な当事者を欠く訴訟となって訴え却下とすべきである，という考え方もある。

②　意思表示の瑕疵

判例は，訴えの取下げが詐欺脅迫等明らかに刑事上罰すべき他人の行為によってなされた場合には，再審事由の規定（338条1項5号）の法意に照らして取下げは無効であり，かつその無効を主張するために有罪判決等の要件（338条2項）は不要と判示した（最判昭和46・6・25民集25巻4号640頁／百選［6版］86）。しかしこのような場合に限らず，原告が錯誤に基づいてした訴えの取下げを取り消せる余地を認めるべきであろう。訴えの取下げにより手続がいったん終了している以上，訴えの取下げの取消しを認めても手続の安定を害することもないし，

再訴禁止（262条2項）が働くと結果的に実体法上の権利の処分と同様の効果が発生するので実体法における錯誤をめぐる利害調整の規範を同様に通用させることが望ましいからである。

③　被告の同意

訴えの取下げは，相手方が本案について準備書面を提出し，弁論準備手続において申述をし，または口頭弁論をした後にあっては，相手方の同意を得なければ，その効力を生じない（261条2項本文）。被告が本案について応訴をした以上，被告に請求棄却判決を得る利益が生ずるからである。

訴え却下判決にも既判力を認める余地があることから（⇨*5. 2. 2. 2*⑴)，被告が訴訟要件についてのみ争った場合に，被告の同意なしに訴えを取り下げることができるかが問題となる。当事者である法人の代表者の代表権のように治癒可能な訴訟要件については既判力を認める利益がないことから，被告の同意なしに訴えの取下げが可能であり，仮に本案の主張が予備的にされていたとしても，主位的には訴え却下を求めている場合には，本案の棄却判決を得る利益を保護する必要はないので同様である（東京高判平成8・9・26判時1589号56頁）。

被告の同意が擬制される場合については，後述（⇨*7. 3. 3. 2*)。

③　手　続

7. 3. 3. 1
取下げ

訴えの取下げは，書面でしなければならない（261条3項）。訴訟係属を遡及的に消滅させる効果を持つ訴訟行為である以上（262条1項），確実を期す必要があるからである。もっとも，口頭弁論，弁論準備手続または和解の期日（「口頭弁論等の期日」）においては，原告は口頭で訴えを取り下げることができ（改正前261条3項但書，改正後261条4項前段），その場合には電子調書に取下げの旨の記録がされる（261条4項後段）。

訴えの取下げがあった場合において，相手方の同意を要しないとき

は，取下げは直ちに効力を生じ，裁判所書記官は，訴えの取下げがあった旨を相手方に通知しなければならない（規162条2項）。それ以上の応訴は不要である旨を知らせるためである。

被告の同意の方式は特に定められていないので，口頭でもすることができるが，確実を期すためには書面で行うことが望ましいであろう。手続の安定のために，同意に条件等を付すことはできないと解する。同意が，詐欺脅迫等刑事上罰すべき他人の行為によってなされた場合には，無効であり，錯誤に基づく場合には取り消せると解すべきであろう（⇨第7章**3** **2** ②）。

　訴えの取下げに被告の同意が必要な場合には，訴えの取下げが書面でされたときはその書面を相手方に送達しなければならない（261条5項）。訴えの取下げが口頭弁論等の期日において口頭でされたときには，被告がその期日に出頭したときを除いて，訴え取下げの旨が記録されたその期日の電子調書を被告に送達しなければならない（改正前261条4項，改正後261条5項）。次の場合には，それぞれの日を起算日として2週間以内に被告が訴えの取下げに対する異議を述べないことをもって取下げに対する同意が擬制される。①訴えの取下げが書面でされた場合には訴えの取下げの書面の送達を受けた日，②訴えの取下げが口頭弁論等の期日において口頭でされた場合において，被告がその期日に出頭したときは訴えの取下げがあった日，③訴えの取下げが口頭弁論等の期日において口頭でされた場合において，被告がその期日に出頭しなかったときは期日の電子調書の送達があった日（改正前261条5項，改正後261条6項）。

4 効　　力

訴えの取下げにより，訴訟は終了する。訴えの取下げや被告の同意について意思表示の瑕疵等による訴えの取下げの効力が争われる場合には，無効を主張する

当事者が期日指定の申立てをすべきである。訴えの取下げが有効である場合には，取下げにより訴訟が終了している旨を宣言する判決をすべきであろう（⇨ *4. 3. 1. 1*）。他方で，裁判所が訴えの取下げを無効と判断した場合には，中間判決あるいは終局判決の中でその旨を判示すべきであろう。

7. 3. 4. 2
訴訟係属の遡及的消滅

訴えが取り下げられると，訴訟係属は遡及的に消滅する（262条1項）。裁判所や当事者の訴訟行為の効力も遡及的に消滅する。もっとも，関連裁判籍は訴え提起時に確定的に生じている以上（15条），消滅しない。

訴え提起による時効の完成猶予の効力は取下げ後6か月経過後には消滅し（民147条1項柱書），出訴期間の遵守についても同様に解すべきであろう。攻撃防御方法としての私法上の行為の効力が訴え取下げ後も残存するかどうかは，訴えの取下げに伴って訴訟外の和解がされている場合には，原則としてその和解の合理的意思解釈により決すべきであり，それ以外の場合も当事者間の公平や形成権の種類に応じて決すべきである（⇨ *3. 3. 1. 6*, *Column ⑥⑨*）。

7. 3. 4. 3
再訴禁止効

訴えの取下げは本案に関する終局判決があった後でもすることができる。しかし，その原告は同一の訴えを提起することはできない（262条2項）。この規律の趣旨は，本案の終局判決により紛争の解決基準が裁判所によって示されたにもかかわらず，訴えを提起した原告がこれを失効させ，その後再び訴えを提起することで，裁判所の負担を増し，また判決とは別の紛争解決基準を信頼した被告に再度応訴の負担を負わせることを防止するためである。以上の趣旨からは，原告の裁判を受ける権利を不当に侵害しないために，「同一の訴え」とは，当事者および訴訟物たる権利関係が同一であることのみならず，訴え提起を必要ならしめる事情についても同一であることを要する。したがって，再訴の提起を基礎付ける新たな利益・必要性が生じた場合には，262条2項は適用さ

れない（最判昭和 52・7・19 民集 31 巻 4 号 693 頁／百選［6 版］A27）。

　量的に可分な請求の一部を取り下げる場合の効果は，一部請求後の残部請求についての考え方次第で異なる（⇨ *5. 2. 2. 9*）。すなわち，残部請求を肯定する考え方によれば，訴えの一部取下げとなるのに対して，残部請求を否定する考え方からは請求の一部放棄と考えるべきであり，したがって被告の同意（261 条 2 項）も不要であると解する。

第**8**章　再　審

SUMMARY

　本章では，確定判決に対する再審の訴えを解説する。再審は既判力を覆滅させることを求める制度であり，どの範囲でこれを認めるかは，訴訟制度の実効性確保と当事者に対する適正手続の保障という，相対立する２つの要請をぎりぎりのところで調整する政策判断である。再審制度は手続保障の要請を裏から照射するものであり，再審を学ぶことにより，はじめて読者は手続保障とは何かを具体的に知ることができる。

１　再審の意義

　再審とは，確定した終局判決に対して，その成立過程に重大な手続違背があったこと，または，その判断の基礎となった資料に異常な瑕疵があったことを理由として，当事者が，事件の再審理および確定判決の取消しを求めてする非常の不服申立て（訴え）である。未確定の判決に対する上訴と異なり，確定判決に対するものである点で「非常」の不服申立てである（通常の上訴が許されない上告審としての高等裁判所の終局判決につき，憲法解釈の誤りその他憲法違反を理由として最高裁判所に対してする「特別上告」〔327 条〕も，同じ意味において「非常の」不服申立てである）。判決が確定した以上，これを尊重すべきことは紛争の終局的解決のため不可欠である。しかし，確定判決の成立過程または内容に著しい誤りがあるときにまでその是正を認めないのでは，裁判の適正という民事訴訟法の基本原理に反する上，敗訴者に酷であり，国民の司法に対する信頼をかえって損なうことにもなる。ここに再審制度の存在意義がある。判決前の手続や資料の誤りを理由とする点で，

再審は，専ら判決後の上訴提起の支障を理由とする上訴の追完（97条）や，確定給付判決の既判力基準時後に訴訟物である請求権が消滅したことを理由として強制執行の不許を命じる判決を求める請求異議の訴え（民執35条）と異なる。

② 再審事由

8. -. 2. 1
再審事由の分類

再審事由は，確定判決の成立過程に適正手続の保障という原則に照らして放置できない手続的瑕疵があった場合と，判決の基礎となった資料に裁判に対する信頼を揺るがしかねない異常な瑕疵があった場合とに分けることができる。明治23年旧々民訴法は，母法であるドイツ法に倣い，前者を取消事由，後者を原状回復事由と呼び，いずれを主張するかにより規律に若干の差を設けていたが，大正15年旧民訴法は，この区別を廃止して再審事由を一本化した。これが現行法に受け継がれている。

8. -. 2. 2
再審事由各論

(1) **裁判所の構成の瑕疵（338条1項1号2号）**
これらは絶対的上告理由（312条2項1号2号）として掲げられており（日本の裁判所の専属的管轄権および専属管轄に関する規定違反〔312条2項2号の2・312条2項3号〕は絶対的上告理由であるが，判決が確定すれば再審事由とはならない），上告の場合と同じく，再審においても，これらの事由が存するときは，その判決内容への影響の有無を問わず，事件を再審理すべきである。

(2) **代理権の欠缺等（338条1項3号）**
これも絶対的上告理由（312条2項4号）に相当し，再審においても，この瑕疵が存在するときは，判決内容への影響の有無を問わず，事件を再審理すべきである。この3号再審事由は，当事者から手続に関与する機会が実質的に奪われていた点において，代理権の欠缺と異ならないと評価できる事案に類推適用されている（第三者詐害再審との関係につき⇨*Column* ⑬）。

Column ⑫　**3号再審事由の類推適用** -------------------------------

　その一例が，氏名冒用訴訟である（大判昭和10・10・28民集14巻1785頁／百選［6版］4）。もっとも，氏名冒用訴訟類型（⇨ *2.2.3.4*）における当事者確定の基準として，いわゆる表示説により被冒用者が判決の名宛人たる当事者と確定される以上，被冒用者の救済手段として再審の訴え以外を認めないのが判例の立場だとするのは，即断である。現に，大判昭和2・2・3（民集6巻13頁／百選［初版］8），最判昭和43・2・27（民集22巻2号316頁／執保百選［3版］8）は，被冒用者を当事者と表示した判決が確定した場合に，判決の当然無効（⇨*Column* ⑬）を前提とした訴えの提起を認めている。

　また，立替金支払請求訴訟の訴状が被告の7歳9か月の娘に補充送達され，被告本人に届かなかった事案についても，3号の類推により再審の訴えが認められている（最判平成4・9・10民集46巻6号553頁／百選［6版］111。なお，最決平成19・3・20〔民集61巻2号586頁／百選［6版］38〕は，訴状等の補充送達を受けた同居者と被告との間に，同居者が被告を無権代理して自己の債務の連帯保証人とした等の事実上の利害対立関係がある場合，補充送達自体は有効であるが，同居者が訴状等を被告に交付しなかったため被告欠席のまま判決が言い渡されそれが確定した場合には，被告が訴訟手続に関与する機会を与えられなかった点で無権代理と異ならないから，3号再審事由となるとした）。ただし，平成4年最判の事案において，被告が，この補充送達は無効であり，したがって訴訟係属がないから言い渡された判決は無効であると主張して，再審を経由しないで，いきなり立替金債務不存在確認の訴えを提起した場合，同判決がこれを排斥する趣旨かは定かでない。

　他方，被告の住所不明という原告の偽りの陳述に基づき訴状が公示送達された場合も，被告に訴訟に関与する機会が与えられなかった点では同じであるが，判例（大判昭和10・12・26民集14巻2129頁，最判昭和57・5・27判時1052号66頁）は，これを3号再審事由としては認めず（詐欺行為という5号再審事由があるとみることは可能だが，この場合には有罪の確定判決等〔338条2項〕が必要となる），被告の救済は控訴の追完（97条）によるべきであるとする（最判昭和36・5・26民集15巻5号1425頁）。3号に基づく再審なら再審期間は無制限（342条3項）で，再審理は不服の申立てに係る判決をした裁判所である第一審裁判所（340条1項）が行うが，控訴の追完では，期間は障害事由の消滅後1週間以内となり，被告に保障される事実審は法的には

控訴審一審級だけとなる（なお，被告の就業場所を不明とする原告の誤った回答に基づき郵便に付する送達が実施されたため，被告が訴訟係属の事実を知りえなかった場合の救済方法につき⇨*Column* ⑫）。

　近時の下級審裁判例では，公示送達の要件を満たしていないにもかかわらずなされた訴状等の公示送達は無効であり，その結果，被告とされた者が訴訟に関与する機会が与えられないまま判決がなされた場合には，当事者の代理人として訴訟行為をした者が代理権を欠いた場合と別異に扱う理由はないことから3号再審事由に基づく再審を認めるものがある（札幌地決令和元・5・14判タ1461号237頁／百選 [6版] A11）。

- -

⑶　**可罰行為（338条1項4号〜7号）**　　可罰行為を理由とする再審の訴えの提起にあたっては，後述するように（⇨*8. -. 3. 2*⑵），行為につき有罪の判決または過料の裁判が確定すること等が必要とされる（338条2項）。このうち，5号ないし7号の再審事由は，判決の基礎資料に瑕疵があることを理由とするものであるから，その瑕疵が判決内容に影響を及ぼす可能性が存することが必要である（虚偽の証言，偽造の文書を除いても確定判決の事実認定が維持できるときは，再審は認められない）。これに対し，4号再審事由の場合は，有罪の確定判決等の要件を具備し，かつ，可罰行為の存在の証明があれば，1号ないし3号の再審事由と同じく，判決内容への影響の有無を問わず事件を再審理すべきである。

⑷　**判決の基礎となった民刑事の判決等・行政処分の変更（338条1項8号）**　　本号において民事の判決が「判決の基礎となった」とあるのは，再審に係る訴えと同一の当事者間で下された別の民事の確定判決があったり，当事者を異にする民事訴訟の判決の既判力が再審に係る訴訟の当事者に拡張されたりする結果，これらの判決の既判力に再審に係る訴えの受訴裁判所が拘束された場合を含むことは当然であるが，これに限られない。当事者を異にし，したがって再審の本案につき既判力を持たない民事訴訟の判決が，再審に係る訴訟の本案において証

拠として参照されたこと（判決の「証明効」と呼ばれる現象である）でも
足り，この場合には，5号ないし7号の場合と同じく，判決内容に影
響を及ぼす可能性が要求される。

(5) **判断の遺脱（338条1項9号）**　同号にいう「判決に影響を及
ぼすべき重要な事項についての判断の遺脱」と，絶対的上告理由とし
ての理由不備（312条2項6号）の相違について，判例（最判平成11・
6・29判時1684号59頁／重判平11民訴4）は，絶対的上告理由としての
理由不備とは，主文を導き出すための理由の全部または一部が欠けて
いることをいい，理由において論理的に完結しているときは，再審事
由としての判断遺脱にあたるとしても，絶対的上告理由としての理由
不備にはあたらないとする。すなわち，絶対的上告理由としての理由
不備とは，当事者間に争いがある争点として判決理由に掲げられた事
項につき，理由中に判断が示されていない場合をいい，当事者が弁論
で主張した事実が判決理由に記載されず，したがってそれに対する判
断も示されていない場合を含まない（ただし，他に適法な上告理由が主
張されている事件または上告が受理された事件において，上告人の主張に係
る上告理由または318条4項によるみなし上告理由は認められないが，こう
した判断遺脱の存在は認められるという場合に，判決に影響することが明ら
かな法令違反として，上告審が325条2項により原判決を破棄することは許
されるという）。

(6) **既判力の抵触（338条1項10号）**　同号は，既判力ある判決の
存在は職権調査事項であるにもかかわらず，裁判所が既判力ある判決
を看過してこれと抵触する判決をし，それが確定した場合を再審事由
とするものである。これに対し，先に確定した判決の理由中の判断に，
信義則を根拠とする不可争力またはいわゆる争点効（⇨ *5. 2. 2. 20~21*）
が認められるとしても，それらは当事者の援用を待ってしん酌される
べきものであるから，後訴において当事者がそれを援用せず，その結
果，後訴裁判所が本来当事者において争うことのできない前訴裁判所

の判断と異なる判断をしたとしても，再審事由にはあたらない。

8. -. 2. 3
再審の補充性

確定前の判決に存する再審事由につき，当事者が，通常の不服申立てである上訴においてこれを主張しその判決の破棄・取消しを求めた（もののそれが容れられなかった）とき，または，これらの事由が存在することを知りながら上訴でこれを主張しなかったときは，当該事由を再審の訴えの事由として主張することはできない（338条1項但書）。これを再審の補充性という。当事者が知っていたか否かという点について，無権代理に準ずる再審事由（訴状送達の無効）がある判決が代人に対し有効に補充送達されたが，代人が判決正本（改正後は電子判決書の記録事項を記載した書面）を本人に渡さなかったという場合，338条1項但書の適用には，現実に本人が再審事由の存在を了知したことが必要であり，判決の補充送達による本人への送達擬制を理由として当然に本人がその再審事由を知ったと認めることはできないとするのが判例（最判平成4・9・10民集46巻6号553頁／百選［6版］111）である。

Column ⑬⓪ **上告理由としての再審事由** --------------------------------

　(1)　338条1項1号ないし3号の再審事由は絶対的上告理由であるから，判決確定前なら，これを理由とする上告は適法であり，これを上告で主張したときまたはこれを知りながら上告しなかったときは，再審の訴えの事由として主張することはできないとしてよい。しかし，とりわけ5号ないし7号の再審事由は，証拠調べおよび事実認定に関わる事項であり，法律審である上告審に対しこれを理由として上告することが許されるかという問題がある。取消事由と原状回復事由を区別していた明治23年旧々民訴法では，絶対的上告理由に相当する取消事由については「上訴……ヲ以テ取消ヲ主張シ得ヘカリシトキハ」再審を求めることができるとし（旧々民訴468条2項），判決の基礎資料の瑕疵のような原状回復事由については「自己ノ過失ニ非スシテ……控訴若クハ附帯控訴ニ依リ……主張スルコト能ハサリシトキ」に限り再審を求めることができるとしていた（旧々民訴470条）。上告審の法律審たる特質を考慮し，取消事由と原状回復事由とで再審の補充性につき異なる規律を設けていたのである。しかし，大正15

453

年旧民訴法は，取消事由と原状回復事由を一本化した際，再審の補充性について「当事者カ上訴ニ依リ其ノ事由ヲ主張シタルトキ……」（旧民訴420条1項本文但書）と規定した。

　(2)　旧法下の通説は，「上訴」は上告を包摂する概念であること，5号等の再審事由を上告理由とすることを許さず，いったん判決を確定させた上で再審の訴えの提起を待つという帰結は，当事者の救済を不当に遅らせ，しかも訴訟経済に反することを根拠として，5号等の再審事由は旧法394条がいう「判決ニ影響ヲ及ボスコト明ナル法令ノ違背」（その内容は，事実認定における重大な採証法則違反）として上告理由となるとしていた。判例も，5号等の再審事由は「判決に影響を及ぼすことが明らかな法令の違反」として原判決の破棄差戻しの事由となるとしていた（最判昭和53・12・21民集32巻9号1740頁）が，他方で，現行法338条2項の有罪の確定判決等の存在は5号等の再審事由を上告理由とする場合にも必要であるとしていた（最判昭和35・12・15判時246号34頁）。

　(3)　しかし，現行法は，最高裁の負担を軽減するとの配慮から，最高裁に対する上告理由を憲法違反と絶対的上告理由に限定した（312条1項2項）から，5号等の再審事由は法令違背（採証法則違反）として上告理由となるとする旧法下の通説・判例は，もはやそのままの形では維持できない。

　すでに，絶対的上告理由としての理由不備と再審事由としての判断遺脱とを区別し，前者を後者より狭く解する判例（最判平成11・6・29判時1684号59頁）が現れている（⇨ *8.* -. *2.2*(5)）。また，特許の取消決定に対する取消しの訴えにつき請求を棄却した高裁判決に対する上告および上告受理申立てに基づき上告審が係属する間に，当該特許についてその範囲を縮減する訂正審判が確定したこと（8号再審事由）は，判決に影響することが明らかな法令違反であり，325条2項による特別破棄の事由となるとする判例（最判平成15・10・31判時1841号143頁／百選［6版］A40）があり，これは，この再審事由が控訴審判決言渡し後に生じたとの主張自体は最高裁に対する適法な上告理由でないことを，論理的には前提とするもので，絶対的上告理由でない再審事由を上告の適法要件としての上告理由として扱うことに対する，現在の最高裁の消極姿勢を読み取ることができる。

③ 再審の訴えの手続

(1) **訴状の記載事項** 再審の訴状には，当事者および法定代理人，不服申立てに係る判決の表示およびその判決に対し再審を求める旨および不服の理由を記載しなければならない（343条）。不服の理由は再審の訴えの提起後に変更することができる（344条）。

(2) **管轄裁判所** 再審の訴えは不服申立てに係る判決を下した裁判所の専属管轄である（340条1項）。同一事件の下級審判決および上訴を却下しまたは棄却した上訴審判決に対しては原則として各別に再審の訴えが提起できる（338条3項参照）が，併合して再審の訴えを提起する場合は上級の裁判所がこの2つの訴えをあわせて管轄する（340条2項）。

(3) **訴訟手続** 再審の訴訟手続は，その性質に反しない限り，各審級における訴訟手続に関する規定が準用される（341条）。

(1) **確定した終局判決** これに対してのみ再審が許される。中間判決その他の中間的裁判に再審事由が存するときは，その裁判に対し独立の不服申立ての方法が定められている場合においても，終局判決につき再審の訴えを提起することができる（339条）。ただし，中間的裁判であって即時抗告をすることができる決定・命令で確定するものに対しては，独立して確定した決定・命令に対し再審の申立てをすることができる（349条）。これを準再審という。

なお，同一事件の下級審判決とこれに対する上訴を却下しまたは棄却した上訴審判決がともに確定したときは，各別に再審の訴えを提起できるが，控訴審で本案判決があったときは，事件につき2回の事実審理の機会が保障されたのであるから，第一審判決につき再審の訴えを認める必要はない（338条3項）。

(2) **有罪の確定判決等**　　338条1項4号ないし7号の再審事由については，可罰行為につき有罪の判決または過料の裁判が確定したか，または，証拠がないという理由以外の理由によりこれらの判決または裁判が得られないときに限り，再審の訴えを提起することができる（338条2項）。有罪の確定判決等は，確定判決の効力の安定を図るため，確定判決の基礎資料に重大な瑕疵が存する高度の蓋然性を示す証拠として要求され，これを欠くと再審の訴えが却下されるという意味で，再審の訴えの適法要件である。ただし，この要件が満たされる場合でも，民事の再審裁判所は，有罪の判決，過料の裁判における可罰行為の存在に関する刑事裁判所の判断（起訴猶予処分では処分決定書における検察官の判断）に拘束されることはない（最判昭和45・10・9民集24巻11号1492頁／百選ⅡA57）。また，証拠がないとの理由以外の理由によりこれらの判決または裁判が得られないときとは，被告人死亡を理由とする公訴棄却の決定，公訴時効の完成や恩赦を理由とする免訴の判決があったこと，被疑者死亡等証拠不十分以外の理由による検察官の不起訴処分（起訴猶予処分を含む）があったことをいう（なお，最判昭和52・5・27〔民集31巻3号404頁／百選［6版］A42〕は，被疑者死亡等の事実が存在すれば338条2項の要件が具備されるのではなく，それがなければ有罪判決が得られたであろうことの主張・立証が，再審の訴えの適法要件として必要であるとする）。

(3) **再審期間**　　再審の訴えは，当事者が判決確定後再審事由を知った日から30日の不変期間内に提起しなければならない（342条1項）。判決が確定した日または再審事由が判決の確定後に生じた場合にはその事由が発生した日から5年を経過したときは，再審の訴えを提起することができない（342条1項2項）。後者の5年の期間は除斥期間である。338条1項9号の再審事由は，本来電子判決書の送達があり当事者が判決を閲読しうる状態になった時点で当事者はその事由を知ったこととなるが，この場合も再審期間の起算日は判決の確定日

である（最判昭和 45・12・22 民集 24 巻 13 号 2173 頁）。4 号ないし 7 号の再審事由を主張する場合において判決の確定後に有罪の判決または過料の裁判の確定したときは，再審期間の起算日は有罪の判決または過料の裁判の確定日である（最判昭和 47・5・30 民集 26 巻 4 号 826 頁）。これに対し，被疑者死亡により有罪の確定判決を得られない場合，判例（最判昭和 52・5・27 民集 31 巻 3 号 404 頁／百選 [6 版] A42）は，338 条 2 項の要件として，被疑者死亡等の事実のほか，有罪の確定判決を得る可能性があることの立証を要求するが，この可能性は被疑者死亡等のときにすでに存在すべきものであるから，5 年の除斥期間の起算日は，被疑者の死亡等の日が再審に係る判決の確定後であればその日，前であれば判決の確定日であるとする。

ただし，338 条 1 項 3 号のうち代理権を欠いたことおよび 10 号の事由を理由とする再審の訴えについては再審期間の制限がない（342 条 3 項）。前者は，無権代理における本人につき裁判を受ける権利を全うさせる趣旨にでたものであり，後者は，既判力の矛盾抵触を解消するためにはやむをえないからである。

(4) **当事者適格**　再審に係る判決の当事者は，全部または一部敗訴している限り，再審の訴えにつき原告適格および不服の利益（⇨ *5. 1. 3. 2*）を持つ。この者の口頭弁論終結後の承継人も同様である（最判昭和 46・6・3 判時 634 号 37 頁／百選 [6 版] 112）。第三者の訴訟担当における担当者敗訴の判決につき，被担当者は，訴訟物についての管理処分権を回復している限り，原告適格を持つ。判決につき対世効が認められる場合，判決効を及ぼされる者が再審の本案の訴訟物について当事者適格を持つ場合は，再審の訴えの原告適格が認められる（最判平成元・11・10〔民集 43 巻 10 号 1085 頁／百選 [3 版] A51〕は，死後認知の訴えの請求認容判決につき，死後認知を求められた父の子は認知請求訴訟の当事者適格がないので，再審の訴えの原告適格はないとする〔⇨*Column* ⑬⑬〕。現行人訴法では，子の手続保障のため，死後認知訴訟の係属の通知が必要的

457

とされている〔人訴28条〕)。再審の訴えの被告適格者は，当事者，その
承継人（人事訴訟の当事者の死亡後は，承継人ではなく検察官が被告となる
〔人訴12条3項〕)，第三者の訴訟担当の場合は，担当者または訴訟物
につき管理処分権を回復した被担当者，職務上の当事者たる検察官で
ある。

---

8. -. 3. 3
再審の訴えの審判

(1) **適法要件および再審事由の審判**　現行法
では，再審の訴えの適法要件および再審事由
の存否についての審理および裁判は，口頭弁論を経ないですることが
できる（決定手続）。裁判所は，再審の訴えが不適法である場合は決定
でこれを却下し，再審事由がない場合は決定で再審の請求を棄却しな
ければならない。再審請求の棄却決定が確定したときは，同一の事由
を理由として再度再審の訴えを提起することができない（345条）。し
かし，別の事由を理由とする再度の再審の訴えの提起は，再審期間
（342条）に抵触しない限り，妨げられないと解すべきである（この点
は，再審の訴えの性質およびその訴訟物〔⇨ *2. 2. 2. 2*(2)，*Column* ⑬〕の捉
え方いかんにより，異なる結論がありうる）。これに対し，裁判所は，再
審事由があるときは，再審開始決定をしなければならない。この場合
には，裁判所は相手方を審尋しなければならない（346条）。再審の訴
えの却下決定，請求棄却の決定および再審開始決定に対しては，即時
抗告をすることができる（347条）。

(2) **再審の本案審理**　再審開始決定が確定した後は，本案の審理お
よび裁判は，事実審である限り，必要的口頭弁論である。本案につい
ての弁論は，確定前の訴訟の弁論の再開・続行である（口頭弁論の一
体性または弁論一体性の原則〔⇨ *3. 1. 3. 5*〕。ただし，再審に係る判決の当事
者と再審の訴えの当事者とが異なるときは，必要に応じて，訴え変更の手続
により請求の趣旨を変更させる必要があり，受訴裁判所を構成する裁判官に
交替があるときは，弁論の更新〔249条2項〕が必要となる）。従前の訴訟
手続は，再審の瑕疵に関わるものでない限り，当然に効力を持つ。当

事者は，たとえば前訴訟の口頭弁論終結前に存在したが可罰行為により提出できなかった攻撃防御方法を提出できることは当然であるが，前訴訟の口頭弁論終結後に生じた事由であってもこれを主張することができるし，これを提出しないで敗訴すると，既判力によりその主張は排斥される。

　再審理の結果，不服申立てに係る判決を不当と判断するときは，裁判所は，不服申立ての限度でこれを取り消し，これに代わる本案判決をしなければならない。これに対し，再審理の結果，なお不服申立てに係る判決を正当と判断するときは，結局再審請求を棄却する（348条）。再審に係る判決が給付判決であり，すでにこれに基づき強制執行手続が開始されている場合に，これを取り消してあらためて同一主文の判決をする取扱いでは，取り消された確定判決に基づく強制執行手続を取り消さねばならなくなり（民執39条1項1号・40条1項），訴訟経済に反しまた執行債権者を害するからである。

　再審請求の棄却判決が確定した場合，再審に係る確定判決の訴訟上の請求についての判断の既判力の基準時は，再審訴訟の口頭弁論終結の時まで移動する。たとえば確定給付判決に対し再審の訴えが提起され，そこで再審理の結果，再審に係る判決が維持され再審請求の棄却が確定した後は，再審に係る確定判決の既判力の基準時前に存在した請求権の消滅に関する事由はもちろん，この基準時から再審訴訟の口頭弁論終結時までに新たに生じた請求権の消滅に係る事由も，再審訴訟で主張されたか否かにかかわらず，請求異議の訴えの事由とすることができなくなる（民執35条2項）。

Column ⑬⑴　再審の訴えの訴訟物

　再審の訴えの訴訟物については，確定判決の既判力という訴訟法上の法律効果を判決主文における確定判決の取消宣言により覆滅させることを目的とする訴えとして，これを訴訟上の形成の訴えと捉え，その形成要件ないし形成原因としての再審事由が，再審に係る確定判決の訴訟物と並んで，

再審の訴えの訴訟物を構成するとする説（訴訟物二元説。もっとも，各号の再審事由ごとに訴訟物が分断されると考えるか否かは，形成の訴えの訴訟物につき新訴訟物理論〔⇨ *2.2.2*(2)〕をとるか否かによって違ってくる）と，再審を上告に，再審事由を上告理由に見たてて，上告におけると同じく，これを訴訟物の構成には組み込まず，再審の本案の訴訟物だけが再審訴訟の訴訟物となるとする説（訴訟物一元説）とが対立していた。

　大正 15 年旧民訴法も現行法も，再審事由の存在を認めるときは確定判決を取り消すことなく直ちに本案の再審理を許容し，本案の結論が維持できるときは再審請求の棄却を認めている点は，再審の訴えを形成訴訟と把握することへの障害となる上，現行法が再審事由の審理を決定手続化したことも，訴訟物二元説には不利な材料となろう。

Column ⑬　現行再審法の問題点

　明治 23 年旧々民訴法では，確定前の判決に存する無権代理の瑕疵については，当事者がこれを知りながら上訴を提起しこれを主張しなかった場合にも再審を求めることができるとしていた（旧々民訴 468 条 2 項）。これを上訴の理由とすると本人は審級の利益を奪われる（本案判決をすべき場合に誤って却下した場合と異なり，却下すべき訴えにつき本案判決を下した場合は任意的差戻しである〔307 条・308 条〕）から，上訴を提起するか，当該判決を下した裁判所に対する再審の訴えを提起するか，本人に選択権を与えるのが適切と考えられたからである。ところが，大正 15 年旧民訴法は，本人からこの選択権を奪い，現行法もこれを継承している。その一方で，大正 15 年旧民訴法は，無権代理の再審事由については再審期間を一切廃し，これも現行法に受け継がれている。本人への手続保障は重要ではあるが，この点については，旧々民訴法 474 条 4 項も，無権代理の再審期間は当事者またはその法定代理人が判決の送達により判決の存在を知った日から始まるものとして，一定の配慮を加えていた。無権代理の瑕疵ある判決の存在を知りながら長年放置しておいた者を無制限に保護する現行法は，確定判決の安定性を害する点で行き過ぎであろう。

　このように，大正 15 年旧民訴法における再審制度の手直しには，一貫性を欠くところが随所にみられる。他人間に係属する訴訟における詐害的な訴訟追行によりその権利を害される第三者は，明治 23 年旧々民訴法の下では，判決の確定後も詐害再審（旧々民訴 483 条）により，その不利益から免れることができたが，大正 15 年旧民訴法は，詐害防止参加を導入し

たことを理由に，第三者詐害再審を廃したこともその例である。現行法はこの立場を継承しているが，訴訟の係属中に第三者が詐害的訴訟追行の事実を知りうるとは限らないから，第三者詐害再審を廃止したのは立法の過誤であろう。

Column ⑬ 判例による第三者詐害再審の復活 ‒‒‒‒‒‒‒‒‒‒‒‒‒‒‒‒‒‒‒‒‒‒‒‒‒‒

　大正 15 年旧民訴法下での有力説は，一般債権者を詐害する確定判決を作出する無資力状態の債務者の行為は，その積極財産を毀損しまたはその債務額を増大させ，債権者による債権回収を困難にする点で強制執行妨害罪に該当するから，5 号再審事由が認められるとし，債権者は，独立当事者参加の形式により，本訴当事者を共同被告として，再審の訴えを提起できるとしていた。他方で，明文規定で第三者詐害再審を認める行政事件訴訟法 34 条を類推適用せよとする見解もあった。

　最判平成元・11・10（民集 43 巻 10 号 1085 頁／百選［3 版］A51）は，検察官を被告とする死後認知訴訟の請求を認容した確定判決に対し，認知を求められた父の子が第三者詐害再審の訴えを提起した事案において，詐害訴訟が何号の再審事由にあたるかに言及することなく，再審訴訟の原告となるには，再審開始後の本案の請求について再審原告が当事者適格を有していることを要するとし，認知を求められた父の子は死後認知訴訟の当事者適格がないとして，この再審の訴えを却下した。しかし，最決平成 25・11・21（民集 67 巻 8 号 1686 頁／百選［6 版］113）は，新株発行無効の訴えの請求を認容した確定判決に対して新株を引き受けた第三者が詐害再審の訴えを提起した事案において，確定判決の効力を拡張される第三者は，再審に係る本案である新株発行無効の訴えの被告適格者ではないが，再審の訴えを提起するとともに独立当事者参加の申出をすることによって，上記確定判決に対する再審の訴えの原告適格を取得するとし，新株発行無効の訴えの被告株式会社は，信義則上，新株を引き受けた第三者の利益に配慮した訴訟追行を行うべきであり，これに反する被告の訴訟活動の結果生じた確定判決には，民訴法 338 条 1 項 3 号の再審事由があるとした。

　被告株式会社は，判決の効力を受ける新株引受人の利益を代弁すべき立場にあるにもかかわらず，原告を勝訴させるべく怠慢な訴訟活動をしたとすれば，実質的には双方代理であり，3 号再審事由を認めた判旨は，事の実質に適っている。しかし，独立当事者参加人は，自らが定立した訴訟上の請求につき当事者適格を有するのは当然として，それにより，本来彼が

有していなかった再審の本案についての当事者適格まで取得する根拠は何か，平成25年最決の事案でも，旧法下の有力説と同様，再審に係る本訴の当事者双方が再審の訴えの共同被告として扱われているが，従来三当事者対立構造とされてきた独立当事者参加と本訴当事者を再審の訴えの共同被告とすることとの間に，違和感はないか，この場合，参加申出人である第三者は，原告の請求棄却の判決を求めると申し立てるだけで足りるか，原告主張に係る新株発行無効事由の不存在確認請求等を定立する必要があるか（最決平成26・7・10〔判時2237号42頁／重判平26民訴5〕は，自前の訴訟上の請求の定立が必要であるとする）等，理論的に詰められるべき問題は残されている。

Column ⑭ 再審と判決の当然無効

最判昭和44・7・8（民集23巻8号1407頁／百選〔6版〕81）の事実関係は次のようなものであった。YがXに対し貸金返還を求めた前訴の過程で，XY間において，和解金の支払と引換えにYが訴えを取り下げる旨の和解が成立し，Xは約定の和解金を支払ったが，Yが訴えを取り下げないまま，Y勝訴の第一審判決が言い渡された。XがYの不実をなじったのに対し，Yから必ず訴えを取り下げるから安心しろといわれたので，上訴をしないでいたところ，この判決は確定し，Yがこれに基づき強制執行に及んだため，Xはやむをえず判決で認容された金額を支払って執行申立てを取り下げさせた。その後，この支払はYの不法行為に基づくとして，Xが損害賠償を求め後訴を提起した。判旨は，判決の成立過程において，当事者が相手方の権利を害する意図をもって作為または不作為により相手方の訴訟関与を妨げ，あるいは虚偽の事実を主張して裁判所を欺罔する等の不正な行為を行い，その結果本来ありうべからざる内容の確定判決を取得し，これを執行した場合において，これによって損害を被った相手方は，判決が確定したからといってこの不正を問責しえなくなるいわれはなく，別に再審の訴えを提起しうるとしても，損害賠償を求める独立の訴えの提起を妨げられないとした。

Xが認容された金額の支払義務を負うことは前訴判決の既判力により確定されているから，その成立過程における不正行為により本来支払う必要のない金員の支払を強いられ，その結果支払額相当の損害を被ったとするXの主張は，既判力に抵触する。この事案におけるYの行為の可罰性が仮に肯定できるとしても，既判力を破るには，有罪の確定判決等と再審

の訴えの提起が必要であり，この判決は，再審の訴えを迂回し，判決が無効であることを前提とする法律効果を訴訟物とする訴えを提起する余地を認めたものとして，批判が強い。これに対しては，後訴におけるYの不法行為についてのXの主張立証は再審の訴えにおける再審事由の主張立証と，損害の主張立証は再審の訴えにおける本案の主張立証と，それぞれ重なり合うから，後訴は実質再審の訴えと同じであり，こうした救済方法の選択も認められてよいとする見解もある。

事 項 索 引

465

判 例 索 引

【アルマ】
民事訴訟法〔第4版〕
Civil Procedure, 4th ed.

2009 年 3 月 30 日　初 版第 1 刷発行	2018 年 4 月 10 日　第 3 版第 1 刷発行
2013 年 10 月 20 日　第 2 版第 1 刷発行	2023 年 12 月 10 日　第 4 版第 1 刷発行

著　者	山本　弘 = 長谷部由起子 = 松下淳一（著） 林　昭一（補訂）
発行者	江草貞治
発行所	株式会社有斐閣
	〒101-0051 東京都千代田区神田神保町 2-17
	https://www.yuhikaku.co.jp/
装　丁	デザイン集合ゼブラ＋坂井哲也
印　刷	株式会社精興社
製　本	大口製本印刷株式会社
装丁印刷	株式会社亨有堂印刷所

落丁・乱丁本はお取替えいたします。定価はカバーに表示してあります。
©2023, M. Yamamoto, Y. Hasebe, J. Matsushita, S. Hayashi.
Printed in Japan ISBN 978-4-641-22218-2